HISTOIRE

DE LA

RÉVOLUTION

FRANÇAISE.

HISTOIRE

DE LA

RÉVOLUTION

FRANÇAISE

DU CONSULAT, DE L'EMPIRE, DE LA RESTAURATION
ET DE LA RÉVOLUTION DE JUILLET,

PAR

MM. J. FERRAND ET J. DE LAMARQUE;

ILLUSTRÉE

DE 30 GRAVURES SUR ACIER.

TOME IV.

PARIS

D. CAVAILLÉS, ÉDITEUR,

AU BUREAU DES PUBLICATIONS HISTORIQUES,

13, RUE VIEILLE-DU-TEMPLE.

1845

HISTOIRE
DE LA
RÉVOLUTION
FRANÇAISE
DEPUIS
1789 JUSQU'EN 1830.

DIRECTOIRE EXÉCUTIF.

CHAPITRE PREMIER.

Installation des conseils. — Nomination des Directeurs. — Manifeste politique du Directoire. — Situation difficile du nouveau gouvernement. — Ligue politique des royalistes dans les conseils; leur opposition. — Des finances. — Loi de recrutement. — Le Directoire veut ménager les deux partis. — Il échange la fille de Louis XVI contre les députés Quinette, Lamarque, etc., livrés à l'Autriche par Dumouriez. — Escadre anglaise sur les côtes de l'Ouest. — Expédition de l'Ile-Dieu. — Déroute des derniers Vendéens. — Pacification de la Vendée par Hoche. — Club du Panthéon. — Création du ministère de la police. — Mœurs de l'époque. — Conspiration de Babœuf; doctrine du bonheur commun. — Affaire du camp de Grenelle. — Dernière défaite des démocrates; elle profite à la minorité royaliste. — Révision de la loi du 3 brumaire. — Club de Clichy. — Conspiration royaliste. — Embarras du Directoire. — Projet de traité de quadruple alliance. — Renouvellement du pacte de famille avec l'Espagne. — L'Angleterre envoie un négociateur à Paris. — Rupture des négociations. — Expédition d'Irlande.

AINSI qu'on l'a vu, par la constitution de l'an III, les deux tiers des députés au corps législatif, devaient être choisis parmi les conventionnels. Quelques sections départementales, dominées par les partis hostiles, n'avaient pas fait leur choix, et cent quatre membres restaient encore à élire. Aux termes des décrets des 5 et 13 fructidor, les membres élus se constituèrent en corps électoral et procédèrent à cette élection. Cette opération se termina dans la nuit du 5 au 6 brumaire an IV (27-28 octobre 1795), et le même jour on procéda au tirage des membres désignés par le sort pour chacun des conseils. Alors l'assemblée se sépara. Le conseil des Cinq-Cents alla prendre possession du Manège, où, par la suite, il tint ses séances; le conseil des Anciens s'établit dans la salle occupée aux Tuileries par la Convention. Ils se constituèrent immédiatement : Daunou fut élu président des Cinq-Cents ; Lareveillère-Lépaux, des Anciens.

Pour compléter l'institution du nouveau gouvernement, il restait encore à élire le Directoire : c'était là une question délicate. L'attaque de vendémiaire était si récente, la contre-révolution si active et si remuante, qu'il importait de ne rien laisser au hasard dans cette élection, et de ne choisir les directeurs que parmi ceux qui avaient donné un gage éclatant à la révolution. On limita les choix aux conventionnels qui avaient voté la mort du roi. Dans les deux conseils, quelques nouveaux élus, appartenant à la faction royaliste, s'élevèrent contre une mesure qui conservait un caractère dictatorial et révolutionnaire au gouvernement ; mais tout fut préparé à l'avance pour qu'elle réussît. Sur la liste de cinquante candidats, qu'aux termes de la constitution le conseil des Cinq-Cents présenta au conseil des Anciens pour le choix des directeurs, il n'y avait que six noms connus. Les membres nommés furent Lareveillère-Lépaux, homme probe, qui jouissait de la confiance générale, Rewbell, doué d'une grande activité administrative, Sièyes, une des plus fortes têtes de l'époque, mais qui refusa et fut remplacé par Carnot, le seul membre de l'ancien comité qu'on eût ménagé à cause de sa grande participation aux victoires de la

République; les deux autres furent Letourneur, membre de la commission des Cinq dans la dernière crise, et Barras, que les évènements de thermidor et de vendémiaire avaient mis en évidence.

Les Directeurs trouvèrent la République dans une situation affreuse, et qui allait éprouver leur courage et leur dévouement. Les subsistances manquaient dans les grandes communes; le papier-monnaie apportait le désordre dans les transactions, et laissait le gouvernement sans ressource. Le trésor public était vide; nulle part il n'existait des éléments d'ordre et d'administration; partout à l'intérieur régnaient l'anarchie et la misère. A l'extérieur les armées manquaient de caissons, de chevaux, d'approvisionnements: mécontentes et sans discipline, à cause de leurs besoins, elles étaient de nouveau battues et sur la défensive; les soldats, presque nus, n'avaient ni vêtements ni solde; les généraux eux-mêmes ne touchaient plus la modique somme de 8 francs numéraire, par mois, supplément de leur solde en assignats.

Depuis la chute du comité de salut public, cette crise n'avait fait qu'empirer; le régime financier qu'il avait établi, reposant sur les réquisitions et le maximum, rendait les riches et les commerçants tributaires des soldats et des classes populaires. Ce régime de violence et de confiscation, commandé par la nécessité la plus impérieuse, avait prévenu cette effroyable pénurie qu'occasionnèrent les propriétaires et les spéculateurs en réagissant contre le maximum. La Convention s'était ruinée à défendre la révolution. Les domaines de la couronne, les biens du haut clergé, de la noblesse émigrée avaient été vendus pour subvenir aux besoins du peuple qui travaillait peu, à l'entretien des armées qui combattaient beaucoup. Huit milliards d'assignats, mis en circulation avant le 9 thermidor, avaient couvert, tant bien que mal, ces dépenses urgentes. Depuis lors près de quarante milliards d'assignats avaient été émis; mais leur dépréciation était devenue telle, que cette somme énorme n'avait même pu assurer les services les plus ordinaires; les courriers étaient souvent retardés, faute de la somme nécessaire pour les faire partir.

Les obstacles nés de cet état de choses, et que le Directoire devait rencontrer dans toutes les parties de son administration, n'étaient pas les seuls contre lesquels il allait avoir à lutter. On était encore au lendemain du mouvement de vendémiaire. Pour combattre une faction, on s'était vu forcément obligé de recourir à une faction opprimée, celle des patriotes. Cette dernière, victorieuse, était devenue exigeante; la faction vaincue n'était rien moins que soumise; les ménagements dont on avait usé à son égard, avant et après la victoire, avaient exalté sa hardiesse, et les élections s'en étaient ressenties. Le nouveau tiers élu, quoique persuadé de l'excellence du gouvernement représentatif en général, inclinait fortement vers la forme monarchique. Plusieurs de ses membres même étaient royalistes, et conspiraient pour la famille déchue. Ces opinions étaient sans doute en minorité; mais la fréquence des élections leur permettait d'espérer bientôt la majorité, surtout si, se réunissant en une opposition qui eût l'habileté de dissimuler ses espérances, de ruiner le passé révolutionnaire en l'attaquant partiellement, elle pouvait embarrasser, par tous les moyens, la marche du nouveau gouvernement, pour lui aliéner tous les intérêts personnels.

Ainsi, d'une part, le Directoire allait avoir cinq armées à entretenir, une capitale à nourrir, une administration à reconstituer, avec la seule ressource d'assignats sans valeur;

de l'autre il allait avoir à lutter contre deux factions : l'une, les patriotes, exigeants parce qu'ils savaient le besoin qu'on avait d'eux, et qu'ils se considéraient comme responsables du salut de la révolution ; l'autre, les royalistes, qui, dans les conseils comme au-dehors, allaient lui faire une guerre à outrance, procédant habilement par la légalité pour arriver à l'illégalité.

Il fallait ou une grande abnégation, ou une grande ambition aux magistrats suprêmes de la République pour accepter une pareille tâche. La plupart d'entre eux, Carnot excepté, étaient des hommes ordinaires ; mais ils se mirent à l'œuvre avec une ardeur qui ne se ralentit pas.

Lorsqu'ils entrèrent dans le Luxembourg, qui leur était affecté pour résidence, il n'y avait pas un meuble. Assis sur des chaises de paille, autour d'une petite table boiteuse que leur avait prêtée le concierge, et sur laquelle ils déposèrent un cahier de papier à lettres et une écritoire à calumet qu'ils avaient eu la précaution de prendre au comité de salut public, ils rédigèrent l'acte par lequel ils se déclarèrent constitués, et qu'ils adressèrent aussitôt aux chambres législatives. Puis, ayant examiné de sang-froid toutes les difficultés de leur situation, ils résolurent de les surmonter ou de périr.

Leur premier acte, après leur installation, fut la publication d'une proclamation où ils indiquaient la marche qu'ils allaient suivre. « Livrer, y disaient-ils, une guerre active au royalisme, raviver le patriotisme, réprimer d'une main vigoureuse toutes les factions, éteindre tout esprit de parti, anéantir tout désir de vengeance, faire régner la concorde, ramener la paix, régénérer les mœurs, rouvrir les sources de la reproduction, ranimer l'industrie et le commerce, étouffer l'agiotage, donner une nouvelle vie aux arts et aux sciences, rétablir l'abondance et le crédit public, remettre l'ordre social à la place du chaos inséparable des révolutions, procurer enfin à la République française le bonheur et la gloire qu'elle attend, voilà la tâche de vos législateurs et celle du Directoire exécutif ; elle sera l'objet de la constante méditation et de la sollicitude des uns et des autres. » Cette proclamation est l'indice le moins contestable de ce qu'étaient alors l'opinion et les craintes de la majorité républicaine, qui voulait l'ordre, la paix, la sécurité intérieure, le rétablissement des mœurs, du travail, du commerce, et qui, redoutant les partis actifs, avait peur des jacobins et ne voulait point des royalistes.

Les directeurs se distribuèrent ensuite le travail, chacun suivant son aptitude. Rewbell eut dans son département la justice, les finances et les relations extérieures ; Lareveillère-Lépaux eut dans ses attributions la partie morale, l'éducation, les sciences, les arts, les manufactures, etc. Carnot prit la conduite des opérations militaires ; Letourneur celle de la marine et des colonies ; Barras, qui avait des opinions flottantes, un esprit vulgaire, peu de goût pour le travail, avec la passion du luxe et des plaisirs, Barras, très-propre d'ailleurs à un coup de main, fut chargé de la police et de la représentation du Directoire. Les ministres que se donnèrent les Directeurs furent Merlin de Douai pour la justice, Charles de Lacroix aux relations extérieures, Faypoulz aux finances, Aubert-Dubayet à la guerre, Benezech à l'intérieur, et l'amiral Truguet à la marine.

La première demande que fit aux conseils le Directoire fut celle de fonds, et, certes, elle était d'urgence. A la Trésorerie il n'y avait pas un sou en numéraire. On imprimait, chaque nuit, les assignats nécessaires au service du lendemain, et Paris manquait littéralement de pain. Le Directoire demanda, par un message au conseil des Cinq-Cents, une somme de trois milliards en assignats, qui, étant négociés, pouvaient produire environ vingt-cinq millions. Cette évaluation même pouvait se trouver insuffisante; car, par suite des spéculations, les variations dans le prix des assignats étaient si rapides, qu'un louis d'or variait du jour au lendemain de 3,000 livres à 3,180 livres, et *vice versa*.

Après avoir paré aux premiers besoins, les directeurs s'appliquèrent à asseoir le pouvoir au centre de la République, à l'organiser dans les départements. Ils établirent une correspondance de but entre les administrations particulières et la leur, recommandant à leurs agents d'avoir, pour bien faire marcher la constitution républicaine, *cette volonté bien prononcée, cette foi patriotique, qui avait fait aussi ses enthousiastes et produit ses miracles.* « Tout sera fait, disaient-ils, quand, par vos soins, ce sincère amour de la liberté, qui sanctifia l'aurore de la révolution, viendra ranimer le cœur de tous les Français. Les couleurs de la liberté flottant sur toutes les maisons, la devise républicaine écrite sur toutes les portes, présentent sans doute un spectacle bien intéressant. Obtenez davantage : avancez le jour où le nom sacré de la République sera gravé volontairement dans tous les cœurs. »

Placé entre deux partis qui avaient des opinions extrêmes, le Directoire s'efforça d'établir un ordre de choses qui convînt à l'un comme à l'autre. Mais ce système, qu'on a plus tard qualifié de *bascule* ou de *juste-milieu*, ne pouvait être, aux yeux des patriotes, le dernier mot de la révolution; ils le considéraient comme un état transitoire, et ajournaient des projets et des espérances que six années de luttes rendaient légitimes. Les royalistes étaient plus impatients. Dès le début, dans les conseils, cette opinion se formula par une opposition tracassière qui saisissait toutes les occasions d'entraver la marche du Directoire et de rendre tout gouvernement impossible. C'étaient aux Cinq-Cents, Gilbert-Desmolières, Lanjuinais, Lemères, Pastoret, Siméon, Noailles, Lejourdan, Dumolard aîné, André, Mersan, Delarue; aux Anciens, Barbé-Marbois, qui avait travaillé au traité de Pilnitz, Dupont de Nemours, ex-constituant; Portalis, Tronchet, Lebrun, Mathieu-Dumas. Ces hommes, toujours prêts à critiquer le passé et le présent, ramenaient incessamment les esprits à des comparaisons avec une situation d'ordre, de calme et de sécurité; ils l'indiquaient comme inconciliable avec l'état républicain. Ils ne parlaient ni de leurs désirs ni de leurs espérances; mais les journaux monarchiques en parlaient pour eux; *la Quotidienne, le Messager, le Véridique, l'Éclair, le Postillon, la Feuille du jour*, ne gardaient aucune réserve. Ils exploitaient avec une habileté perfide la détresse du moment. En effet, le peuple de Paris, égaré par la calomnie et par les menées du royalisme, y était affamé, sans travail, et occupé chaque jour du soin de vivre le lendemain. Ces misères sans nombre qui pesaient sur lui, les écrivains royalistes les imputaient à la révolution, préparaient ainsi les esprits à l'indifférence, suite ordinaire des grands ébranlements.

Cependant, malgré la détresse, malgré les résistances et les intrigues, le Directoire, par sa conduite sage et ferme, était sur le point de rétablir la confiance, le travail, le commerce et l'abondance. La circulation des subsistances prit peu à peu son cours, et le gouvernement put abandonner le soin d'approvisionner Paris. La révolution avait créé une activité immense qui ne pouvait pas s'user en pure perte; elle se porta vers l'agriculture et l'industrie : la population déserta les places publiques pour les champs et les ateliers, et on put apprécier, dès ce moment, un des bienfaits de la révolution. En effet, les corporations détruites, les privilèges abolis, la propriété morcelée, en augmentant les moyens de bien-être, devaient rendre les progrès de la civilisation bien plus rapides. Le Directoire vint en aide à ce mouvement de travail libre, à cette surexcitation d'activité, en rétablissant les expositions publiques de l'industrie. Le système d'instruction décrété sous la Convention, fut coordonné pour former un ensemble d'institutions républicaines. Lareveillère-Lépaux, chargé de la partie morale du gouvernement, ne négligeait rien pour mettre tout en harmonie avec les idées morales. Son zèle même l'emporta parfois trop loin : c'est ainsi qu'ayant voulu tenter de rétablir sous le nom de *théophilanthropie* le culte déiste que le comité de salut public avait essayé de fonder avec *l'Être-Suprême*, on se moqua de lui et de ses *théophilanthropes*.

Mais ce n'était pas tout de donner à l'activité nationale une impulsion forte et persévérante, il fallait aussi organiser le gouvernement, l'administration, et surtout les finances.

Depuis le commencement de la révolution, elles avaient été dans le plus mauvais état. Les lois sur les contributions ordinaires manquant de force et de régularité, la production des impôts était à peu près nulle. Les guerres, les disettes, les services intérieurs, des sacrifices de tout genre avaient tellement accru l'excès des besoins, qu'on y fit face par la création des assignats. Ce papier monnaie fut un des puissants moyens de résistance de la révolution. Par son aide elle repoussa la guerre étrangère, elle comprima la guerre civile, résista à la famine, entretint l'activité révolutionnaire, etc. Mais, par cela seul que l'excès des besoins en nécessitait l'usage excessif, ce papier se dépréciait peu à peu, au fur et à mesure de ses émissions. L'agiotage et la spéculation s'en emparèrent ensuite, et les variations du change, autant que les dépréciations, produisirent de grandes perturbations dans le prix du travail et des objets de consommation. La production et le commerce se trouvèrent à la fois frappés de défiance et de stérilité. En 1796, la situation de la fortune publique était désespérante. Voici l'extrait d'un rapport lu par Eschassériaux, en comité secret, à cette époque :

Total des assignats émis par décrets, et fabriqués par arrêtés du comité des finances.

« Emis par décrets à diverses époques..................................	9,978,056,623 liv.
« Fabriqués par arrêtés du comité des finances, et émis depuis le 6 vendémiaire an III, jusqu'au 8 brumaire an IV..................................	19,452,425,000
Total.................	29,430,481,623
« Sur quoi il faut déduire :	
« Assignats brûlés.................	3,352,683,000
« Assignats à brûler.............	73,014,727
« Assignats démonétisés qui ne sont pas rentrés.................	992,531,804
« Valeurs mortes qui ne doivent plus rentrer en circulation.........	353,152,152
« Valeurs en suspens dans les caisses..........................	216,317,686
« Dans les caisses des départements et armées....................	400,000,000
A reporter......	5,387,699,369 liv.

Report.......	5,387,699,369 liv.
« Reste à fabriquer sur les émissions ordonnées..................	5,101,110,000
« Dans les serres de la fabrication..	8,207,765
Total...............	10,497,017,134

« D'après ces déductions, la circulation réelle se trouve réduite à 18,933,464,464 livres.

Etat des biens nationaux vendus et des biens qui restent à vendre

« Première origine, vendus d'estimation, 1,540,158,566 livres.

« Adjugés pour 3,194,828,290 livres.

« Reste sur les biens nationaux de première origine, au prix d'estimation, 605 millions en écus, que l'on peut évaluer dans la vente à 1 milliard.

« Reste dû à la nation, en assignats, de la vente des biens de première origine, 436,670,996 livres.

Biens d'émigrés estimés, valeur de 1790, 2,057,804,311 livres.

« Dû par les acquéreurs des biens d'émigrés vendus en assignats, 52,000,000 livres.

« Forêts nationales, estimées valeur écus, 2 milliards.

« Biens nationaux de la Belgique, estimés par aperçu 2 milliards.

« Il s'ensuit, d'après ce tableau, que le reste des biens de première origine, les biens des émigrés, les forêts nationales, les biens nationaux de la Belgique réunis ensemble, forment un total de sept milliards. »

De cet état comparatif de la dette de la nation et de ses

ressources, il résulte que l'hypothèque affectée à près de 19 milliards d'assignats en circulation, ne s'élevait qu'à sept milliards. Ce rapport présageait une banqueroute. En effet, quelle que fût la hausse imprimée aux achats des sept milliards de biens nationaux, on ne pouvait pas espérer que la concurrence les ferait monter jusqu'à 19 milliards. Toutefois, en attendant, il fallait penser aux dépenses publiques ordinaires, et aux dépenses extraordinaires de guerre.

Pour échapper à une pareille détresse, le Directoire proposa un emprunt forcé de six cents millions, que les conseils décrétèrent, mais qui ne réussit pas ; c'est que le Directoire n'avait pas, comme le comité de salut public, cette énergie qui, seule, peut assurer le succès d'une mesure révolutionnaire. Il essaya alors de rajeunir le papier-monnaie, en créant pour deux milliards quatre cents millions de *mandats territoriaux*, qui devaient faire fonction de papier-monnaie et servir à retirer les assignats en circulation, au taux de trente pour un. En même temps, il fut décidé que les contributions seraient payées en argent ou en nature. Ces deux milliards quatre cents millions de mandats, représentés par une valeur égale de domaines nationaux, furent facilement échangés. Ils procurèrent au Directoire une ressource momentanée, essentiellement précaire, il est vrai, et formèrent ainsi la seconde période des assignats, dont ils achevèrent la mission révolutionnaire. Bientôt discrédités à leur tour, ils aboutirent insensiblement à une banqueroute, qui amena la substitution de la monnaie au papier.

Cette mesure de finances n'était pas la seule détermination importante qu'il y eût à prendre en ce moment. Il devenait urgent, en effet, de s'occuper de deux faits dont la production présentait de grands dangers pour la République, c'étaient la désertion à l'intérieur, et la nomination des fonctionnaires non élus.

Depuis quelque temps, les désertions à l'intérieur, chaque jour plus nombreuses, inspiraient de sérieuses inquiétudes. Chargées de poursuivre les jeunes gens qui abandonnaient leurs drapeaux, les municipalités y mettaient beaucoup de mollesse. On prit le parti de donner cette tâche à la gendarmerie, qui s'en acquitta mieux ; et, en peu de temps, avec l'aide du recrutement, dont une loi nouvelle assura l'exécution, il devint facile de recomposer les armées, et de les maintenir sur un pied respectable.

La nomination des fonctionnaires non élus, présenta plus de difficultés. Aux termes de la constitution, les assemblées électorales devaient, dans un délai voulu, achever la nomination des individus, pour composer les administrations locales et les tribunaux. Quelques unes d'entre elles, soit calcul, soit négligence, avaient laissé passer le délai constitutionnel : l'action du gouvernement devait alors naturellement suppléer à celle des individus ; ces nominations revenaient de droit au Directoire. Elles lui furent concédées.

Ainsi, il était parvenu à trouver les moyens de se procurer des fonds, de recruter l'armée, et d'achever l'organisation de l'administration et de la justice dans un esprit qui pouvait assurer l'homogénéité révolutionnaire du gouvernement.

Cependant, l'opposition royaliste, qui tendait à diminuer en tout l'action du gouvernement, s'éleva dans les conseils contre toutes ces dispositions; elle le fit même avec assez peu de mesure pour inspirer de vives défiances au Directoire sur les projets d'une faction qui, le lendemain de sa défaite, se montrait audacieuse et menaçante. Cependant, sans se prononcer encore, et sans encourager aucune opinion, il s'efforça de se les rendre toutes favorables, par des mesures capables de les satisfaire en même temps. C'est ainsi, par exemple, qu'il avait secrètement poursuivi une négociation avec l'Autriche, pour échanger Madame Royale, fille de Louis XVI, contre les députés Quinette, Bancal, Lamarque, Camus, l'ex-ministre Beurnonville, livrés par Dumouriez; Drouet, fait prisonnier à l'armée du Nord, et enfin Maret et Sémonville, arrêtés par les Impériaux, au mépris du droit des gens. En effet, le 28 frimaire (19 décembre), le ministre de l'intérieur alla prendre au Temple la jeune princesse, et l'achemina vers la frontière où devait s'opérer l'échange, avec une suite de quelques personnes qu'elle s'était choisie.

En rendant aux patriotes quelques victimes de leur opinion, en donnant la liberté à la fille de Louis XVI, le Directoire crut satisfaire les deux partis, et ne fit que relever les espérances monarchiques des royalistes. Le ministre de la cour de Toscane, le comte Carletti, demanda d'aller, en sa qualité de ministre d'une Cour alliée, présenter ses hommages à la jeune princesse avant son départ. Pour toute réponse, le Directoire lui intima l'ordre de quitter sur-le-champ Paris, et demanda au duc de Toscane le remplacement de cet agent diplomatique. Il voulut, par cette mesure un peu brutale, changer l'opinion que sa négociation avait pu faire naître, protester contre toute supposition calomnieuse, et forcer, avec énergie, la rigueur républicaine de ses sentiments. Mais les patriotes n'y croyaient guère, et les royalistes ne la redoutaient pas.

Cependant la faction royaliste venait d'éprouver un bien rude échec. Après l'expédition de Quiberon, on avait dit qu'elle n'était que la première, qu'on en attendait encore une autre, et qu'un nouveau débarquement d'émigrés devait avoir lieu prochainement. En effet, une escadre anglaise, portant deux mille hommes d'infanterie, cinq cents cavaliers, des cadres de régiments émigrés, des officiers, des armes, des munitions, des vivres, et le comte d'Artois, avait paru dans la baie de l'Ile-Dieu. Tous les chefs royalistes avaient envoyé des émissaires et des agents auprès du prince. Charette, que le prétendant avait nommé généralissime des armées catholiques, se tenait sur le rivage avec dix mille hommes pour favoriser la descente. La Vendée était prête à se soulever.

Dans le but de prévenir ces nouveaux dangers, le Directoire nomma Hoche au commandement de l'armée de l'Ouest. Hoche fit ses préparatifs avec une activité et une résolution extraordinaires ; mais l'escadre perdit plus d'un mois en face des côtes sans tenter un débarquement. Le comte d'Artois, homme de mœurs licencieuses, qui n'avait ni courage, ni talents, se refusait à aller *chouanner*. Sourd aux prières des Vendéens qui le conjuraient de débarquer, il écrivait chaque jour au gouvernement anglais de le rappeler ; en attendant il restait inactif en face des côtes. Hoche les ayant bordées de trente mille hommes, le prince fut dans une grande frayeur, et comme Pitt ne voulait point le rappeler, il obtint, à force de supplications, que le chef de l'escadre reprît le chemin de l'Angleterre. Il y fut en butte au mépris de tout le monde, même des ministres. Sa conduite indigna le brave Charette, qui écrivit à Louis XVIII : « Sire, la lâcheté de votre frère a tout perdu ; aujourd'hui il n'y a plus qu'à périr inutilement pour votre service[1]. »

Hoche employa, pour terminer cette guerre, non-seulement les moyens militaires, mais encore toutes les séduc-

---

[1] Capefigue, *Histoire de la Restauration*.

tions qui pouvaient agir sur les populations rebelles. Moins disposée à la révolte que dans les premiers temps, la Vendée se rappelait que ses victoires n'avaient pas amené le triomphe de sa cause, tandis que ses défaites l'avaient exposée à toutes les horreurs de la guerre. Hoche comprit de suite tout le parti qu'il pouvait tirer de cette situation des esprits. Changeant d'abord le système de guerre suivi par ses prédécesseurs, il fit sans cesse parcourir le pays par des colonnes mobiles qui enlevaient les bestiaux, les troupeaux, les grains entassés dans les granges, et ne les rendaient que lorsque les habitants avaient volontairement déposé leurs armes. Ensuite, ayant habilement séparé la cause royaliste de la cause religieuse, il se servit des prêtres contre les généraux, en protégeant le clergé. Il eut à cela le double avantage de détacher, par des concessions, la masse de la population des chefs vendéens, et de réduire à l'impuissance ceux qu'il désarmait. Avec un pareil système il fût bientôt en mesure d'écraser les chefs. Charette voulut tenter un dernier effort à la Rouillère : il avait réuni environ cinq mille hommes ; mais le général Travot le mit en déroute, et le battit encore une autre fois. Pris enfin les armes à la main, il fut fusillé à Nantes, le 7 nivôse an IV (28 décembre 1795). Stofflet essaya de relever en Anjou l'étendard vendéen ; mais, poursuivi par Hoche lui-même, il fut livré par les siens et fusillé à Angers. Ainsi, après avoir vu commencer l'insurrection, ces deux chefs, qui avaient déployé un courage et des talents supérieurs, avaient assisté à sa fin.

Ayant détruit le parti vendéen, Hoche alla attaquer les Chouans en Bretagne. Les bandes nombreuses dont Georges Cadoudal infestait le Morbihan, furent en peu de temps dissipées, détruites ou lassées, et la plupart de leurs chefs quittant les armes, allèrent chercher un refuge en Angleterre. Cette guerre civile se trouvait ainsi définitivement terminée : elle avait duré près de quatre ans. La pacification de la Vendée vint clore avantageusement pour la République l'hiver de l'an IV.

Privée de cette diversion puissante, la faction royaliste n'en avait pas été atterrée. Dans les conseils, elle avait redoublé d'intrigues et de tracasseries pour entraver la marche du gouvernement, corrompre les opinions, et s'emparer peu à peu des conseils et de l'autorité. Son langage amer et acerbe contre le passé de la révolution, avait plus que jamais indiqué une haine mal éteinte ou fait présager de prochaines hostilités. Cette recrudescence de royalisme n'étonna personne, mais elle donna à penser aux démocrates qu'une manifestation dans un esprit contraire serait, sinon approuvée, du moins tolérée par le Directoire.

Le parti démocratique publiait plusieurs journaux : le *Tribun du Peuple*, par Gracchus Babœuf, *l'Eclaireur du Peuple*, *l'Orateur plébéien*, le *Journal des Hommes Libres*, étaient les plus importants. A peine revenu de l'effroi des mesures réactionnaires dont il avait été victime, ce parti était prêt à se laisser intimider à l'apparence d'une nouvelle persécution, cependant, il essaya de jeter les bases d'une société populaire, dans la pensée que le Directoire verrait sans peine quelques manifestations qui le mettraient à même de combattre les royalistes par les démocrates. Ils louèrent l'ancien réfectoire des Génovéfains dans l'ancien couvent de Sainte-Geneviève, et y fondèrent un club qui s'appela le *club du Panthéon*. On y discutait, on y prononçait des discours patriotiques, et les affiliés se virent bientôt au nombre de deux ou trois mille. A ces réunions publiques se rattachaient des réunions secrètes que présidait Babœuf, et où l'on poursuivait les moyens d'établir le système des hébertistes, que Babœuf avait rajeuni et amplifié sous le nom de *bonheur commun*. De leur côté, les royalistes, voulant établir des centres de communication, fondèrent des sociétés politiques, connues sous le nom de *salon des Princes, société des Echecs, société de Noailles, salon des Arts*, et qui, toutes, se résumèrent, plus tard, dans le fameux *club de Clichy*.

Ces sociétés, comme le club du Panthéon, s'étaient d'abord renfermées dans le cercle constitutionnel, n'avaient nommé ni président ni secrétaire, n'avaient pas délivré de brevets, et s'étaient bornées à des discussions et des votes assez mesurés. Mais bientôt elles reprirent le caractère des anciens clubs, prolongèrent leurs séances bien avant dans la nuit, et y émirent des doctrines subversives du gouvernement. Par un arrêté du 8 ventôse (27 février 1796), le Directoire les fit fermer ; et, aux restrictions imposées aux sociétés populaires, en fit ajouter une nouvelle qui limitait le nombre de leurs membres à soixante. Il créa en même temps un ministère spécial de la police, création que motivaient suffisamment les attaques sourdes ou patentes dont il commençait à être l'objet de la part des partis.

Au milieu de ces embarras, de ces luttes, de ces tiraillements, le Directoire consolidait chaque jour davantage son autorité chancelante. Il y avait en général, dans les esprits, un tel besoin d'ordre et de sécurité, que la masse de la nation se rattachait à lui, non pas par préférence, mais par cela seul qu'il existait ; puis, excepté Barras, qui dépensait fastueusement sa vie directoriale au milieu des plaisirs, les autres directeurs, modestes dans leurs goûts et dans leur tenue, aptes au travail, se permettaient à peine les distractions les plus innocentes. Ainsi, Lareveillère ne cherchait et ne trouvait de plaisir qu'au Jardin-des-Plantes, où l'attirait chaque soir son goût pour la botanique. La majorité de la nation leur savait gré de cette simplicité, et cependant ne l'imitait pas. Les mœurs avaient alors, en effet, un aspect plus licencieux même que dans l'année précédente. Liberté extrême d'esprit et d'action, goût effréné pour les plaisirs et la débauche, luxe extraordinaire, influence prodigieuse des femmes dans un moment où tout était à demander et à obtenir, mélange singulier de conditions, surexcitation d'activité matérielle, et attiédissement d'activité morale; tels étaient alors les traits caractéristiques de la société.

C'est dans cet état des choses et des esprits que le Directoire avait à gouverner la République. Bien que la Convention la lui eût transmise sauvée, il avait à l'affranchir des factions, de celle des royalistes surtout, qui l'attaquaient chaque jour, non-seulement dans ses œuvres, mais encore dans son principe et dans son passé. Tantôt, aux Cinq-Cents, ils passaient à l'ordre du jour sur une pétition des Marseillais contre les égorgeurs du Midi : une accusation étayée de preuves, dirigée par les pétitionnaires contre le député Cadroy, chef de ces égorgeurs, était non-seulement déclarée calomnieuse, mais d'odieux assassinats trouvaient même des apologistes. D'autres fois, protestant contre la célébration de l'anniversaire du 21 janvier, ils plaignaient ouvertement la victime et flétrissaient ceux qu'ils appelaient les bourreaux.

L'impunité d'attaques si audacieuses contre les actes de la révolution, impressionnait douloureusement les républicains modérés, qui voyaient le monarchisme relever si effrontément la tête; elle exaspérait les démocrates, à qui elle démontrait évidemment le triomphe d'adversaires qui ne feraient jamais grâce à la révolution. Désespérant alors de l'avenir légal de la France, ils mirent leurs espérances dans le succès d'une conspiration.

Cette conspiration s'était formée dans les prisons, où les réactions de thermidor et de prairial avaient accumulé les patriotes. Là naquit une secte dont les membres s'appelaient entre eux les *Égaux*. Les journées de vendémiaire les ayant rendus à la liberté, quelques uns d'entre eux, tels que Babœuf, Buonarotti, Antonelle, etc., songèrent à créer un centre d'impulsion et de direction. Leur première pensée fut de former une société publique, destinée à servir de pépinière pour recruter une société secrète, de moyen pour ranimer l'opinion et pour couvrir des projets plus importants. Dans ce but, ils ouvrirent le club du Panthéon. Babœuf s'y montra rarement, et bientôt il s'en éloigna tout-à-fait. Le Directoire, qu'il attaquait dans son *Tribun du Peuple*, ayant ordonné des poursuites contre lui, il fut obligé de se cacher, sans toutefois interrompre ses relations avec les comités secrets, et la publication de son journal. Ces réunions avaient pour but définitif de préparer un mouvement et d'anéantir la constitution de l'an III. Mais il ne suffisait pas de renverser un système, il fallait le remplacer par un nouveau, et s'entendre à ce sujet. La doctrine que présenta Babœuf fut adoptée, et son nom, à cause de cela même, fut donné à cette conspiration. En effet, une fois que le système de Babœuf eut été accepté par les conjurés, il ne s'agissait plus seulement d'expulser un gouvernement, de substituer une forme politique à une autre, mais de renverser l'organisation sociale présente, et de mettre à la place une autre toute nouvelle, fondée sur le principe premier, que la propriété individuelle est la cause de l'esclavage; que la société doit être conçue comme une communauté de biens et de travaux; que le but de cette société est l'égalité des travaux, des jouissances, etc.

Cependant les mêmes personnages ne composèrent pas toujours le comité secret qui s'occupait de préparer l'application de ces principes, plusieurs fois modifiés. Des haines personnelles empêchèrent quelques uns des membres de délibérer en commun ; quelques autres ne purent s'accorder sur l'ensemble des principes. Enfin on s'arrêta à la constitution de 93, comme point de ralliement pour les patriotes, et comme moyen de transition vers le but définitif auquel on tendait.

Pendant ce temps, on sondait l'opinon publique ; des écrits, des brochures et le journal de Babœuf développaient des parties du système. Sur ces entrefaites, le Directoire fit fermer le club du Panthéon. Bonaparte, alors commandant de l'armée de l'intérieur, opéra la dissolution, emporta les clefs de la salle. Les réunions secrètes n'en continuèrent pas moins d'avoir lieu. Au commencement de germinal, Babœuf, Antonelle, Sylvain Maréchal, Buonarotti et quelques autres, constituèrent un directoire secret de salut public, dans le but de rallier les patriotes et de leur donner une impulsion commune. Ce directoire s'occupa d'abord de faire publier une analyse de la doctrine de Babœuf. Il chargea ensuite douze agents révolutionnaires d'organiser les douze arrondissements de Paris. L'organisation dans la force armée fut confiée à d'autres agents dits militaires. On jeta particulièrement les yeux sur la légion dite de police, et sur les troupes réunies au camp de Grenelle. Le nommé Georges Grisel eut mission de former un noyau d'insurrection parmi ces dernières. Quant à la légion de police composée d'hommes qui avaient longtemps servi le tribunal révolutionnaire et la Commune de Paris, elle fut tellement remuée par ces tentatives, que le gouvernement en conçut des soupçons. Il obtint des conseils de l'envoyer aux frontières, et en définitive lui donna une dénomination nouvelle. D'autres agents furent destinés à parcourir les cafés, les lieux publics, à y prendre la parole, à exciter des attroupements où il fût question de politique. Un journal ayant pour titre *l'Éclaireur*, se chargea de propager la doctrine dans les classes indigentes. Les feuilles royalistes et même les journaux ministériels favorisèrent la publicité de ces écrits, et des plus audacieux en particulier; on les transcrivait comme des chefs-d'œuvre d'audace et d'extravagance, sans se douter que l'on servait ainsi les intentions secrètes d'un parti. Ce fut de cette manière que plusieurs écrits acquirent une publicité que ce dernier n'aurait pu leur donner, et notamment une *lettre d'un franc libre, soldat de l'armée circo-parisienne, à son ami la Terreur, soldat de l'armée du Rhin*, lettre dont le style n'avait rien à envier à celui du *Père Duchêne*. Tout cela, joint à la marche des conseils, finit par émouvoir le public. En même temps le directoire secret fit les préparatifs de l'insurrection. Le signal devait en être donné par la publication d'un acte dont il venait d'arrêter les bases. Cet acte, indépendamment des dispositions directement relatives au renversement des autorités constituées, contenait plusieurs mesures législatives destinées à justifier aux yeux du peuple les intentions du directoire secret, et à l'intéresser à son entreprise.

Voici les objets de ces mesures : Distribuer aux défenseurs de la patrie et aux malheureux, les biens des émigrés, des conspirateurs et des ennemis du peuple;

Loger sans délai les indigents dans toutes les maisons des conspirateurs;

Restituer au peuple les effets déposés au Mont-de-Piété ;

Faire adopter par le peuple les épouses, enfants, pères, mères, frères et sœurs des citoyens morts dans l'insurrection, qui étaient nécessaires à leur existence.

Après avoir rédigé cet acte, qui eût été un acte de violence et d'iniquité, le comité central se mit en rapport avec un comité militaire dont faisaient partie Fyon, Germain, Massart, Rossignol et Grisel. Par Rossignol et Fyon, on entra en pourparlers avec quelques *ex-conventionnels montagnards* qui s'occupaient aussi de préparer un mouvement. Robert Lindet, Ricord, Amar, Drouet, Barrère, Vadier, Savogan, n'ignoraient rien du complot, dont les dispositions rappelaient celles d'autres mouvements révolutionnaires que nous avons décrits. C'est ce qui résulte de l'acte d'insurrection saisi chez Babœuf.

La doctrine de Babœuf reproduisait, en l'amplifiant, le système des hébertistes, qui avait paru si exagéré à Robespierre et au comité de salut public. Les démocrates, pour mettre leur plan à exécution, comptaient sur la multitude et sur quelques mille hommes de troupes dont ils croyaient s'être assuré le concours. L'armée insurrectionnelle devait être placée sous le commandement de Rossignol, ex-général de la Vendée. Mais Georges Grisel, l'un des conjurés, révéla le complot.

Le ministre de la police Cochon, prévenu de leurs démarches, avait tenté plusieurs fois d'arrêter les conjurés réunis, mais n'avait pu y parvenir ; il les arrêta alors isolément. Babœuf et Buonarotti furent trouvés ensemble. Darthé, Germain, Drouet, membres des Cinq-Cents, furent saisis chez un menuisier de la rue Bleue. On arrêta en outre Amar, Vadier, Choudieu, Ricord, Laignelat, ex-conventionnels ; Antonelle, ex-membre de l'Assemblée législative. Ils furent renvoyés devant la haute cour nationale de Vendôme, dont on hâta l'organisation. On publia les papiers saisis chez Babœuf, et les journaux contemporains s'accordent à dire que l'opinion ne fut pas favorable aux conspirateurs. Babœuf écrivit au Directoire une lettre qui fut aussi rendue publique, et qui, mélange de morgue et de courage, paraissant n'être au fond qu'une sorte d'amende honorable, acheva de le déconsidérer. Voici cette lettre, document historique de quelque valeur, en ce qu'il est, en partie, la dernière expression écrite du fanatisme démocratique.

« Citoyens Directeurs,

« Regarderez-vous au-dessous de vous de traiter avec moi de puissance à puissance? Vous avez vu de quelle vaste confiance je suis le centre. Vous avez vu que mon parti peut bien balancer le vôtre; vous avez vu quelles immenses ramifications y tiennent. Je suis convaincu que cet aperçu vous a fait trembler.

« Est-il de votre intérêt, est-il de l'intérêt de la patrie de donner de l'éclat à la conjuration que vous avez découverte? je ne le pense pas. Qu'arriverait-il, si cette affaire paraissait au grand jour? j'y jouerais le plus glorieux de tous les rôles; j'y démontrerais, avec la grandeur d'ame et l'énergie que vous me connaissez, la sainteté de la conspiration dont je n'ai jamais nié d'être membre; sortant de cette route lâche et frayée des dénégations, j'oserais développer les grands principes et plaider la cause éternelle du peuple, avec l'avantage que donne l'intime pénétration de la beauté du sujet; je démontrerais que ce procès ne serait pas celui de la justice, mais celui des oppresseurs contre les opprimés et leurs magnanimes défenseurs. On pourrait me condamner, mais mon échafaud figurerait glorieusement à côté de Barneveld et de Sydney.

« Vous avez vu, citoyens Directeurs, que vous ne tenez rien lorsque je suis sous votre main. Je ne suis qu'un point de la longue chaîne dont la conspiration se compose ; vous avez à redouter toutes les autres parties : cependant vous avez la preuve de tout l'intérêt qu'elles prennent à moi ; vous les frapperiez toutes en me frappant, et vous les irriteriez.

« Vous irriteriez toute la démocratie de la république française, et vous savez encore que ce n'est pas aussi peu de chose que vous auriez pu d'abord l'imaginer. Vous la jugeriez bien mieux si vos captureurs avaient saisi la grande correspondance qui a formé des nomenclatures dont vous n'avez que des fragments.

« On a beau vouloir comprimer le feu sacré, il brûle et il brûlera ; plus il paraît dans certains instants anéanti, plus sa flamme menace de se réveiller subitement forte et explosive.

« Entreprendriez-vous de vous délivrer de cette vaste secte sans-culottide qui n'est pas vaincue ? Il faudrait d'abord en supposer la possibilité. Mais où vous trouveriez-vous ensuite ? Vous n'êtes pas tout-à-fait dans la même position que celui qui déporta, après la mort de Cromwell, quelques milliers de républicains anglais. Charles II était roi, et quoi qu'on en ait dit, vous ne l'êtes pas encore. Vous avez besoin d'un parti pour vous soutenir ; vous ne pouvez détruire les patriotes sans être vis-à-vis du royalisme : quel chemin croyez-vous qu'il vous ferait voir si vous étiez seuls contre lui ?

« Les patriotes, direz-vous, sont aussi dangereux que les royalistes ; vous vous trompez : ils ne voulaient point de sang, mais seulement vous forcer à confesser que vous avez fait du pouvoir un usage oppressif et le reprendre.

« Moi-même, j'avais expliqué comment il me paraissait possible que vous fissiez disparaître tout ce que le caractère constitutionnel de votre gouvernement offre de contraste avec les principes républicains. Eh bien! il en est temps encore; la tournure de ce dernier évènement peut devenir salvatrice pour vous-mêmes et pour la chose publique. Mes conclusions sont que votre intérêt et celui de la patrie est de ne point donner de célébrité à l'affaire présente. Ne croyez pas intéressée la démarche que je fais; la mort ou l'exil serait pour moi le chemin de l'immortalité; mais ma proscription n'avancerait pas vos affaires et n'assurerait pas le salut de la République.

« J'ai réfléchi que vous ne fûtes pas constamment les ennemis de la République; vous êtes égarés par l'effet assez inévitable d'exaspérations différentes des nôtres; pourquoi ne reviendrions-nous pas tous de notre état extrême pour embrasser un terme raisonnable? La masse du peuple a le cœur ulcéré; faut-il le déchirer encore plus? Vous aurez quand il vous plaira l'initiative du bien, parce qu'en vous réside toute la force de l'administration publique.

« Citoyens Directeurs, gouvernez populairement, voilà tout ce que les patriotes vous demandent. En parlant ainsi pour eux, je suis certain qu'ils n'interrompront point ma voix; je suis sûr de n'être pas démenti par eux. Cinq hommes, en se montrant grands et généreux, peuvent aujourd'hui sauver la patrie.

« Je vous réponds encore que les patriotes vous couvriront de leurs corps, et vous n'aurez plus besoin d'armée entière pour vous défendre. Les patriotes ne vous haïssent pas; ils n'ont haï que vos actes impopulaires; je vous donnerai aussi alors, pour mon propre compte, une garantie aussi étendue que l'est ma franchise perpétuelle. Vous savez quelle mesure d'influence j'ai sur cette classe d'hommes, je veux dire les patriotes; je l'emploierai à les convaincre que si vous êtes peuple, ils ne doivent faire qu'un avec vous.

« Il ne serait pas si malheureux que l'effet de cette simple lettre fût de pacifier l'intérieur de la France ; en prévenant l'éclat de l'affaire dont elle est le sujet, ne préviendrait-on pas en même temps ce qui s'opposerait au calme de l'Europe ?

« Gracchus BABOEUF. »

Le Directoire, pour toute réponse, publia la lettre de Babœuf.

Cette affaire souleva quelques questions incidentes qui occupèrent les conseils pendant plusieurs séances. La plus importante fut celle relative à Drouet. A son retour des prisons autrichiennes avec les représentants qu'on avait échangés contre la fille de Louis XVI, il avait été élu par le conseil député aux Cinq-Cents pour remplir une des places vacantes alors. Il était ainsi le premier député du gouvernement directorial mis en prévention. Ce qu'on allait décider à son égard formerait un précédent, et, à cette époque de brusques révolutions, cette décision était importante pour tous. Après une longue délibération, la dénonciation contre Drouet admise, on décida qu'il lui en serait fait une notification, et qu'il serait entendu dans le sein du conseil. Il s'y présenta en effet, nia toute participation à la conjuration, et donna quelques explications sur les faits à sa charge. Il fut néanmoins mis en état d'accusation et renvoyé avec ses co-prévenus devant la haute cour de Vendôme. Mais il parvint à s'échapper de la prison de l'Abbaye où il était détenu, et on dit même que le Directoire ne fut pas étranger à son évasion. Drouet, en effet, avait des titres à la clémence révolutionnaire. Voici à quelle occasion il avait été fait prisonnier par les Autrichiens. A la fin de 1793, Maubeuge était assiégée par les Autrichiens ; Drouet y était représentant du peuple en mission. La ville était serrée de près et ne pouvait être sauvée que tout autant qu'on pourrait donner quelques indications au comité de salut public à Paris. Mais il fallait pour cela traverser le camp ennemi. La mission était périlleuse, Drouet s'en chargea. Il sortit de la ville au milieu de la nuit avec cent dragons d'élite, s'égara dans les ténèbres, tomba dans un fossé où les Autrichiens le taillèrent à coups de sabre. Pris et conduit au camp ennemi, il se donna pour un officier français. Forcé ensuite de déclarer sa qualité de représentant du peuple, on se rappela que c'était lui qui avait arrêté Louis XVI, et on l'accabla de mauvais traitements. Amené devant le général Latour, celui-ci eut la barbarie de le frapper à plusieurs reprises, quoique enchaîné, désarmé et couvert de blessures. D'un cachot infect de Luxembourg où il fut d'abord plongé, on le transporta en Moravie dans la forteresse du Spitzberg. Le désir de la liberté le rendit ingénieux. On l'avait enfermé au dernier étage d'une tour : la croisée de sa prison donnait sur un abîme de plus de deux cents pieds de profondeur; il brisa ses barreaux, se fit une espèce de parachute, et, le 6 juillet 1794, il s'élança avec sa frêle machine dans l'abîme. En tombant sur le sol, il se cassa un pied; la douleur l'empêcha de prendre la fuite. On ne tarda pas à le découvrir, et il fut plus que jamais resserré dans sa prison jusqu'au jour où l'échange opéré par le Directoire lui en ouvrit les portes. Au moment de son évasion il avait laissé dans sa prison la déclaration suivante : « Si je dois périr tout-à-l'heure, avant d'expirer je demanderai vengeance des insultes faites à un représentant du peuple; je la demanderai à mes amis, à mes parents, à mon Dieu, à mon pays; je pars.... »

Cependant, malgré le mauvais succès de la conspiration de Babœuf, les démocrates exaspérés firent, peu de jours après, une nouvelle tentative qui n'était, du reste, qu'un des actes prémédités qui devaient avoir lieu simultanément avec l'insurrection. La légion de police composée de six mille hommes, et avec laquelle ils avaient établi des relations, avait été, comme nous l'avons dit, dissoute, envoyée en partie aux frontières et transformée en un régiment qui était le 21ᵉ régiment de dragons. Ce régiment faisait partie de l'armée de l'intérieur et campait dans la plaine de Grenelle. Les patriotes pensaient, en l'entraînant, faire déclarer en leur faveur toutes les troupes du camp; ils voulaient en même temps exciter un mouvement à Paris, en jetant des cocardes blanches dans les rues et criant *vive le roi!* de manière à faire croire à un complot royaliste.

Cette dernière partie de leur projet qu'ils executèrent le 12 fructidor (29 août), échoua, grâce aux précautions qu'avait prises la police, avertie de leurs intentions. Cet échec ne les découragea point. Dans la nuit du 23 fructidor, les hommes les plus déterminés du parti se réunirent dans le quartier de Vaugirard, voisin du camp de Grenelle. Ils étaient sept à huit cents environ, armés de sabres, de cannes à épée, de pistolets et de fusils; ils étaient commandés par le général Fyon et quelques officiers destitués; parmi eux étaient quelques ex-conventionnels en costume de représentants. Une patrouille de la garde du Directoire, informée de ce rassemblement, accourut sur les lieux. Mais les dix cavaliers qui la composaient, assaillis par plus de deux cents hommes, se virent forcés de prendre la fuite; ils allèrent sur-le-champ donner l'éveil aux troupes de Paris et à celles du camp de Grenelle. Pendant ce temps, les conjurés qui avaient traversé en toute hâte la plaine du même nom, se dirigèrent vers le quartier du 21ᵉ régiment de dragons aux cris de *vive la République! vive la constitution de 1793! à bas les conseils! à bas les nouveaux tyrans!* Ils pensaient que ce régiment allait se déclarer pour eux; leur attente fut trompée: les troupes, entraînées par leurs chefs, les chargèrent avec une grande vigueur. Surpris de cette réception, les conjurés songèrent à peine à se défendre, ils furent sabrés et mis en fuite; plus de deux cents furent tués, blessés ou pris.

Telle fut la dernière lutte du parti démocratique; celle-ci fut d'autant plus meurtrière pour lui qu'aux pertes de la mêlée se joignirent celles qu'il fit devant les commissions militaires où les conjurés furent traduits au nombre de cent trente-trois. Quarante-six furent acquittés, trente-deux furent condamnés à mort, trente à la déportation et vingt-cinq à la détention. Babœuf et ses complices, au nombre de soixante-cinq, et parmi lesquels figuraient Amar, Vadier, Darthé, secrétaire de Joseph Lebon, furent jugés par la haute cour de Vendôme. Pendant les débats qui se prolongèrent un mois durant, les accusés montrèrent tous une fermeté qui ne se démentit pas un seul instant. Babœuf, se tournant vers leurs femmes qui assistaient au procès, dit en terminant sa défense : « Vous nous suivrez jusque sur le calvaire, parce que la cause de notre supplice ne saurait vous faire rougir. » Ces paroles et l'attitude courageuse des accusés qui, à l'ouverture de chaque audience, chantaient en chœur la *Marseillaise*, impressionnèrent vivement les esprits. Le jugement fut enfin prononcé; Babœuf et Darthé furent condamnés à mort, Buonarotti, Germain, Moroy, Cazin, Blondeau, Mexissier furent condamnés à la déportation, Vadier fut condamné à la détention et cinquante-cinq autres furent acquittés. Babœuf et Darthé se frappèrent d'un coup de poignard dans l'enceinte du tribunal; mais les armes étaient faibles et se brisèrent dans leurs mains. Le lendemain ils furent exécutés; leur mort fut un dernier coup porté au parti de l'ancienne Commune et du comité de salut public.

A chacune de ses défaites, ce parti en perdant ses chefs avait perdu une partie de sa force. Sous la réaction thermidorienne, il s'était encore montré redoutable par son union ; sous le Directoire, il avait conservé la forme d'une association puissante ; mais entièrement désorganisé après la conspiration de Babœuf, il fut dispersé et réduit à l'isolement.

En détruisant ce parti, le Directoire se priva d'un auxiliaire puissant qui, dans certains cas, il est vrai, pouvait lui occasionner de grands embarras, mais qui servait de contre-poids aux exigences de la faction royaliste. Aussi, dès ce moment, la vit-on attaquer plus hardiment les œuvres de la révolution que les constitutionnels défendaient très-mollement dans les conseils, et que les démocrates n'étaient plus en mesure de défendre au-dehors. Voulant préparer de longue main leur triomphe, les royalistes commencèrent par demander le rapport de la loi du 3 brumaire, qui excluait des charges et des fonctions publiques les émigrés et ceux qui, dans les dernières assemblées primaires, avaient provoqué ou signé des mesures contre-révolutionnaires. Par le rapport de cette loi, le tiers des députés généralement monarchiques des élections de l'an IV, et qui formaient alors la minorité des conseils, auraient pu conférer la capacité électorale à un grand nombre d'électeurs et d'éligibles royalistes qui s'en trouvaient exclus, et s'assurer ainsi la majorité par le nouveau tiers des élections de l'an V. C'eût été là une mesure habile, et l'on peut juger de l'importance qu'ils y attachaient par les efforts qu'ils firent pour la réaliser. Ils ne purent toutefois obtenir le retrait de cette loi, mais ils en obtinrent une exagération dans l'application qui lui donna effet sur tous ceux qui avaient été arrêtés, prévenus ou accusés de délits ou crimes révolutionnaires, soit après le 9 thermidor, soit après les journées de prairial. C'était priver, aux élections, les ex-conventionnels de leurs défenseurs les plus énergiques. Cette importante modification à la législation révolutionnaire fit prévoir dès lors que la minorité actuelle des conseils en serait bientôt la majorité.

En ne défendant pas avec énergie, dans cette circonstance, le parti ex-conventionnel, dont il était censé le représentant, le Directoire fit naître beaucoup de doutes sur ses intentions administratives. L'opinion vit là une faiblesse; et tout pouvoir qui faiblit se déconsidère, et s'avilit bientôt. A cela se joignaient une foule d'intrigants, briguant les places et les emplois de la République, et finissant par les obtenir. Barras était leur protecteur; et sa présence au Directoire, son entourage, ses mœurs licencieuses, et qui prêtaient à tous les genres de scandale, suffisaient pour faire rejaillir sur les autres Directeurs un peu de cette déconsidération qu'il était seul à mériter. D'un autre côté, la presse royaliste poursuivait les Directeurs avec un acharnement inouï. Leur vie publique ou privée était chaque jour l'objet d'insultes, de calomnies, d'anecdotes scandaleuses, vraies ou fausses, dans lesquelles on leur attribuait toujours le mauvais rôle. Les démocrates, cependant, ne songeaient plus à les défendre, et, comme si on eût voulu les décourager, dans les conseils, on ne leur tenait compte ni des difficultés de leur position, ni des exigences du moment.

Cependant, le Directoire ne courbait pas la tête devant l'orage, faisant face aux besoins du moment, assurant les services, régularisant les administrations, faisant des créations utiles, déjà un peu secondé, il est vrai, par le prestige que de grandes victoires en Italie faisaient rejaillir sur la République.

Mais il était difficile, par cela seul que l'on doutait de sa

force, qu'aux attaques sourdes des royalistes des conseils ne se joignît pas une attaque active de la part des royalistes du dehors, plus pressés et plus impatients. C'est ce qui eut lieu. Après la condamnation de Babœuf, le parti royaliste voulut aussi faire sa conspiration; et ce qui s'ensuivit prouva aux plus incrédules que ce parti avait dans les conseils, non pas seulement des appuis, mais des complices.

A l'approche des élections de l'an v, les membres de la minorité des conseils avaient formé une réunion à Tivoli, pour y concerter leur marche. Cette réunion ne tarda pas à devenir un club des plus violents; on le nomma le *club de Clichy*. C'est là où se concertaient toutes les mesures à prendre pour embarrasser le Directoire; c'est de là que partaient de fougueuses diatribes que les journaux répandaient ensuite avec profusion, contre les excès de la révolution, et contre tous les pouvoirs révolutionnaires à qui on attribuait ces excès. Toutes ces déclamations étaient précédées ou suivies de protestations de dévouement à la République, qu'on se proposait néanmoins de renverser. La plupart des *Clichyens* étaient des royalistes déguisés; les autres étaient des constitutionnels qui, sans s'en douter, soutenaient et votaient dans les conseils des motions qui les conduisaient droit au royalisme : il y avait ambition, perfidie d'une part, crédulité, duperie de l'autre.

L'esprit de réaction qui animait les chefs de la faction royaliste, profitait avec une habileté incontestable de toutes les armes légales que la constitution mettait en son pouvoir, et de toutes les manœuvres que lui suggérait son esprit d'intrigue. Aussi le Directoire et ses adhérents commençaient à s'apercevoir que l'autorité menaçait de leur échapper, et attendaient impatiemment que le royalisme voulût bien se compromettre pour la ressaisir. Cela ne devait pas tarder.

Pour atteindre son but, la faction royaliste avait deux plans : l'un, suivi par les *monarchiens* des conseils, consistait à discréditer le gouvernement par tous les moyens, à s'assurer ainsi la majorité dans les élections du nouveau tiers, et à opérer ainsi la contre-révolution par une simple substitution de la royauté au Directoire; l'autre, mis en avant par la partie agissante de la faction, tendait à rétablir la royauté par la force en s'emparant des autorités : les chefs des partisans de ce dernier système étaient, à Paris, Daverne de Presle; en Bretagne et en Normandie, Puysaie, M. de Frotté et Rocherot; à Lyon, M. de Précy. Pichegru, qui avait touché de fortes sommes d'argent du prince de Condé, devait appuyer l'une ou l'autre de ces factions, suivant les circonstances.

Le 12 pluviôse an v (31 janvier 1797), le bruit courut qu'on avait découvert une nouvelle conspiration. Les députés royalistes, avant même que les détails en fussent connus, commencèrent par dire que c'était une conspiration feinte. Un message du Directoire, accompagné d'un rapport du ministre de la police Cochon, apprit, peu après, que les conspirateurs étaient des royalistes. C'étaient Daverne de Presle, ex-émigré, agent de Louis XVIII à Paris; l'abbé Brothier, professeur, La Villeurnois, ex-maître des requêtes, et un baron allemand nommé Poly, qui, en 1793, avait été terroriste forcené à Troyes[1]. Voici comment on avait

---

[1] Dans le rapport que fit Jean de Bry sur cette conspiration au conseil des Cinq-Cents, dans la séance du 10 ventôse, on trouve au sujet de ce Poly quelques réflexions qui ne sont pas sans intérêt. Les voici:

« Il n'est que trop certain que beaucoup d'hommes qui se sont signalés de la manière la plus vile et souvent la plus atroce au milieu des extravagances et des cruautés commandées pour rendre la République ridicule et odieuse, ont reparu depuis sous d'autres formes, professant une religion politique différente, et prêts à déchirer de

éventé cette conspiration : Douze mille hommes réunis aux Sablons sous les ordres du général Hatry, et douze cents grenadiers affectés à la garde du corps législatif et commandés par l'adjudant-général Ramel, composaient les principales forces de la capitale. Désespérant de gagner Hatry, les conjurés s'étaient adressés à Ramel et au nommé Malo, chef d'escadron du 21ᵉ de dragons, et qui, ayant chargé les démocrates lors de leur tentative au camp de Grenelle, leur parut devoir favorablement accueillir les royalistes. Ils sondèrent ces deux chefs à ce sujet, et leur proposèrent de faire servir les troupes sous leurs ordres à leur projet. Ramel et Malo feignirent d'entrer dans leurs vues, et prévinrent le ministre de la police, qui leur enjoignit de continuer à écouter les conspirateurs, pour connaître leur

nouveau le sein de la patrie. Il suit de là, ce que les écrivains éclairés ont souvent répété, ce que les citoyens clairvoyants ont longtemps soupçonné, savoir : que tous les mouvements de l'anarchie se rattachaient au royalisme; et que tel *patriotissime* de 1793 n'était qu'un royaliste déguisé qui s'est démasqué en 1797; que l'on trouvera dans les complots des Capets des hommes qui ont figuré dans ceux de Marat et d'Henriot, et que certains salons se sont plus réjouis de la mort de Vergniaud, de Condorcet, de Bailly, que les taverses. Enfin, qu'est-ce que ce M. Poly, qui, en 1793, affublé du bonnet rouge, de la carmagnole et de la plaque maratiste, pérorait dans les clubs du département de l'Aube, et proscrivait ou faisait proscrire en criant : *vive Marat?* C'est un baron allemand, qui maintenant jette feu et flamme contre la République et la constitution, et qui conspire pour faire égorger ces *scélérats républicains*, qu'il poursuivit comme modérés en 1793. C'est la règle : elle est parfaitement suivie par ceux qui, avec la même *bonne foi*, ont couru la même carrière. Vous n'avez point oublié que MM. Poly, Pereyra, Guzman, Frey, Clootz, étaient non pas de malheureux ouvriers français à qui la révolution avait fait tourner la tête, mais bien des seigneurs autrichiens, espagnols, portugais et prussiens. Vous vous souvenez que leur influence était telle, que lorsque nous, bien moins Français sans doute que ces fils adoptifs sans lesquels la République se serait perdue, que lorsque, dis-je, effrayés de leur *patriotisme* du 10 mars, nous proposâmes, au nom du comité de défense générale, dont moi, *modéré*, j'étais alors l'organe, d'établir un comité de surveillance à l'égard des étrangers, ils se jouèrent de nos précautions, s'emparèrent des comités qui devaient les surveiller, s'y placèrent d'emblée comme ils auraient fait chez eux, et définitivement s'en servirent comme un voleur se sert de la barre d'une porte qu'il a enfoncée pour assommer le maître de la maison. Qu'importe qui donne le mot d'ordre : il est toujours le même : *Tournons contre leur gouvernement tout ce qu'ils feront pour sa défense, et faisons qu'ils se déchirent de leurs propres mains.* »

plan, leurs moyens, leurs espérances, et leur faire exhiber les pouvoirs qu'ils disaient tenir de Louis XVIII. Dans ce but, une nouvelle entrevue fut fixée chez le chef d'escadron Malo, et des agents, apostés d'avance, arrêtèrent les conjurés. Des visites domiciliaires, faites immédiatement chez eux, amenèrent la saisie de leur correspondance, de papiers relatifs à la conspiration, et de la minute du plan d'exécution, dont il fut donné communication aux conseils, dans la séance du 16 pluviôse (4 février). Voici en quoi consistait ce plan, où l'on avait pris toutes les mesures pour en assurer le succès. Les conjurés devaient poser des corps de gens sûrs à toutes les barrières, même aux brèches des murs de toute la clôture de Paris; ne laisser entrer que les approvisionnements et les *fidèles* attendus, lesquels seraient en état de répondre à un mot d'ordre convenu et tenu secret; ne laisser sortir personne dans les premières vingt-quatre heures, excepté les porteurs d'ordres expédiés par les dépositaires de l'autorité royale; s'emparer au même instant des Invalides, de l'École Militaire, de l'Arsenal, de la Monnaie, de la Trésorerie, de toutes les caisses publiques, des Tuileries, de tous les magasins qui étaient aux Feuillants, du Palais-Royal, du Temple, des Postes aux lettres et aux chevaux, des voitures publiques, des télégraphes du Luxembourg, des maisons des ministres, et s'assurer du cours de la rivière, tant au-dessus qu'au-dessous de Paris.

Meudon était un poste très-important; il fallait l'occuper sans délai. Là se trouvait le dépôt des munitions des pièces d'artillerie qui se trouvaient à Paris. De plus, il existait trois cents chevaux : trois cents hommes devaient suffire pour cette expédition; on devait, en outre, s'emparer des magasins de poudre d'Essonne, et des magasins de farine de Corbeil.

Les conspirateurs croyaient pouvoir compter sur les habitants du village de Vincennes ; ils voulaient se rendre maîtres du donjon, qui servirait à y renfermer les prisonniers *intéressants*, ou de retraite momentanée en cas de besoin. Le Temple étant une enceinte isolée, facile à défendre, ils se proposaient de le choisir pour le quartier général des représentants du roi. Ils songeaient, en outre, à intercepter tous les ponts, contenir les faubourgs Saint-Antoine et Saint-Marceau par tous les moyens possibles. Une batterie à Montmartre, en contenant Paris, aurait éclairé et assuré les routes du Nord. S'il échappait un des Directeurs, et que la promesse de l'amnistie ne le ramenât pas, sa tête serait mise à prix, et quiconque lui donnerait asyle serait déclaré traître au roi et à la patrie. Quant aux membres des deux conseils, on les consignerait, par une proclamation, à la garde des propriétaires, principaux locataires et portiers de leur domicile, jusqu'à nouvel ordre.

L'important était de s'assurer des principaux jacobins et terroristes, de rétablir la juridiction prévôtale et les anciens supplices, d'ordonner aux administrations municipales de surveiller exactement les agitateurs, et, aux premiers propos incendiaires, de les faire juger prévôtalement ; il fallait, de plus, brûler sur-le-champ les presses des journaux jacobins, et arrêter leurs auteurs.

Comme il leur fallait beaucoup de place dans les prisons, ils y auraient envoyé un magistrat probe et actif, qui eût vérifié les écrous, et mis en liberté ceux qui n'eussent pas été détenus pour crimes. Ils voulaient surtout occuper Bicêtre : les habitants de Paris, pensaient-ils, auraient un intérêt pressant à contenir efficacement les assassins, les voleurs et les terroristes.

Proclamer une amnistie générale au nom du roi, conserver provisoirement tous les tribunaux, et publier une déclaration honorable pour les armées et amicale pour les puissances étrangères; ordonner à tous les fournisseurs et agents de continuer le service, chacun dans sa partie ; faire circuler de nombreuses patrouilles dans les rues ; avoir un approvisionnement de grenades pour dissiper les attroupements (c'était, à leur avis, le moyen le plus efficace); nommer un chef à la gendarmerie, laquelle reprendrait sur-le-champ le nom de maréchaussée ; annoncer par des proclamations, dans les provinces, le roi, comme un père tendre, appelé par ses enfants; déployer une grande sévérité contre tout royaliste qui se livrerait à des vengeances personnelles ; envoyer des commissaires dans les campagnes pour faire les approvisionnements nécessaires ; donner immédiatement, à M. de Vauvilliers, la commission de directeur des approvisionnements de Paris ; réunir les anciens agents de la police, et les charger de sa direction ; abolir sur-le-champ les décades et le comput républicain ; mander à tous les intendants de se rendre dans les provinces qui leur étaient confiées avant la révolution ; envoyer dans celles dont les intendants n'auraient plus existé, des administrateurs avec le titre de préfets royaux, du commerce et des manufactures; déclarer enfin tous ces pouvoirs provisoires, jusqu'à l'arrivée de sa majesté, etc.; tel était le plan des conjurés.

La lecture de ce plan d'insurrection fut suivie de celle d'une proclamation de Louis XVIII, d'instructions, de pleins pouvoirs donnés aux agents royalistes, des déclarations de Ramel et de Malo. Les conjurés avouèrent la mission dont ils étaient chargés par le roi. Malgré cela, le parti monarchique, dans les conseils, nia l'existence de la conspiration. Il poussa même l'impudence jusqu'à appuyer les réclamations des conjurés, qui, traduits devant une commission militaire pour crime d'embauchage, en déclinèrent la compétence. On plaida pour eux au corps législatif comme au tribunal. Aussi, renvoyés devant des juges de leur parti, élus sous l'influence de vendémiaire, ils ne furent condamnés qu'à une courte détention. Le Directoire, par la découverte de cette conspiration, apprit à la France entière la force et l'audace du parti royaliste, et l'appui qu'il trouvait dans les conseils.

Cette sorte d'adhésion du corps législatif aux intrigues des royalistes, paralysait toutes les bonnes volontés du Directoire. A cela se joignaient les embarras financiers, qui accroissaient chaque jour la misère du gouvernement, au milieu du retour de l'aisance chez les particuliers, l'incertitude de l'opinion et les déclamations violentes de la presse, qui produisait sur les esprits un véritable étourdissement. Tout semblait remis en question. Une autre cause aggravait encore la situation du Directoire. Des dissentiments avaient éclaté entre ses membres. Les partis, qui devinent tout, n'avaient pas tardé à l'apprendre ; et, alors, chacun avait loué à outrance ceux qu'il voulait gagner, et déversé l'injure et le blâme sur les autres. On les distinguait en majorité et en minorité. Carnot et Letourneur étaient l'objet des éloges de la presse royaliste, qui se déchaînait contre Lareveillère, Rewbell et Barras. Cette tactique de la presse n'avait fait qu'aigrir les ressentiments mutuels des Directeurs, et rabaissé dans l'opinion la majorité directoriale, que compromettait, du reste, Barras, par son luxe, sa prodigalité, son entourage de fripons et de femmes dissolues, et ses orgies de Gros-Bois.

Tous ces embarras, cependant, n'empêchaient pas le Directoire d'ajouter encore à l'éclat et à la prospérité de la République, qui, ayant forcé par les armes quelques puissances à la paix, allait en amener d'autres, par des négociations, à des alliances. Le Directoire avait projeté une quadruple alliance entre la France, l'Espagne, Venise et la Turquie. Ce projet avait l'immense avantage de constituer, contre les puissances du Nord, une ligue des puissances du Midi, qui auraient, par ce moyen, dominé la Méditerranée et l'Orient, tenu la Russie en échec, menacé les derrières de l'Autriche, et suscité de nouvelles ennemies maritimes à l'Angleterre. Malheureusement la Turquie et Venise refusèrent d'y accéder. Il n'en fut pas de même de l'Espagne; elle conclut un traité d'alliance offensive et défensive, sur les bases du pacte de famille. Un secours de dix-huit mille hommes d'infanterie, de six mille chevaux, de trente vaisseaux, dont quinze de haut-bord et quinze de soixante-quatorze canons, de six frégates, devait être fourni par les puissances contractantes, à la première réquisition de celle des deux qui serait en guerre.

En même temps, le Directoire préparait une expédition en Irlande. Après la pacification de la Vendée, Hoche avait proposé de porter en Angleterre le fléau de la guerre civile qu'elle avait porté en France. Cent mille hommes de bonnes troupes étaient répandus sur les côtes de l'Océan, et on pouvait en jeter une trentaine de mille en Irlande, soulever les catholiques indisposés contre l'oppression du gouvernement anglais, et causer à l'Angleterre des maux incalculables. Ce projet fut approuvé, et tout se prépara pour cette expédition.

L'Angleterre en conçut de sérieuses alarmes. Ses finances commençaient à être chancelantes, la banque avait suspendu ses paiements. Le peuple anglais souffrait horriblement de la guerre. Le commerce, restreint de plus en plus, faisait chaque jour des pertes immenses ; des cris de malédiction s'élevaient de toutes parts contre Pitt, et, dans l'état d'exaspération des esprits, une invasion républicaine pouvait être un coup mortel pour l'aristocratie anglaise.

Pour calmer cette irritation et avoir en même temps des renseignements certains sur l'expédition qui se préparait, Pitt fit ouvrir une négociation solennelle à Paris pour traiter de la paix. Cette négociation n'avait rien de sérieux ; elle n'était qu'une sorte de satisfaction donnée à l'opinion publique d'Angleterre, et un moyen d'avoir en quelque sorte un espion titré en France. Malgré cela, cette éclatante démarche de l'aristocratie anglaise s'avouant réduite à traiter, avait quelque chose de glorieux pour la République. Lord Malmesbury, revêtu des pouvoirs de la Grande-Bretagne, arriva à Paris avec une suite nombreuse ; mais cette négociation n'eut aucun résultat. Aux demandes exorbitantes de l'Angleterre, le Directoire ne tarda pas à s'apercevoir que Pitt n'avait d'autre but que de faire croire qu'il voulait traiter, et il donna l'ordre aux plénipotentiaires anglais de quitter Paris.

Pendant cet intervalle s'était préparé le grand projet de Hoche sur l'Irlande. Le ministre Truguet l'avait secondé de tout son pouvoir. Dans la rade de Brest, quinze vaisseaux de haut-bord, vingt frégates, six gabarres et cinquante bâtiments de transport étaient prêts à mettre à la voile. L'expédition partit trois jours avant le départ de lord Malmesbury ; elle portait vingt-deux mille hommes de débarquement : Hoche commandait les troupes de terre, l'amiral Morard-de-Galles, l'escadre. On devait débarquer à la baie de Bantry ; mais une tempête affreuse dispersa l'expédition. Des trois divisions qui la composaient, une seule toucha aux côtes d'Irlande, dans la baie de Gallewai. Un conseil de guerre avait décidé le débarquement, mais le mauvais temps força cette fraction de l'escadre à prendre le large. On n'avait pu parvenir à rallier le vaisseau qui portait Hoche et Morard-de-Galles, et, en l'absence des chefs, le contre-amiral Bouvet, effrayé de tant d'obstacles, regagna les côtes de France. Les deux autres divisions, battues par la mer, poursuivies par les Anglais, ne purent approcher des côtes d'Irlande, et rentrèrent à Brest après avoir essuyé quelques pertes.

Malgré son mauvais succès, cette expédition jeta une grande alarme en Angleterre. Elle découvrit son côté vulnérable, et, sans renoncer entièrement à ce projet, le Directoire tourna ses vues d'un autre côté. Les merveilles qu'une de nos armées opérait en Italie sous les ordres du général Bonaparte, lui permettaient d'espérer qu'avant peu il pourrait diriger toutes ses forces contre l'Angleterre, et forcer son implacable et fière aristocratie à implorer sérieusement la paix de la République. En effet, la situation militaire de la République était alors dans un état de prospérité comme nul n'eût osé le prévoir à la fin de 1795, et le génie d'un grand capitaine, joint à la bravoure d'une valeureuse armée, avaient rendu nos armes plus que jamais redoutables aux trônes de l'Europe.

CHAPITRE II.

Campagne de 1796. — Plan de la campagne. — Arrivée de Bonaparte à l'armée d'Italie. — Passage des Alpes. — Batailles de Montenotte, de Millesimo. — Paix avec le Piémont. — Passage du pont de Lodi, du Mincio. — L'armée autrichienne est jetée dans le Tyrol. — Les ducs de Parme, de Modène, le roi de Naples, Rome, Venise concluent des armistices et paient des tributs. — Armées de Sambre-et-Meuse et Rhin-et-Moselle. — Occupation de Francfort, Wurtzbourg, Nuremberg, par l'armée de Sambre-et-Meuse. — Les princes de Souabe et de Saxe demandent la paix — L'armée du Rhin s'empare de Biberach, Fribourg, Rastadt, Gernsbech, Ulm. — Retour de Jourdan sur le Mein. — Mort de Marceau. — Retraite de Moreau. — Bataille de Biberach. — Arrivée de Wurmser en Italie. — Batailles de Lonato, de Castiglione, de Roveredo. — Occupation de Trente. — Nouvelle défaite de Wurmser; il se renferme dans Mantoue. — L'Autriche envoie une troisième armée contre Bonaparte. — Passage du pont d'Arcole. — Batailles de Rivoli, de la Favorite. — Capitulation de Mantoue. — Déroute de l'armée papale. — Traité de Tolentino. — — Passage des Alpes juliennes. — Bataille du Tagliamento. — Préliminaires de Léoben. — Politique de Bonaparte en Italie. — Effet de ses victoires en France. — Nouvelles propositions de paix de l'Angleterre.

La fin de la campagne de 1795 avait été moins heureuse que le commencement. Pichegru avec l'armée du Rhin, et Jourdan à la tête de celle de Sambre-et-Meuse, avaient été chargés, par la Convention, de cerner Mayence et de s'en rendre maîtres pour occuper toute la ligne du Rhin et envahir l'Allemagne. Trente mille hommes, aux ordres du général Schaal, avaient bloqué Mayence. Jourdan, parti de Dusseldorf, avait heureusement passé le Rhin et s'était porté jusque sur la Lahn; mais Pichegru, qui, par l'occupation de Manheim, avait un moyen facile de passer le fleuve, s'était contenté de jeter un faible corps au-delà et de rester stationnaire avec le gros de son armée. Jourdan s'était trouvé ainsi seul en Allemagne serré entre la ligne prussienne et le Rhin. Sa situation pouvait devenir d'autant plus critique, que Pichegru débattait alors avec le prince de Condé les conditions de sa défection.

Heureusement ils ne purent parvenir à s'entendre sur les questions principales. Le prince de Condé voulait avoir la gloire de faire la contre-révolution sans le secours de l'Autriche; Pichegru ne croyait cela ni prudent ni possible. Ce général voulait, avant de se compromettre ouvertement, avoir au moins de son côté toute chance de succès. Mais ne pouvant servir ses nouveaux alliés d'une manière active, il les avait servis par son inaction. En effet, Jourdan exposé seul en flèche au milieu de l'Allemagne, avait été obligé de se retirer et de repasser le Rhin. Ce mouvement rétrograde avait été fatal à l'armée qui bloquait Mayence; car, dès que Jourdan se fut retiré sur le Bas-Rhin par Dusseldorf et Neuwied, Clairfayt, laissant un détachement pour l'observer, s'était transporté, avec le gros de son armée, à Mayence, d'où il avait débouché sur le corps de blocus du général Schaal, en attaquant toutes ses lignes de front pendant qu'une flottille canonnait ses derrières, et l'avait mis en pleine déroute. En même temps Pichegru s'était fait battre à Heidelberg par Wurmser, avait perdu le pont de Necker et avait été refoulé dans Manheim. La ligne de Mayence s'était trouvée ainsi perdue pour l'armée française, le Rhin ouvert aux coalisés, et les deux armées du Rhin et de Sambre-et-Meuse coupées par Clairfayt, qui, s'il eût été plus entreprenant, pouvait écraser l'une ou l'autre en l'accablant avec toutes ses masses.

Quand ces fâcheuses nouvelles parvinrent à Paris, le Directoire prenait possession du gouvernement. Au-dedans comme au-dehors, il ne voyait partout que difficultés à surmonter. On se souvient cependant qu'une pareille situation ne l'avait point découragé. Les revers de l'armée du Rhin, loin d'abattre Carnot qui était alors, comme sous la Convention, chargé de diriger les opérations stratégiques, lui inspirèrent l'idée d'un nouveau plan de campagne pour 1796. Ce plan consistait à porter les armées de la République au cœur même des États ennemis.

Pour éloigner la guerre de nos frontières, soulager les finances de la République, et entretenir les troupes aux dépens des contrées conquises, on devait à la fois porter le théâtre de la guerre en Allemagne et en Alsace. La grande vallée du Rhin, celles du Mein et du Necker en Allemagne, les Alpes, le Pô, la Lombardie en Italie, furent les terrains militaires sur lesquels les armées les plus aguerries de la République allaient déployer leur courage. Des généraux, jeunes, entreprenants, pleins d'audace, étaient appelés à les commander. Bonaparte, général de l'intérieur depuis les journées de vendémiaire, eut le commandement de l'armée d'Italie. Moreau fut mis à la tête de celle du Rhin, à la place de Pichegru qu'on commençait à suspecter. Jourdan conserva le commandement de l'armée de Sambre-et-Meuse. Le plan de la campagne était l'attaque de la monarchie autrichienne par l'Allemagne et par l'Italie, la jonction des armées du Rhin, de Sambre-et-Meuse et d'Italie au débouché du Tyrol, et leur marche simultanée sur Vienne en s'échelonnant. Cent cinquante mille hommes sur le Rhin, trente mille aux Alpes, devaient exécuter « ce vaste mouvement qui, en réussissant, dit Mignet, rendait la République maîtresse du chef-lieu de la coalition sur le continent. »

L'armée d'Italie, occupant des postes sur la rivière de Gênes, depuis Savone jusqu'à Finertie, était sur la défensive. Elle manquait de tout et battait inutilement le flanc des Alpes, en attendant les secours et les renforts que l'on réunissait avec beaucoup de peine dans le département du Var et le pays de Nice. Pour obvier à cette pénurie, le Directoire autorisa à lever une partie des contributions en nature, décréta une réquisition qui prit tous les chevaux de luxe et un trentième des chevaux de labeur, passa des marchés pour trois cent cinquante mille équipements complets, et fit rendre une loi sévère sur la désertion, pour faire rejoindre tous les réquisitionnaires réfractaires. Les cadres furent à peu près alors complétés. L'armée eut des chevaux, des vivres, des équipements, et, si elle ne fut pas abondamment pourvue, elle fut au moins en mesure d'agir.

Le 7 germinal an V (27 mars 1796), Bonaparte arriva au quartier général à Nice. Il fit payer aux troupes une partie de l'arriéré de leur solde, s'occupa des moyens de les ravitailler, et se disposa à prendre l'offensive. Il avait sous ses ordres les généraux Masséna, Augereau, Laharpe, Serrurier et Berthier. Il avait devant lui quatre-vingt-dix mille coalisés. Dargentan au centre, avec vingt-cinq mille hommes, à la droite Beaulieu, avec trente mille Autrichiens et quarante pièces de canon, à la gauche vingt-deux mille Austro-Sardes et trente pièces de canon, sous les ordres de Colli.

Le 18 germinal (8 avril), Bonaparte leva les cantonnements, et s'engagea dans la vallée de Savone, pour déboucher en Italie entre les Apennins et les Alpes. Avant de partir, il adressa aux troupes une proclamation.

« Soldats, y disait-il, vous êtes mal nourris et presque

nus. Le gouvernement vous doit beaucoup, mais ne peut rien pour vous. Votre patience, votre courage vous honorent, mais ne vous procurent ni avantage, ni gloire. Je vais vous conduire dans les plus fertiles plaines du monde : vous y trouverez de grandes villes, de riches provinces : vous y trouverez honneurs, gloire et richesses. Soldats d'Italie, manqueriez-vous de courage ? »

A ces énergiques paroles, l'armée s'ébranla, et, pleine d'enthousiasme, se mit à gravir ces hauteurs que la neige couvrait encore en partie. A des obstacles presque invincibles que leur offraient les croupes escarpées de ces montagnes, nos soldats opposaient une audace, un courage et une résignation qui présageaient de grands succès. Leur jeune général ne s'épargnait pas plus qu'un simple soldat ; il les encourageait de la voix et de l'exemple.

Après avoir reconnu la position de l'ennemi, Bonaparte avait immédiatement tracé son plan : c'était d'appuyer fortement sur le centre de l'armée coalisée, pour séparer les Piémontais des Autrichiens. A cet effet, il lança la division Laharpe sur le revers maritime de l'Apennin, pour faire croire à une marche sur Gênes. Trompé par cette démonstration, Beaulieu porta son armée sur Gênes, par les deux versants de l'Apennin. D'Argentan, qui commandait le centre de l'armée coalisée, et se liait aux Piémontais campés à Civa par le col de Montenotte, qu'il occupait au sommet de l'Apennin, traversa le col pour venir s'abattre sur le centre de l'armée française pendant sa marche supposée. Ce mouvement était prévu ; le colonel Rampon, dans la redoute de Montelegino, qui fermait la route de Montenotte, l'arrêta avec douze cents hommes pendant tout le jour, après avoir fait jurer à ses soldats de mourir plutôt que d'abandonner ce poste. Bonaparte, alors, sentant le moment venu d'écraser le centre autrichien, fait replier au milieu de la nuit la division Laharpe, et la porte au-devant de d'Argentan. La division Augereau est dirigée sur le même point par la route de Montenotte. Un circuit au-delà de l'Apennin conduit Masséna sur les derrières mêmes du centre ennemi. Dès dix heures du matin, enveloppé de tous côtés par des forces supérieures, d'Argentan fut écrasé. Le même jour, Bonaparte porta son armée à Carcaïe, dans la vallée de la Bormida. Au fond de la vallée étaient les Autrichiens, qui s'étaient ralliés à Dego pour garder la route de la Lombardie; à sa gauche étaient les Piémontais, qui, dans les gorges de Millesimo, gardaient la route du Piémont. Au milieu de cette position centrale, entre les deux armées coalisées, Bonaparte conçut le projet hardi d'enlever Dego et de forcer à la fois les gorges de Millesimo, pour être maître des deux routes, séparer entièrement les Autrichiens des Piémontais, et accabler ensuite de ses masses celle des deux armées qu'il lui conviendrait de choisir. Augereau est chargé de l'attaque des gorges, Masséna et Laharpe de celle de Dego.

A travers un déluge de pierres et d'énormes rochers qui écrasent des lignes entières, Augereau pénètre dans les gorges. Il escalade une hauteur d'où les Piémontais, commandés par le général Provera, faisaient un feu terrible. Le général Joubert tombe frappé d'une balle. Les soldats hésitant, commencent à se replier. Augereau s'élance à leur tête avec une impétuosité nouvelle, tient tête à la fois à Colli, qui veut dégager Provera, à Provera, qui se bat en désespéré, et, après plus de douze heures de combat, fait mettre bas les armes à la division piémontaise.

L'attaque sur Dego avait eu le même succès. Après plusieurs assauts meurtriers, les Autrichiens avaient perdu Dego avec une partie de leur artillerie. Au dernier, l'adjudant général Lanasse, mettant son chapeau au bout de son épée, avait entraîné ses soldats et décidé la victoire. L'armée s'était battue pendant cinq jours de suite, du 22 au 26. Neuf mille prisonniers, trente pièces de canon, les routes du Piémont et de la Lombardie ouvertes, la possession des crêtes des Apennins, et la séparation de l'armée piémontaise et de l'armée autrichienne, avaient été les résultats de ces importantes victoires. Bonaparte donna un jour de repos à ses troupes. Le lendemain, il marcha sur Ceva, où Colli s'était retranché, moins pour lui résister que pour ralentir sa marche.

Parvenue sur une hauteur, d'où, pour la première fois, elle aperçut les belles campagnes d'Italie se déroulant à ses pieds dans toute leur magnificence, l'armée poussa une acclamation de surprise et de joie. « Soldats ! s'écria Bonaparte, qui marchait à leur tête, voilà la terre promise. Annibal avait franchi les Alpes; nous, nous les avons tournées : en avant ! »

Et l'armée, à qui, pendant ces marches rapides, ces combats journaliers, on pouvait à peine faire des distributions régulières, s'élança, pleine d'enthousiasme et d'audace, à la suite de son jeune général. Elle débusqua Colli de Ceva, le rejeta derrière la Carsaglia, d'où elle le débusqua encore ; et, enfin, l'ayant surpris en ligne à Mondovi (2 floréal, 21 avril), lui fit trois mille prisonniers et le força définitivement à la retraite, après lui avoir pris huit canons et onze drapeaux. Ce fut le général Serrurier qui décida de la victoire, en s'emparant de la redoute nommée la Bicoque. Bonaparte n'était qu'à dix lieues de Turin.

L'armée piémontaise mise en déroute, l'armée autrichienne entamée, se replièrent sur Turin et Milan pour défendre ces capitales de leur domination. La cour de Turin, épouvantée des rapides progrès du vainqueur, fit faire, par Colli, des ouvertures de paix. Un armistice fut conclu à Cherasco. Bonaparte demanda, en garantie, les places de Coni, Tortone et Alexandrie, ainsi que les magasins qu'elles renfermaient, la démolition des forteresses de Suze et de la Brunette sur les revers de la France, et l'abandon du comté de Nice et de la Savoie. Ces préliminaires furent agréés, et un armistice fut signé à Cherasco, le 26 floréal (15 mai).

Débarrassé des Piémontais, Bonaparte songea à attaquer l'armée autrichienne, ou plutôt à fonder sur de nouvelles victoires l'édifice de sa grandeur future. Déjà il avait comme fasciné l'armée. Ces valeureux soldats, qui, depuis plusieurs années, presque toujours sur la défensive, avaient fait, au milieu des neiges, une guerre stérile pour se maintenir sur quelques rochers escarpés, manquant de tout, presque nus, vivant de patience et de privations, se voyaient, tout d'un coup, transportés sous le plus beau ciel du monde, ayant des vivres en abondance, des magasins assurés, un jeune général déjà leur idole, et qui savait les électriser par des proclamations dont le langage était tout nouveau pour eux. Celle qu'il leur adressa avant de fondre sur les Autrichiens, arracha des hôpitaux des soldats malades, qui voulaient coopérer aux nouvelles victoires qu'on leur promettait. « Soldats d'Italie disait Bonaparte, vous avez remporté en quinze jours six victoires, pris vingt-un drapeaux, cinquante-cinq pièces de canon, plusieurs places fortes, et conquis la partie la plus riche du Piémont ; vous avez fait quinze mille prisonniers, tué ou blessé plus de dix mille hommes. Vous vous étiez jusqu'ici battus pour des rochers stériles, illustrés par votre courage, mais inutiles à la patrie. Vous égalez aujourd'hui, par vos services, l'armée de Hollande et du Rhin. Dénués de tout, vous avez suppléé à tout. Vous avez gagné des batailles sans canons, passé des rivières sans pont, fait des marches forcées sans souliers, bivouaqué sans eau-de vie et souvent sans pain. Les phalanges républicaines, les soldats de la liberté étaient seuls capables de souffrir ce que vous avez souffert; grâces vous en soient rendues, soldats! La patrie reconnaissante vous devra sa prospérité ; et si, vainqueurs de Toulon, vous présageâtes l'immortelle campagne de 1793, vos victoires actuelles en présagent une plus belle encore. Les deux armées qui, naguères, vous attaquaient avec audace, fuient épouvantées devant vous ; les hommes pervers qui riaient de votre misère, et se réjouissaient, dans leur pensée, des triomphes de vos ennemis, sont confondus et tremblants. Mais, soldats, vous n'avez rien fait, puisqu'il vous reste à faire. On dit qu'il en est parmi vous dont le courage mollit, qui préféreraient retourner sur les sommets de l'Apennin et des Alpes ? Non, je ne puis le croire. Les vainqueurs de Montenotte, de Millesimo, de Dego, de Mondovi, brûlent de porter au loin la gloire du peuple français. »

Bonaparte accorda deux jours de repos à son armée et mit ensuite toutes ses forces en mouvement pour attaquer Beaulieu. Ce dernier, après avoir essayé d'un coup de main de reprendre Alexandrie et Tortone, avait repassé le Pô et était allé camper à Valeggio, au confluent du Pô et du Tésin. Il était là à portée de Valence, où il s'attendait que l'armée français tenterait de passer le fleuve. Bonaparte dirigea en effet le gros de son armée vers ce point; mais après cette démonstration, il prit ses quatre mille grenadiers, sa cavalerie, vingt-quatre pièces de canon, fit une marche forcée de seize lieues en trente-six heures, et passa le Pô à Plaisance, où il fut bientôt rejoint par toute son armée. Avertie du passage de l'armée française, la division Liptai alla s'établir à Fombio et s'y retrancha; mais, attaquée par le général Bonaparte, elle fut délogée et laissa deux mille prisonniers aux mains du vainqueur. Beaulieu, accouru au secours de Liptai, ne put soutenir le choc des soldats républicains ; il fut obligé de se replier sur l'Adda. Se jetant à la poursuite des Impériaux, Bonaparte les joignit à Lodi, les en chassa malgré leur vive résistance, et les força de se replier sur le gros de l'armée de Beaulieu qui avait pris position sur l'autre rive de l'Adda, en face du pont de Lodi. Le passage de ce pont était défendu par vingt pièces de canon et seize mille hommes d'infanterie ou de cavalerie. Ce formidable obstacle n'arrête pas Bonaparte. Le général donne l'ordre à la cavalerie de remonter l'Adda pour trouver un gué. Derrière les murs de Lodi, à l'abri des balles et de la mitraille, se forme une colonne de six mille grenadiers. Bonaparte parcourt les rangs : il communique aux soldats cette audace intrépide qui défie tous les dangers et brave la mort. Il commande, et cette colonne débouche sur le pont au pas de course. Une grêle de balles et de mitraille renverse la tête entière : elle passe outre, traverse le pont, tue les canonniers sur leurs pièces, fond avec impétuosité sur les colonnes autrichiennes, au moment où notre cavalerie ayant trouvé un gué s'avançait pour les prendre à revers, les culbute, les enfonce, et leur fait deux mille prisonniers.

Ce beau fait d'armes nous ouvrit la route de la Lombardie. Beaulieu, à qui il ne restait de refuge que vers Mantoue ou les gorges du Tyrol, se retira derrière le Mincio. Voulant se couvrir du côté de Mantoue, Bonaparte lança Masséna sur Crémone, qui ouvrit ses portes sur une simple menace, et dirigea son armée sur Milan. Il y entra le 26 floréal (15 mai), un mois après l'ouverture de la campagne. C'est à Lodi que

Bonaparte reçut de l'armée le surnom si fameux depuis de *petit caporal*. Ravis d'avoir un général si jeune et si habile, les vieux soldats avaient gaîment imaginé de le faire passer par les grades et de les lui décerner sur le champ de bataille, présumant qu'il ne tarderait pas à les mériter tous.

Nos succès prompts et décisifs jetèrent l'étonnement et la terreur dans toute l'Italie. Cette invasion dont la rapidité tenait du prodige, fit trembler tous les petits princes qui avaient à redouter à la fois les armes et les idées françaises. Le duc de Parme s'engagea par un traité à donner à l'armée républicaine deux millions, dix-huit cents chevaux de train, vingt tableaux au choix des commissaires français, du blé et de l'avoine. Le duc de Modène demanda aussi à traiter. Bonaparte lui accorda un armistice, et exigea huit millions en espèces, deux millions en munitions et subsistances, des chevaux et des tableaux destinés à enrichir notre Musée.

Ces ressources et une contribution de vingt millions frappée sur le Milanez, mirent bientôt l'armée dans une situation prospère. Il s'éleva sur le bord du Pô de grands magasins et des hôpitaux bien pourvus. Les caisses de l'armée étant bien remplies, la solde était régulièrement payée et les soldats bien nourris, ne manquant de rien, avaient échangé leurs guenilles des Alpes contre des habillements neufs qui relevaient encore leur allure martiale. Pleins d'ardeur et de bonne volonté, ils ne demandaient qu'à marcher en avant avec ce jeune général qui les faisait vivre dans l'abondance et les menait sans cesse à la victoire.

Cet enthousiasme entrait dans les vues de Bonaparte. Il avait le projet, s'il parvenait à arracher l'Italie à l'Autriche, d'y constituer quelque république pour assurer ses derrières, d'y laisser une division en observation, de traverser le

Tyrol, franchir les Alpes une seconde fois, combiner ses mouvements avec l'armée du Rhin commandée par Moreau, et porter la guerre au cœur de la monarchie autrichienne.

Un tel plan était vaste, mais plus vaste encore le génie de l'homme qui l'avait conçu. Après huit jours de repos à Milan, Bonaparte se mit en marche avec son armée, qu'il électrisa par la proclamation suivante :

« Soldats! vous vous êtes précipités comme un torrent du haut de l'Apennin ; vous avez culbuté, dispersé tout ce qui s'opposait à votre marche. Le Piémont, délivré de la tyrannie autrichienne, s'est livré à ses sentiments naturels de paix et d'amitié pour la France. Milan est à vous, et le pavillon républicain flotte dans toute la Lombardie. Les ducs de Parme et de Modène ne doivent leur existence politique qu'à votre générosité. L'armée qui vous menaçait avec orgueil ne trouve plus de barrière qui la rassure contre votre courage. Le Pô, le Tésin, l'Adda n'ont pu vous arrêter un seul jour. Ces boulevarts tant vantés de l'Italie ont été insuffisants : vous les avez franchis aussi rapidement que l'Apennin. Tant de succès ont porté la joie dans le sein de la patrie ; vos représentants ont ordonné une fête dédiée à vos victoires, célébrées dans toutes les communes de la République. Là, vos pères, vos mères, vos épouses, vos sœurs, vos amantes se réjouissent de vos succès, et se vantent avec orgueil de vous appartenir. Oui, soldats ! vous avez beaucoup fait, mais ne vous reste-t-il donc plus rien à faire? Dira-t-on de nous que nous avons su vaincre, mais que nous n'avons pas su profiter de la victoire? La postérité vous reprochera-t-elle d'avoir trouvé Capoue dans la Lombardie? Mais je vous vois déjà courir aux armes. Eh bien, partons ! Nous avons encore des marches forcées à faire, des ennemis à soumettre, des lauriers à cueillir, des injures à venger. Que ceux qui ont aiguisé les poignards de la guerre civile en France, qui ont lâchement assassiné nos ministres, incendié nos vaisseaux à Toulon, tremblent! l'heure de la vengeance a sonné. Mais que les peuples soient sans inquiétude; nous sommes amis de tous les peuples, et plus particulièrement des descendants des Brutus, des Scipion, de tous les grands hommes que nous avons pris pour modèles. Rétablir le Capitole, y placer avec honneur les statues des héros qui se rendirent célèbres, réveiller le peuple romain engourdi par plusieurs siècles d'esclavage, tel sera le fruit de nos victoires. Elles feront époque dans la postérité; vous aurez la gloire immortelle de changer la face de la plus belle partie de l'Europe. Le peuple français libre, respecté du monde entier, donnera à l'Europe une paix glorieuse qui l'indemnisera des sacrifices de toute espèce qu'il a faits depuis six ans. Vous rentrerez alors dans vos foyers, et vos concitoyens diront en vous montrant : *Il était de l'armée d'Italie.* »

Le 2 prairial (21 mai), toutes les divisions de l'armée s'ébranlèrent. La division Augereau eut ordre de marcher sur Rome ; elle était appuyée par une colonne commandée par Vaubois, et qui, partie de Plaisance, devait se rendre dans les États romains en traversant la Toscane. La Cour de Naples, dont la fureur contre les Français n'avait d'équivalent que sa faiblesse, fut effrayée de ce mouvement et envoya le prince de Belmonte-Pignatelli pour se soumettre à Bonaparte. Celui-ci, dans le but d'assurer ses derrières, accorda un armistice, à la seule condition pour la Cour de Naples, d'ouvrir tous ses ports aux Français, de retirer à l'Angleterre les vaisseaux et les frégates qu'elle lui fournissait, et à l'Autriche un corps de près de trois mille cavaliers qui servaient sous Beaulieu et qui resteraient en ôtage entre les mains de

Bonaparte. En même temps, le pape demanda à traiter. Bonaparte exigea l'indépendance des légations de Bologne et de Ferrare, la possession provisoire de la ville d'Ancône, vingt-un millions, des blés, des bestiaux, soixante-dix tableaux et trente statues. C'est dans ce sens que le 12 prairial (24 juin) un armistice fut conclu.

Bonaparte n'en continuait pas moins sa marche. Il s'avançait toujours pour s'emparer de la belle et forte ligne de l'Adige, d'où son projet était de dominer la haute et basse Italie, et d'y constituer des États indépendants pour accéder aux vœux presqu'unanimes de certaines populations.

Déjà son armée était sur l'Oglio, lorsqu'une révolte de paysans fomentée par les moines, éclata sur ses derrières dans la Lombardie. Bonaparte rebrousse immédiatement chemin ; il prend un bataillon de grenadiers, quatre cents chevaux et six pièces d'artillerie ; il disperse au bourg de Binasco, qu'il livre aux flammes, l'avant-garde des paysans insurgés ; il se présente devant Pavie où ils s'étaient retirés au nombre de sept à huit mille ; il fait balayer les murailles par de la mitraille et des obus, ordonne à ses grenadiers d'enfoncer les portes à coups de hache, et fait sabrer, après un combat opiniâtre, une grande partie des révoltés. Ensuite, voulant donner une leçon profitable, il permet un pillage de trois heures dans la ville.

Après cette prompte et terrible expédition, Bonaparte rejoint en toute hâte son armée ; il s'avance vers Beaulieu qui, avec les débris de la sienne et un renfort de dix mille hommes, s'était porté sur la ligne du Mincio pour la défendre. Pour tromper Beaulieu sur l'endroit où il voulait effectuer le passage, Bonaparte dirige deux corps sur le Haut-Mincio, se jette avec la plus grande partie de son armée sur Borghetto que défendaient six mille Impériaux, les écrase, franchit le Mincio à leur suite, remonte le fleuve pour attaquer Beaulieu, qui, refusant le combat, se jette définitivement dans le Tyrol.

Par cette seconde retraite, il ne restait plus, en Italie, aux Autrichiens que Mantoue. Serrurier, avec un corps de dix mille hommes, reçut ordre de la bloquer en attendant qu'on pût commencer les travaux d'un siège régulier. Cette ville, très-forte, avait une garnison de plus de quinze mille hommes. Assise au milieu d'un lac, elle ne communiquait à la terre ferme que par cinq digues, seuls points par où elle fût abordable. Ne pouvant l'emporter par un coup de main, Bonaparte se décida à en faire le siège.

A l'exception de cette place, en deux mois toute l'Italie avait été conquise, deux armées avaient été détruites; le Piémont, Parme, Naples, Modène, Rome, avaient conclu des armistices et payé des tributs. Venise elle-même était venue faire sa soumission, avait cédé à Bonaparte Vérone et Porto-Legnago, qui assuraient au vainqueur la forte ligne de l'Adige. En outre, elle s'était engagée à fournir à l'armée française des vivres et tout ce qui serait nécessaire, sauf à compter ensuite avec la République.

La campagne sur le Rhin avait eu des résultats bien moins décisifs. Ses débuts, cependant, avaient semblé une coopération efficace aux prodigieuses victoires de l'armée d'Italie. Effrayé des progrès de Bonaparte, le cabinet de Vienne avait rappelé Wurmser avec quelques divisions pour aller défendre l'Italie. L'archiduc Charles avait été appelé au commandement des forces impériales en Allemagne. N'ayant plus en tête un ennemi supérieur, Jourdan et Moreau avaient passé le Rhin à Newied et à Strasbourg. Les deux armées du Rhin et de Sambre-et-Meuse s'étaient avancées sur un front échelonné de soixante lieues, repoussant partout l'ennemi. Jourdan, après avoir battu les Autrichiens à Friedberg, avait occupé Francfort, Wurtzbourg, Nuremberg, et marché sur la Bohême. Ces succès déterminèrent les princes de Souabe et de Saxe à faire la paix avec la République. De son côté, Moreau, avec l'armée de Rhin-et-Moselle, appuyé par sa gauche sur Jourdan, était près de joindre Bonaparte par sa droite. Après s'être emparé de Biberach, de Fribourg, de Radstadt, de Gernsbech, il avait obligé l'archiduc à se retirer sur le Danube, était entré dans Ulm, avait passé le Lech, et touchait par son avant-garde au derrière des gorges du Tyrol. Par malheur, Jourdan avait dépassé la ligne; le prince Charles s'aperçut de sa position aventurée, passa brusquement le Danube, et, laissant un corps d'observation capable d'en imposer à Moreau, marcha rapidement vers Jourdan, parvint à l'entamer et le força à la retraite. Le brave général Marceau périt dans un de ces engagements et resta même sur le champ de bataille. L'archiduc Charles le fit inhumer avec tous les honneurs militaires.

Ainsi découvert sur son flanc gauche, Moreau ayant même ignoré pendant plusieurs jours l'échec de Jourdan, se vit forcé de rétrograder et de renoncer à tous les avantages de sa marche victorieuse. Ce fut alors qu'il exécuta cette mémorable retraite pendant laquelle son armée, jusqu'alors victorieuse dans tous les combats qu'elle avait livrés à l'ennemi, trouva moyen encore de l'écraser à Biberach, et de lui faire quatre mille prisonniers. Elle repassa ensuite tranquillement le Rhin, et, du fond de la Bavière, revint, sans avoir été entamée, au point d'où elle était partie au début de la campagne.

Cette issue était malheureuse, en ce qu'elle empêchait l'accomplissement du plan de campagne et donnait, en

Allemagne, du répit à la monarchie autrichienne. Il n'en était pas de même en Italie. Bonaparte avait réuni devant Mantoue un matériel considérable et se disposait à en presser le siège, lorsque le feld-maréchal Wurmser, d'une habileté et d'une énergie depuis longtemps éprouvées, vint, avec une armée de soixante mille hommes, remplacer Beaulieu et fournir à l'armée d'Italie l'occasion de nouvelles victoires. Bonaparte, avec quelques renforts qu'il avait reçus, avait à peu près en tout cinquante-cinq mille hommes. Onze mille étaient dispersés dans les diverses garnisons ; seize mille affectés au blocus de Mantoue ; vingt-huit mille hommes composaient son armée active. Avec cette poignée de braves, il n'hésita pas à aller affronter les soixante mille hommes de Wurmser.

Wurmser descendait le Tyrol par trois routes, avec trois colonnes de vingt mille hommes chacune. L'une de ces trois routes, franchissant l'Adige avant la naissance du lac de Garda, conduisait sur les derrières de l'armée française ; l'autre débouchait dans la plaine entre le Mincio et l'Adige ; la troisième aboutissait sur le front de notre ligne défensive. Vingt mille hommes sous les ordres de Quasdanovich devaient tourner le lac de Garda et couper la ligne de retraite de l'armée française, pendant que Wurmser, avec quarante mille hommes, déboucherait sur Vérone, attaquerait les Français sur l'Adige et tenterait de les forcer sur leur front.

Bonaparte massa ses forces disponibles sur différents points des trois routes. Mais dès les premières rencontres, la fortune parut l'avoir abandonné : Masséna, qui, avec douze mille hommes, interceptait une des routes, fut obligé de se replier ; le général Sauret, qui gardait celle débouchant sur les derrières du lac de Garda, fut repoussé ; Augereau, Despinois, sur la troisième route, ne purent conserver leurs positions ; les Autrichiens débouchèrent de toutes parts et nous coupèrent même la retraite sur Milan. Nous avions ainsi perdu la ligne défensive et la principale ligne de la retraite. Notre situation était périlleuse. Bonaparte, contre son habitude, convoqua un conseil de guerre et prit l'avis de ses généraux. Tous, excepté Augereau, se prononcèrent pour la retraite. Bonaparte se rangea de l'avis d'Augereau. La ligne qu'occupait l'armée française était trop étendue pour résister à des forces si supérieures, il la resserra. Il abandonna Legnano et le blocus de Mantoue. Augereau, qui tenait une de ces villes, et Serrurier, qui bloquait l'autre, reçurent ordre de se porter immédiatement à la pointe du lac de Garda que descendaient, sur ses deux rives, les deux corps ennemis. Si leur jonction s'opérait, l'armée française devait être infailliblement écrasée par leur masse. En les attaquant séparément, Bonaparte pouvait, par la promptitude de ses coups et la rapidité de ses marches, suppléer à son infériorité numérique. Sans perdre un instant, il concentra ses forces à la pointe du lac de Garda, repassa avec la plus grande partie de son armée le Mincio à Peschiera, et marcha sur Lonato pour aller tomber sur Quasdanovich, tandis que Augereau se portait sur Salo et Brescia pour rétablir la communication avec Milan. Le même jour, 13 thermidor (30 juillet), Quasdanovich, qui croyait surprendre l'armée française en arrivant sur ses derrières, la trouva faisant vigoureusement front partout, et fut battu à Salo et à Lonato.

Aussitôt Bonaparte rétrograda avec les divisions Augereau et Masséna, pour faire face à Wurmser qui avait franchi l'Adige, le Mincio, et dont une division s'avançait sur la route même de Lonato. Heureusement Wurmser, ignorant le déblocus de Mantoue, était allé avec deux divisions pour la dégager. L'armée française n'avait alors en tête que la division Bayalitch à Lonato, et la division Liptai à Castiglione : vingt-cinq mille hommes en tout. Le temps était précieux ; il fallait les attaquer avant le retour de Wurmser. Depuis deux jours, les troupes n'avaient pas cessé de marcher ou de se battre; Bonaparte lui-même n'était pas descendu de cheval. Il ordonna l'attaque pour le lendemain, 16 thermidor (3 août). Avec la division Masséna il marcha contre Bayalitch, et jeta Augereau sur les hauteurs de Castiglione pour en débusquer Liptai.

Le début de la bataille fut malheureux : l'avant-garde de Bonaparte fut culbutée, et le général Pigeon, qui la commandait, pris. Mais Bayalitch ayant trop étendu ses ailes pour envelopper la division française, s'était affaibli sur son centre. Bonaparte saisit hardiment ce moment. Il prend deux demi-brigades, les fait former en ligne serrée, fond tête baissée sur le centre ennemi, coupe la ligne autrichienne, force une partie de la division Bayalitch à se replier, lance Junot avec un régiment de dragons sur l'autre, et la met en pleine déroute. Augereau, à Castiglione, n'avait pas été moins heureux. Après un combat opiniâtre qui avait duré tout le jour, il avait enlevé toutes les hauteurs. Quatre mille prisonniers, vingt pièces de canon, deux divisions ennemies battues et éparses, trois mille Autrichiens morts ou blessés, tel fut le résultat de cette journée.

Mais le lendemain Wurmser arriva sur le champ de bataille avec quinze mille hommes, rallia les divisions battues, et put disposer d'un effectif numériquement supérieur à celui de l'armée française. En outre, Quasdanovich sur la droite du lac, plutôt arrêté par l'incertitude de ce qui se passait devant lui que par le faible corps qui s'opposait à sa marche, pouvait déborder et menacer les derrières de l'armée française. Il importait de prévenir tout mouvement offensif de sa part. La rapidité des mouvements pouvait seule sauver Bonaparte. Il réunit toutes ses troupes disponibles, et, le 18 thermidor (5 août), il livra à Wurmser une dernière bataille qui devait décider du sort de l'Italie.

Au point du jour, les deux armées s'ébranlèrent. Une attaque hardie dirigée sur une redoute qui couvrait la gauche de l'armée autrichienne, fut conduite avec tant de vigueur par le général Verdier, que la redoute fut emportée. Bonaparte lança alors Augereau et Masséna sur le centre des Autrichiens, qui se trouvèrent à la fois vigoureusement attaqués sur tout leur front, découverts sur leur flanc gauche, et menacés dans leur retraite par la division Serrurier, qu'une manœuvre hardie de Bonaparte avait postée sur leurs derrières. L'armée autrichienne était compromise: Wurmser se décida à la retraite après avoir perdu deux mille prisonniers. Sa déroute eût pu être complète : mais l'armée française était harassée de fatigue ; pendant six jours elle n'avait cessé de marcher ou de se battre. Bonaparte, pour faire exécuter tous ces mouvements, toutes ces concentrations diverses dont la promptitude pouvait seule assurer le succès, voyait tout, accélérait tout, était partout ; dans six jours il avait crevé cinq chevaux. Une de ses excursions avait failli lui être fatale. Arrivé, avec une faible escorte, à Lonato, il tomba dans un parti autrichien de quatre mille hommes, qui, après la déroute de la veille, cherchaient à s'ouvrir une issue sur le Mincio. Mille hommes au plus restaient à Lonato; le reste avait été dirigé sur Castiglione. Un parlementaire vint le sommer de se rendre. Bonaparte réunit autour de lui tous les officiers pour se composer un nombreux état-major, et se fit amener le parlementaire : on enleva le bandeau qui couvrait ses yeux : « Vous êtes en présence du général en chef, lui dit Bonaparte, il est ici avec toute son armée : allez dire à ceux qui vous envoient que je leur donne cinq minutes pour se rendre, ou que je les ferai passer au fil de l'épée pour les punir de l'outrage qu'ils osent me faire. »

Saisi d'épouvante à la vue de ce nombreux état-major, le parlementaire fut rapporter cette réponse. Les Autrichiens mirent bas les armes, et c'est ainsi qu'un millier d'hommes fit quatre mille prisonniers.

La bataille de Castiglione et celle de Lonato avaient réduit l'armée de Wurmser à quarante mille hommes. Vingt mille avaient été pris ou tués. La supériorité numérique de cette armée eût encore permis au feld-maréchal de tenir la campagne; mais les Autrichiens étaient démoralisés; ils se retirèrent dans les gorges du Tyrol. Bonaparte reprit ses positions sur le lac de Garda et sur l'Adige. Six jours de campagne avaient suffi à vingt-sept mille hommes pour en mettre soixante mille hors de combat.

Wurmser ne tarda pas à se renforcer. Aux quarante mille hommes qui avaient échappé aux défaites de Lonato et de Castiglione, il avait joint de nouveaux renforts, tandis que l'armée française s'était affaiblie par ses pertes pendant ces six jours de combat. Cependant Bonaparte, après avoir donné vingt jours de repos à ses troupes, résolut d'anéantir cette armée, et de la rejeter en Allemagne. Wurmser le prévint. Il laissa Davidovich, avec vingt mille hommes, à la garde du Tyrol, et descendit, avec trente-cinq mille, la vallée de la Brenta pour marcher sur Mantoue. Bonaparte le laissa s'avancer, et, se jetant avec toutes ses forces, par les trois routes du Tyrol, contre le corps de Davidovich, il fit franchir à son armée d'affreux défilés, et le 18 fructidor (4 septembre) se trouva en présence des troupes autrichiennes.

Davidovich avait placé une division pour garder la chaussée de Salo à Roveredo, et une autre à San-Marco sur la rive gauche de l'Adige, pour défendre un défilé redoutable. Bonaparte ordonne l'attaque sur les deux points à la fois. Au défilé, il dissémine sur les hauteurs environnantes deux corps d'infanterie légère pour harceler l'ennemi, et lance, en colonne serrée, une demi-brigade aux ordres du général Victor pour percer le défilé. Les Autrichiens opposent une vive et opiniâtre résistance ; mais le général Dubois, à la tête des hussards, fait une charge à fond, rompt l'infanterie autrichienne, et tombe percé de trois balles. Les Autrichiens fuient de toutes parts ; l'armée française les poursuit au pas de course, les balaie devant elle et les chasse de Roveredo, où s'était aussi réunie la division Vaubois qui avait emporté heureusement la chaussée de Salo. Les Autrichiens étaient battus, mais non pas anéantis. Davidovich rallie ses troupes au défilé de Calliano, où les montagnes surplombant l'Adige ne laissaient que la largeur de la chaussée entre le lit du fleuve et leur pied. Le château de la Pietra, couronné d'artillerie et joignant les montagnes à l'Adige, fermait l'entrée de ce terrible défilé.

Cette position formidable n'arrête pas Bonaparte. Il ordonne l'attaque : après des efforts d'audace et de courage incroyables, le château est enlevé. L'infanterie française le traverse au pas de course, fond tête baissée sur l'armée autrichienne qui encombrait le défilé, la culbute, l'écrase, lui prend toute son artillerie et lui fait quatre mille prisonniers. La bataille de Roveredo assura à l'armée française les défilés du Tyrol : Bonaparte occupa Trente, sa capitale, le 19 fructidor (5 septembre).

Depuis deux jours Wurmser en était sorti. Il avait laissé Bonaparte s'engager dans le Tyrol ; il avait descendu par la Brenta pour forcer la ligne de l'Adige, couper l'armée française de Mantoue et l'envelopper. Ce plan était parfaitement conçu, mais Wurmser avait affaire à un ennemi dont la promptitude et la rapidité des mouvements échappaient à toutes les conjectures. Bonaparte, en effet, prit sur-le-champ une résolution des plus hardies. Laissant Vaubois à la garde du Tyrol avec quelques mille hommes, il en prend vingt mille avec lui, se jette à travers les gorges de la Brenta à la suite de Wurmser, fait vingt lieues en deux jours, écrase sur sa route une division autrichienne, lui fait trois mille prisonniers, et arrive à Cismone sur les derrières de Wurmser, que cette marche foudroyante frappe de stupeur. Il veut lancer l'armée en avant, mais les soldats tombent de fatigue ; lui-même n'a ni suite ni vivres ; il a tout devancé : il partage le pain de munition d'un soldat et donne une nuit de repos à l'armée.

Le lendemain, dès le matin, l'armée se met en marche. Wurmser était à Bassano, position forte qui ferme les gorges de la Brenta ; il s'y masse avec toutes ses forces pour barrer le passage. Six bataillons d'avant-garde fermaient la vallée : sur les deux rives de la Brenta, l'armée autrichienne était rangée en bataille en avant de Bassano. Bonaparte donne le signal. Masséna et Augereau, à la tête des deux colonnes d'attaque, fondent sur l'avant-garde, l'écrasent, emportent à la baïonnette tous les défilés, et débouchent devant les Autrichiens qui, déconcertés par une si audacieuse attaque, s'ébranlent, se rompent et fuient vers Bassano. Masséna et Augereau y entrent à leur suite, sabrent tout ce qui résiste et font quatre mille prisonniers. Wurmser n'eut que le temps de se sauver en laissant tout son matériel. Pendant plusieurs jours, il y eut encore des engagements partiels à la suite desquels Wurmser, coupé de ses lieutenants, rejeté de l'autre côté de la Brenta, partout harcelé, partout battu, n'eut d'autre ressource que de se jeter dans Mantoue avec douze mille hommes, qu'il ne put sauver que par des marches forcées de nuit et de jour, et en faisant monter ses fantassins en croupe de ses cavaliers. C'étaient les débris de sa nouvelle armée : plus de vingt mille avaient été pris ou tués ; les autres fuyaient en Frioul, ou étaient rejetés dans le Tyrol.

Cependant, l'armée française s'affaiblissait par ses victoires mêmes. Elle était alors réduite à vingt-deux mille hommes, et l'Autriche inépuisable envoyait contre elle une nouvelle armée de soixante mille hommes aux ordres du maréchal Alvinzi. Un mois après les défaites de Wurmser, cette nouvelle armée était en campagne.

Alvinzi forme encore deux colonnes, chargées cette fois d'opérer offensivement, l'une par la chaussée du Tyrol, l'autre par la route du Frioul; leur point de jonction était Vérone. Davidovich commandait la première, Alvinzi l'autre. Bonaparte charge le général Vaubois de couvrir avec dix mille hommes la route du Tyrol et de contenir Davidovich. Lui-même, avec le restant de ses forces, s'avance sur Alvinzi, résolu de l'attaquer impétueusement malgré son infériorité numérique. Avec les divisions Augereau et Masséna, il marche à sa rencontre, le joint à Carmignano et Bassano, et le rejette au-delà de la Brenta.

Sur la route du Tyrol, Vaubois avait été moins heureux ; Davidovich l'avait délogé de ses positions et forcé de se replier jusqu'à Rivoli. Cet échec fut d'autant plus sensible à Bonaparte, qu'il fut obligé de renoncer aux avantages de son premier succès, pour ne pas se trouver coupé de son aile principale si Davidovich débusquait Vaubois de Rivoli ou parvenait à le tourner. Il fait rétrograder son armée victorieuse, la concentre à Vérone, envoie quelques renforts à Vaubois, et, se retournant contre Alvinzi qui avait pris position sur les hauteurs de Caldiero, il l'attaque, mais ne pouvant l'entamer, il est obligé de rentrer dans Vérone.

La situation de l'armée était devenue critique. Ces attaques successives l'affaiblissaient sans résultat. Ses pertes étaient d'autant plus sensibles qu'elle n'avait aucun moyen de se recruter. Déjà, les soldats commençaient à murmurer non pas contre leur général, mais contre l'indifférence du gouvernement, qui les laissait exposés seuls à lutter contre toutes les forces de l'Autriche qui retirait ses armées du Rhin pour les porter en Italie. Bonaparte affectait la plus grande sécurité, mais il adressait au gouvernement des plaintes amères. La plupart de ses officiers supérieurs étaient déjà hors de combat. Murat, Joubert, Lannes, Rampon, Pigeon, Victor, Menard, Lamare, Charlot, Dupuis étaient blessés, et il voyait le moment où il allait être obligé d'abandonner un pays conquis par tant de courage et de fatigues. Cependant, il ne désespérait pas encore, et, deux jours après sa retraite à Vérone, il conçut un plan qui pouvait, s'il réussissait, annuler l'avantage du nombre de l'armée autrichienne, et la mettre en déroute ou tout au moins hors d'état de tenir la campagne.

Au commencement de la nuit du 24 brumaire (14 novembre), il fait prendre les armes à toute l'armée. Au lieu de se porter en avant on repasse l'Adige ; l'armée croit à une retraite ; elle est silencieuse et triste. Mais à peu de distance de Vérone, Bonaparte commande un à gauche, longe l'Adige jusqu'à Rome, y fait jeter un pont et lance l'armée sur l'autre rive. Voici quel était le plan de Bonaparte. A peu de distance de Vérone, le cours de l'Adige, cessant d'être perpendiculaire des monts à la mer, obliquait vers la route de la Brenta sur laquelle campait Alvinzi. L'armée française se trouvait ainsi ramenée sur les flancs des Autrichiens, au milieu de vastes marais traversés seulement par deux chaussées, dont l'une remontait vers Vérone, et l'autre aboutissait, par le pont d'Arcole jeté sur la rivière d'Alpon, aux derrières de l'armée autrichienne. Sur ce champ de bataille où une armée ne pouvait se déployer que sur des chaussées, l'avantage du nombre disparaissait. Par une des chaussées, Bonaparte pouvait déboucher sur Vérone si Alvinzi attaquait la ville, et, par l'autre, enlever ses parcs, ses bagages et compromettre sa retraite. Dès le point du jour, Masséna fut en position sur la première, et Augereau prêt à franchir le pont d'Arcole qui formait la tête de la seconde et que gardaient quelques bataillons croates. Si Bonaparte, pendant qu'Alvinzi le croyait encore à Vérone, parvenait à franchir les deux digues et à se porter simultanément sur le flanc et les derrières des Autrichiens, avant qu'ils pussent se déployer dans la plaine, le résultat pouvait être immense. Masséna et Augereau reçurent l'ordre d'avancer.

L'armée impériale, sur les hauteurs de Caldiero, faisait face à Vérone, pendant que ses parcs et ses réserves étaient à Villa-Nova. Nos colonnes, en s'engageant au débouché de Rome sur les deux digues, allaient prendre à revers toutes les positions de l'ennemi. Ce beau mouvement stratégique n'obtint malheureusement qu'un demi-succès. Augereau, au passage du pont d'Arcole, éprouva une vive résistance. Le feu du pont et de la rive arrêta son avant-garde et la força de se replier. Cet engagement donna l'éveil à Alvinzi, qui envoya deux divisions sur les digues. L'une, sous Mitrouski, suivait la digue qui s'avançait sur Arcole ; Provera suivait l'autre. Masséna laisse avancer cette dernière, et, quand il la voit assez engagée, il fond impétueusement sur elle, la refoule, la rejette en désordre dans les marais où les Autrichiens sont tués ou noyés en grand nombre. Augereau avait été moins heureux. La division Mitrouski, ayant débouché par le pont d'Arcole, avait été refoulée, noyée en partie et obligée de repasser le pont. Augereau, à la tête de ses colonnes, veut s'y précipiter après elle, mais un feu épouvantable les ramène en arrière. Quatre généraux sont blessés : Lannes, Verdier, Verne, Bon. Cette hésitation peut compromettre le plan de Bonaparte. Alvinzi, en effet, voyant le danger, s'ébranle sur toute la ligne pour n'être pas pris par derrière. Bonaparte voit le fruit de sa profonde combinaison prêt à lui échapper. Il peut tout regagner encore ; mais il devient urgent d'emporter le pont d'Arcole. Il s'y porte au galop, descend de cheval, encourage et électrise les soldats, saisit un drapeau, et, s'élançant sur le pont : — « Suivez votre général ! » s'écrie-t-il. La tête de la colonne le suit à pas de course, mais une grêle de balles et de mitraille moissonne tout à ses côtés ; Lannes, blessé déjà deux fois dans la journée, l'est encore une troisième ; un aide-de-camp de Bonaparte qui marchait devant le général, et lui faisait un rempart de son corps, tombe mort à ses pieds. Le pont est prêt à être franchi, lorsqu'une épouvantable et dernière décharge emporte presque toute la tête de la colonne. La queue s'ébranle et se rejette en arrière. Les soldats n'ont que le temps de saisir Bonaparte et de l'emporter du milieu de la mitraille et du feu. Une colonne autrichienne débouche à l'instant et pousse tout en désordre dans le marais où Bonaparte est lui-même entraîné. — « En avant ! pour sauver le général ! » s'écrient les soldats qui voient son danger. Béliard et Vignolles rallient quelques braves et repoussent la colonne autrichienne. L'ennemi avait perdu beaucoup de monde, mais le pont n'avait pu être encore emporté ; le plan de Bonaparte, malgré tant d'héroïsme et de bravoure, n'avait obtenu qu'un demi-succès.

Bonaparte s'acharne à la lutte. Le général Guyeux, qui a passé l'Alpon au-dessous d'Arcole, enlève le village par l'autre rive et met entre deux feux la division Mitrouski, forcée alors de repasser l'Alpon et de former sa ligne en arrière parallèlement à la rivière. Augereau débouche au-delà du pont. On se bat encore tout le jour sur les deux digues ; les Français enfoncent partout les Autrichiens, prennent des canons, des drapeaux et des prisonniers. Le lendemain 27 brumaire (17 novembre), c'était le troisième jour de ce carnage, le combat recommence. En morts, noyés, blessés ou prisonniers, Alvinzi avait perdu un tiers de son armée. Bonaparte se décide à aller l'attaquer dans la plaine ; il débouche sur trois fronts. Augereau a passé l'Alpon à son embouchure ; le général Robert s'avance sur la digue droite et est tué ; sa colonne est repoussée et poursuivie l'épée dans les reins par trois mille Croates prêts à l'écraser. Bonaparte lance sur eux la trente-deuxième qui les prend en flanc, les met dans un épouvantable désordre, les tue ou les fait prisonniers. Sur la digue gauche, Masséna a tout balayé devant lui ; mettant son chapeau à la pointe de son épée, il s'est élancé à la tête de ses soldats, et tout ce qui s'est opposé à cette impétueuse charge a été tué, noyé ou pris.

Bientôt les deux armées sont en présence dans la plaine. Alvinzi accepte le combat. Bonaparte ordonne la charge. Ses deux infatigables lieutenants, Masséna et Augereau, s'élancent à la tête de leurs soldats. La ligne autrichienne, vigoureusement chargée sur tout son front, résiste ; mais tout-à-coup elle entend sur ses derrières un grand bruit de trompettes ; c'est le chef de bataillon Hercule qui, avec vingt-cinq gardes, a fait une charge simulée. L'armée autrichienne se croit menacée par toute la cavalerie française ; elle s'ébranle et plie ; Alvinzi ordonne la retraite. Depuis soixante-douze heures on n'avait pas cessé de se battre. Épuisées de tant de fatigues, les deux armées passèrent la nuit sur le champ de bataille.

Le lendemain, Bonaparte lança sa cavalerie à la poursuite de l'armée autrichienne, qui était battue mais non détruite, et fut à Castel-Novo soutenir Vaubois, que Davidovich avait forcé d'abandonner la Corona et Rivoli. Davidovich, attaqué à la fois par Masséna et par Augereau, fut forcé de se replier dans le Tyrol après de grandes pertes, soit en morts, soit en prisonniers. L'armée autrichienne s'y était retirée tout entière pour y réparer ses pertes et se renforcer. Alvinzi avait été repoussé, mais il ne tarda pas à rentrer en lutte.

Le 15 nivôse (4 janvier 1797), Bonaparte avait reçu quelques renforts promis depuis longtemps. Son armée se montait alors à quarante-cinq mille hommes environ. Dix mille bloquaient Mantoue ; cinq mille étaient épars dans diverses garnisons ; trente mille formaient son armée active. Alvinzi déboucha du Tyrol avec soixante-cinq mille hommes. Quarante-cinq mille, sous ses ordres, devaient porter l'attaque principale sur le haut Adige par la Corona et Rivoli. Provera, avec douze mille hommes, devait agir sur le bas Adige, se mettre en communication avec les douze mille hommes de Wurmser enfermés dans Mantoue, et se lier par la Romagne avec une armée papale qui menaçait d'une diversion. La force de l'ennemi était donc encore, comme depuis le commencement de la campagne, dans la proportion de deux contre un.

Après une attaque simultanée des deux généraux autrichiens sur toute la ligne française, Bonaparte vit que leur principal effort allait se porter sur Rivoli que défendait Joubert. Ce vaste plateau, devenu si célèbre depuis lors, est dominé par la chaîne du Monte-Baldo, qui sépare l'Adige du lac de Garda, et s'élève, sur trois côtés du plateau, en amphithéâtre dont les croupes escarpées ne permettent accès qu'à l'infanterie. Pour l'emporter de front, il faut gravir un chemin tournant dont la pente est rapide. Ce chemin, qu'on appelle l'escalier d'Incanale, serpente sur les flancs de la montagne. La base du plateau, à sa face opposée au lac de Garda, se baigne dans l'Adige par des pentes presque perpendiculaires, inaccessibles même à l'infanterie. Le 24 nivôse (13 janvier), Alvinzi fit attaquer le plateau par trois points différents. Il avait conçu le projet d'envelopper Joubert, qui le gardait avec une division de dix mille hommes. Ocskay, Koblos et Liptai devaient, avec trois corps d'infanterie, gravir les croupes de Monte-Baldo et arriver sur le champ de bataille en descendant l'amphithéâtre. Un autre corps, sous les ordres de Lusignan, devait filer le long du lac et prendre l'armée française par-derrière. Un cinquième corps, sous les ordres de Wuskassovitch, était jeté sur la rive gauche de l'Adige pour canonner le plateau à revers. Quasdanowich, avec une forte colonne de grenadiers, la cavalerie et l'artillerie, devait déboucher par l'escalier d'Incanale et attaquer le plateau de front.

Cette formidable attaque commença dès le matin. Bonaparte était arrivé dans la nuit sur le plateau avec six mille hommes environ de la division Masséna. Rey devait arriver dans la journée par la route de Vérone, et mettre le corps de Lusignan entre le gros de l'armée française et sa division. Laissant alors tranquillement ce corps s'engager, Bonaparte disposa toute son artillerie de manière à foudroyer l'infanterie sans canons qui descendait l'amphithéâtre, et les colonnes qui venaient déboucher par l'escalier d'Incanale. Dès le début de l'action, l'armée française se trouva compromise;

la gauche de Joubert fut enfoncée, trois demi-brigades plièrent; une forte colonne autrichienne avait escaladé le plateau. La situation était critique. Bonaparte masse tout ce qu'il avait de disponible, se fait précéder par une batterie d'artillerie légère qui mitraille tout ce qui a débouché, ordonne, de tous les points à la fois, une charge générale, et précipite dans le chemin tournant tout ce qui résistait encore. Masséna, à la tête de la trente-deuxième, fait des prodiges de valeur. Joubert a son cheval tué sous lui; il prend un fusil, et charge à la baïonnette comme un simple soldat. L'infanterie, la cavalerie, l'artillerie autrichienne, refoulées dans ce chemin étroit et rapide, y fuient dans un désordre épouvantable. Des décharges successives d'artillerie qui la prennent d'enfilade ou en plongeant, achèvent la déroute et engouffrent la colonne principale sur le bord du fleuve. Les trois corps qui descendaient l'amphithéâtre, voyant le corps principal écrasé, ne résistent plus à une attaque; ils fuient en désordre à travers des rochers affreux; celui de Lusignan met bas les armes au nombre de quatre mille hommes.

Après cette victoire, laissant à Joubert et à Rey le soin de poursuivre les fuyards, Bonaparte prit la division Masséna et se porta sur le bas Adige. Cette division avait combattu la veille à Vérone, marché toute la nuit du 24 au 25 nivôse (13-14 janvier), combattu à Rivoli le 25 ; elle allait, pendant toute la nuit du 25 et la matinée du 26, faire quatorze lieues pour combattre Provera qui, avec dix mille hommes qui lui restaient de ses vingt mille, cherchait à se jeter dans Mantoue.

Il le joignit au delà de l'Adige entre Vérone et Legnago. Traqué par Augereau qui le poursuivait à outrance en lui faisant des prisonniers, Provera était arrivé sous nos lignes de Mantoue et cherchait à les percer, pendant que Wurmser, par une sortie, devait seconder sa manœuvre. Bonaparte fit immédiatement ses dispositions. A Wurmser il opposa Serrurier qui, attaqué avec bravoure et vigueur, contint cependant le général autrichien dans les lignes de circonvallation ; il lança Augereau sur les derrières de la division Provera, que Masséna fut chargé d'attaquer en flanc, à la tête de la cinquante-septième qui, dans ce jour, fut surnommée *la terrible*. Victor s'élança sur Provera, l'enfonça, le traqua et l'enferma entre Augereau et Masséna qui achevèrent de l'écraser. Il mit bas les armes avec six mille hommes. Cette bataille s'appela la bataille de la Favorite; Wurmser fut repoussé dans Mantoue et capitula quelques jours après.

En trois jours, cette troisième armée avait été détruite, après avoir laissé dans nos mains vingt-trois mille prisonniers. L'Italie était définitivement conquise ; mais il fallait assurer la conquête. Bonaparte, après avoir marché contre le pape qui, dans la prévision d'une défaite de l'armée française, avait levé des troupes pour se joindre aux Autrichiens, rencontre l'armée papale en avant de Faenza, la pousse en désordre jusqu'à Ancône, la réduit d'abord de moitié, et achève de la détruire dans une seconde défaite. Alors le pape effrayé demanda la paix, et Bonaparte conclut le traité de Tolentino le 9 pluviôse an v (18 février 1797).

Le restant de la campagne ne fut qu'une suite de marches rapides dont les résultats furent des plus brillants. Depuis leurs défaites à Rivoli et à la Favorite, les Autrichiens, réduits à la défensive, s'étaient étendus de manière à couvrir les trois routes du Tyrol, de la Carniole et de la Carinthie. Ce n'était plus l'Italie qu'ils cherchaient à reconquérir, c'était l'Autriche qu'ils se disposaient à défendre. Six divisions tirées de l'armée du Rhin étaient dirigées à marches forcées vers le Tyrol et la Carinthie. L'archiduc Charles devait commander cette nouvelle armée. Bonaparte résolut de l'attaquer avant qu'elle eût reçu les renforts qu'elle attendait d'Allemagne.

Les troupes autrichiennes étaient réparties en raison des difficultés du terrain et de la saison. Une forte colonne gardait la route de la Carniole, qui était la plus accessible ; une autre était en position en avant du défilé de Tarvis et de Pontetsa ; une troisième occupait le Tyrol. C'était la première fois que l'armée française pouvait attaquer avec une supériorité numérique si elle prévenait l'arrivée des renforts. Cette occasion était trop précieuse pour que Bonaparte pût la négliger. Un mouvement général fut prescrit à l'armée, et, après avoir franchi une fois les Alpes pour entrer en Italie, Bonaparte allait les franchir de nouveau pour s'avancer sur Vienne par la vallée du Danube. Cette marche militaire était d'une hardiesse sans exemple. Son armée, il est vrai, renforcée des divisions Dalmas et Bernadotte, était de soixante-dix mille hommes ; mais il avait à laisser vingt mille hommes au moins en Italie, un pareil nombre pour garder le Tyrol, et il ne lui restait que trente mille hommes environ pour marcher sur Vienne. C'était de la témérité ; mais Bonaparte commençait alors à compter sur son étoile, et avait dans l'armée d'Italie une confiance que justifiait la bravoure de ses soldats.

Le 20 ventôse (10 mars) toute la ligne française s'ébranla. Le froid était rigoureux ; plusieurs pieds de neige couvraient le sol des montagnes. Le mouvement général était combiné de telle sorte que le centre ayant pénétré en Carinthie, toute l'armée devait se grouper autour de ce noyau pour accabler par sa masse les corps disséminés de l'ennemi.

Masséna, avec dix mille hommes, est chargé de courir aux gorges de la Pontetsa qui précèdent le grand col de Tarvis, d'y écraser le centre de l'archiduc, et de s'assurer du débouché de la Carinthie, en s'emparant des gorges et du col. Pendant ce temps, Joubert à gauche, avec quinze mille hommes, Bonaparte à droite, avec vingt mille, doivent pousser les ailes autrichiennes dans le Tyrol et la Carniole, se rabattre sur Masséna en Carinthie après avoir tout balayé devant eux, et marcher ensuite réunis sur Vienne.

Le succès couronna sur tous les points cette audacieuse combinaison. A Feltre, à Bellune, à Cadore, Masséna renverse les Impériaux, se rabat sur Spilimbergo, tourne la Piave et s'empare des cols de Pontetsa à Tarvis. En même temps, Joubert bat à outrance dans le Tyrol les généraux Kerpen et Laudon, les rejette au-delà du Brenner, écrase les renforts qui commencent à se présenter, file par la droite à travers le Putersthal et se porte par Lienz à Villach. Quant à Bonaparte, il traverse la Piave avec trois divisions, refoule l'archiduc derrière le Tagliamento, attaque sur tout son front l'armée autrichienne qui s'y était repliée, franchit le fleuve à Valvasone, occupe Palma-Nova et emporte Gradisca. Sur toute la ligne, l'ennemi avait été mis en déroute.

Pour arrêter cet élan dont les conséquences pouvaient être si funestes à l'Autriche, l'archiduc tente un grand effort. Il projette de rompre notre centre en dirigeant, par la vallée de l'Issenso, Bayalisch sur Tarvis, tandis que lui-même, laissant à une division la défense de la Carniole, converge vers le même point par Laybach et Clagenfurt, resserre et enveloppe Masséna dans des cols qui sont la clef de toute l'opération de l'armée française. Masséna, attaqué par des forces supérieures, perd le col de Tarvis, le point culminant des Alpes Noriques, et la position la plus importante dans le plan de Bonaparte. Le champ de bataille est au-dessus des nuages, dans des plaines de glace, au milieu de la neige. Masséna, à la tête de sa brave infanterie, fond sur les colonnes autrichiennes pour recouvrer le col perdu. L'archiduc Charles lui résiste avec vigueur et fait donner jusqu'à son dernier bataillon; mais il est obligé de céder à l'impétuosité et à l'opiniâtreté françaises. Maître de Tarvis, Masséna fond sur Bayalisch, le rejette sur Gayeux et Serrurier que Bonaparte a lancés à sa poursuite, et le force à mettre bas les armes. Cinq mille prisonniers, les bagages, les administrations, les parcs, tout ce qui avait suivi cette route, tomba au pouvoir des Français. Quinze jours avaient suffi à Bonaparte pour réaliser la première partie de son plan. Il était maître du sommet des Alpes Noriques, avait fait près de vingt mille prisonniers, s'était réuni à Joubert et Masséna, et était prêt à marcher sur Vienne, avant que l'Autriche pût lui opposer une nouvelle armée.

Ne se lassant pas de vaincre, il fait capituler Trieste. L'archiduc a rappelé sa gauche que Bernadotte a poursuivie jusqu'à Laybach et dans la Carinthie; de nouveaux renforts lui permettent encore de tenir la campagne; mais Bonaparte se met à sa suite, le bat encore à Neumarckt et pénètre jusqu'à Léoben. Là fut conclue une suspension d'armes dont les conditions furent les préliminaires de la paix signée le 29 germinal (17 avril), un mois environ après l'ouverture de la campagne. La monarchie autrichienne humiliée, vaincue, avait vu ses meilleurs généraux battus, quatre de ses armées détruites, et était forcée de demander la paix à la République française.

La diplomatie de Bonaparte fut, en Italie, aussi supérieure que sa science militaire. Ses armes intelligentes y accomplirent l'œuvre de la révolution française. Tous les gouvernements de l'Italie avaient ouvertement adhéré à la coalition contre la République ; mais les peuples penchaient secrètement pour elle, et Bonaparte s'appuya sur eux. Là où il put les révolutionner sans se créer de trop grands embarras, il le fit; partout ailleurs il annula ou limita le pouvoir, attendant la chute prochaine des gouvernements, et ne la provoquant pas, pour n'avoir ni la peine, ni la responsabilité des révolutions. Le Piémont, qui était la seule monarchie militaire d'Italie, et où les anciennes mœurs dominaient, fut réduit à l'impuissance de nuire à l'armée française, et à la nécessité de l'aider dans ses conquêtes. Là comme à Gênes, qui, seule de tous les gouvernements d'Italie, avait, depuis quatre ans, su maintenir sa neutralité entre les armées belligérantes, Bonaparte n'afficha pas, dès le début, de projet révolutionnaire. Il facilita seulement l'essor des imaginations, et attendit les effets de la présence des Français et de leurs victoires.

Mais le Milanez, qui était placé sous la dépendance autrichienne, fut transformé en *République Cisalpine*. Les princes de Parme, de Modène, de Toscane, furent affaiblis en attendant leur dépossession. Le pape, qui, à l'arrivée de Wurmser, avait enfreint l'armistice qu'il avait signé après la défaite de Beaulieu, fut forcé d'acheter la paix par la cession de la Romagne, du Bolonais et du Ferrarais, qui furent joints à la République Cisalpine, et constituèrent ainsi la révolution aux portes de Rome. Avant et pendant cette guerre, le mauvais vouloir du pontife romain pour la République française, avait dépassé toutes les bornes. Il avait lancé l'anathème contre elle, prêché, en quelque sorte, une croisade, et toléré à Rome l'assassinat de l'agent français

Basseville. Le traité de Tolentino mit un frein à ses fanatiques manœuvres.

Cependant, là comme dans toutes les principautés d'Italie, l'esprit révolutionnaire faisait des progrès rapides, et le parti contraire devenait plus hostile. A Gênes, des bandes de partisans, connus sous le nom de *Barbets*, assassinaient nos soldats, pillaient nos courriers. A Naples, la reine, princesse autrichienne, n'écoutant que les conseils et les inspirations du ministre Acton, son favori, vendu aux Anglais, soufflait dans le cœur de ses sujets la haine contre les Français. Venise fomenta et laissa exécuter les *Pâques Véronaises*, où tous les partisans de la France furent assaillis et égorgés en un jour, à Vérone et ailleurs. Ce fut surtout lorsque Bonaparte eut porté la guerre au-delà du Tyrol, que ces fermentations éclatèrent dans la haute et basse Italie ; mais, après sa victoire, il fut prompt à les réprimer. Le général Baraguay-d'Hilliers, à la tête d'un corps de troupes françaises, occupa la ville de Venise le 24 floréal an v (13 mai 1797). Le gouvernement de l'Etat y fut changé, et rendu démocratique. En même temps, Gênes, où, sous l'influence des idées françaises, s'accomplit une révolution, prit librement le nom de *République Ligurienne*. Quelque temps après, la Cour de Naples, dont les bravades et les excès ridicules et atroces dépassaient toute mesure, fut obligée de se réfugier en Sicile, et le royaume prit le nom de *République Parthénopéenne*. Ainsi, de toutes parts déjà, de petites républiques s'élevèrent sur les flancs de la république-mère, et renforcèrent une révolution qui, sous toutes ses formes de gouvernement, était victorieuse, et s'avançait un peu plus sur le territoire européen à chaque hostilité nouvelle.

Les préliminaires signés à Léoben donnèrent une nouvelle activité à l'esprit révolutionnaire en Italie. Ils devaient servir de base à une négociation définitive, et la République française dictait enfin des lois à l'orgueilleuse monarchie autrichienne. L'empereur abandonnait à la France toutes ses possessions des Pays-Bas; et, comme membre de l'Empire, consentait à ce que la France acquît la limite du Rhin. Il renonçait à la Lombardie et reconnaissait les républiques qui allaient être fondées en Italie. Aussi, lorsque Bonaparte, après cette brillante campagne où trente mille Français, renforcés de vingt mille hommes pour réparer les pertes de tant de combats, de tant de marches rapides, de fleuves passés, de montagnes neigeuses traversées, avaient, en si peu de temps, vaincu plus de deux cent mille Autrichiens, fait quatre-vingt mille prisonniers, franchi les Apennins, soumis tous les princes d'Italie, imposé la paix à l'Autriche au-delà des Alpes Juliennes, repassé ces mêmes Alpes, puni Venise; lorsque, disons-nous, ce génie hardi, qui venait de faire de si grandes choses, de prouver ce que peut une armée de citoyens ayant toute l'émulation des grandes ames, la passion de la liberté, l'amour de la patrie, fut de retour à Milan, il exerça sur l'Italie entière une autorité suprême. Il commença alors à être l'arbitre des peuples. A Milan, Bonaparte, simple général de la République, fut déjà plus influent que tous les potentats de l'Europe.

Mais c'était surtout en France que l'opinion exaltait encore des mérites si grands. Quand ces drapeaux, ces bulletins de victoire arrivaient en France, la joie était au comble. Chaque jour c'étaient de nouveaux triomphes, de nouveaux succès, des chiffres presque fabuleux de prisonniers, relativement au petit nombre des combattants républicains. Ce chef audacieux que rien n'arrêtait, qui traversait des montagnes affreuses sur trois pieds de neige ou de glace, faisait mouvoir des colonnes avec une rapidité inconnue avant lui, attaquait et détruisait dans un même jour des armées deux fois plus nombreuses que la sienne et à dix lieues de distance l'une de l'autre, était l'objet de toutes les conversations. Chacun se montrait fier de voir la République produire chaque jour de nouveaux talents pour l'illustrer et la défendre. Le gouvernement, s'associant à l'exaltation commune, décrétait des fêtes à la victoire, et se voyait pour la première fois entouré d'une considération toute nouvelle. La République française commençait à être de quelque poids dans la balance des conseils des rois, non plus par la terreur de ses principes, mais par la terreur de ses armes ; et ce même général, dont le génie et la valeur en rehaussaient tant l'éclat, pouvait tenir aux vieux cabinets de l'Europe un langage bien nouveau pour eux. A la Cour de Rome il faisait dire par le cardinal Matteï : « La Cour de Rome veut la guerre, elle l'aura ; mais avant, je dois à ma nation et à l'humanité de faire un dernier effort pour ramener le pape à la raison. Pour détruire la puissance temporelle du pape, il ne me faudrait que le vouloir ; mais la guerre, si cruelle pour les peuples, a des résultats terribles pour les vaincus. Évitez de grands malheurs au pape ; car je désire finir, par la paix, une lutte que la guerre terminerait pour moi sans gloire comme sans péril. » Au sénat de Genève il écrivait une lettre où, après avoir demandé une explication catégorique sur les brigandages qui se commettaient contre les Français, il ajoutait : « Pouvez-vous ou ne pouvez-vous pas délivrer votre territoire des assassins qui l'infestent ? Si vous ne pouvez pas prendre des mesures, j'en prendrai pour vous ; je ferai brûler les villes et les villages où se commettra un assassinat ; je ferai brûler les maisons qui donneront asyle aux assassins et punir exemplairement les magistrats qui les souffriront. Il faut que le meurtre d'un Français porte malheur aux communes entières qui ne l'auraient pas empêché. » Aux envoyés de Venise qui venaient justifier la République des massacres de Vérone et de sa levée de boucliers pendant que l'armée française était au-delà des Alpes Juliennes, il dit : « Vous avez exposé le lion valétudinaire de Saint-Marc contre la fortune d'une armée qui trouverait dans ses dépôts et ses hôpitaux de quoi franchir vos lagunes et vous détruire. Un gouvernement aussi bien servi par ses espions que le vôtre, doit connaître les vrais instigateurs des assassinats. Au reste, je sais bien qu'il est aussi méprisé que méprisable, qu'il ne peut plus désarmer ceux qu'il a armés ; mais je les désarmerai pour lui. J'ai fait la paix ; j'ai quatre-vingt mille hommes : j'irai briser vos plombs ; je serai un second Attila pour Venise. Je ne veux plus ni inquisition, ni livre d'or : ce sont des institutions des siècles de barbarie. Votre gouvernement est trop vieux, il faut qu'il s'écroule. Vous m'attendiez à mon retour pour me couper la retraite : eh bien ! me voici : je ne veux plus traiter ; je veux faire la loi. » Quant à la Cour de Naples qui ne cessait pas ses manœuvres perfides, il tint ce langage menaçant à M. d'Azara, son intermédiaire près cette Cour : — « Les Anglais ont persuadé au roi de Naples qu'il était quelque chose, moi je lui prouverai qu'il n'est rien. S'il persiste, au mépris de l'armistice, à se mettre sur les rangs, je prends l'engagement, à la face de l'Europe, de marcher contre ses prétendus soixante-dix mille hommes avec six mille grenadiers, quatre mille chevaux et cinquante pièces de canon. » Enfin à l'Autriche qui, lors de la signature des préliminaires de Léoben, s'offrait à reconnaître la République française : « **La République française, répondit fièrement Bonaparte,** n'a pas besoin d'être reconnue ; elle est en Europe comme le soleil sur l'horizon : tant pis pour les aveugles qui ne savent ni le voir ni en profiter. Rayez cet article de vos préliminaires. »

Ce rude langage, cette forme hautaine, impérieuse, et que relevait encore le prestige de la gloire, rappelaient ces grands hommes de l'antiquité dont la révolution avait popularisé les noms. On ne parlait que de Bonaparte, on l'exaltait ; et déjà, par le seul effet de sa renommée, un homme commençait à personnifier en lui la révolution.

Cependant, recueillant le fruit de ses luttes et de ses victoires, la République touchait à la paix générale. Une grande puissance du continent, l'Autriche, était épuisée, vaincue, et l'Angleterre, voyant le moment où toutes les forces de la France allaient se tourner contre elle, avait demandé à renouer des négociations qui, cette fois, étaient sérieuses. Lille fut fixé pour le lieu où s'ouvriraient ces nouvelles conférences diplomatiques. Lord Malmesbury fut encore le représentant du cabinet anglais. Maret, Bonnier et Treilhard furent désignés par le Directoire pour poursuivre ces négociations. Ainsi la France, partout victorieuse, voyait ses plus implacables ennemis réduits à lui demander la paix.

CHAPITRE III.

Élections de l'an v. — Esprit du nouveau tiers. — Divisions dans les conseils. — Les royalistes dominent aux Cinq-Cents. — Choix d'un nouveau Directeur. — Barthélemy est élu en remplacement de Letourneur, Directeur sortant. — Divisions dans le Directoire. — Intrigues royalistes. — Attaques contre le Directoire et la révolution. — Rentrée des prêtres et des émigrés. — Les jacobins blancs. — Le Directoire se prépare à un coup d'état. — Club de Salm ou constitutionnel. — Nouvelles sociétés populaires. Esprit de l'armée. — Concentration de troupes sur Paris. — Ouvertures faites au Directoire par les constitutionnels; elles sont repoussées. — Changement des ministres. — Irritation des clichyens à l'approche des troupes. — Fête à l'armée d'Italie. — Proclamation de Bonaparte. — Adresses des armées. — Message énergique du Directoire. — Nomination d'Augereau au commandement des forces de Paris. — Effroi des constitutionnels. — Fausse situation de la minorité du Directoire. — Journée du 18 fructidor. — Conspiration de Pichegru.

Puissante et glorieuse au dehors, grandissant de plus en plus aux yeux des peuples, la République était déchirée au-dedans, rapetissée chaque jour par la malveillance et la perfidie. L'implacable faction royaliste poursuivait son œuvre de déconsidération et de destruction. L'importance des victoires des armées françaises, elle s'attachait à en obscurcir l'éclat ; elle rabaissait la valeur des conquêtes : les uns feignaient de ne pas y croire ; les autres, plus impudents, les niaient ; d'autres, enfin, dans un esprit de patriotisme à leur usage, ne les souhaitaient plus, par cela seul qu'elles profitaient à la République. Cette faction avait trois classes : les malveillants, les perfides et les indifférents. Elle avait, comme on l'a vu, son siège principal dans les conseils, dans les agences royalistes, dans la presse. Par ses intrigues, ses déclamations continuelles, ses hypocrites démonstrations, elle était parvenue à rallier à elle les esprits timides qu'elle effrayait par la crainte du retour de la terreur, et ces hommes qui, ayant fait leur fortune dans la révolution, affichaient la modération et l'indifférence, pour se faire pardonner leur cupidité et leur corruption.

L'esprit républicain vivifiait encore la majorité de la nation ; mais il y avait en elle un peu de lassitude ; cependant, elle accueillait la nouvelle de nos victoires avec un enthousiasme bien spontané. Elle aurait voulu, dans le Directoire, assez d'énergie pour maîtriser la malveillance et la forcer à coopérer à la gloire et à la grandeur de la République ; mais le Directoire s'était aliéné sans retour les patriotes ; et cette fraction, la plus énergique de son parti, lui faisait défaut ; il pouvait à peine se défendre ; il n'avait d'appui que dans l'éclat de nos armes, et le parti royaliste l'avait mis dans une situation difficile, d'où un coup d'État pouvait seul le tirer.

Ce fut dans ces circonstances qu'eurent lieu les élections de l'an v. Sur ce champ de bataille, les partis étaient depuis longtemps prêts à se mesurer. Le Directoire n'avait cherché à les influencer que par tous les moyens légaux que lui permettait la constitution ; mais les royalistes avaient des affiliations secrètes, qui ne furent connues que plus tard ; confédération redoutable, active, qui avait ses chefs, ses agents, ses listes, ses bandes organisées pour assurer les votes. Aussi ces élections eurent lieu sous l'influence des plus criminelles manœuvres. Les émigrés ou parents d'émigrés que la loi du 3 brumaire en excluait, employèrent toutes sortes de séductions, des menaces, et parfois même la violence auprès des habitants des campagnes, pour forcer leur choix. Des stipendiés, des étrangers, des domestiques à gages, des réfractaires, avaient voté dans quelques assemblées ; et leurs votes avaient été maintenus malgré la protestation du commissaire du Directoire exécutif. Parcourant les campagnes, des prêtres forcèrent leurs sectaires d'aller aux assemblées, et leur distribuèrent, jusque dans le confessionnal, des bulletins écrits d'avance ; d'autres exigèrent le serment de ne nommer que des personnes attachées à la royauté ; et, pour intimider davantage les votants, des massacres préludèrent à ces machinations. Des rassemblements de brigands royalistes, des troupes d'émigrés, des compagnies de Jésus, troublèrent l'assemblée, portèrent partout l'épouvante. Dans beaucoup de localités, les *fidèles* ou *jacobins blancs*, organisés, empêchèrent les républicains de voter, les dispersèrent ; et, après le succès de leur candidat, incendièrent, en signe de joie, les propriétés des acquéreurs de biens nationaux.

Ces coupables manœuvres amenèrent un résultat prévu d'avance. La majeure partie du nouveau tiers fut royaliste, et on compta parmi les élus des chefs de la faction, ou des hommes publiquement désignés comme royalistes. A Paris, on nomma Fleurieux, Murinais, Dufresne, Desbonnières, Quatremère de Quincy, la plupart compromis dans la conspiration de vendémiaire ; à Lyon, Imbert-Colomès, membre de l'agence royaliste dans le Midi, et Camille Jordan, l'avocat du clergé. Marseille nomma le général Willot ; le Jura, Pichegru ; Versailles, de Vauvilliers, compromis dans la conspiration de Brottier. Presque partout les choix furent aussi significatifs.

Ce nouveau tiers allait forcément déplacer la majorité dans les conseils. Les deux cent cinquante députés qu'il remplaçait au corps législatif, appartenaient à la grande assemblée qui avait consommé et défendu la révolution. Les élections de l'an IV en ayant déjà remplacé un premier tiers, il n'en restait que deux cent cinquante. Les ex-conventionnels s'y trouvaient dès lors en minorité. Ainsi, la situation du Directoire s'aggravait, en présence d'une majorité législative qui, pendant qu'elle n'était que minorité, avait imité et secondé, au profit de la royauté, tous les excès dont des hommes violents avaient usé pour la République. Le parti républicain était encore dans le gouvernement et dans les armées ; mais le parti royaliste dominait dans les assemblées électorales et dans les conseils.

Le 1er prairial an V (20 mai 1797), les conseils se constituèrent ; l'esprit qui les animait fut, dès le début, marqué d'un caractère réactionnaire assez prononcé pour ne laisser aucun doute sur leurs actes. Avant même l'ouverture de la séance, assurés de la majorité par l'adjonction du nouveau tiers, les royalistes ne gardaient plus de réserve : ils tenaient au contraire un langage menaçant, et leurs tendances se manifestèrent dès l'appel nominal. Barrère avait été nommé dans les Hautes-Pyrénées ; son nom fut accueilli par des murmures. Il était absent ; son élection fut annulée. D'un autre côté, dans la session précédente, on avait écarté quelques députés suspects de royalisme, ou qui avaient été convaincus de manœuvres révolutionnaires ; Job Aymé, par exemple. Ces députés furent rappelés. Le général Pichegru fut élu président aux Cinq-Cents; les secrétaires furent : Henri Larivière et Parisot, royalistes avérés; Vaublanc, contumace dans la conspiration de vendémiaire, et Siméon. Marbé-Marbois, compromis dans la conspiration Brottier, fut porté à la présidence par les Anciens.

Le choix d'un nouveau Directeur était une question importante. Rewbell, Lareveillère et Barras formaient la majorité directoriale opposée au parti royaliste et constitutionnel. Si le sort désignait un des trois comme membre sortant, par l'adjonction d'un membre royaliste, la majorité se trouvait déplacée dans le Directoire comme elle l'était dans les conseils. Le choix du Directeur à élire avait été vivement débattu au club de Clichy; on hésita entre le ministre de la police Cochon l'Apparent, le général Beurnonville et Barthélemy, ambassadeur de la République en Suisse. Ce dernier fut enfin préféré ; mais le sort ayant désigné Letourneur comme membre sortant, la nomination de Barthélemy ne changea rien à la majorité directoriale ; il forma avec Carnot la minorité du Directoire.

Il y avait ainsi trois partis dans les conseils : les directoriaux, les constitutionnels et les royalistes. Ces derniers dominaient aux Cinq-Cents. Dans le conseil des Anciens, les constitutionnels, au contraire, formaient la majorité ; mais ils votaient avec les royalistes toutes les fois qu'il s'agissait d'une simple opposition au Directoire, qui, lui-même, était divisé. Carnot et Barthélemy penchaient pour les constitutionnels et se trouvaient dès lors forcément obligés d'appuyer, dans le conseil, les motions proposées ou adoptées au corps législatif par les royalistes. Rewbell, Lareveillère et Barras opposaient aux conseils une résistance d'autant plus énergique, que le parti royaliste commençait à ne plus cacher ni son but ni ses espérances.

Dès l'ouverture des séances, il proposa, dans le club de Clichy, de décréter la permanence des conseils, l'abrogation en masse de toutes les lois révolutionnaires, la mise en accusation du Directoire, etc. Les moins fanatiques firent sentir le danger d'une pareille levée de boucliers, et la voie légale fut préférée, pour le moment, aux attaques de vive force. Alors il poursuivit sans ménagement l'administration et la politique du Directoire, cherchant toutes les occasions de le dépopulariser, de l'amoindrir, de flétrir tout le passé révolutionnaire et de s'approprier la révolution. Dumolard fit nommer une commission pour réviser les lois rendues par la Convention sur la police des cultes. Madier proposa la mise en liberté des prêtres détenus; Bergier demanda que la loi du 3 brumaire fût déclarée inconstitutionnelle, et que les citoyens élus à des fonctions publiques qu'en avait écartés l'application de cette loi, fussent autorisés à rentrer dans leurs places. Cette importante question, qui était une loi de garantie contre les royalistes, avait été souvent représentée dans la session précédente et toujours écartée par la majorité ex-conventionnelle; mais dans la session nouvelle elle fut adoptée, et il fut textuellement décidé que « la loi du 3 brumaire an IV était regardée comme non-avenue en ce qui concernait l'exclusion des fonctions publiques; que les articles 2, 3, 4, 5 et 6 de la loi du 14 frimaire an V étaient pareillement regardés comme non-avenus; que nul ne serait recherché pour ne s'être point conformé aux dites lois; que les membres du corps législatif et tous les fonctionnaires suspendus par ces lois, exerceraient leurs fonctions, et que ceux qui s'en seraient abstenus les reprendraient. »

Cette résolution, dont l'esprit contre-révolutionnaire était aussi audacieux que perfide, livrait, en quelque sorte, la

République à ses ennemis ; elle fut votée le 21 prairial (9 juin 1797).

En même temps, les attaques contre le Directoire devenaient plus véhémentes. On lui repprocha d'abord le désordre des finances. Sous ce rapport, les attaques de l'opposition n'étaient pas sans fondement ; les comptes rendus par les ministres, aux termes de la constitution, manquaient généralement d'ordre et de clarté. Barbé-Marbois fit, à ce sujet, au conseil des Anciens, un rapport qui servit, dans le public, de texte à de nombreux commentaires peu favorables au Directoire. Il en résultait, d'une manière assez évidente, que le maniement des richesses de l'État n'était pas suffisamment garanti, et le luxe qu'affichaient Barras et tous ceux qui entouraient le pouvoir, semblait accréditer le soupçon de dilapidations nombreuses. Dans cette circonstance, l'opposition ne tenait nul compte de la situation du Directoire, qui, par suite de la dépréciation et surtout de la confusion des valeurs échangeables mises à sa disposition, se trouvait parfois réduit littéralement aux expédients pour assurer les services administratifs. Alors, ou il subissait des marchés onéreux, ou il éprouvait des pertes inévitables dans les transactions. Lui imputer ces opérations désastreuses mais forcées, était une injustice, et faire rejaillir sur tous les membres du Directoire les bénéfices honteux que faisait Barras dans les spéculations des fournisseurs, était une calomnie.

A cette attaque personnelle au Directoire, en succédaient d'autres contre les agents de la République. Dans un rapport de Vaublanc sur Saint-Domingue, on remarquait ces phrases contre les autorités de la colonie : « A ces traits, vous reconnaissez sans peine ces patriotes du jour, ces philanthropes, partisans du bonheur commun. Tels vous les voyez ici, tels ils sont partout. Misérables affamés de pillage autant qu'avides de meurtre, ils ont fait de la révolution une spéculation de fortune ; de la République une ferme à l'encan ; des biens des autres une proie sur laquelle ils s'élancent de toutes parts sous toutes les formes. »

Sous le nom des administrateurs de ces contrées, on flétrissait ainsi tous les agents de la République dans l'ordre civil ou militaire. Puis, après le tour des hommes vint celui des choses. Tarbé, dans un rapport, traita d'infâmes tous les décrets rendus depuis cinq années ; et Camille Jordan, élu du nouveau tiers à Lyon, et rapporteur de la commission sur la police des cultes, proposa, dans un style de fanatique, l'annulation du serment des prêtres, l'abrogation des lois répressives qui en avaient été la conséquence, la réintégration de l'usage des cloches et de quelques pompes extérieures du culte. Le langage de l'orateur étonna plus encore que ses propositions. Le philosophisme intolérant de cette époque ne comprenait plus l'enthousiasme religieux, et Camille Jordan ne recueillit que du ridicule de sa proposition. On le surnomma *Jordan-Carillon*, *Jordan-les-Cloches*, et le serment civique des prêtres fut maintenu par les directoriaux, auxquels se rallièrent, après quelque hésitation, les constitutionnels. Quelques jours après, cependant, les lois qui prononçaient la peine de la réclusion ou de la déportation contre les prêtres insermentés ou accusés d'incivisme, ainsi que contre ceux qui les avaient cachés, furent rapportées ; on déclara en même temps que les individus frappés par ces lois rentraient dans la classe des citoyens. C'était une attaque directe contre un des préjugés révolutionnaires les plus enracinés, et que le comité de salut public avait à peine osé combattre. Les ressentiments étaient encore si vifs et si profonds que, par ces projets, les clichyens soulevèrent contre eux-mêmes une partie des indifférents. Mais leur impatience et leur haine de la révolution les entraînaient toujours au-delà des bornes de la prudence. C'est ainsi, par exemple, que Dumolard, en parlant des évènements qui avaient changé la situation des États de Venise et de Gênes, accusa le Directoire d'avoir commis une usurpation de pouvoir, en réglant cette affaire sans consulter le corps législatif, et demanda dans quel code était écrit le droit qu'on s'était arrogé de s'immiscer dans la constitution politique d'un peuple. Il termina en proposant d'adresser à ce sujet un message au Directoire.

Cette accusation retombait tout entière sur Bonaparte; c'était lui en effet qui avait tout réglé à Venise et à Gênes sans consulter le Directoire. Elle excita au-dehors une indignation générale, et chacun n'y vit qu'une misérable tactique d'une faction haineuse et jalouse, qui voulait faire disgracier un général victorieux, et priver la République des services d'un homme dont les victoires avaient fait rejaillir sur elle un éclat qui offusquait ses ennemis.

C'était peu pour cette faction d'attaquer le Directoire, ses agents, ses généraux, et de flétrir la révolution tout entière, soit par le rapport de certaines lois, soit par le vote de certaines autres; il fallait encore paralyser ses moyens de gouvernement. Gilbert-Desmolières, rapporteur de la commission des finances aux Cinq-Cents, s'était créé l'antagoniste perpétuel du Directoire dans toutes les allocations de fonds ou révisions de compte. Il avait dit publiquement qu'il voulait *l'affamer*, et suivait à son égard, au nom de la commission des finances, les mêmes attaques sous lesquelles avait succombé Louis XVI. Il était évident pour tout le monde que la faction royaliste voulait l'empêcher d'agir.

Ces fougueuses et violentes attaques enhardirent les royalistes de l'intérieur. Dans les départements, les représailles contre-révolutionnaires recommencèrent avec une nouvelle fureur. Les patriotes, les acquéreurs de biens nationaux furent encore exposés au fer et au feu des bandes royalistes connues alors sous le nom de *jacobins blancs*. Les émigrés, les prêtres réfractaires rentrèrent en foule à la suite de ces scènes de pillage et de meurtre, et, ne pouvant rien supporter de la révolution, ils proclamèrent hautement leurs espérances et leurs projets de renversement.

Les journaux royalistes, de leur côté, qui s'étaient considérablement multipliés, et qu'aucune règle parlementaire ne retenait, ne dissimulaient plus leur haine contre la révolution, et révélaient chaque jour le secret de leur parti.

Ainsi, deux mois de la session nouvelle ne s'étaient pas encore écoulés, et déjà l'autorité directoriale était menacée dans les conseils, méconnue dans les départements, attaquée dans la presse, impuissante partout. On disait hautement que les conseils allaient renverser le Directoire. Les commentaires des journaux, les imprudences des prêtres, l'audace des émigrés, les délibérations du club de Clichy, les débats des Cinq-Cents, tout donnait à ce bruit une grande probabilité.

Le Directoire était instruit, par sa police, de tout ce qui se passait. Il savait que les émigrés rentraient en foule avec de faux passeports et de faux certificats de résidence expédiés de Paris dans toute l'Europe, et dont on faisait commerce à Hambourg. Il savait que les prêtres non-assermentés étaient secrètement logés, nourris par les dévotes, et entretenus d'argent au moyen de quêtes. Il n'ignorait pas que l'ancienne hiérarchie ecclésiastique était clandestinement rétablie, et que des évêques, correspondant avec Rome, faisaient secrètement tous les actes de leur ministère. La réunion à Paris de cinq à six mille émigrés auxquels se joignaient journellement tous les chouans oisifs, leur correspondance avec le prince de Condé et le comte d'Artois, les attaques audacieuses projetées par les clichyens, leur conduite dans les conseils, les espérances, la joie de tous les ennemis de la révolution, leur langage peu mesuré qui annonçait comme prochaine la chute du Directoire et le rétablissement de la royauté, tout cela lui était connu, tout cela s'accordait avec ce qu'il savait déjà. Un des conjurés de la conspiration Bróttier, Daverne de Presles, avait dénoncé cent quatre-vingts députés comme complices de cette conspiration, et notamment tous les clichyens. Il n'en avait nommé cependant que deux, Lemerer et Mersan. Le Directoire avait tenu cette dénonciation secrète, pour suivre dans toutes ses ramifications cette conspiration, et ce qu'il avait appris depuis, comme ce qui se passait aux Cinq-Cents tous les jours, lui prouvait qu'elle avait plus de consistance qu'il n'aurait pu le croire au premier moment.

Vers cette époque, le Directoire reçut d'Italie des renseignements qui jetèrent un nouveau jour sur cette conspiration. Bonaparte avait fait arrêter à Venise le comte d'Entraigues, agent du prétendant et son intermédiaire auprès des conspirateurs de France. Il avait saisi dans ses papiers une pièce relative à la trahison de Pichegru, et avait obtenu la révélation de toutes les intrigues de l'émigration et des faits relatifs à la négociation de Pichegru avec le prince de Condé. Pour prix de sa trahison, Pichegru devait avoir un hôtel à Paris, un titre et quelques millions.

Cette découverte rendit la situation du Directoire d'autant plus difficile, que les Directeurs, comme on l'a vu, n'étaient pas unis entre eux, et que l'union eût été nécessaire pour déjouer une conspiration dont chaque jour révélait de nouvelles ramifications. Carnot, par une opiniâtreté de caractère qui lui fut fatale, s'était uni aux constitutionnels des conseils qui ne faisaient, il est vrai, au Directoire, qu'une guerre plutôt d'amour-propre que de principes, mais qui, par cela seul, n'en favorisaient pas moins, à leur insu, les complots royalistes. Barthélemy votait avec Carnot. Lareveillère, Rewbell et Barras restaient donc seuls dévoués au système du gouvernement; mais ces trois Directeurs étaient eux-mêmes plutôt unis entre eux par la conformité habituelle de leur vote que par une identité de principes et une estime personnelle. En effet, la facilité de mœurs de Barras ne pouvait guère sympathiser avec la rigidité de celles de Lareveillère et de Rewbell, et l'exagération de ses opinions avec la modération des leurs. Néanmoins, dans ce moment critique, ils se rapprochèrent, se mirent d'accord et s'assurèrent dans le conseil, par la réunion de leurs trois votes, une majorité compacte qui annulerait entièrement l'influence de Barthélemy et de Carnot, dont ils avaient tort peut-être de se défier.

Dès cet instant aussi, ils s'occupèrent, de concert, des moyens de déjouer la conspiration, et préparèrent tout pour l'exécution de leur projet. Par une appréciation juste de leur situation et de celle des conseils où les conspirateurs avaient la majorité, ils avaient acquis d'abord la conviction que les moyens légaux seraient totalement inefficaces en cette circonstance : il ne leur restait donc que la triste ressource d'un coup d'État. Mais, pour un acte aussi hardi, il leur fallait la force morale, c'est-à-dire l'opinion, ou la force matérielle, l'armée. La première leur manquait, l'emploi de la seconde n'était pas sans danger. Décidés à la lutte, ils tentèrent de conquérir l'une pour employer l'autre ensuite.

Pour contre-balancer l'influence du club de Clichy, ils ouvrirent le club de Salm, où se réunirent quelques constitutionnels de 1791, et le parti directorial. Benjamin-Constant, déjà célèbre par son esprit et ses écrits, M. de Talleyrand, en faisaient partie. Tout le dernier tiers conventionnel ne tarda pas à s'y réunir, et on agita dans un sens contraire au club de Clichy toutes les questions politiques.

A Paris et dans beaucoup de villes, on ne tarda pas à suivre le signal donné par l'ouverture du club de Salm ou constitutionnel. Sous des dénominations diverses, les républicains se réunirent en divers clubs, et partout le parti jacobin commença à se recomposer. Le Directoire favorisait assez ostensiblement cet élan, pour pouvoir au besoin employer pour un coup de main les jacobins comme il l'avait fait en vendémiaire.

Mais ce recours un peu tardif à l'opinion n'était plus suffisant alors, et surtout ne pouvait être assez immédiat pour conjurer les dangers d'une conspiration dont les ramifications paraissaient s'étendre sur toute la France, et qui avait son siège dans les conseils. Puis, les clubs étaient fort déconsidérés et tellement surchargés d'entraves par la constitution, que leur efficacité, comme moyen d'action, était peu probable. Le Directoire recourut alors à l'armée : là, il était sûr d'avoir appui et force.

Dans les armées, en effet, s'étaient conservés intacts l'esprit et le dévouement républicains. Ces braves soldats n'avaient vaincu l'Europe que pour vaincre les monarchies, et ce qui leur avait valu tant de misères, tant de sang, allait être la proie de quelques intrigants et de quelques ambitieux qui, par des perfidies calculées, étaient sur le point de renverser ce qu'ils avaient eu tant de peine à élever. Depuis le simple soldat jusqu'au général, tous étaient indignés et ne demandaient qu'à marcher contre les conseils et cette faction royaliste qui semblait renaître plus audacieuse à chaque coup qu'on lui portait. A l'armée d'Italie, surtout, l'élan révolutionnaire était encore dans toute sa primitive ardeur. Parmi ses généraux, Masséna, Joubert, et surtout Augereau, homme de club et jacobin exalté, donnaient l'exemple du républicanisme le plus ardent. Bonaparte lui-même favorisait l'essor de cet esprit de l'armée, et il écrivait au Directoire qu'il était prêt à marcher à son secours, lui et son armée, pour faire rentrer dans le néant la contre-révolution et les contre-révolutionnaires. Le Directoire lui demanda un de ses généraux, et donna ordre à Hoche, qui commandait l'armée de Sambre-et-Meuse, de faire approcher quelques régiments de Paris.

Les conseils, de leur côté, poursuivaient avec acharnement leurs attaques contre le Directoire. Leur langage à la tribune était d'une violence qui rappelait, en sens contraire, celui des temps les plus exaltés de la terreur, et la partialité de la majorité était telle, qu'elle révélait d'une manière manifeste le but de son opposition et de ses manœuvres. Voici une des séances dont la discussion fut le plus calme et le langage le plus mesuré.

Le 24 messidor (12 juillet), le Directoire avait envoyé aux Cinq-Cents le message suivant, sur la situation de la commune de Lyon :

« Lyon, cette cité intéressante par sa population et par son commerce, recèle dans son sein une foule de brigands qui y commettent des vols, des voies de fait, des assassinats. » — « C'est faux ! c'est faux ! » — « Des renseignements précis apprennent que ces brigands, connus sous le nom de Chauffeurs et de Jésus, y sont organisés en compagnies. » — « C'est faux ! c'est faux ! » — « Leur nombre s'augmente chaque jour par les déserteurs, les réquisitionnaires et les émigrés rentrés. Leur haine connue pour le gouvernement républicain y fomente tous les désordres ; les acquéreurs de domaines nationaux y sont assassinés. Ces excès se commettent également dans les départements voisins. Le Directoire a employé tous les moyens pour la poursuite de ces délits, ils ont été inutiles. Le zèle des autorités est sans succès : la gendarmerie mal équipée, mal payée, ne fait pas son devoir. Les coupables, traduits devant les tribunaux, sont acquittés, soit par la terreur ou pour tout autre motif : on ne trouve point de témoins, point de jurés ; il résulte de cette impunité que le peuple se fait justice. Le Directoire déclare qu'il a épuisé tous les moyens constitutionnels, et il demande que le corps législatif prenne incessamment les mesures qui sont en son pouvoir en assurant les fonds pour le paiement des fonctionnaires, de la gendarmerie et de la police, et en suppléant à l'insuffisance des lois pénales. »

La lecture de ce message fut, on le voit, souvent interrompue par des démentis, des dénégations et des murmures. Camille Jordan demanda la parole.

« Bien loin de reprocher au Directoire son message, dit-il, je lui en rends des actions de grâces, puisqu'il me fournit l'occasion de prendre à cette tribune la défense de ma malheureuse patrie, et de repousser loin d'elle les imputations calomnieuses dont on se plaît à la noircir.

« Si le Directoire vous montrait sa correspondance officielle, vous verriez que les voies de fait dont il est ici question sont étrangères aux opinions politiques. C'est du sein de la misère et de l'insuffisance des lois que naissent ces crimes, et non d'un système d'assassinat. De toutes les communes de la République, il n'en est aucune où la rage révolutionnaire ait exercé ses fureurs avec plus d'atrocité qu'à Lyon. Il n'y a pas une famille qui n'ait à y pleurer la perte d'un parent, d'un ami ; la réaction dont on se plaint n'est-elle donc pas, jusqu'à un certain point, *naturelle ?* »

De violents murmures, des trépignements, des cris à l'ordre ! à l'ordre ! interrompent l'orateur ; mais la majorité l'approuve.

« Lorsqu'au 29 mai, ajoute-t-il, l'infâme municipal Chalier, de concert avec de féroces proconsuls, fit mitrailler nos concitoyens sur la place des Terreaux ; lorsque Lyon indigné se leva tout entier dans cette journée mémorable, renversa la tyrannie municipale au même instant où les Parisiens succombaient sous le joug de Robespierre, est-ce par des assassinats que les Lyonnais souillèrent leurs mains victorieuses ? Non ; les tyrans, les assassins du peuple furent remis aux tribunaux ; on laissa à la justice le soin de les punir.

« Pendant la durée de ce siège mémorable, où Lyon luttait contre le despotisme et le faisait trembler, où les cadavres entassés de ses concitoyens attestaient leur amour pour la liberté, leur horreur de la tyrannie, lorsque, de toutes parts, nos maisons étaient renversées ou brûlées par la foudre prétendue républicaine, comment se comportèrent les Lyonnais à l'égard des prisonniers blessés ? Ils les traitaient en frères, ils leur prodiguaient tous les secours de l'art, tous les soins de l'amitié. C'est parce que la jeunesse de Lyon sait se battre et ne sait pas assassiner.

« Lyon est tranquille : ses citoyens s'y livrent au commerce et aux arts ; ils ont besoin de calme ; ils le désirent ; ils attendent que le gouvernement les en fasse jouir. Les assassinats qui s'y commettent viennent de l'extinction de la morale et des principes religieux. Oui, j'ose espérer que vous adopterez le projet sur la police des cultes, dont toutes les dispositions sont conformes aux principes. Les prêtres déportés seront, au milieu de nous, les officiers de la morale et de la paix. Je demande l'ordre du jour sur l'impression du message du Directoire.

A Camille Jordan succéda Duplantier, chargé, au nom d'une commission, de faire un rapport sur les sociétés populaires, dont le nombre, depuis la formation du club constitutionnel, se multipliait dans une direction plutôt républicaine que monarchique. Les clichyens en avaient été effrayés et consentaient en quelque sorte à se suicider, par la fermeture de leur club, à la condition d'ôter cette arme des mains de leurs adversaires. Voici en quels termes parla Duplantier de ces clubs qui s'étaient propagés avec toute la vitesse d'une mode nouvelle : « Des arsenaux de révolte, des ateliers d'insurrection s'établissent ; des scélérats veulent ressaisir, par les échafauds, le sceptre de la terreur ; mais leurs fratricides projets sont connus. Les jacobins, aux crimes desquels le 9 thermidor a mis un terme, prétendent encore influer sur les délibérations du conseil, diriger sa marche : il a applaudi à l'énergie du Directoire lorsque le Panthéon fut fermé ; il ne souffrira pas que ses habitués réorganisent leur bande scélérate. Des sociétés populaires s'élèvent dans un grand nombre de départements et y menacent la sécurité publique. Il en existe déjà une grande quantité de ce genre à Paris : des complots se forment contre le corps législatif ; des bataillons de prétendus patriotes s'organisent ; les armes sont prêtes, les signaux convenus, on n'attend que celui du combat. Les conciliabules nocturnes se multiplient, et les jacobins, ces monstres avides de carnage qui ont inondé la France de larmes et de sang, affluent dans Paris. »

Bailleul s'élance à la tribune. — « Vous parlez, dit-il, de monstres avides de carnage, je ne vois de monstres que dans ceux qui sont toujours prêts à favoriser des prêtres rebelles, d'odieux émigrés, à accuser et à calomnier le gouvernement actuel : voilà ceux que je signale comme des monstres. Mais vous, qui désignez-vous sous cette épithète ? » — « Les jacobins ! » s'écrient une foule de voix. — « Sont-ce les jacobins, reprend Bailleul, qui assassinent sur toute l'étendue de la République ? » — « Oui, oui. » — « Comment ! quand le sang des républicains coule partout à grands flots, vous en accusez les républicains ! » — « Mais où donc, où donc coule-t-il ? » — « Il coule à Lyon, il coule à Marseille, il coule dans le Midi, dans l'Ouest, dans le Calvados et... » Des cris furieux l'interrompirent, et il fut obligé de descendre de la tribune au milieu des gestes de menace et des véhémentes apostrophes de la majorité royaliste.

Dans la même séance, à une motion d'ordre de Jean de Bry sur la célébration de l'anniversaire du 14 juillet, un député répondit par ces mots : « Oui, célébrons le renversement du despotisme ; mais souvenons-nous qu'un despotisme mille fois plus affreux s'éleva sur les débris du premier ; et pour ne pas l'oublier, unissons dans une même fête la mémoire du jour où le despotisme démagogique fut anéanti. »

Ces approbations données aux assassinats royalistes, ces récriminations contre le passé, ces regrets dissimulés à peine, cette tactique si partiale, avaient fait impression au-dehors. Malgré l'indifférence générale, un commencement de réaction s'était opéré dans les esprits, et chacun sentait qu'en définitive le Directoire était le représentant et le défenseur le plus réel de la révolution. Les constitutionnels des conseils s'aperçurent alors que leur opposition les avait conduits au royalisme. Ils tentèrent un rapprochement sincère auprès du Directoire pour prévenir une lutte qui paraissait imminente. Ils s'adressèrent à Carnot et à Barthélemy, aussi effrayés qu'eux d'une direction où la constitution était compromise, et proposèrent leur concours moyennant une modification ministérielle dans un esprit constitutionnel assez compacte pour pouvoir renforcer la minorité directoriale. Les ministres qui devaient être renvoyés, étaient celui de la justice, Merlin de Douai, celui de la marine, Truguet, celui des relations extérieures, Ch. de Lacroix ; et celui des finances, Ramel. Pétiet, ministre de la guerre, Benezech de l'intérieur, et Cochon de la police, devaient être maintenus. Carnot et Barthélemy accueillirent ces ouvertures. Mais la majorité du Directoire, Rewbell, Lareveillère et Barras, avait un parti pris à ce sujet. Ils avaient d'abord décidé un changement de ministère pour donner plus d'homogénéité à l'administration de l'État, et imprimer à la marche du gouvernement une allure plus ferme et plus décidée. Les ministres qu'ils voulaient remplacer étaient précisément ceux dont les constitutionnels demandaient le maintien ; et comme ces derniers n'avaient à leur offrir en retour que quelques voix, trop peu nombreuses pour déplacer la majorité dans les conseils, ils repoussèrent leurs propositions. Puis, le Directoire ne pouvait vouloir d'un accommodement qui eût tout au plus ajourné sa ruine et celle de la République aux élections de l'an vi. Aussi Lareveillère leur dit avec fermeté : — « Le jour où vous nous attaquerez, vous nous trouverez prêts. Nous vous tuerons, mais politiquement. Vous voulez notre sang, mais le vôtre ne coulera pas. Vous serez seulement réduits à l'impossibilité de nuire. » En même temps ils remplacèrent les ministres protégés par les conseils. Hoche, et bientôt après Schérer, parce que Hoche n'avait pas l'âge requis, remplaça Pétiet à la guerre ; François de Neufchâteau, Benezech, à l'intérieur; Lenoir-Laroche, Cochon, à la police. Pour des intérêts de service, Lacroix fut remplacé par Talleyrand aux relations extérieures, et Truguet à la marine par Pleville-le-Peley. Ramel et Merlin, qui étaient les deux ministres les plus antipathiques aux conseils, furent conservés à la justice et aux finances.

Après ce changement de ministère, Carnot et Barthélemy se trouvèrent plus que jamais isolés du Directoire. La majorité apportait, dans les séances, une opinion toujours prise d'avance, et tenait secrète la partie la plus importante de ses projets. Mais le choix des ministres fut généralement considéré comme fait dans des intentions hostiles. La lutte parut alors de plus en plus inévitable. On citait des conversations, des propos tenus dans les salons des Directeurs, des révélations des ministres destitués. Rewbell, publiait-on, avait dit : « Les choses changeront, ou j'y perdrai ma tête; » et Lareveillère : « Tout cela ne peut finir que par l'épée et le canon. »

Le jour même où le ministère fut changé, Pétiet annonça qu'il avait appris indirectement que des troupes faisant partie de l'armée de Hoche étaient arrivées auprès de Paris, sans que lui, ministre de la guerre, en eût donné l'ordre, et sans aucun ordre connu du Directoire. En effet, Hoche, d'après l'avis secret du Directoire, avait mis en mouvement des troupes qui étaient censées dirigées sur Brest pour une nouvelle expédition d'Irlande, mais il les avait arrêtées dans les environs de Paris. Il y avait une division d'infanterie, une division de cavalerie et un régiment d'artillerie, formant en tout quinze mille hommes environ. Par l'imprudence d'un commissaire de guerre, le rayon constitutionnel de six myriamètres (quinze lieues) que les troupes ne pouvaient pas franchir sans attentat, avait été violé. Les chasseurs étaient déjà arrivés à la Ferté-Alais, à onze lieues de Paris. Ces troupes, voyant la direction qu'on leur faisait prendre, et connaissant tout ce qui se passait dans les conseils, avaient dit sur toute leur route qu'elles allaient mettre à la raison les royalistes de Paris.

L'approche de ces troupes, et surtout d'une si nombreuse cavalerie, que ne motivait guère l'embarquement prétexté, le changement de ministère, tout annonçait qu'on touchait à un évènement décisif. Les conseils commençaient à être effrayés; cette partie flottante qui, dans toutes les assemblées, vote par entraînement, était indécise et irrésolue; mais les meneurs des clichyens faisaient les motions les plus violentes. Ils parlaient de suspendre le Directoire, de le mettre en accusation, de le mettre même hors de la loi, comme ayant conspiré contre le corps législatif, par la violation du rayon constitutionnel. Ils envoyaient message sur message au Directoire, pour demander des explications à ce sujet, et le Directoire, sans entrer dans des détails sur la marche des troupes, se contentait de répondre qu'une erreur d'un commissaire de guerre avait occasionné cette violation, mais que les troupes avaient reçu l'ordre de rétrograder. En même temps on apprit que de nouvelles troupes avaient été cantonnées à Reims.

L'opposition voulut parer le coup dont elle était menacée, et pour cela elle ne trouva rien de mieux que d'organiser la garde nationale sur les bases de celle de 89, dont l'organisation était déjà votée en principe. Mais pendant qu'elle se livrait à cette discussion, Augereau arriva à Paris apportant les adresses de l'armée d'Italie qui intervenait d'une manière foudroyante en faveur du Directoire.

Ces adresses, illégales en ce que, aux termes de la constitution, l'armée n'avait pas le droit de délibérer, avaient été rédigées lors de l'anniversaire du 14 juillet, célébré par l'armée d'Italie à Milan. La fête avait eu lieu autour d'une pyramide portant des trophées et les noms des soldats et officiers morts pendant la campagne. Bonaparte l'avait ouverte par la proclamation suivante, dont le ton menaçant fut bien dépassé par les adresses des divisions que le Directoire livra à la publicité.

« Soldats ! c'est aujourd'hui l'anniversaire du 14 juillet. Vous voyez devant vous les noms de nos compagnons d'armes morts au champ d'honneur, pour la liberté de la patrie. Ils vous ont donné l'exemple : vous vous devez tout entiers à la République; vous vous devez tout entiers au bonheur de trente millions de Français; vous vous devez tout entiers à la gloire de ce nom qui a reçu un nouvel éclat par vos victoires.

« Soldats ! je sais que vous êtes profondément affectés des malheurs qui menacent la patrie ; mais la patrie ne peut courir de dangers réels. Les mêmes hommes qui l'ont fait triompher de l'Europe coalisée sont là. Des montagnes nous séparent de la France : vous les franchiriez avec la rapidité de l'aigle, s'il le fallait, pour maintenir la constitution, défendre la liberté, protéger le gouvernement et les républicains.

« Soldats ! le gouvernement veille sur le dépôt des lois qui lui est confié. Les royalistes, dès l'instant qu'ils se montreront, auront vécu. Soyez sans inquiétude, et jurons par les mânes des héros qui sont morts à côté de nous pour la liberté, jurons sur nos nouveaux drapeaux, guerre implacable aux ennemis de la République et de la constitution de l'an III. »

Dans les banquets on porta ensuite divers toasts : *A l'union des républicains ! à la réémigration des émigrés !* Le général Lannes but : « à la destruction du club de Clichy ! Les infâmes ! s'écria-t-il, ils veulent encore des révolutions : que le sang des patriotes qu'ils font assassiner retombe sur eux ! » A ce dernier toast, on battit le pas de charge.

Les adresses des divisions furent plus énergiques et plus significatives encore. Celle de la division Augereau disait : « Nous apprenons avec indignation que notre mère commune est déchirée par les monstres qu'elle avait pour toujours rejetés de son sein ; que le royalisme, en un mot, avait relevé sa tête audacieuse et lançait partout des regards furieux et menaçants. Qu'espèrent-ils donc, ces hommes avides de sang, en promenant leurs poignards sur la tête des patriotes, et en assassinant nos braves frères d'armes rentrant dans leurs foyers ? Le sol de la liberté n'est-il donc plus qu'un champ de carnage ? Pensent-ils que nous n'avons si longtemps combattu que pour leur assurer des triomphes ?

« Avides de vengeances, saturés de crimes, ces hommes couverts d'ignominie s'agitent et complotent au milieu de Paris, quand nous avons triomphé aux portes de Vienne ; ils veulent inonder la patrie de larmes et de sang, sacrifier encore au démon de la guerre civile, et, marchant à la lueur funèbre du flambeau du fanatisme, arriver, à travers des monceaux de cendres et de cadavres, jusqu'à la liberté qu'ils prétendent immoler ! Et nous pourrions, nous qu'ils abhorrent parce que nous en sommes les défenseurs, voir de sang-froid le progrès de leurs trames criminelles !

« Parlez, citoyens Directeurs, ordonnez, et aussitôt les scélérats qui souillent le sol de la liberté n'existeront plus !

« Et vous, qui avez fait du mépris, de l'infamie, de l'outrage et de la mort le partage des défenseurs de la République, tremblez ! De l'Adige au Rhin et à la Seine, il n'y a qu'un pas. Tremblez ! vos iniquités sont comptées, et le prix en est au bout de nos baïonnettes.

« Vous avez déshonoré l'humanité ; nous vous avons jugés à mort !... Le ciel présidait ; il protège la cause sainte de la liberté, et il nous encourage.

« Quant à vous, gardiens fidèles, amis constants des lois ; vous, nos parents persécutés, proscrits ; vous, artistes paisibles ; vous aussi, habitants égarés des campagnes, rassurez-vous ! nous vous embrasserons ; mais, reprenez courage ; c'est une heure de justice épouvantable qui sonnera !.... Le déluge universel fut nécessaire pour purger la terre ; il faut que les armées purifient la France ! »

Les autres divisions de l'armée d'Italie ou de celle de Sambre-et-Meuse, envoyèrent aussi des adresses qui n'étaient pas moins énergiques, et qui jetaient l'effroi dans le parti clichyen. Les conseils retentirent de plaintes et d'accusations contre ces délibérations des armées que la constitution ne permettait pas, et contre la publicité que leur avait donnée le Directoire. La presse quotidienne commentait ces manifestations militaires ; des placards contre les conseils couvraient chaque jour les rues de Paris. Des groupes les lisaient avec avidité, et la population était assez généralement agitée, comme à l'approche d'un grand évènement. Malgré ces évidents pronostics, et l'effroi qu'ils lui inspiraient, la majorité des conseils ne modifiait en rien sa tactique hostile et son langage provoquant. On eût dit qu'elle avait à cœur de se montrer digne de toutes les colères qui la menaçaient, en excitant contre elle les intérêts et les préjugés. Tantôt, elle restituait les presbytères aux communes, réduisait le serment des prêtres à une simple formule insignifiante, faisait fermer les clubs, ordonnait la réorganisation de la garde nationale sur une base si restreinte, que la multitude en était exclue, augmentait le nombre et le pouvoir des membres de la commission des inspecteurs de la salle, et enfin prenait toutes les mesures qui pouvaient fortifier le corps législatif contre le gouvernement. D'autres fois, elle profitait de l'anniversaire du 9 thermidor pour rappeler tout ce que l'on avait déjà mille fois redit des journées de septembre, de la terreur et de l'horreur que lui inspiraient ceux qui y avaient participé ; elle jetait de nouveaux ferments d'irritation dans les esprits par des paroles aussi imprudentes et aussi impolitiques que celles-ci : « Quels sont donc ces hommes qui veulent dominer, s'écriait Pastoret, à la tribune législative ? leurs mains dégouttent de sang ; ils sont couverts d'impiétés et de crimes. Tout est trafic pour eux, l'honneur, la bonne foi, l'humanité, la justice. L'esprit de faction est le seul bien des méchants ; les forfaits qu'ils commirent ensemble ne leur permettent plus d'avoir aujourd'hui que les mêmes désirs, les mêmes haines, les mêmes terreurs. Représentants, mettez à défendre la liberté l'ardeur qu'ils mettent à la domination, et bientôt la République ne craindra plus leurs fureurs. »

De tels actes, de telles paroles, n'étaient pas de nature à opérer un rapprochement entre les partis en présence ; aussi, le Directoire, qui, pour sauver la République de la fureur de ses ennemis, se voyait forcément obligé d'avoir recours aux baïonnettes et de se livrer aux armées, répondit par un énergique message à tous ceux dont les conseils l'obsédaient depuis quelques jours, soit sur la marche des troupes, soit sur la violation du rayon constitutionnel, soit enfin sur les délibérations des armées. Pour ce qui concernait les deux premiers points, le Directoire reproduisit dans son message ce qu'il avait déjà dit : il rejeta la violation du rayon constitutionnel sur une erreur de subalternes ignorant la loi, et attribua à la formation d'un corps d'armée à Brest, le passage de tant de régiments près Paris. Quant aux adresses des armées, voici ce qu'il dit :

« Le Directoire exécutif n'a reçu qu'avant hier, en original, les adresses des défenseurs de la patrie, des différentes divisions qui composent l'armée d'Italie. Toutes étaient destinées pour le Directoire exécutif, à l'exception de deux seulement, destinées, en outre, aux défenseurs de la patrie dans les autres armées.

« Quoique le mot *délibérer* n'ait pas un sens assez déterminé pour pouvoir s'appliquer clairement à l'acte par lequel, après avoir épanché leurs craintes et leurs espérances dans le sein du Directoire exécutif et de leurs frères d'armes, les défenseurs de la patrie n'ont fait qu'exprimer le vœu qu'ils forment et le sentiment qui les anime, le Directoire n'en avait pas moins résolu d'en arrêter la circulation. Il avait également arrêté d'écrire au général en chef, qu'il déplorait les circonstances qui avaient porté les soldats républicains à des actes qui pouvaient paraître irréguliers, en l'invitant à prévenir soigneusement tout ce qui pourrait porter atteinte à la constitution.

« Le Directoire exécutif ne s'en est pas tenu là. Il a dû remonter aux causes, et vous les indique, persuadé que vous trouverez dans votre sagesse les moyens de les faire cesser.

« La cause de la démarche des défenseurs de la patrie, citoyens représentants, est dans l'inquiétude générale qui, depuis quelques mois, s'étant emparé de tous les esprits, a succédé à la tranquillité profonde qui régnait et à la confiance qui s'établissait de toutes parts ; elle est dans le défaut des revenus publics, qui laisse toutes les parties de l'administration dans la situation la plus déplorable, et prive souvent de leur solde et de leur subsistance les hommes qui, depuis des années, ont versé leur sang et ruiné leur santé pour servir la République ; elle est dans la persécution et les assassinats exercés sur les acquéreurs des biens nationaux, sur les fonctionnaires publics, sur les défenseurs de la patrie ; et, pour mieux dire, sur tous ceux qui ont osé se montrer amis de la République; elle est dans l'impunité du crime, et dans la partialité de certains tribunaux ; elle est dans l'insolence des émigrés et des prêtres réfractaires, qui, rappelés et favorisés ouvertement, débordent de toutes parts, soufflent le feu de la discorde, et inspirent le mépris des lois ; elle est dans cette foule de journaux dont les armées sont inondées comme l'intérieur, dans ces feuilles qui ne prêchent que le meurtre des soutiens de la liberté, qui avilissent toutes les institutions républicaines, qui rappellent sans ménagement et sans pudeur la royauté et toutes les institutions oppressives et vexatoires qui tourmentaient et humiliaient à un égal point le laboureur, l'artisan, le marchand, et même l'homme riche qui n'était pas titré ; elle est dans l'intérêt, toujours mal dissimulé et souvent manifesté hautement, que l'on prend à la prospérité et à la gloire du gouvernement anglais et de la Cour autrichienne, lorsqu'on essaie, au contraire, d'atténuer la juste renommée de nos guerriers, lorsqu'on ne parle qu'avec un dépit mal déguisé des hautes destinées promises à la France, et de ce degré éminent de gloire et de bonheur auquel elle était sur le point d'atteindre ; elle est dans les sinistres projets qu'annoncent des hommes plus ou moins influents sur le sort de l'État ; elle est dans le blâme qui a été jeté sur les résultats à la fois les plus glorieux et les plus utiles des victoires de nos défenseurs ; elle est dans ce projet clairement annoncé de calomnier et de perdre nos généraux républicains et nommément ceux qui, à la gloire des triomphes les plus éclatants et des plus savantes campagnes, ont ajouté, l'un dans l'ouest de la France, l'autre en Italie, l'immortel honneur d'une conduite qui fait autant l'éloge de leur philosophie et de leur humanité que celui de leur génie ; enfin, cette cause est dans le désespoir où sont tous les vrais citoyens et particulièrement les défenseurs de la patrie, de voir s'éloigner, au moment même de sa conclusion, et après l'avoir achetée par tant de sang et de souffrances, une paix définitive que sollicitaient enfin avec empressement les chefs de la coalition vaincue, et qu'un gouvernement, ami de l'humanité, cherchait à conclure avec plus d'empressement encore, lorsque tout-à-coup, ranimant leurs espérances, comptant sur une dissolution générale par le défaut des finances, sur la destruction du gouvernement, sur la mort ou l'exil des plus braves généraux, et sur la dispersion et la perte des armées, ces mêmes puissances coalisées ont mis autant de lenteur dans les négociations qu'elles avaient montré d'ardeur pour terminer.

« Telles sont, citoyens représentants, les causes qui ont agité les esprits, et qui ont porté les soldats de la patrie à exprimer leurs craintes et leurs résolutions. Le Directoire exécutif le répète, il fera ce qu'il doit en leur recommandant d'éviter toutes démarches irrégulières, contraires à la discipline, qui fait l'ame des armées. et aux lois, qui sont le soutien de l'État ; mais il vous doit en même temps une déclaration franche et loyale de ses sentiments.

« Il espère bien, certes, sauver la France de la dissolution à laquelle on l'entraîne avec précipitation, éteindre les torches de la guerre civile qu'on allume avec fureur, et sauver les personnes et les propriétés des dangers d'un nouveau bouleversement ; c'est une résolution qu'il suivra avec persévérance et avec courage, sans être détourné par aucune crainte ou par aucune séduction ; mais aussi il ne consentira jamais à inspirer une fausse sécurité, soit à ses concitoyens de l'intérieur, soit à ceux qui défendent la patrie au-dehors ; il se croirait lui-même coupable de trahison envers son pays, s'il leur dissimulait les funestes tentatives que l'on ne cesse de faire pour nous jeter dans les horreurs d'une révolution nouvelle, en renversant l'ordre de choses actuel, soit par la trahison, soit par la force. »

Ce message fit une vive sensation dans les conseils et au-dehors. Il fut généralement considéré comme une déclaration de guerre. Le Directoire y annonçait hautement la ferme intention de soutenir la lutte. Les clichyens s'y préparèrent, en activant l'organisation de la garde nationale, qui, par le projet nouveau dont Pichegru avait été rapporteur, devait n'être, en quelque sorte, que la réunion de l'ancienne milice de vendémiaire ; ils comptaient, en outre, sur les grenadiers du corps législatif, sur le 21e régiment de chasseurs, et sur les *fidèles* qui étaient organisés dans les départements. Quelques uns d'entre eux, le fougueux général Willot entre autres, voulaient qu'on prît l'initiative ; ils proposaient d'appeler dans le sein du corps législatif Carnot et Barthélemy, de décréter d'accusation Lareveillère, Barras et Rewbell, et de marcher contre eux avec les anciens sectionnaires, les chouans et les émigrés qui étaient à Paris. On devait sonner le tocsin, et Pichegru devait être mis à la tête de cette *insurrection légale.* Pichegru trouva ces moyens insuffisants, et dit qu'il fallait attendre. Le Directoire, de son côté, répondit à ces projets par un acte des plus significatifs. Il nomma Augereau au commandement des forces de Paris. A une exaltation révolutionnaire peu commune alors, à une bravoure incontestable, Augereau joignait un caractère vantard, inconséquent et bravache. Il disait hautement partout qu'il allait mettre les conseils à la raison. D'autres généraux, Kléber, Lefebvre, qui étaient en congé, Lemoine, Humbert, qui commandaient les troupes qui avaient marché sur Paris, d'autres officiers de tout grade, soit réformés par la réduction des cadres, soit en activité, se répandaient partout en foule, et n'épargnaient à la majorité législative ni les imprécations ni les menaces. Les constitutionnels en étaient grandement épouvantés, et, voyant la conséquence funeste de l'appui qu'ils avaient donné aux réacteurs, voulaient se rapprocher sincèrement du Directoire. Des clichyens même, qui n'étaient mus que par une haine imprudente contre les excès de la révolution, se seraient joints sans peine à eux pour ne pas réveiller, par une dangereuse opposition, les penchants révolutionnaires du Directoire. Madame de Staël fut, par elle-même ou par ses amis, l'intermédiaire de cette négociation nouvelle; mais la majorité directoriale resta inébranlable, et, tout en se montrant disposée à accueillir les dissidents, ne voulut consentir ni à aucune transaction ni à aucune condition.

Dans cet état de choses, la minorité directoriale, Carnot et Barthélemy, se trouvait dans une situation fort critique pour une opinion qui n'était pas la sienne. Carnot surtout, dont la conduite en cette circonstance ne peut s'expliquer que par une opiniâtreté de caractère qui fait qu'on veut pousser jusqu'au bout les conséquences d'une fausse vue, était sans contredit aussi loin des tendances royalistes de la majorité clichyenne, que ses collègues Lareveillère et Rewbell; cependant il soutint dans le conseil, jusqu'au dernier moment, les motions et les réclamations des royalistes. Lareveillère fit même auprès de lui une démarche solennelle pour l'engager à se joindre à eux, mais sans succès. Les trois Directeurs ne doutèrent plus alors de sa trahison, et il fut compris, ainsi que Barthélemy, qui votait toujours avec lui, dans la proscription qui se préparait.

En effet, Lareveillère, Rewbell et Barras avaient arrêté leur plan. Les salles du Manège et des Tuileries, où se réunissaient les Anciens et les Cinq-Cents, devaient être fermées et occupées par les troupes avant l'arrivée du corps législatif, pour prévenir une expulsion violente. Les députés sur lesquels pouvaient compter les trois directeurs devaient être secrètement convoqués, les Anciens, à l'amphithéâtre de l'École-de-Santé; les Cinq-Cents, à l'Odéon. Là, on devait leur proposer, sans discussion judiciaire et par voie législative extraordinaire, l'arrestation et la déportation de cent quatre-vingts députés choisis parmi les plus suspects; les deux Directeurs Carnot et Barthélemy, et les propriétaires et rédacteurs de quarante-deux journaux royalistes devaient être aussi déportés. L'exécution de ce coup d'Etat était confiée à Augereau et à Barras. Les troupes de Hoche, disposées autour de la limite constitutionnelle, étaient prêtes à se rendre en quelques heures à Paris. La majeure partie des grenadiers du corps législatif était gagnée, et, pour ne pas laisser soupçonner le véritable jour de l'exécution, de grandes manœuvres et des exercices à feu étaient exécutés tous les jours par les troupes de la garnison de Paris et les grenadiers du corps législatif.

Pendant plusieurs jours, on s'attendit à voir éclater l'évènement. Chacun, dans les conseils, rapportait les propos qu'il connaissait, les nouvelles dont il avait eu communication; on remarquait que la garnison avait été renforcée; ces exercices à feu quotidiens étaient inquiétants; on se communiquait les lettres menaçantes ou les avis anonymes que l'on recevait. On annonçait dans Paris des mouvements de troupes, des rassemblements : la peur grossissait les faits les plus insignifiants. Trompés par de faux indices, les députés menacés faisaient ensuite vérifier la plupart des bruits qui circulaient et qui se trouvaient sans fondement. Pour être mieux informés, ils créèrent une police attachée à la commission des inspecteurs de la salle, et, après s'être un peu rassurés, ils recommencèrent à se livrer à leurs déclamations et à leurs hostilités habituelles. Dans les séances du 13 au 17 fructidor (du 30 août au 3 septembre), ils décrétèrent une loi favorable aux biens des émigrés ; ils proposèrent d'ôter au Directoire la nomination des officiers de gendarmerie, et après avoir, dans leurs réunions secrètes, discuté sur les motions les plus violentes et les plus incendiaires, ils résolurent de faire décréter dès le lendemain la permanence des séances.

Le Directoire les prévint. Dès le milieu de la nuit du 17 au 18, dix mille hommes et quarante pièces de canon furent disposés autour des lieux des séances des deux conseils. Les principaux ponts de Paris furent en même temps occupés. Le plus grand silence était observé : on n'entendait que les pas des soldats et le roulement des canons. Sur tous les murs de Paris furent affichés une proclamation du Directoire, annonçant la découverte d'une conspiration en faveur de Louis XVIII, et un arrêté portant que tout individu qui rappellerait la royauté, la constitution de 1793, ou parlerait de d'Orléans, serait fusillé sur-le-champ. A côté de cette proclamation et de cet arrêté, figuraient de nombreux placards où on lisait les pièces suivantes :

Offres faites par Condé à Pichegru au nom du roi.

Nota. — (Pichegru veut livrer les places fortes aux Allemands. Condé s'y refuse. — Trahison manquée.)

« Maréchal de France, gouverneur d'Alsace, cordon rouge. Le château de Chambord avec son parc et douze pièces de canon enlevées aux Autrichiens. Un million d'argent comptant. Deux cent mille livres de rente. Un hôtel à Paris.

« La terre d'Arbois, patrie du général Pichegru, porterait le nom de Pichegru.

« La pension de deux cent mille livres réversible par moitié à sa femme, et cinquante mille livres à ses enfants à perpétuité, jusqu'à extinction de sa race.

« M. le prince de Condé désirait qu'il proclamât le roi dans ses camps, lui livrât la ville d'Huningue, se réunît à lui pour marcher sur Paris. »

Réponse de Pichegru écrite de sa main et trouvée dans le portefeuille de d'Entraigues.

« Je ne ferai rien d'incomplet. Je ne veux pas être le troisième tome de Lafayette et de Dumouriez. Je connais mes moyens : ils sont aussi sûrs que vastes ; ils ont leur racine non-seulement dans mon armée, mais à Paris, dans la Convention, dans les départements, dans les armées de ceux des généraux, mes collègues, qui pensent comme moi. Je ne veux rien faire de partiel. Il faut en finir. La France ne peut exister république. Il faut Louis XVIII ; mais il ne faut commencer la contre-révolution que lorsqu'on sera sûr de l'opérer ; sûrement et promptement, voilà quelle est ma devise.

« Le plan du prince ne mène à rien. Il serait chassé de Huningue en quatre jours. Mon armée est composée de braves gens et de coquins ; il faut séparer les uns des autres, et aider tellement les premiers par une grande démarche, qu'ils n'aient plus possibilité de reculer, et ne voient plus leur salut que dans le succès.

« Pour y parvenir, j'offre de passer le Rhin où l'on me désignera, au jour et à l'heure fixés, et avec la quantité de soldats de toutes armes qu'on me désignera. Avant, je placerai dans les places fortes des officiers sûrs, pensant comme moi ; j'éloignerai les coquins et les placerai dans des lieux où ils ne peuvent nuire, et où leur position sera telle qu'ils ne pourront se réunir. Cela fait, dès que je serai de l'autre côté du Rhin, je proclame le roi, j'arbore le drapeau blanc : le corps de Condé et l'armée de l'empereur s'unissent à nous. Aussitôt je repasse le Rhin et je rentre en France. Les places fortes seront livrées et gardées, au nom du roi, par les troupes impériales.

« Réuni à l'armée de Condé, je marche sur-le-champ en avant. Tous mes moyens se déploieront alors de toutes parts, et nous marcherons sur Paris et nous y serons en quatorze jours.

« Mais il faut que vous sachiez que, pour le soldat français, la royauté est au fond du gosier. Il faut, en criant *vive le roi!* lui donner du vin et un écu dans la main. Il faut solder mon armée jusqu'à sa quatrième ou cinquième marche sur le territoire français.

« Allez rapporter tout cela au prince, écrit de ma main, et donnez-moi ses réponses. »

A ces deux pièces était jointe une lettre du prince de

Condé à **Imbert-Colomès**, agent de **Louis XVIII** à Lyon, et député aux Cinq-Cents.

Dès trois heures du matin, un coup de canon servit de signal. Les soldats pleins d'enthousiasme y répondirent par le cri de *vive la République !* Des commandants de colonnes se présentèrent à différents postes gardés par les grenadiers du corps législatif, qui, étant pour la plupart gagnés, les livrèrent. Leur commandant Ramel, dévoué aux conseils, se rangea en bataille devant les Tuileries avec huit cents hommes de la réserve. Quelques uns voulaient résister, mais un d'entre eux s'écria : — « Les royalistes m'ont blessé au 13 vendémiaire, et je ne veux pas me battre pour eux au 18 fructidor. » — « Ni moi, ni moi ; » répétèrent quelques autres. En ce moment arriva Augereau à la tête d'un nombreux état-major. — « Commandant Ramel, dit-il, reconnaissez-vous en moi le chef de la 17e division militaire ? » — « Oui, » dit Ramel. — « Alors, en qualité de votre supérieur, je vous ordonne de vous rendre aux arrêts. » Ramel se disposa à obéir. — « Soldats, ajouta Augereau en s'adressant aux grenadiers, êtes-vous républicains ? » Les soldats baissèrent leurs armes et se joignirent à lui en criant : *vive la République ! vive le Directoire !*

Augereau se transporta de là à la salle des inspecteurs, où quelques uns d'entre eux, que le mouvement des troupes ou le bruit du canon avaient réveillés, s'étaient déjà rendus. Pichegru, Willot étaient du nombre. Il se fit remettre leurs épées et les envoya au Temple avec d'autres députés saisis dans la salle et Ramel. En même temps le Directoire avait chargé un officier d'arrêter Carnot et Barthélemy ; mais Carnot, prévenu à temps, avait pu prendre la fuite. Barthélemy fut conduit au Temple où étaient déjà Pichegru et Willot. Une garde placée à la porte des conseils laissait entrer tous les députés qui se présentaient avec leur médaille, mais ne les laissait plus sortir. La majeure partie de ceux qui n'avaient pas été convoqués dans les nouveaux lieux désignés par le Directoire fut ainsi arrêtée.

A six heures du matin, ce coup d'État touchait à son terme : il ne restait qu'à le légaliser. Les députés, prévenus du changement du lieu de réunion, s'étaient hâtivement rendus à l'Odéon et à l'École-de-Santé pour ne pas se trouver en dissidence. Paris, en s'éveillant, trouva les troupes encore sous les armes et en mouvement, les conseils rassemblés dans leurs nouvelles salles respectives, et les murs de Paris placardés de proclamations et des pièces qu'on a déjà vues. La population était calme et restait simple spectatrice. Quelques groupes isolés, composés des jacobins des faubourgs, parcouraient les rues en criant *vive la République ! à bas les aristocrates !* D'autres plus nombreux stationnaient autour du Luxembourg et criaient : *vive le Directoire !*

Vers huit heures du matin, les députés des conseils furent réunis en nombre suffisant pour délibérer.

A l'Odéon, la séance des Cinq-Cents s'ouvrit sous la présidence de Lamarque. Cholet et Duhot furent nommés secrétaires. « Les mesures qui ont été prises, dit Poulain-Grandpré, le local que nous occupons, tout annonce que la patrie a couru de grands dangers et que nous en courons encore. Rendons-en grâces au Directoire ; c'est à lui que nous devons le salut de la chose publique. Mais il ne suffit pas que le Directoire veille, il est aussi de notre devoir de prendre des mesures capables d'assurer le salut public et la conservation de la constitution de l'an III. Je demande qu'il soit formé une commission de cinq membres pour s'occuper de cet objet. »

Siéyes, Poulain-Grandpré, Hardi, Chasal et Boulay (de la Meurthe) furent nommés membres de cette commission. Un message fut adressé aux Anciens et au Directoire pour les prévenir de l'ouverture de la séance, et il fut pris divers arrêtés relatifs aux circonstances, et entre autres un qui conférait au Directoire la faculté de faire entrer dans le rayon constitutionnel les troupes qu'il jugerait nécessaires pour assurer la liberté. On donna ensuite lecture d'un message du Directoire conçu en ces termes :

« Citoyens représentants, le Directoire s'empresse de vous faire part des mesures qu'il a prises pour assurer le salut de la patrie et le maintien de la constitution. Il vous transmet les pièces qu'il a réunies et celles qu'il a publiées avant que vous fussiez rassemblés. S'il eût tardé un jour de plus, la République était livrée à ses plus mortels ennemis. Le lieu de vos séances était celui que les conjurés avaient choisi pour être le foyer de la conspiration. Là, ils délivraient des cartes d'enrôlement ; de là, ils correspondaient avec leurs complices ; de là, ils fomentaient des rassemblements clandestins, que la police est occupée en ce moment à dissiper. C'eût été compromettre le salut de la patrie, la tranquillité publique, la vie des représentants restés fidèles, que de ne pas prendre des mesures promptes, vigoureuses, efficaces ; le Directoire l'a fait. Sa conduite, en cette occasion à jamais mémorable, était nécessitée par les circonstances, par l'audace des conspirateurs, qui, ayant jeté le masque, marchaient à leur but et voulaient courber la tête des Français sous le joug des rois.

« En matière d'Etat, les mesures extrêmes doivent être appréciées par les circonstances. C'est ainsi que vous devez juger de celle qu'a prise le Directoire ; il en espère le plus grand résultat. »

A ce message étaient jointes les pièces contenant les preuves acquises sur la conspiration de Pichegru, les relations des députés Mersan, Lemerer, Imbert-Colomès avec Louis XVIII ou ses agents à Blanckembourg, les déclarations de Duverne de Presles qui détaillaient le vaste plan conçu et exécuté par les royalistes pour amener la contre-révolution ; enfin, quelques indications sur leurs manœuvres depuis le commencement de la révolution (1)[1]. De ce dernier document il résultait que la faction d'Orléans, sur laquelle les royalistes voulaient depuis quelque temps attirer l'attention pour la détourner d'eux, n'était pour rien dans la conspiration. Les agents de Blanckembourg déclaraient que le duc d'Orléans avait renoncé au trône.

La lecture de ces pièces, en portant la conviction dans tous les esprits, excita une indignation générale. Au nom de la commission des Cinq, Boulay de la Meurthe présenta immédiatement son rapport. Les mesures qu'il proposa avaient été combinées avec le Directoire, qui, d'après la constitution, n'avait pas l'initiative des propositions.

Par la première de ces résolutions, les opérations des assemblées primaires communales de quarante-neuf départements, étaient déclarées illégitimes et annulées : c'étaient celles des départements de l'Ain, Ardèche, Ariège, Aube, Aveyron, Bouches-du-Rhône, Calvados, Charente, Cher, Côte-d'Or, Côtes-du-Nord, Dordogne, Eure, Eure-et-Loir, Gironde, Hérault, Ille-et-Vilaine, Indre-et-Loire, Loire, Haute-Loire, Loire-Inférieure, Loiret, Manche, Marne, Mayenne, Mont-Blanc, Morbihan, Moselle, Deux-Nèthes, Nord, Oise, Orne, Pas-de-Calais, Puy-de-Dôme, Bas-Rhin, Haut-Rhin, Rhône, Haute-Saône, Saône-et-Loire,

---

[1] Voyez à la fin du volume les pièces justificatives).

Sarthe, Seine-et-Marne, Seine-et-Oise, Seine-Inférieure, Seine, Somme, Tarn, Var, Vaucluse et Yonne. Cinquante-trois membres du corps législatif furent condamnés à la déportation. Ce furent, au conseil des Cinq-Cents: André, Aubry, J. Aymé, Bayard, Blain, Boissy-d'Anglas, Borne, Bourdon (de l'Oise), Cadroy, Couchery, Delahaye, Delarue, Doumère, Dumolard, Duplantier, Gilbert-Desmolières, Henri Larivière, Imbert-Colomès, Camille-Jordan, Jourdan (des Bouches-du-Rhône), Gall, Lacarrière, Lemarchand-Gomicourt, Lemerer, Mersan, Madier, Maillard, Noailles, Mac-Cartin, Pavie, Pastoret, Pichegru, Polissard, Praire-Montaud, Quatremère-Quincy, Saladin, Siméon, Vauvilliers, Vaublanc, Villaret-Joyeuse, Willot; au conseil des Anciens: Barbé-Marbois, Dumas, Ferraud-Vaillant, Lafond-Ladebat, Laumont, Muraire, Murinais, Paradis, Portalis, Rovère, Tronçon-Ducoudray. On leur adjoignit Carnot et Barthélemy, membres du Directoire; les conspirateurs Brottier, Lavilheurnois, Duverne de Presle, déjà condamnés, l'ex-ministre de la police Cochon, un de ses employés, Dossonville, les ex-généraux Miranda et Morgan, le journaliste Suard, l'ex-législateur Mailhe, Ramel, commandant les grenadiers du corps législatif, et les auteurs ou propriétaires des quarante-trois journaux suivants : *le Gardien de la Constitution, le Journal de France, le Journal des Colonies, le Journal des Journaux, l'Impartial, l'Impartial Bruxellois, le Grondeur, la Gazette universelle, la Gazette française, l'Europe littéraire, l'Éclair, l'Écho, le Déjeuner, le Défenseur des vieilles Institutions, le Cri public, le Courrier républicain, le Courrier extraordinaire, le Courrier de Lyon, le Censeur des Journaux, l'Aurore, les Actes des Apôtres, l'Anti-Terroriste, l'Accusateur public, les Annales catholiques, l'Argus, le Véridique, la Tribune pu-*

blique, le Thé, le Tableau de Paris, le Spectateur du Nord, les Rapsodies, le Précurseur, le Postillon, le Petit Gautier, Perlet, les Nouvelles Politiques, l'Observateur de l'Europe, le Mémorial, le Miroir, le Messager du Soir et *la Quotidienne*.

A ces mesures de proscription s'en joignirent d'autres que réclamait l'intérêt du moment. La fameuse loi du 3 brumaire, objet de tant d'attaques de la part des royalistes, fut remise en vigueur et même étendue. On rapporta toutes les lois qui rappelaient les prêtres déportés et les dispensaient du serment; on rétablit les lois sur la police des cultes. Les journaux, les sociétés politiques, purent paraître ou s'ouvrir comme après vendémiaire; mais le Directoire eut la faculté de les supprimer ou de les fermer à volonté. On lui conféra, en outre, le droit de déporter, sur un simple arrêté, les prêtres qu'il saurait se mal conduire. Les lois du 23 thermidor an v, relatives à l'organisation de la garde nationale, furent rapportées, et le pouvoir de mettre les communes en état de siège fut rendu au Directoire. C'était le rétablissement d'une puissance toute révolutionnaire.

Ces résolutions furent votées aux Cinq-Cents sans opposition, et présentées aux Anciens dans la soirée du 18 pour pouvoir être converties en lois. La lecture du rapport dura une grande partie de la nuit, et, dès le lendemain matin, 19, ils reçurent le message suivant du Directoire :

« La journée du 18 fructidor a dû sauver la République et vous. Le peuple s'y attend. Hier, vous avez vu sa tranquillité et sa joie. Il demande aujourd'hui où en est la République, et ce que vous avez fait pour la consolider? Le moment est décisif. Si vous tardez une minute, vous vous perdez avec la République. Les conspirateurs ont veillé la nuit dernière : votre silence a réveillé leur audace. Les journalistes de Blanckembourg distribuent encore leurs poisons ; les murs sont encore tapissés de leurs placards incendiaires ; déjà ils parlent de punir les républicains du commencement de triomphe qu'ils ont obtenu. Et l'on hésite encore à purger le sol de la liberté du petit nombre de meneurs royaux qui le souillent. Vous êtes au bord du précipice, et vous délibérez pour le combler ? Demain il ne sera plus temps. On vous parlera des principes ; on invoquera la justice et l'humanité ; c'est avec ces mots que les conspirateurs cherchaient à vous endormir, et qu'ils ont jeté dans votre sein tous les brandons de la discorde. Peut-on balancer entre le sort de quelques individus et celui de la République ? Le Directoire s'est dévoué pour elle, et il a cru que vous marchiez sur ses traces. Il vous a dit que vous étiez placés dans des circonstances critiques et que vous ne pouviez appliquer les règles ordinaires à des cas extraordinaires. Si vous attendez un seul instant, il faut désespérer du salut de la patrie. Mais si, comme le Directoire l'espère, cette idée affreuse vous contriste et vous frappe, saisissez le prix du moment, et faites tout pour assurer le bonheur et la gloire de la patrie. »

En prenant l'initiative du coup d'Etat et en s'appuyant sur l'armée, le Directoire s'était mis dans une position formidable. Les conseils n'avaient ni le pouvoir ni la volonté de faire de l'opposition ; ce message fut considéré comme un ordre, et toutes les résolutions furent aussitôt converties en lois. Quinze des proscrits royalistes furent déportés à Cayenne où ils se trouvèrent avec des anciens membres du comité de salut public, Billaud-Varennes, Collot-d'Herbois, etc. De ce nombre étaient Pichegru, Willot, Barthélemy, Rovère, Bourdon (de l'Oise), Aubry, Lafond-Ladebat, Barbé-Marbois, etc.; les autres ne quittèrent pas l'île de Rhé ;

quelques uns, entre autres Carnot, parvinrent à se soustraire aux poursuites.

Tel fut le 18 fructidor. Paris tout entier resta spectateur de cette lutte et ne s'y mêla pas. Quant au parti royaliste, qui, dans trois défaites précédentes, au 14 juillet, au 10 août et au 13 vendémiaire, n'avait été que repoussé, il fut, cette fois, abattu et ruiné.

Les patriotes trouvèrent les peines infligées aux conspirateurs trop peu sévères, et la publicité qui fut donnée à tous les détails de cette conspiration et aux manœuvres odieuses et perfides des conjurés, contribua puissamment à développer cette réaction antiroyaliste qui fut un des traits caractéristiques des années qui suivirent. De ce jour aussi date l'attiédissement du zèle politique. La masse qui voyait la trahison se glisser partout, revêtir toutes les formes, emprunter tous les langages, se détacha de plus en plus des évènements et y resta étrangère.

Quant au Directoire, il s'était trouvé dans la nécessité, ou de triompher de la contre-révolution en décimant les conseils, ou de laisser la République à leur merci en se laissant abattre par eux. N'ayant, par la constitution, ni la faculté de dissoudre les conseils, ni, dans des circonstances exceptionnelles, des moyens légaux pour défendre la révolution en vertu de la loi, il ne pouvait vaincre que par un coup d'État : c'était une triste mais inévitable nécessité. La loi était devenue impuissante pour défendre le pouvoir exécutif et les principes qu'il représentait. Le Directoire ne pouvait s'appuyer que sur l'insurrection ou sur l'armée. Le règne des passions était passé ; celui des baïonnettes commença.

CHAPITRE IV.

Suites du 18 fructidor. — Tardive dénonciation de Moreau. — Réouverture des clubs. — Nomination de deux nouveaux directeurs. — Puissance du Directoire. — Budget de l'an vi. — Remboursement de la dette. — Rupture des négociations de Lille avec l'Angleterre. — Mort de Hoche. — Nomination d'Augereau au commandement de l'armée d'Allemagne. — Travaux de Bonaparte à Milan. — Établissement dans la Méditerranée. — Conférences d'Udine. — Traité de Campo-Formio. — Arrivée de Bonaparte à Paris. — Fête pour la présentation au Directoire du traité de Campo-Formio. — Arrière-pensée mutuelle du directoire et de Bonaparte. — Projet d'une nouvelle descente en Angleterre. — Souscriptions patriotiques. — Projet de l'expédition d'Égypte. — Situation de la France à l'égard des Républiques nouvelles. — Propagande des Cisalpins. — Révolution en Hollande. — Émeute à Rome ; le général Duphot y est tué. — Occupation de Rome par Berthier. — Fondation de la République Romaine. — Invasion de la Suisse. — Fondation de la République Helvétique. — Préparatifs de l'expédition d'Égypte. — État intérieur de la France. — Troubles dans le Midi. — Mise en état de siège de Lyon, Montpellier, Béziers, Castres, etc. — Élections de l'an vi. — Coup d'État du 22 floréal. — Départ de l'expédition d'Égypte.

CE fut le coup d'État du 18 fructidor qui remit aux mains du Directoire toute la puissance révolutionnaire, et l'investit d'une véritable dictature. On proposa même aux Cinq-Cents de suspendre les séances du corps législatif, et d'ajourner sa réunion à la paix générale.

Cette proposition n'eut pas de suite ; elle était due à l'effroi qu'inspirait aux républicains la puissance des moyens de la faction royaliste, puissance qui se trahissait de jour en jour et qu'il était impossible de mettre en doute. Ce fut en effet à cette époque que le général Moreau, qui, au passage du Rhin, avait pris un fourgon appartenant au général Klinglin et où se trouvait toute une correspondance relative à la trahison de Pichegru, se décida à la faire connaître au Directoire. La publicité donnée aux faits nouveaux résultant de cette révélation, produisit dans toute la France une sensation très-vive; mais le Directoire qui aurait pu, s'il avait été aussi bien informé avant le 18 fructidor, facilement confondre ses redoutables ennemis, le Directoire trouva la dénonciation de Moreau un peu tardive; elle lui parut calculée peut-être dans un intérêt d'égoïsme qui laissait planer quelques soupçons sur le patriotisme du général. Moreau fut donc mandé à Paris et disgracié.

Les mesures de rigueur adoptées contre les royalistes furent alors poussées avec plus d'énergie et d'activité. Les prêtres réfractaires et les émigrés, les chouans, tous ceux qui avaient protesté contre la révolution, ou dont les titres nobiliaires étaient une cause de suspicion, durent quitter le territoire de la République; ceux qu'on y toléra ne purent exercer leurs droits de citoyen qu'au bout de sept ans. Ils durent se conformer aux dispositions de l'article 10 de la constitution, relatif aux étrangers qui veulent devenir Français. Le champ de bataille resta ainsi encore une fois aux vieux républicains.

Leur premier acte fut de rouvrir les clubs constitutionnels fermés par ordre des fructidorisés. Ils s'y réunirent de nouveau et reprirent leurs séances. Le gouvernement ne voyant là qu'un appui dont il avait besoin, et qui s'offrait volontairement à lui, les laissa faire. La pensée de réaction qui avait présidé à cette réouverture, donna une forte impulsion à l'opinion extérieure, et prépara une opposition contre laquelle le Directoire allait bientôt avoir à lutter par un nouveau coup d'État.

Par une de ces nécessités inhérentes, pour ainsi dire, à la constitution de l'an III, le Directoire vint en aide à cette opposition qui, pour le moment, n'avait que le caractère d'un auxiliaire, et qui, dans peu, devait se poser en concurrent. En effet, le premier soin des directeurs restant après le 18 fructidor, fut de demander au corps législatif qu'on complétât le Directoire. Merlin de Douai et François de Neufchâteau furent élus en remplacement de Carnot et de Barthélemy ; Lambrechts et Letourneur, commissaires près l'administration centrale des départements de la Dyle et de la Loire-Inférieure, remplacèrent Merlin et Neufchâteau au ministère de la justice et de l'intérieur. Puis, par suite de l'annulation des opérations électorales des départements, ayant à nommer à toutes les fonctions électives, le Directoire n'y appela, pour étendre son influence et multiplier ses partisans, que des patriotes prononcés. C'était en quelque sorte leur livrer les élections très-prochaines de l'an VI. Mais la constitution avait créé au Directoire une position des plus singulières : il ne pouvait gouverner qu'en favorisant le développement de la puissance des partis, et, pour les abattre ensuite, il lui fallait des coups d'État.

Alors, le Directoire était dans tout l'éclat de sa force et de sa puissance. Les lois votées à la suite du 18 fructidor, lui avaient non-seulement rendu le pouvoir que les conseils s'étaient montré si acharnés à lui ravir, mais encore avaient étendu ce pouvoir. Il lui était facile de maîtriser, de dominer ou contraindre l'opinion, soit par la faculté de supprimer les journaux, de fermer les clubs, de

déporter certaines classes sans jugement, soit par celle de nommer aux fonctions électives dans un grand nombre de départements. Pendant les premiers mois, il n'eut pas à l'intérieur d'ennemis en mesure de le combattre. Au-dehors, les victoires de l'armée d'Italie avaient singulièrement rehaussé son influence et son pouvoir. Des conférences ouvertes à Lille avec l'Angleterre, d'autres à Udine avec l'Autriche, un congrès européen qui allait s'ouvrir à Rastadt, tenaient en suspens toute l'Europe continentale. Les manœuvres royalistes avaient d'abord, avant le 18 fructidor, nui à la marche des négociations; mais depuis, les cabinets, déçus dans leurs coupables espérances, les avaient reprises avec plus d'activité. Le Directoire était alors devenu le régulateur des destinées des princes de l'Europe, et, selon l'expression d'un écrivain de cette époque, *les délégués de l'Europe entière étaient aux genoux de ce divan.*

Les finances elles-mêmes devaient nécessairement participer au mouvement opéré dans les moyens du gouvernement depuis le 18 fructidor. Avant cette époque, l'opposition, par ses attaques acharnées, avait tellement restreint les droits du pouvoir exécutif sur l'emploi et le maniement des fonds, qu'il avait perdu toutes les attributions relatives aux négociations de la trésorerie, à l'ordre des paiements, etc. Cette situation était non-seulement gênante, mais en quelque sorte inconstitutionnelle; car elle subordonnait le Directoire à une autorité secondaire, la trésorerie, où dominait l'esprit tracassier de la commission des finances. Après le 18 fructidor, le Directoire rentra dans ses attributions primitives, et présenta un projet de dépenses et de recettes qui pût mettre un peu d'ordre dans les finances, et alléger l'État de la dette écrasante qu'il avait à servir. Comme à cette époque se rapporte un des actes qu'on a le plus injustement reproché à la révolution, en abusant du mot de *banqueroute*, nous retracerons sommairement l'opération financière qui amena le remboursement de la dette.

Le budget des recettes de l'an VI fut porté à 616 millions, par l'extension du droit de timbre, l'augmentation de l'impôt sur le tabac étranger, le rétablissement de la loterie, la création des droits hypothécaires et une taxe sur les routes et sur les feuilles périodiques. Le budget des dépenses dut, dès lors, se borner à ce chiffre de 616 millions. Mais le service de la guerre absorbait 283 millions, les autres services généraux 249 millions, et le service de la dette s'élevait à 258 millions, ce qui portait le budget des dépenses à 790 millions, et constituait sur les recettes un déficit de 174 millions.

Pour balancer les recettes avec les dépenses, il y avait un parti décisif à prendre à l'égard de la dette. Voici celui auquel on s'arrêta. Depuis quelque temps les intérêts de la dette avaient été payés par un quart en numéraire et trois quarts en bons sur les biens nationaux. Ces bons avaient pris le nom de *bons des trois quarts*, et, depuis l'abolition du papier-monnaie, leur dépréciation avait suivi celle des assignats. Dans l'impossibilité où était le gouvernement de servir en numéraire une dette aussi écrasante pour l'époque, on résolut de supprimer les *bons des trois quarts* que l'opinion assimilait aux assignats, et d'en rembourser le capital avec les biens nationaux qui en étaient la garantie. A cet effet, on conserva un tiers de la dette qui demeura sur le grand-livre avec qualité de rente perpétuelle, sous le nom de *tiers consolidé*. Les deux autres tiers furent remboursés au capital de vingt fois la rente. Des bons recevables en paiement des biens nationaux furent affectés à ce remboursement. Par ce moyen il n'y eut que ceux qui ne voulurent pas acheter des biens nationaux qui furent exposés à perdre sur leur titre primitif. D'autres, qui avaient acheté des rentes à dix et quinze francs, firent des bénéfices considérables.

Après ces actes qui étaient une conséquence du mouvement de fructidor, le corps législatif perdit toute spontanéité politique. Il ne fut qu'une machine administrative dont les messages du Directoire accéléraient ou ralentissaient le mouvement.

Au milieu de ces décisions qui présageaient un peu moins d'embarras financiers en l'an VI, la République fit une perte cruelle. Hoche expira à l'âge de vingt-neuf ans, le second jour complémentaire de l'an V (18 septembre). Une toux sèche et fréquente, des convulsions nombreuses qui, depuis quelque temps, alarmaient ses nombreux amis, ses médecins, dégénérèrent en phlegmasie pulmonaire et l'enlevèrent à la fleur de l'âge. Patriotisme, courage, vive intelligence, tels étaient les traits distinctifs de l'ancien soldat aux gardes françaises. Il avait fait son éducation en quelques mois, et était devenu un des plus fidèles et un des meilleurs généraux de la République. Le Directoire lui fit préparer au Champ-de-Mars des obsèques magnifiques. Tous les corps de l'État, vingt mille hommes de troupes et un peuple immense accompagnèrent le convoi funèbre du pacificateur de la Vendée. La France pleurait en lui une des gloires militaires les plus brillantes et les plus pures de la révolution. Augereau remplaça Hoche au commandement de l'armée d'Allemagne.

Le même jour, les négociations de Lille avec l'Angleterre furent rompues. Maret était parvenu à établir des bases que l'Angleterre se montrait assez disposée à accepter. Nos alliées maritimes, l'Espagne et la Hollande, étaient sacrifiées par le négociateur français; mais le Directoire jugea qu'il était peu honorable et peu loyal d'imposer des sacrifices à des alliés pour prix de leur dévouement, et proposa un *ultimatum* qui ne pouvait être accepté. Lord Malmesbury quitta Lille et se rendit en Angleterre.

En Italie, les négociations étaient suivies avec plus de succès. Bonaparte s'y occupait, non-seulement à négocier, mais encore à organiser la péninsule italique, et à fonder pour la République des établissements maritimes qui lui permissent de dominer dans la Méditerranée.

Après avoir, dans sa dernière campagne, forcé l'Autriche à signer les préliminaires de Léoben et puni Venise, Bonaparte s'était rendu à Milan, où il exerçait une autorité suprême sur toute l'Italie. En y attendant la marche de la révolution italienne, il s'était créé une marine dans l'Adriatique, en exigeant de Venise trois millions en munitions navales, trois vaisseaux et deux frégates. Il s'était fait envoyer de Toulon un certain nombre de marins; il avait réuni une petite flottille qu'il avait fait partir sur-le-champ pour s'emparer des îles vénitiennes de la Grèce, Corfou, Zante, Céphalonie, Sainte-Maure, Cérigo. En s'assurant ainsi de ces postes importants dans le Levant et l'Adriatique, il avait un double but. D'abord, il songeait à se créer une position assez imposante pour influer puissamment sur les négociations définitives avec le cabinet de Vienne, et, ensuite, en réunissant les provinces affranchies par les armes françaises en Italie et les îles de la Grèce, il visait à composer une république assez puissante pour être de quelque poids dans la balance des intérêts politiques de l'Europe.

C'est de Milan qu'il poursuivait l'accomplissement de cette combinaison, aussi profonde que hardie. Il avait à lutter pour cela contre les rivalités locales, fléau de l'Italie, qui l'empêchent d'arriver à l'unité et par suite à l'indépendance ; aussi ne s'était-il occupé provisoirement que d'une organisation partielle. La Lombardie, le Modénois, le Bolonais, le Ferrarais, les légations de la Romagne, du Bergamasque, du Brescian et du Mantouan, formèrent un État qui prit le nom de République Cisalpine. Bonaparte s'appliqua ensuite à la façonner aux mœurs austères et guerrières des républiques, et tel était le prestige de ses victoires et l'ascendant de ses paroles, qu'il animait ces peuples et dirigeait leurs ambitions et leurs vanités vers des goûts plus mâles et plus dignes que ceux qui les avaient caractérisés jusqu'alors.

Déjà même son influence et sa réputation étaient si grandes, que des États d'Italie qui n'avaient pas été conquis par la France, recouraient à ses conseils ou le prenaient pour leur médiateur. Gênes le consultait dans le choix d'une constitution. Les Grisons et les Valtelins demandaient sa médiation et son arbitrage relativement à des contestations qui s'étaient élevées entre eux.

Pendant qu'il était conquérant, législateur, médiateur et conseiller des peuples d'Italie, il s'occupait activement des négociations avec l'Autriche, dont les lenteurs calculées commençaient à l'impatienter. Cependant, depuis le 18 fructidor, elles avaient pris une marche un peu plus active. M. de Cobentzel, MM. de Gallo, de Meerweldt et Degelmann représentaient pour l'Autriche, Bonaparte seul pour la France ; Clarke, qui lui avait été adjoint au début des négociations, avait été destitué.

Avec l'intention et le désir de traiter, M. de Cobentzel afficha, néanmoins, les prétentions les plus exorbitantes ; les bases des préliminaires de Léoben ne lui suffisaient plus ; il voulait de nouvelles possessions en Italie, et refusait de s'engager à assurer à la France la limite du Rhin. Bonaparte, au contraire, voulait plus pour la France et moins pour l'Autriche que n'accordaient ces préliminaires. Il était en cela moins exigeant que le Directoire, qui demandait, avant tout, l'entier affranchissement de l'Italie. A l'ultimatum du Directoire que l'Autriche ne pouvait accepter, Bonaparte substitua le sien, qui était Venise, les provinces de l'Istrie et de la Dalmatie pour l'Autriche; pour la France, les États belges, le Rhin avec Mayence, et les îles Ioniennes, l'Adige et Mantoue pour la Cisalpine. Les négociateurs autrichiens déclarèrent que l'empereur ne pouvait accepter un pareil traité sans se déshonorer, et qu'ils allaient rompre. Une dernière conférence fut fixée chez M. de Cobentzel; c'était le 25 vendémiaire an VI (16 octobre 1797). Les quatre négociateurs autrichiens étaient d'un côté d'une table, Bonaparte seul, de l'autre. M. de Cobentzel récapitula longuement tous les motifs qu'il avait à faire valoir en faveur de l'empereur; il déclara que les préliminaires de Léoben ne stipulant pas la cession de Mayence, et concédant Mantoue à l'Autriche, il ne pouvait, à la fois, céder l'une et l'autre de ces places; que l'empereur perdait, en cédant la Belgique et la Lombardie, beaucoup plus qu'on ne lui accordait, et qu'il ne consentirait jamais à signer un pareil traité; il termina par une insinuation personnelle sur les intentions de Bonaparte, qui le piqua au vif. Ce dernier avait près de lui un guéridon sur lequel était placé un magnifique cabaret de porcelaine de Saxe, dont la grande Catherine avait fait don à M. de Cobentzel. Impassible et calme, Bonaparte avait écouté jusqu'au bout M. de Cobentzel; mais quand celui-ci eut achevé, il saisit le cabaret de porcelaine et le brisa sur le parquet, en disant : « La guerre est déclarée; mais n'oubliez pas qu'avant trois mois j'aurai brisé votre monarchie comme je viens de briser cette porcelaine. » Il salua, sortit et envoya sur-le-champ un officier à l'archiduc Charles, pour lui annoncer la reprise des hostilités sous vingt-quatre heures. Effrayés de ces menaces, dont ils redoutaient déjà les effets, les négociateurs autrichiens envoyèrent sur-le-champ l'ultimatum signé. Le traité fut signé le lendemain; il prit le nom du petit village de *Campo-Formio*, d'où on le data. Il comprenait tout ce qui était stipulé dans l'ultimatum, et, de plus, la mise en liberté des détenus d'Olmutz, Lafayette et sa famille, Latour-Maubourg et Bureaux de Puzy.

Ce traité, qui accordait à la France le Rhin et Mayence, et les îles Ioniennes, la ligne de l'Adige et Mantoue pour la Cisalpine, était un des plus honorables et des plus avantageux qu'elle eût obtenus depuis longtemps. Monge et Berthier furent chargés de l'apporter à Paris au Directoire pour le faire ratifier. La nouvelle s'en répandit bientôt partout; elle excita la joie la plus vive : le général, vainqueur de l'Italie, ajoutait au titre de conquérant celui de pacificateur. Bonaparte, en réunissant ces deux titres, venait d'acquérir la plus grande gloire des temps modernes ; on le louait, on l'exaltait; mais l'enthousiasme fut au comble, quand on connut les conditions du traité, et qu'à la suite de la publication, le Directoire joignit un arrêté qui nommait Bonaparte général en chef de l'armée d'Angleterre. La paix avec l'Autriche et le continent permettait à la République de tourner toutes ses forces contre l'Angleterre, et la haine qu'inspirait cette puissance rendait cette guerre populaire et nationale. Les prodiges que Bonaparte et sa valeureuse armée avaient accomplis en Italie, présageaient des succès aussi heureux et aussi éclatants contre le plus perfide et le plus acharné des ennemis de la République.

Bonaparte se disposa à quitter l'Italie pour aller à Rastadt échanger les ratifications du traité de Campo-Formio, et de là à Paris jouir un peu de sa gloire. Son voyage à travers le Piémont et la Suisse fut un long triomphe. Les populations se pressaient sur son passage pour voir ce général si illustre, qui détruisait des armées avec la rapidité de la foudre, et était devenu, en peu de mois, l'arbitre de tant d'États; des fêtes magnifiques lui étaient préparées partout. Avant de quitter l'Italie, il avait fait aux Cisalpins ses adieux par la proclamation suivante: « Nous vous avons donné la liberté, sachez la conserver. Pour être dignes de votre destinée, ne faites que des lois sages et modérées; faites-les exécuter avec force et énergie; favorisez la propagation des lumières et respectez la religion. Composez vos bataillons, non pas de gens sans aveu, mais de citoyens qui se nourrissent des principes de la République et soient immédiatement attachés à sa prospérité. Vous avez, en général, besoin de vous pénétrer du sentiment de votre force et de la dignité qui convient à l'homme libre. Divisés et pliés depuis des siècles à la tyrannie, vous n'eussiez pas conquis votre liberté; mais, sous peu d'années, fussiez-vous abandonnés à vous-mêmes, aucune puissance de la terre ne sera assez forte pour vous l'ôter. Jusqu'alors, la grande nation vous protégera contre les attaques de vos voisins; son système politique sera uni au vôtre... Je vous quitte; les ordres de mon gouvernement et un danger imminent de la République Cisalpine me rappelleront seuls au milieu de vous. »

Le 15 frimaire an VI (5 décembre 1797), il arriva à Paris et descendit dans sa maison de la rue Chantereine. La nouvelle de son arrivée se répandit bientôt en tous lieux. Peu de personnes le connaissaient; tout Paris était impatient de le voir. Son nom était si populaire, ses succès, ses victoires avaient tellement ébloui, tellement étonné les imaginations, qu'il y fut accueilli comme nul ne l'avait été depuis bien des années. Simple de langage, de costume et de mœurs, il ne laissait paraître que sa gloire. M. de Talleyrand le présenta au Directoire, qui le reçut avec effusion et cordialité, et lui donna, pour la remise du traité de Campo-Formio, une fête relevée de tout l'éclat des pompes artistiques et théâtrales que la République avait introduit dans les grandes solennités nationales. Elle fut fixée au 20 frimaire (10 décembre).

La grande cour du Luxembourg fut désignée pour cette fête triomphale qu'on voulut rendre aussi importante que les exploits qu'elle devait honorer ; les murs de la cour étaient ornés de belles tentures tricolores. Tout autour, de magnifiques trophées étaient formés par les drapeaux enlevés aux ennemis. Dans le fond s'élevait un autel de la patrie, chargé d'emblèmes guerriers qui rappelaient les hauts faits de nos armées, et surtout ceux de l'armée d'Italie. Sur une estrade, aux pieds de l'autel de la patrie, étaient les Directeurs, revêtus du costume romain ; à droite et à gauche, sur des sièges rangés en amphithéâtre, les membres du corps législatif, les ministres, le corps diplomatique, la haute magistrature. Les acclamations de la plus brillante société de la capitale assistant à cette fête dans d'élégantes galeries ménagées entre les trophées, les sons harmonieux d'un brillant orchestre, les détonations de la nombreuse artillerie disposée au-dehors, ajoutaient à la pompe et à l'éclat de la solennité.

Bonaparte parut ; M. de Talleyrand, en sa qualité de ministre des affaires étrangères, était chargé de l'accompagner et de le présenter. La taille grêle, le visage pâle, les traits romains, le regard plein de feu du guerrier pacificateur, frappèrent tout le monde. Son maintien était modeste, simple et néanmoins assuré. A la vue de l'homme qu'environnait une telle renommée, des acclamations unanimes éclatèrent de toutes parts. Aux cris de *vive la République!* se mêla celui de *vive Bonaparte!* M. de Talleyrand fit ensuite un discours où les hauts faits d'Italie étaient dignement appréciés ; et enfin, Bonaparte prit la parole en ces termes :

« Citoyens Directeurs, le peuple français, pour être libre, avait les rois à combattre.

« Pour obtenir une constitution fondée sur la raison, il avait dix-huit siècles de préjugés à vaincre.

« La constitution de l'an III et vous avez triomphé de tous ces obstacles.

« La religion, la féodalité, le royalisme ont successivement, depuis vingt siècles, gouverné l'Europe ; mais de la paix que vous venez de conclure date l'ère du gouvernement représentatif.

« Vous êtes parvenus à organiser la grande nation dont le vaste territoire n'est circonscrit que parce que la nature en a posé elle-même les limites.

« Vous avez fait plus.

« Les deux plus belles parties de l'Europe, jadis si célèbres par les arts, les sciences et les grands hommes dont elles furent le berceau, voient, avec les plus grandes espérances, le génie de la liberté sortir du tombeau de leurs ancêtres.

« Ce sont les piédestaux sur lesquels les destinées vont placer deux puissantes nations.

« J'ai l'honneur de vous remettre le traité signé à Campo-Formio, et ratifié par sa majesté l'empereur.

« La paix assure la liberté, la prospérité et la gloire de la République.

« Lorsque le bonheur du peuple français sera assis sur les meilleures lois organiques, l'Europe entière deviendra libre. »

Aux acclamations universelles qui accueillirent ces paroles, succéda un discours de Barras, président du Directoire, où, après avoir félicité le général de ses victoires, il l'invita *d'aller couronner une si belle vie par une conquête que la grande nation devait à sa dignité outragée, celle de l'Angleterre.*

Puis, les généraux Joubert et Andréossy vinrent faire sur l'autel de la patrie le dépôt de la nouvelle oriflamme de la République. C'était un magnifique drapeau que le Directoire avait donné, à la fin de la campagne, à l'armée d'Italie, et sur lequel étaient inscrits en caractères d'or les faits suivants :

L'armée d'Italie a fait cent cinquante mille prisonniers, elle a pris cent soixante-dix drapeaux, cinq cent cinquante pièces d'artillerie de siège, six cents pièces de campagne, cinq équipages de pont, neuf vaisseaux, douze frégates, douze corvettes, dix-huit galères. — Armistices avec les rois de Sardaigne, de Naples, le Pape, les ducs de Parme, de Modène. — Préliminaires de Léoben. — Convention de Montebello avec la République de Gênes. — Traités de paix de Tolentino, de Campo-Formio. — Donné la liberté aux peuples de Bologne, de Ferrare, de Modène, de Massa-Carrara, de la Romagne, de la Lombardie, de Bergame, de Mantoue, de Crémone, d'une partie du Véronais, de Chiavenna, de Bormio et de la Valteline ; aux peuples de Gênes, aux fiefs impériaux, aux peuples des départements de Corcyre, de la mer Egée et d'Ithaque. — Envoyé à Paris les chefs-d'œuvre de Michel-Ange, du Guerchin, du Titien, de Paul Véronèse, du Corrège, de l'Albane, des Carraches, de Raphaël, de Léonard de Vinci, etc. —

Triomphé en dix-huit batailles rangées : Montenotte, Millesimo, Mondovi, Lodi, Borghetto, Lonato, Castiglione, Roveredo, Bassano, Saint-Georges, Fontana-Niva, Caldiero, Arcole, Rivoli, la Favorite, le Tagliamento, Tarwis, Neumarckt. — *Livré soixante-sept combats.*

Cette cérémonie se termina par l'accolade que les Directeurs donnèrent à Bonaparte, et le chant en chœur d'un hymne que Chénier avait composé pour la circonstance.

Ainsi se passa cette fête triomphale. Aucun général de la République n'avait encore obtenu de tels honneurs. Salué par les acclamations du peuple, Bonaparte était recherché partout, loué à la tribune, exalté dans les journaux ; les conseils lui offrirent des banquets ; on frappa des médailles en son honneur ; un vertige d'ivresse sembla s'être emparé de tous les esprits, et, dès ce jour, la France entière, amoureuse de gloire, se jeta dans les bras d'un homme dont le génie et les succès l'avaient captivée.

Bonaparte, à Paris, éclipsait les Directeurs. Aucun d'eux n'avait des titres personnels assez saillants pour lutter contre ceux du général conquérant et pacificateur, et tant de gloire, tant de popularité commençaient à leur porter ombrage. Cependant rien ne perçait au-dehors de ces sentiments, et Bonaparte était l'objet de tous leurs égards et même de leurs déférences. Ils l'appelaient parfois au conseil où il siégeait avec eux, et ses avis étaient toujours écoutés et suivis. En même temps, des corps honorables tenaient à l'honneur de le compter parmi leurs membres ; l'Institut le nommait à la place laissée vacante par la déportation de Carnot. Dans les conseils, on comptait sur lui pour les affranchir de la nullité à laquelle ils étaient réduits, et relever leur dignité grièvement offensée de la situation précaire où les avait placés le 18 fructidor. Déjà quelques uns parlaient de la révision de la constitution, d'une concentration du pouvoir exécutif. D'autres allaient plus loin ; ils désiraient une chambre perpétuelle, un président perpétuel. Le nom de Bonaparte se trouvait naturellement mêlé à tous ces projets. Dans les casernes, on disait que Bonaparte allait se mettre à la tête des affaires, renverser le gouvernement établi et sauver ainsi la France des royalistes et des jacobins. Le Directoire était instruit, par ses espions, de tous ces bruits. Avec une franchise étudiée, il montrait à Bonaparte ces rapports comme s'il n'y avait ajouté aucune foi ; mais il était en même temps fort embarrassé de ce général et de sa gloire. Quant à Bonaparte, il paraissait fort sensible à ces confidences, y répondait avec effusion, et assurait le Directoire qu'il était digne de sa confiance ; et tout porte à croire qu'ils se trompaient mutuellement.

Le traité de Campo-Formio avait été la sanction de la paix générale sur le continent : le congrès de Rastadt, où se débattaient alors tous les intérêts européens, devait en être la consolidation. Mais, si une paix générale est très-utile dans des temps d'extrême calme ou d'un grand développement d'aisance et de travail, elle eût empiré à cette époque la situation du Directoire. Il n'avait en effet d'appui que l'armée, de ressources pour la nourrir et l'entretenir que le sol étranger, et d'éclat que la continuation des victoires. Avec la paix, il eût été obligé de licencier l'armée, et, en courant le danger du licenciement d'un si grand nombre de soldats, il eût perdu son appui, son éclat, et se fût mis à la merci de l'Europe. Il ne pouvait donc se maintenir que par la guerre. Le projet d'une descente en Angleterre fut dès lors repris de nouveau, et dut être tenté avec une puissance de moyens qui permettait d'espérer les plus grands résultats.

On a vu que, lors de la publication du traité de Campo-

Formio, Bonaparte avait été nommé général en chef de l'armée d'Angleterre ; Berthier fut promu au commandement de l'armée d'Italie ; Augereau remplaça Hoche à l'armée d'Allemagne, et Hatry, Moreau. Quatre-vingt mille hommes des armées d'Italie, du Rhin et de Sambre-et-Meuse furent désignés pour une descente en Angleterre ; une escadre française et une escadre espagnole bloquée à Cadix par les Anglais, mais qu'un coup de vent pouvait débloquer, devaient couvrir le passage de la flottille de transport. Le Directoire donna la plus grande publicité à ce projet, et les conseils décrétèrent, dans ce but, un emprunt de trente millions, et ouvrirent une souscription patriotique remboursable en primes résultant des bénéfices de l'expédition. Cette souscription produisit près de vingt millions. La haine nationale que, depuis le commencement de la révolution, l'Angleterre avait accumulée sur elle, contribua puissamment au résultat de cet élan généreux et spontané.

Mais cette descente en Angleterre, si ostensiblement annoncée, couvrait d'autres desseins auxquels Bonaparte n'était pas étranger, et que le Directoire secondait : c'était une expédition en Égypte, comme le meilleur et le plus sûr moyen de ruiner la puissance anglaise en la menaçant dans ses possessions des Indes. Il paraît que Bonaparte avait eu la première idée de ce projet. Les établissements maritimes qu'il avait fondés dans la Méditerranée après la prise de Venise et dont Corfou était le centre, des intrigues qu'il avait nouées avec Malte dans l'espoir de l'enlever aux chevaliers, tout prouverait qu'il avait en vue l'Égypte, dont la position intermédiaire entre l'Europe et l'Asie pouvait assurer à la France le commerce de l'Inde. Puis, son imagination ardente le transportait en idée sur ces rivages presque fabuleux, accomplissant sous le ciel de l'Orient, avec son armée victorieuse, les mêmes merveilles qu'il avait accomplies sous celui d'Italie, datant ses bulletins des mêmes lieux qu'avait parcourus Alexandre, et fatiguant la renommée à porter son nom glorieux des rivages d'Asie aux rivages d'Europe. Cette conception gigantesque convenait à un génie qui, en tout, semblait n'avoir qu'un but, celui d'étonner les hommes et de les captiver. Quoi qu'il en soit, le Directoire, soit qu'il eût conçu ce projet si vaste dans ses conséquences, pour frapper l'Angleterre dans son commerce et ses possessions ; soit qu'il l'eût adopté pour se débarrasser d'un général dont la popularité devenait de jour en jour plus redoutable, le Directoire consentit à cette expédition, sans toutefois renoncer à la descente en Angleterre dont il ne cessait d'activer les préparatifs.

Cette expédition d'Égypte était, dans ce moment, une faute grave. En effet, la conciliation de tant d'intérêts lésés rendait la durée de la paix continentale si problématique, qu'il était plus qu'imprudent de se priver d'une armée aguerrie et d'un général victorieux. Puis, chaque jour, la situation de la République à l'égard des puissances européennes se compliquait de quelque nouvel incident. Dans les États révolutionnés, le progrès des idées marchait si hâtivement que la France était obligée d'intervenir et de faire sentir sa main puissante ; ce qui faisait dire aux cabinets de l'Europe, que ces petits États républicains n'étaient pas seulement des alliés, mais des sujets.

Ainsi, par exemple, la Cisalpine était en proie aux passions les plus véhémentes, et les démocrates correspondant avec ceux du Piémont, de la Toscane, de Rome, de Naples, leur soufflaient le feu de leurs opinions, les exaltaient par leurs espérances : les gouvernements de ces derniers pays intervenaient alors par des arrestations, des persécutions et des supplices, et la République française se trouvait journellement dans la nécessité de sortir du rôle passif qu'elle affichait, pour modérer les uns ou protéger les autres.

En Hollande, l'assemblée nationale, réduite à l'impuissance par les lacunes de sa constitution, tendait à revenir à son ancien système fédératif ; la France y envoya Joubert et de Lacroix, qui firent exclure de l'assemblée nationale les députés suspects, cassèrent le règlement, organisèrent l'assemblée en une espèce de convention qui se constitua en directoire et corps légistatif, et se donna une constitution semblable à celle de la France.

A Rome, l'esprit révolutionnaire avait fait des progrès rapides. La Marche d'Ancône s'était mise en pleine révolte, et s'était constituée en république anconitaine. Les démocrates romains, excités par ce succès de leurs adhérents, avaient projeté un mouvement que Joseph Bonaparte, ambassadeur de la République à Rome, avait tâché de contenir. Mais, malgré la conduite passive des autorités françaises dans tous les mouvements révolutionnaires, là, comme ailleurs, les démocrates s'étaient encouragés en se disant qu'une fois compromise, la République serait forcée d'intervenir bon gré mal gré, sous peine de faire croire qu'elle abjurait ses principes. Dans cette fausse idée, le 8 nivôse (28 décembre), ils tentèrent un mouvement. Dispersés par les dragons du pape, ils se réfugièrent à l'ambassade française au palais Corsini. Joseph Bonaparte, suivi du général Duphot et d'autres militaires, voulut s'interposer pour éviter le massacre. Les troupes papales, sans égard pour le caractère de l'ambassadeur, firent feu et tuèrent le général Duphot. Joseph Bonaparte demanda sur-le-champ ses passeports. Cet attentat contre la légation française, cette violation du droit des gens, produisit en France et dans la Cisalpine une indignation générale. L'armée d'Italie demandait à grands cris à marcher sur Rome : Berthier en reçut enfin l'ordre du Directoire. Il y entra sans coup férir. Il occupa le château Saint-Ange et fit conduire le pape en Toscane, où il reçut asyle dans un couvent. Les démocrates se réunirent à l'ancien Forum, au Campo-Vaccino, et proclamèrent la république romaine.

A ces évènements qui semblaient accuser le Directoire d'un esprit de domination et de propagande que l'enchaînement des circonstances et les résultats paraissaient motiver, mais qui n'était pas dans ses principes du moment, vint s'en joindre un autre qui fit une sensation très-vive en Europe. Ce fut l'invasion de la Suisse.

La Suisse, quoique gouvernée avec des formes républicaines, n'était pas le pays de l'égalité. Nulle égalité ne régnait dans les rapports de ses petits États fédératifs : il y avait des peuples dépendants d'autres peuples, des communes dépendantes de certaines villes, des cantons gouvernés féodalement ; partout les campagnes relevaient des villes, partout existaient des privilèges tyranniques, des monopoles odieux. Les opinions françaises, en y pénétrant, avaient fait saillir toutes ces inégalités féodales, et les patriotes en demandaient la destruction. Dans les cantons possesseurs, où le pouvoir appartenait à une aristocratie souveraine, on avait tenté de comprimer par la force cet élan révolutionnaire. Zurich, Bâle, Genève avaient été le théâtre de troubles sanglants. L'aristocratie bernoise, la plus incontestablement ridicule de l'Europe, s'était posée en antagoniste de la révolution française, et Berne était devenu le quartier-général de la contre-révolution, le foyer des intrigues des émigrés français. Le canton de Vaud, où les idées révolutionnaires avaient fait de rapides progrès, dépendait de Berne ; mais par un traité de 1565, la France s'était rendue garante de ses droits. Les Vaudois opprimés, persécutés par le gouvernement de Berne, invoquèrent cet ancien traité, et sollicitèrent la protection et l'appui de la France contre la tyrannie qui les écrasait.

Les nouveaux principes de la France ne permettaient pas au Directoire de se refuser à l'exécution des traités conservateurs d'un peuple que l'ancienne monarchie elle-même avait protégé plusieurs fois. Puis, à l'appel des Vaudois et à la raison politique, se joignaient une question d'humanité et des griefs personnels à la République française, que le Directoire devait être impatient de venger. Ces motifs étaient plus que suffisants et d'une importance assez majeure pour l'absoudre de l'intention de n'avoir envahi la Suisse que pour s'emparer du petit trésor de Berne, absurde et niaise allégation dont des historiens graves tels que Jomini, des écrivains tels que madame de Staël, et une foule d'autres, se sont complaisamment fait les échos.

Quoi qu'il en soit, une armée française pénétra en Suisse sous les ordres des généraux Brune, Ménard et Schawembourg. Le canton de Vaud se souleva ; les troupes françaises le déclarèrent sous leur protection. Zurich, Arau, Fribourg, Soleure, Saint-Gall suivirent l'exemple des Vaudois. Berne réunit une armée de vingt mille hommes composée en partie de paysans de l'Oberlaney fanatisés par les prêtres et les aristocrates, qui leur persuadaient qu'on venait porter atteinte à leur culte et les enlever pour les jeter sur les côtes d'Angleterre, à défaut de soldats français dont le Directoire manquait. Cette armée ne put arrêter la marche des Français. Berne fut pris après des engagements partiels et sanglants, où les femmes mêmes prirent part au combat; les cantons démocratiques furent envahis, et une réunion convoquée à Arau constitua la Suisse en République Helvétique.

Ainsi, en quelques mois, aux républiques *Batave, Cisalpine, Ligurienne,* le Directoire venait de joindre les républiques *Romaine* et *Helvétique.*

Tous ces noms résonnaient agréablement à l'oreille des républicains français, mais les cabinets de l'Europe en prenaient chaque jour plus d'ombrage. L'envahissement incessant du système démocratique effrayait ces légitimités caduques, qui se voyaient refoulées chaque jour davantage. Malgré son désir d'une politique expectante pour démocratiser l'Europe, le Directoire se trouvait ainsi partout forcément entraîné ; la lutte entre la vieille Europe et les idées nouvelles se reproduisait partout, malgré lui, sous toutes sortes de formes : aussi les traités conclus ne pouvaient être considérés que comme des moments de répit que les cabinets épuisés avaient voulu se ménager.

L'évidence de ce dernier fait ressortait de partout. Les négociations de Rastadt avançaient peu : l'intervention du Directoire dans les affaires intérieures de la Hollande et de la Cisalpine, l'invasion de la Suisse, n'étaient pas de nature à en activer la marche. L'Angleterre fomentait des intrigues sur tout le continent pour éloigner d'elle le coup qui la menaçait, et former une nouvelle coalition. L'Autriche, dont les moyens étaient trop affaiblis pour attaquer immédiatement le colosse républicain, s'y préparait cependant éventuellement, en reconstituant ses armées. Aussi, choisir un pareil moment pour l'expédition lointaine d'Égypte qui privait la République d'une armée aguerrie, n'était, de la part du Directoire, ni prudent ni politique.

Dans ce même temps une imprudence de Bernadotte, notre ambassadeur à Vienne, faillit amener une rupture avec l'empereur. Dans les premiers jours d'avril, le peuple de Vienne célébrait une fête en commémoration de l'armement des volontaires en 1796. Bernadotte, par opposition à cette fête, voulut en célébrer une en commémoration de nos victoires. Il fit arborer le drapeau tricolore sur la porte de l'ambassade, avec cette inscription : *Liberté ! égalité !* Il avait compté sans la diplomatie anglaise. Celle-ci, dont le principe invariable était de créer, par tous les moyens, des mésintelligences entre les cabinets et la République, ameuta la populace de Vienne qui se porta à l'ambassade française, força les portes de l'hôtel, brûla le drapeau, envahit les appartements et brisa les meubles. La force armée autrichienne, plus efficace qu'à Rome, prévint de nouveaux excès, mais Bernadotte, indigné, se retira à Rastadt. Le cabinet de Vienne publia une désapprobation de l'évènement, écrivit à Bernadotte pour l'apaiser, et donna au Directoire quelques satisfactions qu'il avait refusées jusqu'alors, telles que l'envoi à Paris d'un ministre plénipotentiaire, M. Degelmann, et la disgrâce apparente du ministre dirigeant Thugot, tout dévoué aux Anglais.

Cette condescendance du cabinet de Vienne dans une circonstance où notre ambassadeur avait tout au moins un peu d'imprudence à se reprocher, fit croire au Directoire au maintien de la paix et à la bonne foi de l'Autriche. Il adopta définitivement le projet de Bonaparte sur l'expédition d'Égypte. Les préparatifs en furent poussés avec activité, mais en secret.

Il paraît certain, quoi qu'on en ait dit, que le Directoire fit des objections sérieuses à ce projet, et qu'il ne céda qu'à la tenacité que Bonaparte mettait à ses idées, l'éclat des couleurs brillantes dont il les revêtait, et la force des raisons solides dont il les appuyait. Quoi qu'il en soit, on s'est en général tellement complu, dans les écrits sur la révolution française, à rapetisser tous les évènements en les rattachant à des intérêts personnels, que nous serons peut-être plus dans le vrai en laissant au gouvernement et à la nation tout le mérite de cette spontanéité généreuse qui avait, en six années, si démesurément grandi la République.

Pour donner le change sur le but réel de cette expédition, il fut formé une commission, nommée *Commission pour l'armement des côtes de la Méditerranée.* Dans tous les ports de la Méditerranée se firent à la fois de grands préparatifs. Or, comme dans ceux de l'Océan l'activité était la même pour la descente projetée en Angleterre, on supposait naturellement que tous ces armements concouraient au même but, d'autant plus que l'armée réunie sur les côtes de la Méditerranée s'appelait *aile gauche de l'armée d'Angleterre.* L'Europe entière avait alors les regards fixés sur la France : cet armement colossal était le sujet de toutes les conversations.

Dans la Méditerranée, quatre points avaient été fixés pour la réunion des convois et des troupes : Toulon, Gênes, Ajaccio et Civita-Vecchia. Trente-six mille hommes de l'armée d'Italie, des officiers, des généraux au choix de Bonaparte, des savants, des ingénieurs, des géographes, des artistes, des ouvriers de toute espèce, devaient composer l'expédition. L'amiral Brueys, avec treize vaisseaux de haut-bord, quatorze de 60 à 80 canons, quatorze frégates, soixante-quinze corvettes, cutters, avisos ou chaloupes canonnières, devait escorter les transports qui s'élevaient à près de quatre cents voiles. Il avait sous ses ordres les contre-amiraux Decrès, Villeneuve, Blanquet-Duchayla : Ganteaume était chef de l'état-major de la marine. Les généraux de l'armée expéditionnaire étaient Desaix, Menou, Berthier, Lannes, Murat,

Baraguay-d'Hilliers, Regnier, Vaubois, Belliard, Caffarelli, Dammartin, Dumas et Kléber, qui, croyant comme tout le monde cette expédition destinée contre l'Angleterre, avait dit à Bonaparte : « Si vous jetez un brûlot dans la Tamise, mettez-y Kléber, et vous verrez ce qu'il sait faire. » Parmi les savants et les praticiens associés à l'expédition, on comptait les noms les plus illustres : Monge, Bertholet, Dolomieux, Fourrier, Larrey, Desgenettes, Dubois, etc.

Bonaparte présidait lui-même à tous les préparatifs; il les poussait avec toute l'activité d'un génie impatient et plein d'ardeur, pour que l'expédition pût mettre à la voile en mai, afin d'arriver en Égypte dans la saison la plus favorable.

Mais pendant que, par ces immenses préparatifs, le Directoire tenait l'Europe continentale en suspens et répandait l'épouvante en Angleterre, il était de nouveau menacé par les partis intérieurs.

La nullité dans laquelle le 18 fructidor avait placé les conseils, avait amené quelques mois de calme entre le pouvoir exécutif et eux, mais avait donné naissance à une opposition composée, non plus de royalistes, mais de patriotes. La situation du Directoire, qui ne pouvait arguer d'aucun de ces titres qui constituent un droit et le font accepter, le mettait en quelque sorte à la merci des partis. Il ne pouvait gouverner que par eux, et l'exigence du parti sur lequel il était forcé de s'appuyer finissait toujours par amener une opposition ou une collision. Après le 18 fructidor, avec le changement de système, il avait été obligé de faire des changements d'administration. Il y avait naturellement appelé, comme on a vu, ceux qui avaient montré des opinions conformes au système vainqueur. Les patriotes s'étaient relevés remplis d'espérance, et, tout en appuyant momentanément le Directoire, ils exigeaient beaucoup plus qu'il n'était décidé à accorder. La masse de la population, qui sympathisait plus avec les patriotes qu'avec les royalistes, avait suivi l'impulsion de cette direction. L'opinion avait réagi en sa faveur, et tout annonçait que les élections prochaines amèneraient au corps législatif une opposition qui relèverait les conseils de l'état d'infériorité où les avait placés le 18 fructidor.

Cette opposition se montrait plus que tout jalouse d'assurer la marche sincère et active de la révolution. Sous ce rapport, elle n'était à redouter que pour la politique expectante et parfois peu franche du Directoire. Mais il en était une autre dont les divers mouvements ne tardèrent pas à révéler la puissance et l'étendue, malgré ses échecs successifs : c'était le parti royaliste, à qui l'or de l'Angleterre recrutait chaque jour de nouveaux adhérents. Un sieur Vilain XIV, banquier à Paris, était un des entremetteurs de ces nouvelles manœuvres. On saisit chez lui près de 250,000 francs.

Après le 18 fructidor, quelques insurrections royalistes avaient éclaté dans divers départements. Dans le Gard, Dominique Allier s'empara de la citadelle du Pont-Saint-Esprit. Carpentras fit son insurrection. Douze cents révoltés, au nom du roi, soutinrent, à Tarascon, un engagement très-vif contre une colonne mobile. Des rassemblements se formèrent près de Lyon, dans le département de l'Hérault, dans la Vendée. Le vol des diligences, le pillage des deniers publics, les assassinats politiques, les attentats des chauffeurs recommencèrent. L'indulgence des tribunaux assurait l'impunité à tous ces crimes, et, dans une grande partie du Midi, le Directoire, qui faisait trembler l'Europe, ne pouvait faire condamner un assassin ou un incendiaire.

A ces causes s'en joignait une autre qui n'était pas moins grave. Par suite des occupations auxquelles la forçaient les envahissements nouveaux de territoires, l'armée aurait dû être renforcée, tandis qu'au contraire elle s'affaiblissait tous les jours; les cadres se dépeuplaient, et le défaut de solde et la misère poussaient à la désertion dans une progression effrayante. Cet état de choses, combiné avec les troubles des départements, était alarmant. Il fixa l'attention des conseils : ils projetèrent la création d'une armée auxiliaire, le règlement des enrôlements volontaires, l'augmentation du personnel de la gendarmerie, l'organisation de l'institution des vétérans, et la réorganisation des tribunaux.

Mais le résultat immédiat de ces mesures, surtout en ce qui concernait les troubles intérieurs, était fort douteux, et le mal avait déjà empiré outre mesure.

Lyon, Montpellier, Béziers, Périgueux, Limoges, Castres, Sarlat, Bergerac, furent mis en état de siège.

Ce fut sous l'impression de ces évènements qu'eurent lieu les élections de l'an VI. Elles ne furent pas favorables au Directoire, et eurent lieu dans un sens presque généralement contraire à celles de l'an V. Le Directoire n'employa d'abord, pour les influencer, que les moyens légaux que la constitution et les lois rendues à la suite du 18 fructidor mettaient à sa disposition. Aux électeurs, il adressa des circulaires et des exhortations, mais point de promesses ni de menaces. Pour les journaux, il usa du droit que lui accordait une loi de circonstance de les supprimer, et il sévit spécialement sur ceux à tendances royalistes. Quant aux clubs ou cercles constitutionnels, il les favorisa d'abord, et ne s'aperçut que cette protection allait tourner contre lui que quand il ne fut plus temps. En effet, dans les premiers moments de la réaction, on avait commencé par y tonner contre le royalisme, et cette direction entrait parfaitement dans les vues du Directoire. Mais peu à peu des défiances ébranlèrent les esprits; la marche du gouvernement ne parut ni franche ni rassurante ; on crut la constitution menacée, et on ne vit d'autre moyen de la sauver que des élections franchement républicaines. L'opinion suivit sans peine cette impulsion, et le Directoire fut débordé. Il voulut alors prévenir des choix démocratiques ; il recourut aux proclamations, aux adresses, aux affiches, où il était dit que, pour éviter un excès, il ne fallait pas tomber dans un autre, et que les *anarchistes* devaient être éloignés avec autant de soin que les royalistes, etc. Il était trop tard. Les élections eurent lieu ; elles furent disputées, tumultueuses. Dans beaucoup de collèges il y eut scission ; chaque parti nomma ses députés. De toutes parts affluèrent alors aux conseils des réclamations. Les Directoriaux parlaient d'un nouveau 18 fructidor ; les républicains défendaient les nouvelles élections, dans l'espoir que ce tiers entrant dans la législature leur assurerait la majorité. Le 13 floréal, le Directoire adressa aux conseils un message foudroyant contre les manœuvres des *anarchistes* dans les élections. Un membre demanda, par motion d'ordre, qu'il fût nommé une commission pour faire un rapport sur les mesures applicables aux circonstances qui avaient accompagné les élections et aux faits dénoncés par le Directoire. Cette commission fit son rapport le 18. En vertu d'une loi rendue après le 18 fructidor, qui accordait aux conseils le *pouvoir de juger* les opérations électorales, elle proposa deux moyens, ou de choisir entre les nominations faites dans les assemblées scissionnaires, ou de les annuler toutes. Le premier moyen prévalut. Sans égard pour la majorité des voix, les élections des patriotes exaltés furent annulées partout, et celles de leurs adversaires confirmées. Cette mesure prit le nom de coup d'État du 22 floréal.

En même temps, il y avait un nouveau directeur à choisir. François de Neufchâteau fut désigné par le sort comme membre sortant ; Treilhard le remplaça.

Huit jours après, le 30 floréal (19 mai), au bruit du canon, aux acclamations de toute une armée et d'un peuple immense, pendant que Nelson, qui croisait avec trois vaisseaux devant Toulon, était allé se radouber aux îles Saint-Pierre, la flotte expéditionnaire d'Égypte mit à la voile. Bonaparte, avec l'amiral Brueys, montait le vaisseau l'*Orient* de 120 canons. Avant son départ, il adressa à l'armée la proclamation suivante :

« Soldats,

« Vous êtes une des ailes de l'armée d'Angleterre. Vous avez fait la guerre des montagnes, des plaines, des sièges ; il vous reste à faire la guerre maritime.

« Les légions romaines, que vous avez quelquefois imitées, mais pas encore égalées, combattaient Carthage tour-à-tour sur cette mer et aux plaines de Zama. La victoire ne les abandonna jamais, parce que, constamment, elles furent braves, patientes à supporter la fatigue, disciplinées et unies entre elles.

« Soldats, l'Europe a les yeux sur vous ! Vous avez de grandes destinées à remplir, des batailles à livrer, des dangers, des fatigues à vaincre ; vous ferez plus que vous n'avez fait pour la prospérité de la patrie, le bonheur des hommes et votre propre gloire.

« Soldats-matelots, fantassins, canonniers, cavaliers, soyez unis. Souvenez-vous que le jour d'une bataille vous avez besoin les uns des autres.

« Soldats-matelots, vous avez été jusqu'ici négligés ; aujourd'hui la plus grande sollicitude de la République est pour vous ; vous serez dignes de l'armée dont vous faites partie.

« Le génie de la liberté qui a rendu, dès sa naissance, la République française l'arbitre de l'Europe, veut qu'elle le soit des mers et des nations les plus lointaines. »

Ce fut après cette proclamation, qu'à la suite d'un général que la victoire avait déjà fait grand, quarante mille hommes, pleins d'enthousiasme et d'ardeur, s'embarquèrent pour une destination inconnue.

CHAPITRE V.

Expédition d'Égypte. — Prise de Malte. — Arrivée en Égypte. — Débarquement à l'anse du Marabout. — Prise d'Alexandrie. — Population d'Égypte. — Les Cophtes. — Les Arabes. — Les Mamelucks. — Politique de Bonaparte. — Marche sur le Caire. — L'armée au désert. — Arrivée à Ramanieh. — Jonction de la flottille. — Combat de Chebreiss. — Défaite des Mamelucks. — Arrivée à Embabeh. — Bataille des Pyramides. — Occupation du Caire. — Travaux administratifs de Bonaparte. — Il s'attache les scheiks et la population; il prend part à leurs fêtes et à leurs cérémonies. — Fête du Nil. — Institut d'Égypte. — Combat naval d'Aboukir. — Effet des victoires d'Égypte en France et en Europe. — Effets du désastre d'Aboukir. — Les Anglais fomentent une nouvelle coalition. — Déclaration de guerre de la Porte à la France. Bonaparte marche contre l'armée de Syrie. — Prise de Gazah, de Jaffa. — Siège de Saint-Jean-d'Acre. — Bataille du Mont-Thabor. — Retour de Bonaparte en Égypte. — Pestiférés de Jaffa. — L'auge El-Mohdly. — Mécontentement de l'armée. — Débarquement d'une nouvelle armée turque à Aboukir. — Bonaparte va à sa rencontre. — Bataille d'Aboukir. — Destruction de l'armée turque. — Paroles de Kleber à Bonaparte.

A sa sortie de Toulon, la flotte expéditionnaire eut à rallier les convois réunis à Gênes, Ajaccio et Civita-Vecchia. Le premier et le second étaient sous les ordres des généraux Baraguay-d'Hilliers et Vaubois; Desaix commandait le troisième. On cingla ensuite vers Malte. Le 21 prairial (9 juin), la flotte arriva en vue de l'île.

Malte n'était plus alors ce puissant et formidable boulevart du moyen âge, qui avait si souvent tenu en échec toutes les forces de la Porte. Quand le flot ottoman ne fut plus à craindre pour l'Europe, l'ordre de Malte, qui était le bouclier de l'Occident, perdit à la fois son prestige, son utilité et sa puissance. Il s'était amoindri peu à peu avec les causes qui l'avaient produit, et avait fini par n'être qu'une superfétation. Après plus d'un siècle d'héroïque bravoure, il n'avait plus servi qu'à escorter les pieux pèlerins de la chrétienté allant visiter les saints lieux. Puis, quand il n'y eut plus de pèlerins, il fut réduit, pour s'utiliser, à armer en course contre les pirates barbaresques. La piété des fidèles d'Occident avait doté de grands biens ces genres divers de dévouement, et à l'époque où Bonaparte déploya ses cinq cents voiles devant l'île, son ordre déchu n'avait d'autre souci que celui de dépenser dans le luxe et l'oisiveté ses revenus immenses. Les baillifs, les commandeurs, habitaient le continent ; les galères pourrissaient dans le port, et les chevaliers traînaient fastueusement leur vie à Lavalette, ville de trente mille âmes environ, hérissée de fortifications, et qui passait pour imprenable. Ferdinand de Hompech était alors grand-maître de l'ordre.

La position de l'île, commandant la navigation de la Méditerranée, tentait depuis longtemps la cupidité de l'Angleterre, qui n'attendait qu'une occasion pour s'en emparer. La décadence de l'ordre rendait cette tâche facile. Bonaparte résolut de prévenir les Anglais, et, sans avoir ni l'intention ni les moyens de diriger une attaque régulière contre une des places les plus fortes de l'Europe, il tenta, par un de ces coups de main audacieux qui lui étaient familiers, de l'enlever. Depuis quelque temps déjà, et pendant son séjour en Italie, il avait fait pratiquer des intelligences avec quelques chevaliers de langue de France. Il leur avait fait entendre que l'Angleterre ne pouvait manquer de s'emparer bientôt de Malte, et que l'occupation d'un poste si important assurerait la domination de la Méditerranée à notre plus implacable ennemie. Ces raisons et des promesses lui avaient gagné un grand nombre de ces chevaliers. Sous un prétexte futile, il débarqua dans l'île, investit Lavalette, et commença à canonner les forts. Les chevaliers, soit qu'ils eussent perdu l'habitude du combat, soit pour toute autre cause, répondirent fort mal à son feu, et ne purent parvenir à éteindre une seule pièce. Une sortie qu'ils tentèrent ne fut pas plus heureuse. Plusieurs d'entre eux tombèrent en notre pouvoir. Cet échec encouragea ceux que les trames secrètes de Bonaparte avaient gagnés. Quelques uns montrèrent de l'hésitation à se battre contre des compatriotes : d'autres refusèrent. Les habitants, qui redoutaient un bombardement et l'assaut, demandèrent à grands cris qu'on se rendît. Le grand-maître céda. Un traité assura à la France la souveraineté de Malte. On stipula pour les chevaliers des indemnités pécuniaires.

Ainsi, presque sans combat, Bonaparte assura à la France un port et une place si formidables, qu'un des généraux dit en parcourant les fortifications : *Il est heureux pour nous qu'il se soit trouvé quelqu'un dans la place pour nous en ouvrir les portes.* La prise de Malte avait arrêté la flotte si peu de temps, qu'un des officiers du bord avait écrit sur son journal : *Le 22 prairial, pris Malte et deux bonites.*

Après quelques jours de relâche, employés à organiser la nouvelle administration de Malte, où Bonaparte laissa trois mille hommes de garnison sous les ordres du général Vaubois, la flotte mit à la voile et cingla vers l'Égypte. Elle y arriva le 13 messidor (1er juillet), quarante-trois jours après son départ de Toulon.

Pendant toute la traversée, on s'était généralement attendu à rencontrer l'escadre anglaise, qui était à la recherche de la flotte expéditionnaire. Dans cette éventualité, Bonaparte avait fait distribuer cinq cents hommes d'élite sur chaque vaisseau de ligne, avec ordre à chaque vaisseau, en cas d'attaque, d'en joindre individuellement un ennemi, et de l'attaquer à l'abordage. Mais, par un heureux hasard, la rencontre n'eut pas lieu. Nelson, renforcé de quinze vaisseaux de toute dimension et de quelques frégates, était arrivé devant Toulon dix jours après le départ de la flotte française. Apprenant qu'elle avait mis à la voile, il s'était mis à sa poursuite. Il avait cinglé vers Naples, de là vers Alexandrie, d'où il était parti deux jours avant l'arrivée des Français. Il avait ensuite couru vers Constantinople, leur supposant des projets sur les Dardanelles. Dans ces traversées diverses, il avait passé à son insu à quelques lieues du convoi français. Sur la côte d'Égypte, au moment du débarquement, par un vent épouvantable qui gênait les manœuvres, et une grosse mer qui mettait en péril les bâtiments légers, une voile aperçue à l'horizon fit croire à l'arrivée des Anglais : *O fortune!* s'écria Bonaparte, *donne-moi cinq jours, seulement cinq jours !* Ce vœu fut exaucé. Malgré le temps et la mer, on débarqua pendant la nuit cinq mille hommes à l'anse du Marabout. Nous étions alors à quatre lieues d'Alexandrie.

Le lendemain, au jour levant, Bonaparte, avec ces cinq mille hommes, arriva devant Alexandrie ; il en ordonna l'attaque sur-le-champ, pour ne pas laisser aux autres le temps de se préparer à la défense.

Alexandrie, comme la plupart des villes turques, était dépeuplée. Ses édifices tombaient en ruines ; ses murs et les tours qui les flanquaient étaient délabrés. Dans la plaine de sable que le détachement français venait de traverser depuis l'anse du Marabout jusqu'à l'antique cité d'Alexandre, quelques groupes de cavaliers arabes s'étaient montrés de loin en loin, plutôt comme une protestation contre la présence des Français, que pour opposer une attaque sérieuse à leur invasion. Quelques coups de fusil avaient suffi pour les disperser. L'assaut de la ville fut ordonné. Trois colonnes, commandées par les généraux Kléber, Menou et Bon, s'avancent à la fois sur les trois portes principales. Bonaparte parcourt les rangs et communique aux soldats l'enthousiasme et l'ardeur dont il est animé. Les colonnes arrivent en bon ordre jusqu'au pied des murs ; mais là un feu bien nourri et bien dirigé jette un peu de trouble dans les rangs. Bonaparte, sentant l'importance d'un premier succès, ranime ses soldats par l'exemple et la parole, et ordonne de planter les échelles. Les Arabes renversent les assaillants par un feu plus vif : la colonne du général Bon, qui attaque la porte de Rosette, est ébranlée ; à la porte de la Colonne, Kléber tombe frappé d'une balle au front. Cependant Menou, à la porte des Catacombes, avait été plus heureux : sa colonne avait franchi le vieux mur et refoulé les Arabes jusqu'à la ville neuve. Les autres colonnes le franchirent à leur tour, et firent même quelques prisonniers. Bonaparte se les fit amener : il leur déclara qu'il ne venait que pour délivrer l'Égypte du joug des Mamelucks, et que son intention était de respecter les autorités, le culte, les propriétés, de conserver enfin tout l'ancien ordre de choses. Il les renvoya ensuite. Cette déclaration mit fin à la résistance, qui aurait pu se propager de rue en rue, et elle facilita une espèce de négociation qui, le jour même, rendit la France maîtresse d'Alexandrie.

Le langage que Bonaparte avait tenu aux prisonniers pour

faire cesser les résistances, était fondé sur la raison et la politique. En se présentant comme ennemi des seuls Mamelucks, il neutralisait tout au moins le mauvais vouloir des populations arabes, et pouvait même espérer de les avoir pour lui. En effet, la population de l'Égypte se composait de trois races distinctes, dont la conquête avait déterminé la position sociale. De ces trois races, les Cophtes étaient les plus anciens possesseurs du sol. Ils formaient une classe proscrite : les métiers les plus ignobles, les travaux les plus vils, une profonde misère, l'abrutissement et le mépris étaient leur partage. Leur nombre ne s'élevait guère au-dessus de cent cinquante mille.

Les Arabes, qui avaient conquis l'Égypte sur eux, se disaient descendants des compagnons de Mahomet, quelques uns de Mahomet lui-même. Ils se divisaient en deux classes : les Arabes errants, qui habitaient le désert des deux côtés de la vallée du Nil. Ceux-ci étaient eux-mêmes divisés en tribus, campant dans les oasis tant qu'elles leur fournissaient des pâturages pour leurs troupeaux, allant à la quête de nouvelles quand celles-là ne leur suffisaient plus, volant, pillant, escortant ou détroussant les caravanes. Ils pouvaient former un contingent militaire de vingt mille cavaliers environ, d'une grande bravoure, mais incapables de lutter contre la tactique européenne. L'autre classe, dont le nombre s'élevait à deux millions environ, se composait des fellahs, paysans à gages qui cultivaient la terre, de petits propriétaires qui formaient la masse de la population, et des scheiks, qui réunissaient les fonctions du culte et de la magistrature.

Cette race arabe était elle-même subordonnée à la race turque qui avait conquis l'Égypte sur elle. Cette dernière était peu nombreuse ; les Turcs en formaient la majeure partie, les Mamelucks l'autre : en tout ils se montaient à deux cent mille. Les Turcs étaient tous janissaires, ils étaient censés former la milice du pacha ; mais, en réalité, ils n'avaient que les privilèges attachés à leur titre. La seule milice, la véritable force de l'Égypte, était dans les Mamelucks, dont les sultans de Constantinople avaient imaginé la création comme un contre-poids à l'ambition du pacha, et qui avaient fini par dominer le pacha, par se rendre indépendants du sultan et maîtres de l'Égypte. Douze mille Mamelucks ayant chacun deux fellahs qui les servaient ou les suivaient même au combat, étaient commandés par vingt-quatre beys dont ils étaient la propriété, et qui avaient le droit de les transmettre comme un héritage. Telle était cette redoutable milice.

La puissance des beys était à vie ; ils étaient égaux en droit ; mais les plus ambitieux et les plus forts dominaient les autres. Deux d'entre eux, Mourad-Bey et Ibrahim-Bey, exerçaient alors la toute-puissance en Égypte : ils s'étaient partagé l'autorité. Mourad-Bey, d'une vaillance et d'une intrépidité à toute épreuve, avait dans ses attributions la guerre et les combats ; Ibrahim-Bey était chargé de l'administration, de la justice et de la levée des impôts. Le pacha, relégué au Caire, y était toléré, mais n'avait ni autorité ni influence. Les Mamelucks étaient dès lors les seuls maîtres, les seuls tyrans du pays ; et la race cophte proscrite, la race arabe subjuguée, et même la classe turque dominée, pouvaient désirer l'abaissement ou la destruction de cette milice tyrannique et conquérante qui était en révolte contre son souverain, et qui écrasait toutes les classes par ses exactions et sa brutalité. C'était là ce qu'avait pensé Bonaparte en déclarant qu'il ne venait que faire la guerre aux Mamelucks et non au sultan et à la population d'Égypte. Ce fut dans cet esprit qu'il fit répandre dans tout le pays la proclamation suivante traduite en arabe :

« Peuples d'Égypte, on vous dira que je viens pour détruire votre religion : ne le croyez pas ; répondez que je viens vous restituer vos droits, punir les usurpateurs, et que je respecte plus que les Mamelucks, Allah, son prophète et son Coran.

« Les Mamelucks vous ont tout ravi ; ils vous ont mis dans la plus odieuse subjection ; ils ont pris pour eux tout ce qui fait la joie de ce monde. Y a-t-il une belle terre ? elle appartient aux Mamelucks. Y a t-il une belle esclave, un beau cheval, une belle maison ? tout cela appartient aux Mamelucks. Si l'Égypte est leur propriété, qu'ils montrent le contrat par lequel Allah leur en a fait don. Mais Allah est juste et miséricordieux pour le peuple, et il a ordonné que l'empire des Mamelucks finît.

« Nous, Français, nous sommes amis de tous les peuples ; tout ce qui est opprimé a droit à notre protection et à notre secours. Nous sommes aussi de vrais musulmans. N'est-ce pas nous qui avons détruit le pape, qui disait qu'il fallait faire la guerre aux musulmans ? N'est-ce pas nous qui avons détruit les chevaliers de Malte, parce que ces insensés croyaient que Dieu voulait qu'ils fissent la guerre aux musulmans ? Trois fois heureux ceux qui seront avec nous ! ils prospéreront dans leur fortune et leur rang. Heureux ceux qui seront neutres ! ils auront le temps de nous connaître, et ils se rangeront avec nous. Mais malheur, trois fois malheur à ceux qui s'armeront pour les Mamelucks et combattront contre nous ! Il n'y aura pas d'espérance pour eux, ils périront. »

En même temps, il écrivit au pacha pour l'engager à faire cause commune avec lui contre les Mamelucks. Il lui dit que la France l'envoyait pour venir faire la guerre aux beys d'Égypte qui méconnaissaient l'autorité du sultan et le tenaient, lui pacha, sans pouvoir et sans autorité au Caire, tandis qu'il devrait y être le maître. Il fit valoir à ses yeux toutes les raisons d'intérêt, et se présenta comme un allié du sultan qui venait venger ses injures et rétablir en quelque sorte son autorité. Il chercha surtout à s'attacher les scheiks arabes qui étaient les chefs de la véritable population. Il tâcha de réveiller en eux le désir de l'ancienne domination arabe, soit en caressant leur orgueil, soit en leur laissant espérer une augmentation de pouvoir. Enfin il ne négligea rien de tout ce qui pouvait lui rendre la conquête moins difficile.

Après avoir échappé aux dangers de la mer, évité ceux d'une rencontre avec l'escadre anglaise, il lui restait à arrêter son plan d'invasion pour s'emparer de l'Égypte. Le débarquement de toute l'armée s'était opéré avec succès, et la flotte se préparait à aller s'abriter dans le port d'Alexandrie. Une commission de marins était chargée de le sonder pour savoir si les gros vaisseaux pourraient y entrer ; et, en attendant le rapport, l'amiral Brueys jeta l'ancre dans la rade d'Aboukir.

Fidèle au système qu'il avait adopté pour cette conquête, Bonaparte institua à Alexandrie une commission administrative française qui, pour toutes les mesures à prendre, devait consulter un divan composé des scheiks et des notables de la ville. Aucun changement ne fut opéré dans les exercices du culte ni dans les formes de la justice. Les imans et les cadis conservèrent toutes leurs attributions et le libre exercice de leurs fonctions sacerdotales ou judiciaires.

Bonaparte désigna trois mille hommes pour former la garnison d'Alexandrie. Kléber, que sa blessure forçait momentanément à l'inaction, en eut le commandement, et le 18 messidor (6 juillet), l'armée se mit en marche pour le Caire. Une flottille chargée de remonter vers le Nil par la branche de Rosette, devait joindre l'armée à la hauteur de Ramanieh ; elle transportait les vivres, les bagages, l'artillerie et les munitions. Bonaparte, en quittant Alexandrie, tint à l'armée ce langage :

« Soldats, vous allez entreprendre une conquête dont les effets sur la civilisation et le commerce du monde sont incalculables. Vous porterez à l'Angleterre le coup le plus sûr et le plus sensible, en attendant que vous puissiez lui donner le coup de la mort.

« Les peuples avec lesquels nous allons vivre sont mahométans ; leur premier article de foi est celui-ci : *Il n'y a pas d'autre Dieu que Dieu, et Mahomet est son prophète.* Ne les contredisez pas ; agissez avec eux comme nous avons agi avec les juifs, avec les Italiens. Ayez des égards pour leurs muphtis et leurs imans, comme vous en avez eus pour les rabbins et pour les évêques. Ayez pour les cérémonies que prescrit le Coran, la même tolérance que vous avez eue pour les couvents, pour les synagogues, pour la religion de Moïse et celle de Jésus-Christ. Les légions romaines protégeaient toutes les religions.

« Vous trouverez ici des usages différents de ceux d'Europe, il faut vous y accoutumer. Les peuples chez lesquels nous allons entrer traitent les femmes autrement que nous : souvenez-vous que, dans tous les pays, celui qui viole est un lâche.

« Nous trouverons à chaque pas de grands souvenirs. Montrons-nous dignes des temps qui nous les ont transmis et des temps que nous représentons. »

Deux routes s'offraient à nous pour aller d'Alexandrie au

Caire. L'une, longeant la mer et le Nil, était percée dans des terrains arables et quelques uns cultivés : on y trouvait beaucoup d'habitations et quelques villages, mais c'était la plus longue, et il importait d'arriver au Caire avant l'inondation qui commence à la fin de juillet. On était alors au 6. L'autre était plus directe et plus courte. Quatre journées de marche à travers le désert de Damanhour, séparent Alexandrie de Ramanieh. Là, on longe le Nil jusqu'à Chebreiss et le Caire, où l'on peut arriver en six jours. Bonaparte choisit celle-là.

La vallée du Nil, qui n'est que l'antique et longue vallée de la Thébaïde, constitue toute l'Égypte : sa largeur est de six à sept lieues, sa longueur de deux cents. C'est une plaine de sable brûlant, bordée de deux chaînes de montagnes réfléchissant et concentrant les rayons du soleil comme un miroir ardent, dont la Haute-Égypte est le foyer. Les vents qui y dominent sont les vents étésiens, qui soufflent uniformément du nord au sud, pendant les trois mois de mai, juin, juillet, et souvent le *Mérisy*. Brûlant comme au centre de la zône torride, ce vent de poussière obscurcit le soleil et peut engloutir des armées, comme le fut celle que Cambyse envoya dans les plaines d'Ammon pour piller le temple de Jupiter. Il n'y pleut jamais : la terre n'est arrosée depuis juillet jusqu'en septembre que par les débordements périodiques du Nil. Pendant les mois de sécheresse, le sol n'est qu'un sable mouvant dans lequel on enfonce ; dans les bas lieux, au contraire, il est formé d'un terrain limoneux tout crevassé de larges et longues fissures qui rendent la marche des chevaux pénible et dangereuse. Le sol du désert de Damanhour, dans lequel l'armée allait s'engager, était de la première espèce : c'était un océan de sable mouvant, coupé de dunes arides, de rares bouquets de palmiers, et qui recevait d'aplomb les rayons brûlants du soleil d'Afrique.

Dans ce désert affreux nos soldats ne rencontraient aucun abri contre la chaleur, aucune source rafraîchissante pour éteindre la soif qui les dévorait.

Aussi dès la première journée de marche se laissèrent-ils aller à une tristesse indéfinissable. La vue de cette plaine aride et désolée qui se déroulait sans fin devant eux, ce soleil brûlant dont le sable réfléchissait les rayons vacillants, et qui, outre une chaleur insupportable, leur causait des éblouissements douloureux; ce sol miroitant qui paraissait, à l'œil fatigué de tant de lumière, se confondre avec le ciel; cette poussière subtile de sable que soulevait la marche des soldats, et qui leur desséchait la gorge; l'apparition fantastique à l'horizon de quelques détachements de cavalerie arabe, qui se cachaient bien vite derrière les dunes; l'absence totale de traces de culture et d'habitations; enfin l'aspect de cette nature morte, pour ainsi dire, tout cela était si nouveau pour eux, qu'ils en concevaient presque de l'effroi.

A la tristesse succéda bientôt le mécontentement, au mécontentement le désespoir. Leurs généraux eux-mêmes n'en étaient pas exempts. Les soldats virent Lannes et Murat hors d'eux-mêmes, jeter leurs chapeaux sur le sable et les fouler aux pieds. Bonaparte seul conservait son inébranlable fermeté. Tous avaient en lui une foi si aveugle, que, peu à peu, il parvint à ranimer leur courage; et ces cruelles souffrances, supportées d'abord avec désespoir, le furent ensuite avec résignation et même avec insouciance. Ils crurent à ce brillant avenir que Bonaparte ne cessait de leur promettre. Ils se vengèrent alors sur les savants, dont la curiosité et l'admiration pour les ruines qu'ils rencontraient devinrent l'objet de leurs sarcasmes et de leurs bons mots;

c'est ainsi qu'en parlant du général **Caffarelli**, qui avait perdu une jambe sur le Rhin et qui, aussi érudit que brave, s'enthousiasmait devant les moindres débris de l'antique civilisation égyptienne, ils disaient : *Il se moque de ça, lui, il a un pied en France.*

Enfin, l'armée arriva à Ramanieh après avoir horriblement souffert, de la soif surtout ; car les Arabes avaient détruit tous les puits creusés çà et là dans le désert. Mais à la vue du Nil tout fut oublié ; les soldats s'y plongèrent avec délices et reprirent toute leur bonne humeur et leur gaieté. La flottille rejoignit l'armée, et on fit des distributions de pain et de vin dont l'armée avait manqué pendant sa marche dans le désert.

Là, pour la première fois, on aperçut quelques centaines de Mamelucks qui vinrent voltiger autour de l'armée pour activer sa marche. Bonaparte donna trois jours de repos aux troupes, et l'armée se mit en route pour Chebreiss, où s'était porté Mourad-Bey avec ses Mamelucks et une flottille de vaisseaux légers appelés *djermes,* qui devait seconder son attaque.

Quand l'armée française arriva à Chebreiss, la flottille était déjà engagée. Elle avait à repousser une rude attaque des djermes égyptiens. Malgré l'inégalité des forces, l'officier de marine Perrée, qui la commandait, prit des dispositions assez heureuses pour repousser partout l'ennemi, à qui on enleva quelques djermes ; les Mamelucks sur la rive étaient restés spectateurs de ce combat. L'armée française arriva trop tard pour seconder la flottille. Les Mamelucks se mirent en mesure de l'attaquer. Nos soldats n'avaient pas encore combattu contre eux ; il était à craindre qu'habitués aux charges à la baïonnette et au mouvement des batailles d'Italie, ils ne pussent se résigner à cette immobilité des carrés qui était la manœuvre la plus avantageuse contre un ennemi dont toute la force consistait en cavalerie.

Bonaparte avait divisé son armée en cinq divisions formant autant de carrés qui se flanquaient mutuellement. L'état-major et les bagages étaient au centre des carrés, l'artillerie aux angles. Desaix, Régnier, Dugua, Menou et Bon commandaient ces cinq divisions faisant front de tous côtés. Mourad-Bey, après avoir voltigé quelque temps autour avec ses Mamelucks, commanda la charge. Quinze cents cavaliers s'élancèrent de toute la vitesse de leurs chevaux sur le front des carrés et vinrent se briser contre un feu terrible et une haie de baïonnettes. Repoussés avec perte, ils tourbillonnèrent pendant quelques instants autour des divisions françaises et abandonnèrent le champ de bataille, laissant deux ou trois cents des leurs sur la place. Mourad-Bey, après ce premier échec, se retira et alla rallier la majeure partie de ses forces concentrées à Embabeh, gros village près du Caire, où il avait fait de grands préparatifs de défense. L'armée française y arriva le 3 thermidor (21 juillet).

Le combat de Chebreiss fut avantageux, non pas tant par l'importance de ses résultats, qu'en ce qu'il dérouta la tactique militaire des Mamelucks. Étrangers aux manœuvres européennes, ils ne faisaient aucun cas de l'infanterie, et avaient peine à comprendre le vrai motif de la puissance des carrés, qui opposaient cependant à leurs impétueuses charges un front immobile de fer et de feu. Dans leur ignorance, ils croyaient tous les soldats liés l'un à l'autre. L'armée française avait aussi gagné dans ce combat de se familiariser un peu avec une manière de combattre qui, dans ses précédentes guerres, n'était qu'exceptionnelle, et avec un ennemi d'une rare intrépidité, mais dont seulement le premier choc était redoutable.

En outre, ce premier succès releva singulièrement le moral des soldats. Malgré les privations et les souffrances endurées sous ce ciel de feu, et au milieu de ces sables brûlants, ils marchaient assez gaiement vers le Caire, dont ils révoquaient néanmoins l'existence en doute, et qu'ils traitaient de ville fabuleuse, parce qu'ils n'y arrivaient jamais. Depuis, surtout, qu'ils longeaient le Nil, ils étaient tour-à-tour de bonne ou de mauvaise humeur. Pendant les marches, ils se montraient maussades, mécontents ; mais aux haltes et surtout le soir, lorsqu'ils pouvaient se baigner dans le Nil et manger, quoique sans pain, leur ration de lentilles, de pigeon et de *pastèque*, espèce de melon qui croît sous les latitudes méridionales, et qu'ils appelaient gaiement *sainte pastèque*, ils oubliaient alors leurs fatigues et leurs souffrances de la journée.

Enfin, ils arrivèrent en vue du Caire. A leur gauche, au-delà du fleuve, la vieille ville où fut Memphis se déploya tout-à-coup à leurs regards étonnés, dans toute sa pompe orientale. Elle découpait sur le ciel ses hauts et sveltes minarets, dont le soleil dorait les aiguilles et les coupoles ; au-devant d'eux, dans *la plaine des Catacombes*, les pyramides de Giseh élevaient dans l'air leurs masses colossales. A cette vue, un long cri d'enthousiasme retentit dans tous les rangs, et un éclair d'orgueil brilla dans les yeux de chacun de ces braves.

C'était là que Mourad-Bey attendait l'armée française. On apercevait dix mille de ses Mamelucks rangés en bataille sur une seule ligne entre le Nil et les Pyramides. Vingt mille servants ou fellahs et trois mille janissaires de la milice du pacha, étaient retranchés dans le village d'Embabeh, adossé au fleuve et défendu par des batteries formidables. Cinq mille cavaliers arabes, aux pieds des Pyramides, formaient la gauche de l'armée de Mourad-Bey. Quelques petits bois de palmiers coupaient le champ de bataille.

Bonaparte, après avoir longuement examiné les dispositions de cette armée, dressa son plan et basa ses mouvements sur une marche de carrés pivotante qui, circulant hors de la portée du canon du camp retranché, devait séparer les Mamelucks d'Embabeh et les rejeter dans le Nil. Les Mamelucks détruits, il lui serait ensuite plus facile d'enlever le camp retranché. Quant aux Arabes, il pensait qu'ils étaient plutôt venus sur le champ de bataille pour piller et massacrer dans le cas d'une défaite, que pour servir d'auxiliaires aux Mamelucks.

Ces dispositions arrêtées, comme à Chebreiss il partagea son armée en cinq divisions, formant cinq carrés. Pendant les marches, les colonnes latérales devaient s'avancer sur le flanc et faire front en cas de charge. Les carrés étaient sur six hommes de profondeur ; les trois premières lignes devaient, au besoin, former des colonnes d'attaque. Les divisions Desaix et Régnier formaient la droite du côté des Pyramides, celles Bon et Menou la gauche ; Bonaparte était au centre avec la division Dugua. Avant d'ordonner la marche en avant, il électrisa l'armée par une de ces images grandes et heureuses dont il avait le secret. *Soldats*, s'écriat-il, en désignant les Pyramides, *songez que, du haut de ces monuments, quarante siècles vous contemplent !* Et il donna le signal. Les cinq divisions s'ébranlèrent, les deux de la gauche circulant autour d'Embabeh hors de la portée du canon, les deux de la droite progressant directement vers la ligne des Mamelucks.

Mourad-Bey eut bientôt saisi le motif de ce mouvement. Pour le prévenir, il chargea avec une masse de huit mille Mamelucks la division Desaix qui formait l'extrême droite.

Nos braves Français attendirent froidement cette formidable charge. Les Mamelucks, reçus à bout portant par un feu terrible de mousqueterie et de mitraille, se rejetèrent sur la division Régnier, qui les reçut avec autant d'intrépidité et de succès. Les uns s'élançaient sur les baïonnettes de toute la vitesse de leurs chevaux, et venaient expirer aux pieds des carrés ; d'autres, retournant leurs chevaux, les renversaient sur nos soldats et parvenaient ainsi à faire brèche ; quelques uns des plus intrépides parvinrent même, par ce moyen, jusqu'au centre des carrés et y trouvèrent la mort. Repoussés de partout, ils voulurent revenir à leur point de départ ; mais pendant qu'ils luttaient contre ces deux divisions, Bonaparte s'étant rapidement porté avec la division Dugua sur leurs derrières, les mit entre deux feux. Plusieurs volées de mitraille achevèrent la déroute qui devint alors complète. Quelques uns s'enfuirent vers les Pyramides ; d'autres se jetèrent dans Embabeh. Bonaparte ordonna aussitôt l'attaque du camp retranché. Les divisions Menou et Bon s'avancèrent sur les retranchements. Les trois premiers rangs formèrent des colonnes d'attaque, les trois derniers se maintinrent en carrés. Les Mamelucks qui s'étaient réfugiés à Embabeh, fondirent de nouveau avec leur impétuosité et leur intrépidité ordinaires sur ces carrés dédoublés, mais un feu bien nourri en rejeta une partie dans le camp retranché où ils portèrent le désordre ; les autres furent poussés dans le Nil ou tués en passant sous le feu des lignes françaises. Vivement abordé par les colonnes d'attaque, Embabeh fut alors facilement emporté. Cette multitude de fellahs et de janissaires qui le défendaient, se laissa sabrer presque sans résistance. La majeure partie se jeta dans le Nil et parvint à se sauver à la nage.

Une telle victoire était décisive ; près de deux mille Mamelucks avaient été tués ou noyés. Mourad-Bey, avec les débris de son armée, s'était retiré dans la Haute-Égypte. Ibrahim-Bey qui, avec ses femmes, ses esclaves et ses trésors, avait attendu le résultat de la bataille de l'autre côté du Nil, s'était rejeté sur Belbeys. Les cavaliers arabes qui stationnaient aux pieds des Pyramides s'étaient enfuis dans le désert. Cette journée mémorable s'appela la bataille des Pyramides.

L'armée française avait à peine perdu cent morts ou blessés. Les soldats firent un butin considérable. Les magnifiques cachemires qui servaient de turban aux Mamelucks, leurs riches armes, des chevaux, des bourses pleines d'or, selon l'usage de ces miliciens qui portaient leur or sur eux, les indemnisèrent un peu de tant de fatigues. Puis à Embabeh ils trouvèrent de grandes provisions, et à Giseh de beaux fruits, de l'ombre et des raisins succulents qui furent vendangés en peu d'heures. Mais la proie la plus belle leur échappa. Les Mamelucks avaient amoncelé leurs femmes et leurs richesses sur de nombreux djermes amarrés dans le Nil et prêts à le remonter; mais leur fuite fut si rapide, qu'ils ne purent les emmener; ils y mirent le feu.

La flottille française n'ayant pas encore remonté le Nil pour transporter l'armée de l'autre côté du fleuve, Bonaparte ne put entrer au Caire que le 5 thermidor (23 juillet), deux jours après la bataille des Pyramides. Il fit là ce qu'il avait fait à Alexandrie. Il suivit la même politique de déférences pour les usages, de promesses pour les chefs arabes, de respect pour les cultes et les institutions, et il parvint avant peu à s'attacher les chefs et la population du pays. Il organisa l'administration intérieure sur le même modèle que celle d'Alexandrie, c'est-à-dire un divan ou conseil composé des scheiks et des habitants les plus notables, et une commission française qui prenait l'avis du divan sur toutes les mesures. Parmi ces scheiks arabes, les principaux étaient ceux de la grande mosquée de Jemil-Azac; ils formaient le premier corps savant et religieux de l'Orient, enseignaient la religion et la morale du Coran, et, à ce titre, jouissaient d'une considération et d'une influence immense. Il était important d'avoir leur adhésion pour le nouvel ordre de choses, et une déclaration authentique en faveur des Français. Bonaparte s'y prit si habilement qu'ils le présentèrent comme l'envoyé de Dieu pour délivrer les vrais croyants de l'oppression des Mamelucks, et qu'ils engagèrent les Égyptiens à reconnaître son autorité. Il s'attacha aussi à capter les Cophtes, qui, percevant habituellement les impôts pour le compte des Mamelucks, étaient les plus aptes à les percevoir pour le compte des Français. En leur promettant d'améliorer leur sort et de changer leur condition, il les captiva sans peine.

Après avoir réglé ces deux points importants, il détacha quelques bataillons pour achever la conquête du Delta, rejeta en Syrie Ibrahim-Bey qui était à Belbeys, et envoya la division Desaix dans la Haute-Égypte pour en chasser Mourad-Bey après la baisse des eaux du Nil. Pendant quelque temps, il n'eut plus d'ennemis à combattre, et porta toute son attention sur les travaux administratifs que nécessitait sa glorieuse et rapide conquête, et surtout sur les moyens de la conserver en s'affectionnant les populations.

Un des moyens qu'il employait dans ce but avec le plus de succès, était de prendre part aux fêtes des Arabes et d'assister même à leurs grandes cérémonies, assis comme eux, les jambes croisées, dans les mosquées, récitant les prières du rite en balançant le haut du corps et agitant sa tête comme un vrai croyant. Mais ce qui surtout lui affectionna les populations, ce fut la pompe qu'il déploya à la fête du Nil, la plus populaire de l'Égypte.

Cette contrée, où il ne pleut jamais, ne reçoit des eaux que par les débordements du Nil. Les vents qui y soufflent uniformément pendant les mois de mai, juin et juillet, poussent dans les monts d'Abyssinie tous les nuages formés à l'embouchure du Nil. Ces nuages s'y agglomèrent, s'y précipitent ensuite en pluies diluviennes, et produisent le phénomène constant des inondations. La Basse-Égypte, qui comprend principalement tout le terrain enclavé dans le grand triangle formé par les deux bouches de Rosette et de Damiette, où le Nil se jette dans la Méditerranée, est, pendant les mois d'août et septembre, toute couverte par les eaux qui, en y séjournant, y déposent une certaine quantité de limon. Ce terrain est le plus fertile du globe; on l'appelle le Delta. Plus l'inondation est forte, plus elle laisse de limon par son séjour prolongé ; plus elle s'étend, plus il y a de terre cultivable. On comprend alors la vénération dont le Nil est l'objet, et l'importance que les Égyptiens attachent à ses crues. On en détermine la hauteur le jour d'une grande fête nationale, qui se célèbre le 18 août, par l'abattage d'une digue qui barre un grand canal par où le Nil s'introduit au Caire pendant les inondations. Au jour désigné, une population immense se presse sur les bords du canal. Après quelques cérémonies, le principal scheik de la mosquée de Jemil-Azac déclare la hauteur à laquelle le Nil est parvenu, et les acclamations de la foule accueillent cette déclaration lorsque la crue a été assez forte pour présager l'abondance. On coupe ensuite la digue; des barques légères, luttant de rapidité entre elles pour obtenir un prix destiné à celle qui entrera la première dans le canal, s'y précipitent avec les eaux du fleuve ; des femmes y jettent en offrande des cheveux, des étoffes, des bijoux; des hommes, des enfants, s'y plongent pour participer aux propriétés bienfaisantes attachées à ce bain, et la journée se termine par des festins.

Bonaparte, pour flatter l'esprit du pays, avait fait mettre toute son armée sous les armes. A la tête de son état-major, il avait accompagné les principales autorités du pays à cette fête. Des salves d'artillerie, de brillantes illuminations avaient annoncé au peuple l'intérêt que prenaient à leur joie les *braves d'Occident*, comme les Égyptiens appelaient nos soldats. Aussi, par ces déférences, ces flatteries aux préjugés ou à l'esprit de la nation, Bonaparte s'était acquis de la popularité, et, par ses victoires, du prestige. Les Égyptiens l'avaient surnommé le *sultan Kebir*, le sultan de feu. Dans les mosquées, on chantait des litanies en son honneur. Voici un de ces chants :

« Le grand Allah n'est plus irrité contre nous ! Il a oublié nos fautes assez punies par la longue oppression des Mamelucks ! Chantons les miséricordes du grand Allah !

« Quel est celui qui a sauvé de la mer et des ennemis *le favori de la victoire?* Quel est celui qui a conduit sains et saufs sur les rives du Nil *les braves d'Occident?*

« C'est le grand Allah, le grand Allah qui n'est plus irrité contre nous. Chantons les miséricordes du grand Allah !

« Les beys Mamelucks avaient mis leur confiance dans leurs chevaux ; les beys Mamelucks avaient rangé leur infanterie en bataille.

« Mais *le favori de la victoire*, à la tête des *braves d'Occident*, a détruit l'infanterie et les chevaux des Mamelucks.

« De même que les vapeurs qui s'élèvent le matin du Nil sont dissipées par les rayons du soleil, de même l'armée des Mamelucks a été dissipée par les *braves d'Occident*, parce que le grand Allah est actuellement irrité contre les Mamelucks, parce que les *braves d'Occident* sont la prunelle droite du grand Allah. »

Dans cette région de la lumière et de la gloire, le génie de Bonaparte embrassait tout. Il abattait ses ennemis, organisait l'administration, s'attachait les populations, et fondait ce célèbre institut d'Égypte qui devait élever un monument à l'abri des coups de la fortune.

Les savants, les artistes qu'il avait amenés, les officiers les plus instruits de l'armée, furent membres de cet institut. Monge en fut le premier président. Leurs travaux embrassèrent toutes les sciences : la géologie, l'archéologie, l'astronomie, l'histoire naturelle, la chimie, la physique, tout ce qui, dans l'ordre d'utilité pratique ou d'activité intellectuelle, put être exploré avec avantage, fut l'objet de leurs recherches et de leurs méditations; et, sur cette terre classique de l'antique civilisation, la science moderne put lutter de gloire avec l'héroïsme. Bonaparte consacra à cet institut des revenus et un des plus beaux palais du Caire.

L'armée avait surtout attiré toute la sollicitude de Bonaparte. Il avait abondamment pourvu à ses besoins. Logés dans les habitations des Mamelucks, les soldats étaient bien nourris, bien payés. Ils avaient repris toute leur gaieté. Ils s'étaient faits aux usages des pays où ils vivaient. Les gros ânes d'Égypte, les chameaux, qui avaient été l'objet de leurs plaisanteries, servaient alors à leurs distractions; ils couraient la campagne des environs montés sur ces animaux, et formaient des cavalcades bruyantes et vives, qui contrastaient avec la gravité silencieuse des habitants du pays. Enfin, ils étaient parvenus à se créer des plaisirs qui, sans être ceux de France, ne laissaient pas que d'avoir leur charme.

Un évènement fatal, dû à une imprévoyance déplorable et

à une sécurité trompeuse, vint jeter le trouble au milieu de ces chances prospères de la conquête française.

Notre escadre avait jeté l'ancre dans la rade d'Aboukir, en attendant le résultat des sondes qu'on faisait dans le port d'Alexandrie pour savoir si les vaisseaux à grand tirant d'eau pourraient y entrer. Bonaparte, en partant pour le Caire, avait donné l'ordre, si on ne pouvait entrer à Alexandrie, de la conduire à Corfou, et surtout de ne pas attendre les Anglais à l'ancre, où on ne pouvait combattre qu'avec un désavantage marqué. L'amiral Brueys, par une louable sollicitude, n'avait pas voulu s'éloigner sans avoir des nouvelles de la situation de l'armée dans la moyenne Égypte; mais, par une inconcevable imprévoyance, ayant la certitude que la flotte anglaise était à la recherche de la flotte française, et qu'elle pouvait venir l'attaquer d'un moment à l'autre, non-seulement le *branle-bas* n'était fait sur aucun vaisseau, mais encore une partie des équipages était à terre ou éparpillée sur les convois, et on n'avait dégagé aucune des batteries du côté du rivage.

Ce fut dans cette situation que l'amiral Nelson trouva l'escadre française, en se présentant inopinément devant sa ligne dans la soirée du 14 thermidor (1er août).

La rade d'Aboukir forme un demi-cercle assez régulier, couronné à une de ses extrémités par un îlot de quelques cents mètres de circonférence. L'amiral Brueys avait embossé son escadre parallèlement au demi-cercle, en appuyant une extrémité de sa ligne vers cet îlot qu'il avait armé d'une batterie de douze. Il présumait d'autant moins que l'ennemi pût passer entre sa ligne d'embossage et l'îlot, qu'indépendamment des bas-fonds qui rendaient la passe très-dangereuse, il perdait l'avantage du vent en attaquant par ce côté. Nelson en jugea autrement. La manœuvre qu'il allait tenter était périlleuse, mais elle pouvait être décisive. Il résolut de passer entre l'îlot et l'escadre, et de prendre notre ligne par derrière en se plaçant entre elle et le rivage, et de la mettre ainsi entre deux feux. Il s'exposait, il est vrai, à être mis lui-même dans cette fausse position, puisque, les forces étant égales de part et d'autre, il ne pouvait, par ce moyen, attaquer à la fois qu'une aile et le centre de l'escadre, et que l'aile libre pouvait manœuvrer sur ses derrières et lui faire courir les plus grands dangers. L'amiral Brueys vit la faute de Nelson; il fit signal à l'amiral Villeneuve, qui commandait l'aile droite, de se rabattre extérieurement sur la ligne anglaise; mais les signaux ne furent pas aperçus, et avec cinq des meilleurs vaisseaux de haut bord, sur treize, Villeneuve resta simple spectateur du combat. Il fut épouvantable et dura quinze heures. Nelson attaqua dès son arrivée, à huit heures du soir. Le premier vaisseau qui passa entre l'îlot et la ligne française échoua sur les bas-fonds. Les cinq qui suivirent furent plus heureux. Les sept autres vaisseaux anglais s'avancèrent alors par le dehors de la ligne, et mirent le centre et l'aile gauche française entre deux feux. Deux vaisseaux français, dont les batteries du côté du rivage n'étaient pas dégagées, ne pouvant faire feu que d'un côté, furent désemparés et démâtés. Au centre, où était Brueys avec le vaisseau amiral *l'Orient*, l'avantage se déclarait du côté des Français; un vaisseau anglais, le *Bellérophon*, avait été dégréé et obligé d'amener, et nul doute que si, dans ce moment, l'amiral Villeneuve se fût rabattu, avec ses cinq vaisseaux non engagés, sur la ligne extérieure anglaise, il ne l'eût gravement compromise. Malheureusement il persista à attendre des ordres, et la fumée l'empêcha de voir les signaux.

Après quelques heures de combat, la situation de l'escadre française commença à devenir alarmante. Brueys, grièvement blessé, n'avait pas voulu quitter son banc de quart. Un boulet de canon l'y tua. Le brave capitaine Dupetit-Thouars, avec deux membres emportés, ne voulut pas non plus cesser de donner des ordres ; comme Brueys, un boulet de canon l'emporta. Vers minuit, le feu prit au vaisseau l'*Orient*, qui sauta en l'air avec une effroyable explosion. Au jour, cinq de nos vaisseaux engagés n'avaient pas encore cessé leur feu ; mais l'inaction de Villeneuve assura la victoire à Nelson. De cette magnifique escadre, il ne rentra dans Malte que deux vaisseaux et deux frégates, que Nelson ne put même poursuivre, tant il était maltraité. Tout le reste fut détruit.

La nouvelle de ce désastre arriva rapidement au Caire. L'armée la reçut avec une sorte de stupeur et de désespoir. Bonaparte l'accueillit avec calme, et ne prononça que ces mots : « Nos vaisseaux sont brûlés, dit-il, cela nous obligera à faire de plus grandes choses que nous n'en voulions faire. Eh bien! il faut mourir ici, ou en sortir grands comme les anciens. »

Un mois et demi après, lors de l'anniversaire de la fête de la République, le premier vendémiaire (22 septembre), après avoir fait inscrire sur la colonne de Pompée le nom des quarante premiers soldats morts à l'attaque d'Alexandrie, il adressait à l'armée, dans le même but, la proclamation suivante :

« Soldats !

« Nous célébrons le premier jour de l'an VII de la République.

« Il y a cinq ans, l'indépendance du peuple français était

menacée : mais vous prîtes Toulon ; ce fut le présage de la ruine de vos ennemis.

« Un an après, vous battiez les Autrichiens à Dego.

« L'année suivante, vous étiez sur le sommet des Alpes.

« Vous luttiez contre Mantoue, il y a deux ans, et vous remportiez la célèbre bataille de Saint-Georges.

« L'an passé, vous étiez aux sources de la Drave et de l'Izonzo, de retour de l'Allemagne.

« Qui eût dit alors que vous seriez aujourd'hui sur les bords du Nil, au centre de l'ancien continent ?

« Depuis l'Anglais, célèbre dans les arts et le commerce, jusqu'au hideux et féroce Bédouin, vous fixez les regards du monde.

« Soldats ! votre destinée est belle, parce que vous êtes dignes de ce que vous avez fait, et de l'opinion que l'on a de vous. Vous mourrez avec honneur comme les braves dont les noms sont inscrits sur cette pyramide, ou vous retournerez dans votre pays couverts des lauriers et de l'admiration de tous les peuples.

« Depuis cinq mois que nous sommes éloignés de l'Europe, nous avons été l'objet perpétuel des sollicitudes de nos compatriotes. Dans ce jour, quarante millions de citoyens célèbrent l'ère des gouvernements représentatifs ; quarante millions de citoyens pensent à vous ; tous disent : C'est à leurs travaux, à leur sang que nous devons la paix générale, le repos, la prospérité du commerce, et les bienfaits de la liberté civile. »

Pendant que Bonaparte cherchait, par tous les moyens, a relever le moral de son armée, et à lui faire oublier le désastre d'Aboukir, pour la préparer aux magnifiques actions qu'il méditait, son nom occupait la France et l'Europe. Cette brillante conquête, dont les échos d'Orient renvoyaient les détails, étonnait les imaginations. On prêtait à Bonaparte les projets les plus gigantesques, et les grandes choses qu'il exécutait en faisaient pressentir de plus grandes encore. On lui attribuait le projet de vouloir pousser jusqu'à Constantinople, ou même de porter la guerre dans l'Inde; peut-être y pensait-il lui-même. Mais le désastre d'Aboukir, en privant la France de tout ascendant dans le Levant, fit évanouir la plupart de ces glorieux rêves.

Sans atténuer en rien le prestige de cette chevaleresque expédition, ce malheureux combat réveilla, en outre, les espérances des ennemis extérieurs de la France. Le mauvais vouloir des uns devint manifeste; les manœuvres des autres furent sourdes encore, mais n'attendirent qu'un moment pour éclater. L'Angleterre acquit incontestablement, dans les cabinets européens, une prépondérance décidée, au détriment de la France. Son or et ses intrigues finirent même par entraîner la Porte, et le 18 fructidor (4 septembre), trente-quatre jours après le combat naval d'Aboukir, le grand-seigneur déclara la guerre à la France, et ordonna la réunion d'une armée pour aller reconquérir l'Égypte.

Bonaparte se trouvait ainsi exposé à avoir à lutter avec trente mille hommes, et sans espoir de secours de la France, contre toutes les hordes de l'Orient. Les révoltes intérieures excitées par les agents secrets des beys, rendaient encore sa situation plus périlleuse, et le 30 vendémiaire an VII (21 octobre 1798), il éclata au Caire une sédition qui faillit avoir les conséquences les plus funestes, mais qui fut énergiquement réprimée.

Bonaparte ne tarda pas à apprendre la déclaration de guerre de la Porte, et les préparatifs, qu'avec l'aide de l'Angleterre, elle faisait, soit en Syrie, soit à Rhodes. Avec cette audacieuse activité qui le caractérisait, il prit immédiatement son parti pour prévenir partout l'ennemi par une attaque soudaine, et le déconcerter.

Les deux armées turques devaient, l'une débarquer à Aboukir, l'autre traverser le désert qui sépare la Syrie de l'Égypte, se rallier aux Mamelucks et fellahs de Mourad-Bey, et, par leurs manœuvres simultanées, resserrer entre elles l'armée française, et l'écraser de leurs forces, qui étaient, disaient les habitants, *innombrables comme les étoiles du ciel et les sables de la mer*. Djezzar, pacha d'Acre, était nommé séraskier de l'armée de Syrie. Mustapha-pacha commandait celle qui se formait à Rhodes, et qui devait débarquer à Aboukir, escortée par l'amiral anglais Sydney-Smith.

Bonaparte prit treize mille hommes des divisions Kléber, Lannes, Murat, Régnier et Bon, et marcha contre l'armée de Syrie. Il y ajouta un régiment d'espèce nouvelle, qu'il avait formé depuis peu, et qui était d'un grand secours, soit pour poursuivre l'ennemi, soit pour les marches de longue haleine. C'était un régiment de dromadaires : deux hommes étaient montés dos à dos sur ces animaux, et pouvaient faire ainsi vingt-cinq ou trente lieues par jour.

Le 29 pluviôse (17 février 1799), l'armée française rencontra l'avant-garde de l'armée ennemie au fort El-Arisch, qui couvre l'Égypte du côté de la Syrie. Le pacha de Damas, Abdallah, la commandait. Après une vive attaque, ce fort fut enlevé. Treize cents hommes, qui composaient la garnison, furent faits prisonniers. Ibrahim-Bey ayant voulu venir à son secours, fut mis en fuite après avoir perdu son camp.

L'armée s'enfonça alors dans le désert ; elle fit avec courage des marches pénibles, supporta avec résignation de dures privations, de grandes fatigues. Elle prit Gazah et arriva le 13 ventôse (3 mars) devant Jaffa.

Jaffa, l'ancienne Joppé, avait quatre mille hommes de garnison. Une grosse muraille, flanquée de tours, entourait la ville. Le commandant, sommé de se rendre, coupa, pour toute réponse, la tête au parlementaire. Cette indigne violation du droit des gens exaspéra l'armée. La ville fut prise et pillée. Les habitants furent massacrés; on y passa au fil de l'épée la garnison et tous les prisonniers. Malheureusement la peste se mit parmi nos soldats.

Saint-Jean-d'Acre restait encore; la prise de cette ville assurait la Syrie à Bonaparte. Le célèbre Djezzar-Pacha la défendait avec une forte garnison. L'amiral anglais Sydney-Smith la soutenait avec une escadre. Bonaparte n'avait point d'artillerie de siège. Celle qu'il avait fait venir d'Alexandrie, par mer, avait été enlevée par les Anglais. Bientôt même les boulets manquèrent pour quelques pièces de douze et de quatre qui formaient la seule artillerie de l'armée française; on n'eut que ceux des batteries anglaises qui canonnaient incessamment la plage, et que, moyennant une prime de cinq sous par boulet, nos soldats allaient chercher, au péril de leur vie. Avec cette pénurie de moyens, Bonaparte fit battre en brèche et tenta un premier assaut. Mais la brèche, à peine praticable, ne servit qu'à constater la bravoure des Français; ils ouvrirent des puits de mine, qui ne parvinrent jamais qu'à faire sauter une partie de la contrescarpe, et donnèrent un nouvel assaut qui fut encore sans résultat.

Pendant ce temps, la grande armée turque s'était rassemblée et marchait au secours d'Acre. Bonaparte détacha Kléber avec trois mille hommes pour aller arrêter une armée de vingt-cinq mille, dont plus de douze mille cavaliers.

Kléber, ce héros à la taille homérique, et qui, par sa valeur calme et impétueuse à la fois, réunissait toutes les vertus militaires, arriva en vue de l'armée turque le 27 germinal (14 avril). Cette armée s'étendait dans la plaine du mont Thabor, près du petit village de Fouli, qu'occupaient douze mille fantassins. Douze mille cavaliers se déployaient en avant du village. Avec une intrépidité dont le succès seul peut justifier l'audace, Kléber débouche avec ses trois mille hommes dans la plaine et se forme en carré. Cette multitude de cavaliers ennemis s'ébranle et vient fondre sur cette poignée de braves. Reçus à bout portant par un feu terrible, bientôt les Turcs eurent formé de leurs cadavres et de ceux de leurs chevaux un rempart autour de cette héroïque phalange. Depuis six heures la furie de leurs attaques se brisait en vain contre l'impassible intrépidité des carrés de Kléber, lorsque Bonaparte, débouchant du mont Thabor avec la division Bon, forma deux carrés de cette division, et les mit en marche de manière à arriver sur le champ de bataille en figurant, avec la division Kléber, un triangle équilatéral au milieu duquel devait se trouver enfermée la cavalerie turque. Cette habile manœuvre eut un plein succès. Assaillis à la fois par le feu roulant des trois extrémités de ce triangle, les cavaliers turcs s'enfuirent en désordre dans toutes les directions ou vinrent se faire tuer en passant sous le feu de nos carrés. Le village de Fouli fut emporté à la baïonnette. Le matériel, les bagages, tout le camp turc tomba au pouvoir des Français. Six mille hommes avaient détruit cette armée de vingt-cinq mille.

Saint-Jean-d'Acre seul arrêtait les succès de Bonaparte en Syrie. Djezzar-Pacha, renforcé à plusieurs reprises par des troupes fraîches, puissamment secondé par l'amiral anglais Sydney-Smith, résistait avec énergie et courage aux héroïques efforts des assaillants. Plusieurs assauts avaient été donnés sans succès : les Français étaient parvenus deux fois jusque dans la place ; mais là ils s'étaient trouvés aux prises avec une armée entière qui défendait toutes les rues, toutes les maisons. Dans ces attaques multipliées, ils faisaient d'irréparables pertes, tandis que l'ennemi était continuellement renforcé. Après deux mois de travaux et de combats, ayant perdu par le fer, par les fatigues ou les maladies près de quatre mille hommes, le tiers de son armée, Bonaparte leva le siège le 1er prairial (20 mai).

Une des deux armées turques était détruite ; mais la résistance de Djezzar dans Saint-Jean-d'Acre fit évanouir la partie la plus brillante des rêves de Bonaparte. Aussi dit-il, en parlant de lui : *Cet homme m'a fait manquer ma fortune.* Il paraît, en effet, qu'il avait formé de vastes projets sur l'Orient.

L'expédition de Bonaparte en Syrie avait duré trois mois. En repassant à Jaffa, où étaient quelques centaines de soldats malades de la peste, Bonaparte, ne pouvant les emporter à travers le désert, et obligé de les laisser exposés à une mort que la maladie, la faim ou le fer de l'ennemi rendaient inévitable, dit, dans un de ces élans de compassion que motivait le sort désespéré de ces malheureux, qu'il y aurait plus d'humanité à leur administrer de l'opium qu'à les laisser vivre. Cette réflexion, naturelle en pareille circonstance, a été dans la suite cruellement interprétée contre lui par les ennemis de son nom et de sa gloire, et a servi longtemps de texte à une accusation aussi atroce que peu fondée, celle d'avoir proposé d'empoisonner ces malheureux.

Bonaparte arriva en Égypte dans les premiers jours de juin. Il y trouva toutes les provinces du Delta presqu'en insurrection. Un marabout, qui se faisait appeler l'ange El-

Mohdly, avait, à l'instigation des agents secrets des Mamelucks, soulevé les populations et réuni plusieurs milliers d'insurgés. Il s'était emparé de quelques villes, et prêchait partout une espèce de croisade contre les Français. Il se disait invulnérable, et se flattait de chasser de l'Égypte le sultan Kebir (Bonaparte) et ses soldats, en soulevant de la poussière. Les populations, fanatisées par cet imposteur, ajoutaient foi à ces étranges paroles. La position de l'armée pouvait devenir très-critique, lorsque heureusement l'arrivée de Bonaparte rétablit partout la soumission et le calme. L'ange invulnérable fut tué, et ses partisans dispersés : un détachement suffit pour cette expédition.

Mais là n'était pas encore la plus grande difficulté de la situation de Bonaparte. L'armée, sans nouvelles de France depuis longtemps, exposée à des fatigues journalières, à de grandes privations, travaillée du *mal du pays*, était en proie au mécontentement le plus vif ; les généraux eux-mêmes éclataient en murmures. La présence seule de Bonaparte suffisait, il est vrai, pour calmer ces effervescentes manifestations ; mais il n'en existait pas moins une tendance sourde à l'insubordination et presque à la révolte. Les soldats, un jour, avaient en effet formé le projet d'enlever leurs drapeaux du Caire et de marcher sur Alexandrie pour s'y embarquer. Mais à la vue de leur général, qui supportait avec résignation les mêmes fatigues, les mêmes privations qu'eux, ce projet fut abandonné.

On apprit dans cet intervalle que l'armée turque qui s'était formée à Rhodes, avait paru dans les parages d'Aboukir pour y débarquer, et que Mourad-Bey, avec ses Mamelucks, essayait de descendre dans la Basse-Égypte dans le but de combiner ses mouvements avec elle. Bonaparte donna l'ordre à Murat d'aller avec sa cavalerie arrêter la marche de

Mourad-Bey, et à Marmont, qui commandait à Alexandrie, de se porter sur la côte et de s'opposer au débarquement des Turcs. Murat rencontra Mourad-Bey, le battit et le força de regagner le désert. Mais Marmont, n'ayant que douze cents hommes environ, n'osa pas tenter une attaque décisive contre les dix-huit mille de l'armée turque, qui, secondés par les feux de l'escadre de Sydney-Smith, débarquèrent à Aboukir, s'emparèrent du village et d'un petit fort dont ils égorgèrent la garnison.

A la nouvelle de ce débarquement, Bonaparte quitta sur-le-champ le Caire avec les divisions Lannes, Bon et Murat, de retour de son expédition contre Mourad-Bey. Les divisions Kléber et Régnier, qui étaient dans le Delta, reçurent l'ordre de se rapprocher d'Aboukir. Desaix dut évacuer la Haute-Égypte et se diriger vers le même point.

Par une de ces marches rapides dont il avait seul le secret, Bonaparte arriva le premier au point de ralliement. Le 7 thermidor (25 juillet), il se trouva avec six mille hommes seulement en présence de l'armée turque. Il avait le projet de n'attaquer qu'après l'arrivée de toutes ses divisions; la vue des dispositions de l'armée turque lui fit changer d'avis. Il résolut de tenter, sans délai, la chance d'un combat.

La rade d'Aboukir, la même où avait été détruite la flotte française, est fermée par une presqu'île assez étroite, dont la mer baigne un des côtés, et le lac Madieh l'autre. Elle se termine par un fort à qui le village d'Aboukir sert de ceinture. Les Turcs s'y étaient couverts par deux lignes de retranchements, et avaient formé là leur seconde ligne. Leur première ligne était un autre village dominé à distance par deux forts mamelons de sable, gardés l'un par mille, l'autre par deux mille hommes. Quatre mille gardaient le premier village ; onze mille étaient concentrés dans le village d'Aboukir et dans le fort que deux boyaux joignaient à la mer.

Cette armée n'était pas composée de fellahs comme l'infanterie des Mamelucks, mais de braves janissaires qui se battaient bien, ayant une artillerie nombreuse servie par des artilleurs anglais, et étant appuyés par l'escadre de Sydney-Smith.

La supériorité numérique de l'ennemi et sa position retranchée n'arrêtèrent pas Bonaparte. Il fait attaquer à la fois les deux mamelons de droite et de gauche. Lannes, avec quelques bataillons de la 32e, gravit hardiment l'un ; le général Destaing avec la 18e attaque l'autre ; Murat les tourne tous les deux avec sa cavalerie. Attaqués de front par l'infanterie, pris en flanc par la cavalerie, les Turcs sont débusqués, sabrés et rejetés dans la mer où ils se noient, ou dans le village du centre où ils portent le désordre. Ce village est lui-même immédiatement attaqué par ces deux colonnes et tourné par Murat. Après une vive résistance de la part des assiégés, les Français entrent dans le village au pas de charge, et sabrent ou poussent dans la mer tout ce qui s'y trouve. La première ligne ennemie se trouva ainsi emportée : plus de quatre mille Turcs avaient été tués ou noyés.

Ce succès éclatant enhardit Bonaparte. Après avoir donné deux heures de repos à ses troupes, il marche sur la seconde ligne. Mais ici une difficulté se présentait : Murat, avec sa cavalerie, ne pouvait tourner le village qu'en traversant un espace balayé par les canonnières anglaises et par l'artillerie de la redoute ou étaient enfermés huit à dix mille Turcs. Bonaparte place Murat dans un bois de palmiers, avec ordre de se lancer sur les derrières des retranchements dès qu'il les verrait attaqués de front. Il donne le signal : Lannes et Destaing poussent leur brave infanterie en avant; la division Lanusse les appuie. Le front et la droite de la redoute sont attaqués en même temps. Les Turcs n'attendent pas les Français derrière leurs murs ; ils sortent au-devant d'eux avec beaucoup d'intrépidité : on se bat corps à corps pendant longtemps sans avantage décisif de part ou d'autre. Les retranchements sont le champ de bataille : le carnage est horrible. Murat, arrêté par les feux des canonnières et de la redoute, n'avait pu se porter en avant. Bonaparte lance alors deux nouveaux bataillons de la réserve sur les retranchements : ces braves de la 22e et de la 69e y marchent l'arme au bras et s'y logent : la 18e les gravit aussi alors et pénètre dans la redoute. Dans le même moment, Murat, parvenu avec un de ses escadrons à travers l'espace balayé par les canonnières, pénètre dans le village. Les Turcs, effrayés, se débandent et fuient en désordre. Chargés à la fois par l'infanterie et la cavalerie, ils sont ou noyés ou sabrés. Bientôt l'armée turque fut détruite, plus de quinze mille hommes restèrent sur le champ de bataille, le reste s'était enfermé dans le fort d'Aboukir. Le pacha Mustapha, qui la commandait, avait été pris par Murat lui-même : le général français ayant pénétré dans la tente du pacha, ce dernier lui avait tiré un coup de pistolet à bout portant. Murat avait paré avec son sabre et coupé deux doigts à Mustapha qu'il avait envoyé prisonnier à Bonaparte.

Kléber arriva avec sa division le soir même, et à la vue de ce résultat inespéré, de cette armée détruite avec une poignée de soldats, ce noble cœur, saisi d'admiration, dit à Bonaparte en s'élançant dans ses bras : *Général, vous êtes grand comme le monde !*

CHAPITRE VI.

Situation du Directoire après le 22 floréal. — Mesures contre les dilapidateurs. — Nouvelle coalition contre la France. — Loi de conscription. — Levée de deux cent mille hommes. — Conquête de Naples par Championnet. — Prise de possession du Piémont par Joubert. — Déclaration de guerre à l'Autriche. — Bataille de Stokach; retraite de Jourdan. — Bataille de Magnano; retraite de Schérer; retraite de Moreau. — Assassinat des plénipotentiaires français à Rastadt. — Effet de ces revers en France. — Soulèvement dans le Midi. — Élections de l'an VII. — Sièyes remplace Rewbell au Directoire. — Masséna prend le commandement des armées d'Helvétie et du Danube; Moreau celui de l'armée d'Italie. — Bataille de Cassano. — Bataille de la Trebbia. — Déchaînement des partis contre le Directoire. — Message des Cinq-Cents au Directoire. — Permanence des conseils. — Destitution de Treilhard. — Coup d'État du 30 prairial. — Les Directeurs Merlin et Lareveillère donnent leur démission. — État des partis après le 30 prairial; leurs espérances; leurs préparatifs. — Société du Manège. — Loi des ôtages. — Les opérations recommencent en Italie. — Bataille de Novi; mort de Joubert. — Débarquement des Anglo-Russes en Hollande. — Nouveaux troubles intérieurs. — Dispersion du nouveau club. — Mesures du Directoire contre la presse. — Situation alarmante de la République sur la frontière. — Jourdan propose de déclarer la patrie en danger. — Bataille de Zurich. — Destruction de l'armée russe. — Capitulation des Anglo-Russes en Hollande. — Bonaparte débarque à Fréjus. — Agitation des partis à son arrivée. — Il s'entend avec Sièyes. — Journée des 18 et 19 brumaire. — Renversement de la constitution de l'an III.

PENDANT que Bonaparte exécutait de grandes choses en Égypte, la situation intérieure et extérieure de la République avait bien changé. A l'extérieur, Bonaparte avait laissé la paix conclue sur tout le continent, tandis qu'à l'intérieur la guerre civile avait éclaté ou était prête à se déclarer de toutes parts. Le Directoire avait été jusque-là plus fort que les partis, et les partis étaient devenus plus forts que le Directoire. Cette dernière situation était d'autant plus fâcheuse, que le gouvernement se l'était créée par sa politique.

En effet, par l'élimination prononcée le 22 floréal contre les députés nouvellement élus, le parti directorial frappa les républicains extrêmes, comme neuf mois auparavant il avait frappé les royalistes. Mais cette élimination n'ayant pas été complète, les quelques députés qui furent admis suffirent pour renforcer la minorité, donner une certaine vivacité aux discussions, et créer une opposition assez forte pour disputer dans mainte et mainte question la majorité au gouvernement. En frappant alternativement sur tous les partis, et en affichant si ostensiblement ses prétentions d'isolement, le Directoire avait fini par mécontenter tout le monde, et s'était vu forcé d'user son activité dans des mesures étroites et tracassières.

La forte minorité qui, dans les conseils, se prononça contre le Directoire, donna de l'impulsion à l'esprit d'opposition du dehors. Elle le fit, soit en mettant en cause certains droits directoriaux émanant des lois de circonstances du 19 fructidor, soit en attaquant avec vivacité les malversations et les déprédations auxquelles donnait lieu le système financier de la République, système livré plus que jamais, alors, aux intrigues et aux manœuvres de l'agiotage.

Cette opposition des conseils n'était cependant pas directement hostile. Rendre au corps législatif la prépondérance et la dignité qu'il avait perdues depuis le 18 fructidor, conserver au Directoire sa confiance quant aux affaires de politique générale, se méfier de ses agents dans celles d'argent et de moralité, voilà quelles étaient ses tendances manifestes. Elle ne refusait pas au Directoire les nouveaux impôts qu'il proposait sur les portes et fenêtres, sur le sel, les centimes additionnels pour les dépenses locales, l'établissement des octrois, etc. ; mais elle tonnait contre les malversations des déprédateurs, et, dans la séance du 2 fructidor an VI, il fut rendu contre eux une loi pénale. Voici comment s'exprima Duplantier (de la Gironde), rapporteur de la commission chargée de proposer cette loi. Cette citation nous dispensera de toute réflexion sur cette espèce de lèpre qui rongeait alors la République. « La commission, dit-il, inaltérable dans son travail comme dans sa haine contre les ennemis de la morale publique, sondera d'une main hardie la profondeur de l'abîme qu'ils ont creusé sous nos pas. Elle a vu les maux présents, elle s'est occupée de leur remède. Ces maux sont sans nombre. Il n'existe aucune partie de l'administration publique où l'immoralité et la corruption n'aient pénétré. Vous voulez atteindre les coupables : aucune considération particulière ne vous arrêtera. Vous êtes responsables de toutes les atteintes portées à la morale publique. Une plus longue indulgence vous rendrait complices de ces hommes que la voix publique accuse. Ils seront frappés du haut de leurs chars somptueux, et précipités dans le néant du mépris public, ces hommes dont la fortune colossale atteste les moyens infâmes et criminels qu'ils ont employés à l'acquérir.

« La bureaucratie est devenue un pouvoir qui brave tous les autres. En vain l'union qui règne entre le corps législatif et le Directoire doit assurer l'exécution des lois ; les employés des bureaux en décident autrement, et leur inertie coupable, lorsqu'il s'agit d'exécuter la loi, équivaut au *veto* royal. Ainsi, ceux que l'erreur a fait mettre sur la liste des émigrés, languissent dans l'attente de leur radiation, tandis que les coryphées des conspirateurs ont à peine senti les atteintes de la loi du 19 fructidor. N'avez-vous pas vu des surveillants se rendre dans le bureau du ministre de la police ? Chaque jour on entend dire que l'or seul peut faire ouvrir les cartons des bureaux des administrations et des ministres. Veut-on obtenir justice, il faut payer tant à tel employé, tant à la maîtresse de tel autre, etc. La corruption et l'immoralité sont à leur comble : aux grands maux il faut de grands remèdes. »

De pareilles dénonciations, rapprochées des impôts nouvellement créés ou en discussion, faisaient une impression pénible sur l'opinion publique. Chacun, en effet, sentait que s'il fallait aggraver les charges dont il était menacé, c'était, en définitive, pour combler un déficit qui avait sa cause première dans la dilapidation. A cela se joignait encore le faste impudent et scandaleux des nouveaux riches dont la fortune s'était rapidement élevée dans les honteuses spéculations de l'agiotage et des fournitures Ces hommes, la plupart sortis des classes les plus infimes, apportèrent dans l'usage de leurs richesses la même immoralité et la même impudence qui les leur avaient fait acquérir. Le jeu, la débauche, l'orgie, tous les vices furent à l'ordre du jour, et les femmes, qui exagèrent tout, portèrent dans leur habillement le délire de l'impudeur. Celles d'entre elles qui osèrent se montrer dans les lieux publics avec leurs costumes de salon, furent honnies, conspuées et chassées, tant elles révoltaient les honnêtes gens.

Malheureusement pour le Directoire, ses amis et ses adhérents étaient les zélateurs les plus déhontés de cette tendance immorale qu'on semblait vouloir imprimer à la société. Le salon de Barras était le rendez-vous de tous ces hommes qui dépensaient avec un faste indécent le fruit de leurs rapines; de là partaient ces modes nouvelles que, de nos jours, les courtisanes rougiraient d'adopter; là se réunissaient des joueurs, des femmes galantes, des agioteurs de toute espece. L'administration directoriale se ressentait forcément du contact de tous ces éléments de corruption et par suite de dissolution.

Cependant, jusqu'à ce moment les circonstances avaient favorisé le Directoire. Il avait recueilli le fruit des efforts passés. Les victoires d'Italie avaient donné une apparence de paix et assuré l'influence de la République; la monnaie avait reparu; le commerce reprenait son cours; des éléments de prospérité semblaient vouloir percer de toutes parts. Mais cette situation, basée sur des victoires, n'était point stable, et une intrigue de l'Angleterre avait suffi pour l'ébranler.

On a déjà vu comment, après le désastre d'Aboukir, l'Angleterre avait poussé la Porte à déclarer la guerre à la France. Bien loin de borner là ses intrigues, elle était parvenue à organiser une seconde coalition. La faible et folle cour de Naples, dont le déchaînement et les menaces contre le colosse républicain avaient quelque chose de ridicule, était entrée la première dans ses vues : elle avait emphatiquement ordonné l'enrôlement de toute la population. La Russie, où régnait alors Paul Ier, avait d'abord résisté aux suggestions de l'Angleterre. Mais cette dernière avait si bien caressé la vaniteuse stupidité de l'autocrate, qu'il avait promis une armée sous les ordres de Souvarow. La Prusse avait trop à gagner à l'épuisement de l'Autriche pour ne pas conserver encore sa neutralité : elle refusa toute accession à la coalition nouvelle. Quant à l'Autriche, comme le traité de Campo-Formio n'avait été pour elle qu'un moyen de se ménager quelque répit, elle entra pleinement dans les vues de l'Angleterre, conclut une alliance offensive et défensive avec la Russie, et, sans déclarer encore la guerre, se prépara aux hostilités. En attendant, on négociait toujours la paix de Rastadt : l'Autriche, l'Empire, cachaient leurs déloyales intentions à l'abri de cette négociation, et de toutes les puissances qui y étaient représentées, la France fut là seule qui y négociât de bonne foi.

Le Directoire ne tarda pas à avoir connaissance des mouvements de troupes et de ces préparatifs annonçant une rupture imminente. Il s'y prépara et leva une armée de deux cent mille hommes, d'après une nouvelle loi de conscription dont Jourdan avait été rapporteur. Cette loi fut la première loi permanente de conscription. Jusqu'alors il n'y avait pas eu de levée annuelle, mais bien des levées extraordinaires, décrétées dans des moments d'urgence, sans fixation de temps de service pour les soldats. La loi nouvelle, comprenant tous les Français en état de porter les armes depuis vingt ans jusqu'à vingt-cinq, pouvait mettre un million d'hommes à la disposition du pouvoir. Cette masse était divisée en cinq classes réparties entre les corps de l'armée de manière seulement à les maintenir au complet. La durée du service était fixée en temps de paix à cinq ans: Cette loi de conscription fut le service légal de la patrie, substitué aux levées en masse qui avaient été le service révolutionnaire.

Dans les premiers jours de l'an VII, le 3 vendémiaire, le Directoire dénonça aux conseils des hostilités de la cour de Naples, émit quelques doutes sur la bonne foi de l'Autriche, et se mit ostensiblement en mesure de tenir tête à la nouvelle coalition. La cour de Naples, qui savait que l'armée russe était en marche, prit l'initiative. Elle intrigua auprès du roi de Piémont et du duc de Toscane pour les faire lever sur les derrières des Français. Le 16 frimaire, elle entra en campagne avec une armée de soixante mille hommes aux ordres du général autrichien Mack. La présence de Nelson, venu à Naples après le combat d'Aboukir pour réparer les avaries de son escadre, exalta le courage de la reine et de son favori. Le roi Ferdinand, dont l'occupation et le plaisir se bornaient à pêcher à la ligne, ne contribuait que nominativement à toutes ces folles entreprises.

Le général Championnet commandait alors l'armée d'Italie. Il n'avait que quinze mille hommes au plus, éparpillés dans les États romains par détachements de trois ou quatre mille. Son premier soin fut d'évacuer Rome, qu'il ne crut pas pouvoir conserver, de rallier ses troupes et de les concentrer à Civita-Castellano, en attendant l'occasion de reprendre l'offensive. Mack entra dans Rome sans obstacle. Ce commencement de succès enfla la vanité des Napolitains; mais elle fut bientôt réprimée. Championnet, de la position centrale qu'il avait prise, attaqua successivement les divers corps napolitains, les mit en déroute ou les prit, poussa Mack avec le corps principal jusqu'à Capoue, et conçut l'audacieux projet, avec sa petite armée, de s'emparer de Naples, où il entra le 4 pluviôse. Les lazzaroni défendirent la ville pendant trois jours. Ils déployèrent plus de courage que n'avait fait l'armée. La cour de Naples se retira en Sicile sur l'escadre de l'amiral Nelson. Le royaume fut constitué en République, qui prit le nom de *République Parthénopéenne*.

Pendant ce temps, Joubert s'était emparé de la citadelle de Turin; le roi de Piémont, qui avait paru accéder aux projets de la cour de Naples, fut forcé d'abdiquer. On le relégua en Sardaigne. L'Italie entière, à part la Toscane, fut alors au pouvoir des Français. Le Directoire se trouva ainsi avoir à administrer, indépendamment de la France, la République batave, la République helvétique, les quatre Républiques d'Italie, cisalpine, ligurienne, romaine, parthénopéenne, et le royaume de Piémont, qui n'était pas encore constitué en république. Dans la plupart de ces pays, on ne pouvait maintenir que par la force les populations prêtes à s'insurger. On n'en retirait aucune ressource en hommes ; le peu d'argent qu'ils fournissaient était dilapidé ou par des commissions ou par les états-majors eux-mêmes, qui étaient, pour la perception, en lutte directe avec les agents du Directoire. Ces querelles secondaires, envenimées par l'intérêt ou l'amour-propre, entravaient, dans les pays conquis, l'administration directoriale. Les généraux, se sachant nécessaires, étaient exigeants et insubordonnés. Les agents, se sentant appuyés, suivaient leurs instructions, sans égard pour les protestations du pouvoir militaire. De là des luttes, des tiraillements, une anarchie complète.

Tel était l'état des choses lorsque le Directoire apprit qu'une armée russe de vingt-cinq mille hommes, suivie de plusieurs corps nombreux, s'était avancée vers l'Allemagne. On ajoutait que l'empereur d'Autriche, ayant quitté sa capitale, avait été au-devant d'eux et les avait comblés de présents et d'égards. Il avait su aussi que, pendant la levée de boucliers des Napolitains, un corps autrichien avait envahi le pays des Grisons, sous prétexte de troubles qui y avaient éclaté, mais dans le but évident de troubler l'Helvétie, de faire irruption dans la Cisalpine, et, au moment décisif, de donner la main au roi de Piémont pour fermer avec lui toute retraite aux Français, s'ils étaient battus par les Napolitains. Ne pouvant douter alors de la mauvaise foi de l'Autriche et de son adhésion à la coalition nouvelle, le Directoire lui déclara la guerre le 22 ventôse an VII.

A cette époque déjà, les hostilités avaient commencé depuis dix à douze jours, et malheureusement, sur tous les points de la ligne immense que la France avait à défendre, depuis le golfe de Tarente jusqu'au Texel, l'infériorité numérique de ses armées était décourageante. En effet, en Allemagne, l'archiduc Charles, qui occupait déjà la Bavière, les

Grisons et le Tyrol, avait cent cinquante-six mille hommes; l'armée autrichienne en Italie en comptait en outre quatre-vingt-cinq mille, qui allaient être renforcés par soixante mille Russes. A cela se joignaient, sur les côtes de la Méditerranée, la flotte de Nelson, et, en Hollande, une flotte anglo-russe qui devait y opérer un débarquement. A ces forces, la France avait à opposer, du côté de l'Allemagne, Bernadotte avec un corps de huit mille hommes à Mayence, Jourdan avec quarante mille hommes réunis entre Strasbourg et Bâle, Masséna avec trente mille hommes en Suisse, et enfin Macdonald à Naples avec trente mille hommes, qui suffisaient à peine pour maintenir les populations, et Schérer sur l'Adige avec cinquante mille. Ce dernier avait été nommé général en chef de l'armée d'Italie, en remplacement de Championnet, destitué et traduit, malgré sa conquête de Naples, devant une commission militaire pour avoir expulsé des États napolitains les agents fiscaux du Directoire.

Les armées françaises étaient en outre mal approvisionnées, mal équipées; leur artillerie n'était pas assez nombreuse, et la cavalerie avait de mauvais chevaux. Malgré cette insuffisance d'effectif et de moyens, elles entrèrent en campagne dès que fut écoulé le délai fixé par une réponse catégorique à une note que le Directoire avait fait remettre à l'empereur en lui demandant des explications sur ses actes d'hostilité occulte. Le 9 ventôse an VII (1er mars), Jourdan et Bernadotte passèrent le Rhin; Masséna somma les Autrichiens d'évacuer le pays des Grisons, et, sur leur refus, l'envahit.

Le début de cette campagne nouvelle fut heureux. En deux jours Masséna, maître de tout le cours du Rhin, depuis ses sources jusqu'à son embouchure dans le lac de Constance, avait fait cinq mille prisonniers et pris quinze pièces de canon à l'ennemi. Un de ses lieutenants, le général Lecourbe, après avoir aussi franchi le Rhin vers ses sources, et traversé les contre-forts du Saint-Gothard encore tous couverts des neiges de l'hiver, s'était hardiment jeté dans la vallée de l'Inn, et avait accablé le corps autrichien du général Laudon, à qui il avait fait beaucoup de prisonniers.

Ces brillants débuts furent bientôt suivis de revers. Jourdan, à l'armée d'Allemagne, ayant voulu prendre l'offensive contre les forces supérieures de l'archiduc Charles, fut repoussé à Pfullendorf, battu à Stockach, et obligé de se replier jusqu'à l'entrée des défilés de la Forêt-Noire. Dans les Hautes-Alpes, Masséna avait maintenu l'avantage des armes françaises. Mais en Italie Schérer, battu à Magnano par le général Kray, avait été forcé d'abandonner la ligne de l'Adige et de se replier sur l'Adda. De tels échecs, à l'ouverture de la campagne, étaient vivement regrettables ; ils détruisaient ce prestige d'audace et d'invincibilité qui, joint aux efforts du génie, assurait la victoire à nos armées malgré leur infériorité numérique.

Ces mouvements rétrogrades de l'armée d'Italie et de celle d'Allemagne placèrent Masséna entre deux armées victorieuses, et, malgré ses avantages, le forcèrent à se replier dans l'intérieur de la Suisse. Ainsi, en moins de deux mois de campagne, les armées françaises furent en retraite sur tous les points.

Ces revers successifs et si peu attendus furent suivis d'un de ces attentats dont on ne trouve d'exemple que chez les peuples les plus barbares. Lorsque commencèrent les hostilités, Rastadt, où se poursuivaient les négociations avec l'Empire, avait été déclarée ville neutre. La tournure des négociations semblait promettre de détacher les princes de l'Empire de l'alliance de l'Autriche ; mais la bataille de Stockach et la retraite de l'armée de Jourdan firent pencher la balance diplomatique du côté du vainqueur. Dès ce moment aussi le cabinet de Vienne prétendit régler le sort du midi de l'Allemagne. Désirant connaître jusqu'à quel point les princes de l'Empire s'étaient avancés vis-à-vis du Directoire, il chargea le comte de Lechrbach, son ministre plénipotentiaire, d'aviser aux moyens de se procurer leur correspondance avec les négociateurs républicains. Celui-ci n'en trouva pas de plus sûr que de faire enlever le caisson de la légation française au moment de la rupture du congrès, et fut autorisé par sa cour à requérir du prince Charles les troupes nécessaires à ce coup de main. L'archiduc mit à sa disposition un détachement de hussards de Szeckler. Le colonel de ce corps fut mis dans la confidence. Les hussards vinrent rôder autour de Rastadt, et le comte de Lechrbach attendit, dans les environs, le succès de ses manœuvres. Le congrès ayant adressé des réclamations qui ne furent pas écoutées, se hâta de se dissoudre. Les plénipotentiaires ne devaient partir que le 28 avril; mais, dans la soirée du 19 (9 floréal), ils furent sommés de se retirer sur-le-champ. Ils se mirent alors en route la nuit même pour Strasbourg. A peine étaient-ils sortis de Rastadt, que les hussards, à l'affût de leur proie, enveloppèrent les voitures, enlevèrent le caisson de la légation, et frappèrent de leurs sabres les envoyés. Bonnier et Roberjot furent tués. Jean de Bry, blessé au bras et à la tête, fit le mort, ce qui le sauva.

Cette violation inouïe du droit des gens, cet attentat prémédité contre trois hommes revêtus d'un caractère sacré, excita autant d'indignation que d'horreur. La France entière parut prête à courir à la vengeance de cet odieux assassinat, et la levée de la conscription, qui, jusqu'alors, avait éprouvé quelque retard, s'opéra dès ce moment sans contrainte.

Mais cette grande indignation nationale retomba aussi en partie sur le Directoire. A la vue de nos armées battues, de nos ministres assassinés, l'opposition dans les conseils ne garda plus de mesure. Dans la nation, les accusations les plus graves, et qui, en apparence, semblaient fondées, s'élevèrent de toutes parts contre lui. On lui reprochait d'avoir déporté en Égypte Bonaparte, ses quarante mille compagnons de gloire et ses illustres lieutenants Kléber, Desaix, Lannes, Murat; d'avoir laissé affaiblir les armées de la République ; d'avoir donné le commandement de celle d'Italie à un général impopulaire, Schérer, au lieu d'en investir Moreau, qui n'y commandait qu'une division, ou Championnet, ou Joubert, ou Augereau, qu'il laissait sans emploi. On lui imputait, en un mot, d'être non-seulement la cause des revers, mais encore celle de la guerre, qu'il avait provoquée par ses impolitiques invasions en Suisse, à Rome, ou même à Naples et en Piémont. Le déchaînement était universel ; les royalistes, dont les clameurs étaient les plus furibondes, l'accusaient, en outre, d'être l'auteur secret de l'assassinat de Rastadt, pour soulever l'opinion publique contre les ennemis, et faire de nouvelles levées d'hommes et d'argent. L'aveugle fureur des partis accueillait toutes ces accusations, et jusqu'à l'odieuse calomnie que le parti royaliste proposait, pour déconsidérer un pouvoir dont il se flattait de recueillir les dépouilles.

En effet, ces revers avaient singulièrement relevé les espérances des royalistes ; ils produisirent dans les départements de la Haute-Garonne, du Gers, de l'Ariège et une grande partie du Midi, un soulèvement qui avait ses bases dans une vaste association. Cette démonstration royaliste a passé presque inaperçue dans toutes les histoires de la Révolution, parce que la Vendée, par la durée de sa résistance et l'importance des combats qui s'y livrèrent, avait attiré à elle toute l'attention. Mais par cela seul que cet incident historique est peu connu, le lecteur nous saura gré de le marquer en passant.

Louis XVIII avait, de Blakembourg, organisé un vaste plan d'insurrection, dont les ramifications s'étendaient depuis l'Océan jusqu'au pied des Alpes. L'association se cachait sous le titre, indifférent en apparence, d'*Institut philanthropique*. Des sujets *fidèles*, avec le titre de commissaires, étaient chargés de parcourir toutes les parties du Midi, de retenir l'impatience des forts, de stimuler le royalisme des faibles, et surtout de rallier à un centre commun les opinions royalistes singulièrement divergentes. Leurs instructions portaient ordre de recommander aux *fidèles* de soutenir et de défendre, en apparence, la constitution de l'an III, et le Directoire ; mais de tendre en secret, par tous les moyens, à renverser cette constitution et le gouvernement, pour relever l'autel et le trône légitime.

La masse des associés ignorait le but ; un très-petit nombre d'initiés étaient seuls dans le secret. On recommandait principalement le langage de la clémence et de l'oubli, l'obéissance aux lois et aux autorités constituées. Tous les chefs avaient l'ordre secret de conserver avec soin, même au moment de l'insurrection projetée, les couleurs et les formes républicaines. C'était, en un mot, un nouveau gouvernement, organisé dans le gouvernement de la République, qui, par son organisation civile et militaire, son union, sa confiance, sa subordination et son énergie, devait amener, tôt ou tard, le résultat désiré.

Les opérations de l'*institut* avaient deux objets principaux, l'un civil, l'autre militaire. Les agents civils devaient s'attacher à former et à diriger l'opinion publique, à surveiller les révolutionnaires, à recueillir les renseignements utiles et nécessaires, à multiplier le plus promptement possible les associés, à activer les insouciants, à éclairer, à ramener les hommes trompés ou égarés, à neutraliser ceux qu'il était impossible de convertir, à protéger les ministres de la religion, les émigrés rentrés, les nobles qui n'avaient pas émigré, et généralement tous les individus persécutés à cause de leurs opinions politiques ou religieuses, à donner des secours de toute espèce aux prisonniers, à faciliter leur évasion, à leur donner des défenseurs lorsqu'ils étaient traduits devant les tribunaux, à influencer, autant que possible, les assemblées primaires et électorales, et, enfin, à surveiller avec soin les manœuvres et les intrigues des ennemis des Bourbons.

L'armée de l'*institut* se composait de deux corps de troupes très-distincts : le premier, composé de déserteurs, de conscrits réfractaires, de fugitifs, de proscrits, et des hommes de bonne volonté pris dans toutes les classes de la société, et surtout parmi les artisans et les ouvriers, s'appelait *corps d'élite*. C'était l'armée active ou agissante, destinée à se porter partout où besoin serait.

Le second, composé des hommes âgés, des pères de famille, des chefs de maison, était destiné à la garde des villes, à l'exécution des ordres de la police royale, au maintien de l'ordre et de la sûreté publique ; il portait le nom de *corps auxiliaire*.

Le Midi de la France était divisé en arrondissements composés de cinq, six et jusqu'à sept provinces, suivant l'importance des localités, et dont Lyon fut le centre, par la facilité qu'il présentait pour correspondre avec les départements de la rive gauche de la Loire, et l'agence générale du roi établie dans la Saxe.

Dans chaque arrondissement était établie une hiérarchie d'employés. Un *visiteur* en était le chef; il correspondait avec l'*administrateur* de chaque province ; celui-ci commandait à l'*affidé* de chaque division, qui transmettait, à son tour, les ordres à l'*adjoint* de chaque commune, qui était seul en rapport avec les *fidèles*. Tous ne correspondant qu'avec leur supérieur direct, ignoraient le nom de celui qui était au-dessus.

A l'intérieur, les *visiteurs* représentant le roi, dans l'arrondissement confié à leur direction, étaient seuls brévetés par lui. Ils étaient à la fois chefs civils et militaires. Les administrateurs et tous autres employés sans distinction, devaient leur être subordonnés. La chaîne de ces associations secrètes embrassait tout le territoire méridional entre les deux mers ; elle s'étendait depuis le Var jusqu'au Jura, comprenait les départements de la Dordogne et des deux Charentes, et réunissait les provinces de l'Ouest à celles de la Guyenne et à tout le Midi, des Pyrénées aux Cévennes.

Les *visiteurs* ne tardèrent pas à avoir établi des relations dans treize départements ; c'étaient ceux de la Gironde, de Lot-et-Garonne, du Lot, du Tarn, de l'Aveyron, de l'Hérault, de l'Aude, du Gers, des Hautes et Basses-Pyrénées, des Pyrénées-Orientales, de l'Ariège et de la Haute-Garonne, où était le chef-lieu des opérations. Les chefs de cette organisation était MM. de Vaurs, de la Pamquerie-Dubourg, Delaunay, comte de Caraman, marquis de Bouillé, l'abbé Roques de Montgaillard, qui était à la fois l'agent du roi et du Directoire, et les généraux de Gaintran et baron Rougé.

Dès les premiers revers de nos armées, un soulèvement

général dut s'opérer ; mais par suite de malentendu, d'impéritie ou de lâcheté des chefs, le général Rougé se trouva, au jour convenu, seul avec son corps d'insurgés sous les murs de Toulouse. Poursuivi par les troupes républicaines, il fut obligé de se replier dans l'Ariège, où il se trouva bientôt à la tête d'un corps de plus de douze mille hommes, qui augmentait à toute heure. Mais trois départements seulement, la Haute-Garonne, le Gers et l'Ariège, avaient pris part à ce mouvement ; et après quelques engagements, où les troupes républicaines furent souvent repoussées, le corps royaliste fut entièrement détruit à Montrejean. Ce soulèvement pouvait avoir des conséquences d'autant plus funestes, que, s'il avait eu lieu dans les treize départements à la fois, la Provence aurait suivi l'impulsion, et tout le Midi eût pu s'appuyer, pour opérer la contre-révolution, ou sur l'escadre anglaise, qui croisait dans la Méditerranée, ou sur l'armée austro-russe qui, après avoir rejeté l'armée française sur l'Adda, n'allait pas tarder à porter ses avant-postes jusque sur le Var.

Les élections de l'an VII se firent au milieu de ces graves évènements. Les assemblées choisirent leurs députés parmi des hommes indépendants. La haine des partis et les malheurs publics accablaient à la fois le Directoire. Les candidats qu'il présentait furent presque tous repoussés, et le choix des électeurs se porta généralement sur des républicains. Le corps législatif, qui sentait le besoin de se renforcer et de s'assurer l'opinion que le pouvoir exécutif s'était complètement aliénée, approuva les choix, et les nouveaux élus, en se joignant à la minorité anti-directoriale dont Lucien Bonaparte commençait à être le chef, formèrent une majorité qui ne tarda pas à prendre contre le Directoire la revanche du 18 fructidor et du 22 floréal.

Cette majorité, cependant, procéda d'abord légalement pour décomposer le Directoire. Le sort ayant désigné Rewbell comme membre sortant, on le remplaça par Sièyes, que l'on connaissait, non-seulement comme antagoniste très-déclaré de ce gouvernement compromis et usé, mais encore comme hostile à la constitution de l'an III.

L'installation de Sièyes eut lieu le 20 prairial ; mais à cette époque déjà de nouveaux désastres militaires étaient venus assaillir la République. Le Directoire avait fait d'inutiles efforts pour réparer les revers de l'ouverture de la campagne. Masséna, qui avait réuni le commandement des armées d'Helvétie et du Danube, avait combattu avec avantage à Aldenfingen, à Frauenfeld ; mais trouvant partout devant lui un ennemi supérieur en nombre et sans cesse alimenté par d'immenses réserves, il avait évacué le pays des Grisons et s'était replié derrière la Limmat.

En Italie, les désastres avaient été successifs. Le général Moreau, nommé au commandement de l'armée d'Italie en remplacement de Schérer, n'avait pu tenir devant les deux armées réunies, russe et autrichienne, dont Souvarow avait pris le commandement. Par des prodiges de bravoure et de stratégie, avec moins de quinze mille hommes, il lutta pendant plusieurs jours contre les masses russes et autrichiennes fortes de plus de quatre-vingt-dix mille hommes ; coupé d'une de ses divisions commandée par Serrurier, et qui fut mise en déroute à Cassane, il fut obligé de se replier jusque sur les crêtes de l'Apennin. Chaque jour il livrait des combats, joignait une énergie calculée à une témérité héroïque, et donnait à son armée des occasions de déployer la plus brillante valeur. Cette poignée de braves ne fut jamais vaincue de front, et, le lendemain d'un combat, elle était prête à recommencer. Cette retraite, moins vantée que celle d'Allemagne, quoique supérieure en conceptions fermes et hardies, est sans contredit la plus belle page de la vie de Moreau. Malheureusement, tant d'efforts et de bravoure n'eurent qu'un demi-résultat. Moreau avait cru, en gardant la barrière des Apennins, pouvoir opérer sa jonction avec Macdonald qui avait évacué Naples avec trente mille hommes; mais ce dernier avait été écrasé à la Trebbia après trois jours de combat, et l'Italie avait été perdue.

Ainsi, après moins de trois mois de campagne en Allemagne, en Italie, les armées françaises avaient été repoussées avec de grandes pertes. Masséna seul, en Suisse, n'avait pu être entamé, et les coalisés se disposaient à tourner toutes leurs forces contre lui et à franchir la barrière helvétique. A la même époque, quarante mille Austro-Russes débarquèrent en Hollande sous les ordres du duc d'York. Toutes les petites républiques que protégeait la France se trouvèrent alors, non-seulement envahies, mais encore, depuis l'abandon des Français, en proie à des réactions royalistes qui surpassaient les plus épouvantables scènes de notre révolution. Encore une victoire, et les confédérés pouvaient pénétrer au cœur même de la République.

Ces désastreuses nouvelles produisirent en France une irritation générale qui s'exhala sous toutes les formes. Des adresses des départements frontières demandèrent qu'on prît des mesures de salut public. De toutes parts on sommait le Directoire de rendre compte de la situation de la République au-dedans comme au-dehors. Dans les conseils, les meneurs, Lucien Bonaparte et Génissieux, s'abouchèrent avec Sièyes. Ils convinrent des mesures qui avaient pour but de changer la majorité du Directoire. L'exécution suivit de près le but projeté. Dès la séance du 17 prairial, il fut arrêté d'adresser au Directoire un message pour lui demander des explications et l'inviter à faire connaître ses moyens de remédier à la situation présente.

Le Directoire ne répondit point à ce message. Dix jours se passèrent dans une vaine attente; mais pendant ce temps, dans les conseils, les questions les plus irritantes, celles de la presse, de l'abus des lois exceptionnelles, des dilapidations, des crimes des fournisseurs, avaient été soulevées. On s'était excité, encouragé; on avait cherché à s'assurer une majorité parmi les députés et la population de Paris, et il fut envoyé au Directoire un second message ainsi conçu : « Citoyens Directeurs, le conseil vous a fait un message le 17 prairial, pour vous demander des renseignements sur la situation intérieure et extérieure de la République. Le salut public nous avait commandé cette démarche; le salut public nous fait un devoir de la réitérer. Nous attendons la réponse au message du 17 prairial. Aux termes de l'art. 161 de la constitution, le conseil vous déclare qu'il sera en permanence jusqu'à l'arrivée de votre réponse. »

La forme, la teneur de ces deux messages, annonçaient clairement que les conseils étaient décidés à ne pas reculer. La permanence des conseils était en quelque sorte un acte d'hostilité; mais elle n'avait été décrétée qu'après toutes les mesures prises pour la révolution projetée. On ne voulait encore que s'emparer du gouvernement, en faisant des changements parmi les membres de l'ancien Directoire. Les projets constitutionnels étaient ajournés à une époque où la France, sauvée de l'invasion, serait à l'abri des périls.

Lareveillère, Merlin et Treilhard étaient les trois Directeurs en butte au déchaînement, soit des partis, soit de l'opinion. Par une circonstance assez singulière et fort difficile à expliquer, Barras, le seul d'entre eux qui méritait tous les reproches et toutes les accusations dirigées contre ses collègues, avait conservé une sorte de popularité. Dans cette circonstance, il sacrifia Lareveillère, Merlin et Treilhard, et fit cause commune avec Sièyes et l'opposition des conseils.

Le Directoire répondit enfin aux deux messages des 17 et 28 prairial; mais comme ils n'avaient qu'un moyen d'engager les hostilités, les conseils passèrent outre. Par un arrêté en date du 29, ils destituèrent Treilhard, parce qu'une année ne s'était pas écoulée entre ses fonctions législatives et ses fonctions directoriales, ainsi que le voulait la constitution. Ils le remplacèrent par Gohier, président du tribunal de cassation, homme probe, fort dévoué à la République, mais fort peu entendu en affaires.

Par la sortie de Treilhard, Lareveillère et Merlin n'eurent plus la majorité dans le Directoire. Ils essayèrent alors de faire leur paix avec ces derniers, qui les repoussèrent. Les conseils les attaquèrent alors sans ménagement. Dans la séance du 30, aux Cinq-Cents, Bertrand (du Calvados) les apostrophait en ces termes : « Dans l'intérieur, vous avez anéanti l'esprit public, vous avez muselé la liberté, persécuté les républicains, brisé toutes les plumes, étouffé la vérité, encouragé les haines, fomenté tous les troubles. La chose publique a, par vous, été désorganisée, les lois sont restées sans exécution; ainsi vous avez relevé l'espoir des royalistes, et servi la coalition des rois.

« Je ne parle point des concussions, des rapines de vos agents favoris; chacun sait comment ils ont violé, chez les peuples amis, les droits les plus sacrés de la liberté civile et politique.

« Vous nous parlez de réunion; et moi je vous dis que le corps législatif, que l'opinion publique vous repoussent, que vous n'avez plus la confiance, que vous devez cesser vos fonctions, et déposer le manteau directorial que vous avez déshonoré. Je sais qu'il existe au Directoire, en ce moment, une majorité qui veut la République, qui désire faire le bien, qui le fera parce qu'elle en a les moyens. Mais vous, je vous le répète, vous n'avez plus la confiance générale ; que dis-je ? vous avez même perdu celle des vils flatteurs qui vous entourent. Il ne vous reste qu'à terminer votre carrière honteuse par un acte de dévouement, donner votre démission ; le cœur des républicains saura apprécier cette démarche. »

A ces sommations violentes succédèrent des allégations injurieuses, des menaces d'accusation, des précautions offensantes, et enfin Français (de Nantes) parut à la tribune, et, sans rapport préalable, fit adopter la résolution suivante : « Toute autorité, tout individu qui attenterait à la sûreté et à la liberté du corps législatif ou de quelqu'un de ses membres, en en donnant l'ordre ou en l'exécutant, est mis hors la loi. »

Alors, privés de l'appui du gouvernement par la sortie de Rewbell et la destitution de Treilhard, abandonnés de Barras, menacés par les conseils, en butte aux rancunes des partis déchaînés, Lareveillère et Merlin, se voyant la cause ou le prétexte de mouvemements politiques, donnèrent leur démission. Les patriotes et les modérés, qui s'étaient unis pour remporter cette victoire, s'en partagèrent les fruits : les premiers nommèrent le général Moulins, intègre et chaud républicain, à la place de Lareveillère ; Roger Ducos, ancien girondin, tout dévoué à Sièyes, remplaça Merlin. Cette révolution prit le nom de journée du 30 prairial.

Ce coup d'État réveilla l'espoir de tous les partis ; chacun d'eux l'interpréta selon ses projets et sa manière de voir.

Les républicains firent parvenir de tous côtés des adresses de félicitations au conseil des Cinq-Cents. Ils reprirent avec plus d'énergie et d'activité les séances des clubs, et y tonnèrent contre les dilapidations, les trahisons, renouvelant ainsi tous les reproches adressés aux agents du précédent Directoire. De leur côté, les royalistes, espérant que tout cet ébranlement allait affaiblir le pouvoir, recommencèrent, au nom du trône et de l'autel, leur guerre de chouannerie ; ils pensaient que l'anarchie les ramènerait à la monarchie ; et ils reparurent par bandes dans le Midi et dans l'Ouest. Les modérés commençaient à ne voir dans la constitution de l'an III qu'une mauvaise loi organique qui ne pouvait régir la société que par des coups d'État. Cette constitution, violée par tous les partis, n'était point capable de donner à un gouvernement assez de stabilité pour finir la révolution. Sièyes, qui avait une fois refusé d'entrer dans le Directoire, et qui n'avait accepté qu'au moment où les partis fatigués semblaient faciliter la tâche d'entreprendre la pacification définitive et l'établissement de la liberté, Sièyes était, avec Lucien Bonaparte et Génissieux, à la tête de ce parti. Ils se préparaient à travailler de concert à détruire ce qui restait encore du gouvernement de l'an III, pour rétablir, sur un autre plan, le régime légal. Dans les Cinq-Cents, le parti républicain, qui comptait plus de cent membres, ne croyait pas plus qu'eux à la constitution de l'an III, et ne la considérait que comme un moyen transitoire pouvant ramener à une constitution plus populaire. Il comptait raviver les sentiments patriotiques en France, s'emparer des élections, et, par les élections, du corps législatif. Quant au Directoire, Gohier et Moulins, seuls franchement républicains, croyaient à la possibilité de maintenir la constitution ; Roger Ducos votait avec Sièyes ; et Barras, était prêt à appuyer toute forme nouvelle, pourvu qu'il y trouvât sa place.

Ainsi au-dehors, dans les conseils, dans le Directoire, ce qui existait était considéré comme transitoire ; chaque parti visait à se saisir d'une force qui lui assurât le pouvoir. C'est là le trait caractéristique de l'époque qui va suivre.

Tous les partis se mirent dès lors à l'œuvre. Les royalistes, qui ne pouvaient parvenir à dominer qu'en tout détruisant, suivirent, avec plus ou moins de développement, le système qu'ils avaient adopté dès le commencement de la révolution : ils poussèrent à l'anarchie. Ce parti, sans aucune force dans les conseils, n'y était représenté que par quelques monarchistes siégeant au centre.

Les républicains organisèrent la *société du Manège,* sur le modèle du club des Jacobins, pour y centraliser l'opinion et acquérir l'influence des premiers clubs révolutionnaires. Cette réunion prit le nom de *Société des Amis de la liberté et de l'égalité.* Une centaine de députés appartenant en grande partie aux Cinq-Cents, les patriotes les plus actifs de Paris, quelques membres de l'ancien club du Panthéon, en formèrent le noyau. Ils donnèrent à ceux qui les présidaient le nom de régulateur et de vice-régulateur. Ils investirent de ces fonctions les hommes les plus prononcés des anciens clubs, Destrem, Drouet, Moreau (de l'Yonne), etc.; ils adoptèrent le même langage, les mêmes formes qu'au club des Jacobins : soit imprudence, soit besoin d'épancher des sentiments depuis longtemps comprimés, ils gardèrent peu de mesures dans leurs discussions, et conservèrent toutes les apparences des prérogatives des anciens clubs, quand la prudence leur commandait de prendre une autre allure. Sièyes s'alarma de cette tendance, et le conseil des Anciens, qui commençait à s'effrayer de la marche du conseil des Cinq-

Cents dont l'influence dominait au Manège, prit un arrêté qui en expulsa les sociétaires comme trop voisins de l'enceinte où il tenait ses séances.

Cette démonstration contre le parti républicain fut bientôt suivie d'une autre contre le parti royaliste. Le conseil des Cinq-Cents, après avoir établi que le système des assassinats royalistes était lié aux complots des ennemis extérieurs, que les ex-nobles ou les parents d'émigrés étaient les partisans et les fauteurs de ce système, et qu'il fallait, par conséquent, les rendre responsables de tous les délits qui se commettaient dans l'étendue de la République, adopta un projet de loi en trente-neuf articles, par lequel il était stipulé : « 1° Les parents d'émigrés, les ci-devant nobles compris dans les lois des 3 brumaire an IV et 9 frimaire an VI, les enfants majeurs des émigrés, et les aïeuls, aïeules, pères et mères des individus qui, sans être ex-nobles ni parents d'émigrés, sont néanmoins notoirement connus pour faire partie des rassemblements ou bandes d'assassins, sont personnellement et civilement responsables des assassinats et brigandages commis dans l'intérieur en haine de la République. 2° Les administrations locales sont autorisées à prendre des ôtages dans les classes ci-dessus désignées, dans les communes, cantons et départements où les troubles nécessiteront cette mesure. 3° Les ôtages qui, dans les dix jours de l'avertissement, ne se rendront pas au lieu indiqué par les administrations, ou qui s'en évaderont, seront assimilés aux émigrés, considérés et traités comme tels, » etc. Cette loi s'appela *loi des ôtages*.

Ainsi, le conseil des Anciens en frappant le parti républicain, celui des Cinq-Cents en frappant les royalistes, agissaient l'un et l'autre en faveur du parti des modérés ou de Sièyes, qui, par Roger-Ducos et Barras, avait la majorité au

Directoire. Le ministère, qui avait été renouvelé en même temps que le Directoire, était aussi, quoique singulièrement mélangé, dans le sens de ce parti. Bernadotte avait la guerre, Cambacérès la justice, Robert Lindet les finances, Quinette l'intérieur, Reinhard les relations extérieures, Bourdon de Vatry la marine, et Bourguignon la police. Ce dernier fut bientôt après remplacé par Fouché de Nantes.

Le coup d'État du 30 prairial avait non-seulement relevé les espérances, encouragé les projets des partis, mais il avait donné un peu d'activité à l'ensemble du système de gouvernement. Le conseil des Cinq-Cents surtout avait pris une marche assez envahissante pour exciter la jalousie du conseil des Anciens et les alarmes du Directoire. Mais ce qui rassurait un peu ce dernier, c'est que, dans le moment de crise où se trouvait alors la République, il était sûr de trouver en lui aide et appui pour les mesures révolutionnaires dont il pourrait avoir besoin. C'est ainsi qu'après avoir projeté de limiter le droit de guerre et de conquête, d'organiser la liberté politique, de déterminer les conditions de la mise en état de siège, de rendre aux citoyens la liberté de former des sociétés politiques, de rappeler les patriotes dans les fonctions publiques ; mesures qui, toutes, semblaient dirigées contre le pouvoir exécutif, les Cinq-Cents avaient voté d'entraînement la levée de toutes les classes de conscrits, et un emprunt forcé de cent millions sur les riches.

Cette agitation, ces luttes au-dedans, jointes à tous les embarras de l'extérieur, mettaient la République dans une situation très-périlleuse. D'un côté, les partis semblaient tous se préparer à recueillir l'héritage de la constitution agonisante, et, de l'autre, nos armées, malgré des prodiges d'héroïsme, reculaient toujours.

En effet, dès le début de la campagne, Latour-Foissac

qui commandait à Mantoue, Gardane à Alexandrie, livrèrent ces places qu'ils auraient pu défendre. Joubert, nommé général de l'armée d'Italie en remplacement de Moreau, qui, depuis la démission de Schérer, en avait rempli les fonctions sans en avoir le titre, avait quarante mille hommes sous ses ordres. Championnet, avec quinze mille, devait former un noyau sur les Grandes-Alpes. Masséna occupait la ligne depuis Bâle jusqu'au Saint-Gothard. L'armée austro-russe, sous les ordres de Souvarow, était de soixante mille hommes, et allait être renforcée par trente mille que lui amenait Korsakoff. Joubert, malgré l'infériorité de son armée, n'hésita pas à faire un mouvement offensif dans le but de secourir Mantoue, dont il ignorait la reddition. Il rencontra l'armée russe à Novi, le 28 thermidor (15 août 1799). Il ne put mettre en ligne que trente-cinq mille hommes environ ; l'armée austro-russe était de plus de soixante-dix mille.

Dès cinq heures du matin, la bataille commença. L'armée française, formée en demi-cercle sur les pentes du Monte-Rotondo, dominant toute la plaine de Novi, occupait une position forte, difficile à emporter, mais accessible par derrière à l'ennemi, s'il osait s'engager dans le ravin de Riasco. Le général Pérignon commandait l'aile gauche ; Saint-Cyr le centre et la droite. Les divisions Grouchy et Lemoine, à l'extrême gauche, furent attaquées les premières ; l'ennemi les accabla et commençait à prendre pied sur un plateau qu'elles occupaient, lorsque Joubert, voyant la nécessité de rejeter l'ennemi au bas du plateau, accourut au galop, et, s'avançant au milieu des tirailleurs pour les encourager, fut atteint d'une balle qui l'étendit expirant. En mourant, cet intrépide général républicain criait encore : *Mes amis, en avant ! en avant !* Il laissa le commandement de l'armée à Moreau. Le centre et la droite furent alors simultanément attaqués. A deux heures de l'après-midi, plus de dix attaques avaient été renouvelées et repoussées. Le calme valeureux des Français avait triomphé pendant plus de six heures de l'opiniâtre tenacité des Autrichiens et des Russes. A cinq heures du soir, les Français, inébranlables dans leurs positions, étaient restés supérieurs à tous les efforts d'une armée deux fois plus nombreuse qu'eux ; ils n'avaient fait jusqu'alors que des pertes peu considérables ; les Austro-Russes, au contraire, horriblement traités, avaient jonché la plaine de leurs morts et de leurs blessés. Mais, vers le soir, un nouveau corps russe arriva sur le champ de bataille et se plaça sur le flanc droit de l'armée française. La position n'était plus tenable. Moreau ordonne la retraite : à gauche et au centre elle se fait avec ordre et calme ; mais à droite quelques bataillons ennemis étant parvenus à s'introduire dans le ravin du Riasco, jettent le désordre dans nos colonnes. L'infanterie, la cavalerie, l'artillerie, tout est un instant confondu. Pérignon et Grouchy veulent rallier quelques braves pour arrêter l'ennemi, mais ils sont pris après avoir reçu, Pérignon sept coups de sabre, et Grouchy six. Le général Colli, brave Piémontais qui avait pris du service dans l'armée française, tomba aussi tout mutilé aux mains de l'ennemi, après avoir formé quelques bataillons en carré, et arrêté pendant plus d'une heure une division russe. Le combat ne cessa qu'à onze heures du soir. L'armée française avait perdu son général en chef, quatre généraux de division, trente-six bouches à feu, quatre drapeaux, et avait eu dix mille hommes tués, blessés ou pris. L'armée austro-russe avait eu près de vingt mille hommes tués ou blessés.

Après cette bataille, il ne nous restait en Italie que la seule ville d'Ancône, et notre armée, refoulée dans la vallée des Alpes, allait se trouver dans une situation à peu près pareille à celle où elle était en 1796, lorsque Bonaparte prit le commandement de l'armée. Cette journée fut désastreuse pour la France, mais glorieuse pour l'armée. Pendant près de dix-huit heures, elle avait lutté avec un courage héroïque contre des forces doubles, et était parvenue à faire essuyer à l'ennemi tant de pertes, que la proportion numérique se trouvait presque rétablie, lorsqu'un nombreux corps de troupes fraîches était venu rendre toute résistance désormais impossible; telle qu'elle fut, cependant, elle rendit les Français plus redoutables qu'une victoire.

La nouvelle du désastre de Novi arriva à Paris presque en même temps que celle du débarquement d'une armée anglo-russe au Helder, en Hollande. Par un traité stipulé par Pitt avec Paul Ier, dix-sept mille Russes, à la solde de l'Angleterre, devaient agir en Hollande conjointement avec trente mille Anglais. Brune, qui commandait en Hollande, n'ayant pu empêcher le débarquement, avait voulu du moins attaquer l'armée coalisée au camp de Zipp, où elle s'était retranchée; mais, après un combat opiniâtre, il avait été obligé de battre en retraite et de se replier sur Amsterdam. Dès que les Anglais furent ainsi établis dans le Nord-Hollande, la grande flotte hollandaise, qui était au Texel, travaillée par les émissaires du prince d'Orange, se rendit à la première sommation, et tomba au pouvoir des Anglais.

A la nouvelle de ces revers, le parti républicain et le parti modéré se séparèrent complètement. Ni l'un ni l'autre ne gardèrent plus de mesure. Les républicains, qui ne voyaient d'autre moyen de ramener la victoire que de ranimer l'opinion publique et de recourir à ces grandes mesures qui avaient une fois déjà sauvé la France, se déchaînèrent contre cette politique, source de tant de malheurs. La société du Manège, qui avait rouvert ses séances dans un grand local de la rue du Bac, retentit des accusations les plus violentes ; le *Journal des hommes libres*, son organe, les propageait au-dehors : d'autres journaux les reproduisaient ou les amplifiaient.

Dans le conseil des Cinq-Cents, on mettait en accusation l'ancien Directoire ; on faisait trembler le nouveau par des décrets qui annonçaient le projet de jeter bientôt le gant : Jourdan fit même la motion de déclarer la patrie en danger, afin de pouvoir recourir aux grandes mesures de salut public. La majorité du Directoire accepta la lutte. La société du Manège fut fermée ; onze journalistes furent arrêtés, et leurs presses brisées. On destitua Bernadotte, qu'on supposait être d'accord avec l'opposition des Cinq-Cents. De part et d'autre on s'attendait à un coup d'État, dont ces actes mutuels d'hostilité étaient le prélude.

Tout prouve que Sièyes y était résolu ; mais il n'avait pas alors à sa disposition un général d'une réputation assez imposante pour dominer l'opinion publique et celle de l'armée. Joubert, dont il avait déjà fait choix, était mort en Italie ; Moreau était un peu déconsidéré par sa conduite équivoque envers le Directoire avant le 18 fructidor, et puis, trop peu décidé pour se charger de la responsabilité d'un coup d'État : Masséna était incapable de jouer ce rôle politique ; Bernadotte, Jourdan, Augereau, étaient plus ou moins attachés aux républicains. Sièyes était donc forcé d'attendre.

Au milieu de ces luttes et de cette désorganisation, la République semblait menacée d'une chute prochaine, lorsque les évènements se chargèrent de la fortifier. La victoire revint sous les drapeaux qu'elle semblait avoir abandonnés depuis le départ de Bonaparte, et, par un effort sublime, la République sortit des périls dont elle était de toutes parts assaillie.

Pendant nos revers, Masséna avait maintenu, en Suisse, sa position derrière la Limmat ; il avait en tête l'archiduc Charles, avec soixante mille hommes, Korsakoff, avec trente mille, et Hotze, avec vingt-cinq mille. L'armée française était de quatre-vingt mille hommes environ ; mais, divisée sur une ligne immense, elle n'en avait que trente-sept mille sur le point principal. Le conseil aulique ayant changé le plan des opérations de ses armées, fit filer l'archiduc Charles sur le Rhin, et donna ordre à Souvarow, qui était en Italie, de forcer la vallée de la Reuss, et de se joindre à Korsakoff en Suisse, pour accabler de leurs masses l'armée française. Masséna, profitant avec habileté de l'avantage momentané que lui offrait ce revirement, jeta Lecourbe sur le Saint-Gothard pour arrêter Souvarow, qui, par la vallée de la Reuss, venait déboucher sur le revers de la ligne française. En même temps, avec ses trente-cinq mille hommes, il passa la Limmat à Closter-Farh, et, par de savantes manœuvres, après avoir, pendant tout un jour, battu les corps de Korsakoff, parvint à l'enfermer dans Zurich. Le lendemain, dès la pointe du jour, Zurich, encombré d'artillerie, d'équipages, de blessés, fut attaqué de toutes parts, enveloppé de feux. Une partie de l'armée russe parvint à opérer sa retraite par la route de Vintherthai, l'autre partie fut détruite. Korsakoff perdit cent pièces de canon, tous les bagages, les administrations, les trésors de l'armée, et treize mille hommes tués ou pris. Le corps autrichien de Hotze fut aussi, le même jour, mis en déroute par le général Soult, après avoir perdu son général, trois mille prisonniers et du canon. Souvarow, qui avait cru arriver en Suisse dans le flanc d'un ennemi attaqué de toutes parts, ne fut pas plus heureux. Lecourbe, lui disputant le passage pied à pied, avait profité de tous les obstacles pour fatiguer et tuer un à un les soldats russes. Souvarow arriva ainsi jusqu'à Altorf, harcelé, affaibli, sans vivres, engagé au milieu d'une armée victorieuse sur tous les points, et enfermé dans une vallée épouvantable. Bientôt, attaqué en queue par Masséna, en tête par Molitor, au milieu de défilés affreux, coupé de toutes les routes et après six jours d'efforts et de souffrances inouïes, il put atteindre Coire et le Rhin; il avait perdu la moitié de son armée. Les Alpes étaient jonchées des cadavres de ses soldats, morts de faim, de fatigue ou par les armes.

En peu de jours, près de trente mille Russes ou Autrichiens étaient restés sur le champ de bataille ; la coalition était encore une fois vaincue.

A cette mémorable victoire ne tardèrent pas à se joindre les heureux succès de l'armée de Hollande. Brune, avec douze mille Français et sept mille Hollandais commandés par Daendels, livra à l'armée anglo-russe, forte de quarante mille hommes, plusieurs combats meurtriers. Secondé par la population, il finit par acculer les Anglo-Russes à la mer, les assiégea dans leur camp de Zipp, et obligea le duc d'York à capituler. L'évacuation de la Hollande, le rétablissement des ouvrages du Helder, l'élargissement, sans échange, de huit mille prisonniers français ou hollandais, furent le fruit de cette capitulation.

La France entière était dans l'enivrement de ces victoires, lorsque, dans le numéro du *Journal de Paris*, du 20 vendémiaire, on lut une lettre ainsi rédigée : *Aux auteurs du journal*. « Citoyens ! Vive la République ! Bonaparte et Berthier sont débarqués à Fréjus, le 17 ! »

En effet, Bonaparte avait appris, en Orient, l'état de la

France. Il paraît qu'à la date du 7 prairial, il avait reçu un ordre de l'ancien Directoire qui le rappelait en Europe. Cet ordre, du reste, a été contesté. Quoi qu'il en soit, après avoir défait l'armée ottomane sur le rivage d'Aboukir, si fatal, une année auparavant, à la flotte française, il laissa l'armée d'Orient aux ordres du général Kléber, et partit secrètement d'Alexandrie avec les généraux Berthier, Lannes, Murat, Marmont, Andréossy, et les citoyens Bertholet et Monge. Il traversa, sur une frégate, la Méditerranée, sillonnée en tout sens par les navires anglais, et débarqua heureusement à Fréjus.

La nouvelle de cette arrivée excita généralement le plus vif enthousiasme. Le nom de Bonaparte était tellement populaire, que toutes les colonnes de la presse reproduisaient les récits de sa campagne d'Orient, recueillaient les plus petites circonstances de son séjour en Égypte, de sa traversée, de son voyage à travers la France. A peine débarqué, il s'était mis en route pour Paris, et les populations l'avaient accueilli partout en triomphateur : l'éclat de sa dernière conquête avait ajouté à sa renommée si grande ; et, au milieu de cette perplexité des esprits due aux embarras de la situation intérieure, on semblait, assez généralement, voir en lui l'homme capable de tout réparer.

Les républicains, cependant, ne partageaient pas cet engouement. Quelques uns de leurs journaux marquèrent un étonnement de mauvais augure à l'annonce de ce retour inexplicable. Cependant le conseil des Cinq-Cents partagea l'enthousiasme général, et, chose fort singulière, les deux partis qui le composaient se montrèrent également joyeux de ce retour. Seulement, les modérés voyaient dans Bonaparte l'homme de l'avenir, tandis que les républicains ne voyaient en lui que l'homme du moment. Son ambition leur était, il est vrai, suspecte, mais ils se flattaient de pouvoir se servir de son bras et de son nom pour renverser ce qui était, quitte ensuite à se passer de lui.

Dans le sein du Directoire, la minorité s'alarma du retour de Bonaparte. Barras et Moulins demandèrent la punition d'un général qui avait abandonné son armée sans ordre, et qui avait violé les règlements sanitaires en ne se soumettant pas à la quarantaine, arrivant d'un pays où régnait la peste : ils proposèrent même son arrestation et son envoi devant un conseil de guerre. Gohier parut disposé à appuyer cet avis ; Sièyes répondit qu'il ne fallait pas être plus sévère que la France, et qu'une mesure aussi violente pourrait leur nuire dans l'opinion publique ; Roger-Ducos plaida avec véhémence en faveur de Bonaparte; et cette division sur un point qui aurait dû être adopté à l'unanimité, donna le temps aux amis de Bonaparte, à sa femme, à Lucien, d'exalter tellement l'opinion en sa faveur, qu'il y eût eu, pour le Directoire, le plus grand péril à se hasarder à frapper un tel coup.

Bonaparte arriva à Paris le 24 vendémiaire. Jamais enthousiasme public ne fut égal à celui qu'il inspira : on s'informait de ses moindres démarches, on recueillait ses moindres paroles ; tous les partis cherchèrent à le gagner, à l'attirer à eux ; il fut bientôt mis au courant de tous les désirs, de tous les projets ; il fut le confident de tout le monde. Les Directeurs, les généraux, les députés, se montraient tous plus ou moins empressés à son égard ; on lui donnait des fêtes, des repas, et, n'eût-il eu aucun projet d'usurpation, cet entraînement général était bien fait pour le lui suggérer.

Dès ce moment, nul ne put croire à la durée du gouvernement qui régissait alors le pays. Un changement parut inévitable, et on ne varia que sur la forme à donner aux améliorations que tout le monde appelait de ses vœux.

Il est incontestable que Bonaparte avait un parti qui l'appelait au pouvoir. L'opportunité de son retour, la brusque insertion dans les journaux des bulletins de ses victoires en Égypte et en Syrie, les accusations récentes contre l'ancien Directoire, portant principalement sur le crime d'avoir compromis la sûreté de la République en déportant en quelque sorte, dans les déserts de l'Afrique, Bonaparte et la brave armée d'Italie, tout prouve qu'on voulait fixer l'attention publique sur le jeune général, dissimuler l'odieux d'un retour qui semblait une véritable désertion, et excuser une démarche qui pouvait le compromettre dans l'opinion et dans l'armée. Ce parti avait eu l'habileté de se manifester à une époque où les masses, tourmentées d'un malaise indéfinissable et d'un vague désir d'améliorations, et fatiguées du Directoire, étaient prêtes à approuver tout ce que tenterait un général de vingt-neuf ans, dont la réputation militaire surpassait déjà celle des plus grands capitaines, et qui, à ses vertus guerrières, avait su joindre celles d'un administrateur, d'un négociateur et d'un législateur. Lassées des fautes passées, et croyant embrasser l'espérance d'un meilleur avenir, elles étaient toutes disposées à se jeter dans ses bras.

Cette situation n'avait pas échappé à Sièyes. Ce Directeur, après avoir longtemps boudé la révolution, y était rentré avec dessein de la fermer par une constitution définitive. Mais jusqu'alors il avait toujours été mis de côté, malgré ses efforts pour gouverner en première ligne. Dupe tour-à-tour des Girondins, des montagnards et de Barras, il allait l'être encore du général Bonaparte.

Pendant la première période de la révolution, depuis le

14 juillet jusqu'au 9 thermidor, tout s'était fait par le peuple ; ensuite, et depuis le 13 vendémiaire surtout, tout s'était fait par l'armée. Sièyes n'était entré au Directoire qu'avec le projet arrêté de substituer une nouvelle constitution à celle de l'an III. Mais, pour opérer cette révolution, il lui fallait un général, et on a déjà vu que Bonaparte était le seul dont il pût se servir avec quelque succès pour son œuvre. Bonaparte, de son côté, après avoir jugé sainement la situation, se rapprocha de Sièyes, et parut décidé à agir de concert avec lui. Rien d'ostensible ne révéla cette détermination : il continua à recevoir sans empressement les ouvertures, les propositions des partis ; il ne donna ni promesses ni espérances, et laissa seulement deviner une arrière-pensée de conspiration, afin que tous les partis crussent pouvoir compter sur lui et aidassent à augmenter sa popularité en croyant agir dans leurs intérêts.

Sièyes, qui, dans le Directoire, pouvait compter sur la voix de Roger-Ducos, avait pour partisans dans les deux conseils les *modérés* et ce qu'on appelait les *pourris*. Ces derniers étaient des hommes d'État sans emploi, des proscripteurs de toutes les époques, des intrigants politiques, etc. Leur but était d'abattre les républicains, qu'ils désignaient sous le nom de démagogues, d'anarchistes, de renverser la constitution, et d'établir un système aristocratique dont les bases n'ont jamais été bien connues.

La majorité du conseil des Anciens suivait la bannière de Sièyes ; mais il n'en était pas de même dans le conseil des Cinq-Cents. Là était en réalité ce parti de républicains qui, sans croire à la possibilité de la durée de la constitution, voyaient en elle le moyen d'arracher la liberté à une oligarchie civile ou au despotisme militaire, en attendant le mouvement d'une réforme qui pourrait ramener l'unité dans le système représentatif. Ce parti s'appuyait, dans le Directoire, sur Moulins et Gohier.

Entre ces deux partis, qui avaient une représentation égale dans le Directoire, était Barras, qui gardait une neutralité fort suspecte. Il attendait évidemment, pour se prononcer, un indice qui lui désignât celui des deux qui avait le plus de chances de succès. Cette neutralité, enlevant aux deux partis le moyen d'exécuter le coup d'État sans le secours d'une influence étrangère aux membres du gouvernement, les réduisit l'un et l'autre à recourir aux hommes de guerre, qui n'auraient dû être que des instruments. Bonaparte, réunissant à lui seul plus d'influence et de popularité que tous les autres généraux ensemble, ne pouvait manquer d'être l'homme que les partis cherchèrent à s'attacher de préférence.

Ainsi qu'on l'a vu, Bonaparte connaissait les désirs et les projets des deux partis. Par lui ou les siens, il assistait à leurs réunions, et avait pu apprécier les hommes et peser leurs intentions. Le projet des modérés lui répugnait ; celui des républicains était peu en rapport avec ses idées. Ni dans l'un ni dans l'autre il ne voyait un prompt remède aux maux présents, mais partout une guerre d'opinions qui pouvait servir de prétexte ou de signal à une guerre civile. Puis, avec les premiers, il ne pouvait espérer qu'une gloire sans éclat ; avec les autres, qu'un rang secondaire. Son amour de la chose publique et son ambition se trouvaient, dès lors, l'un alarmé, l'autre enchaînée ; il puisa dans leurs inspirations un parti dont il ne dévia pas et qu'il suivit habilement. Ne démêlant, parmi les modérés, qu'un sentiment profond d'égoïsme, il se détermina à les tromper en se servant d'eux. Parmi les républicains, chez qui la persécution avait abattu les cœurs, ne trouvant aucune disposition aux moyens extrêmes que lui inspirait le salut de l'État, il les abandonna.

Bonaparte, pour éviter d'engager sa parole, n'exigeait d'aucun parti des garanties positives : le renversement de la constitution était leur vœu mutuel : cela lui suffisait. Il n'avait pas encore de dessein formé ; mais sa pensée errait dans une sphère supérieure à toutes les combinaisons des partis. En attendant, il applaudissait complaisamment aux vues de Sièyes, et voyait chaque jour tout ce qu'il y avait de plus illustre et de plus important dans la République se grouper autour de lui : les généraux employés ou non, les ministres, les fonctionnaires successivement disgraciés pendant les fluctuations du Directoire, une grande partie des députés des deux conseils. Les ministres en fonctions, des Directeurs eux-mêmes se firent présenter chez lui ; ils demandaient son avis sur les questions soit importantes, soit secondaires, et en peu de temps le gouvernement des affaires lui arriva, sans qu'il eût en quelque sorte rien fait pour l'attirer.

Le 14 brumaire, il n'y avait encore entre lui et Sièyes ni plan arrêté, ni moyen d'exécution convenu. Mais déjà, dans les conseils, Bonaparte avait un parti très-prononcé qui recrutait tous les jours en sa faveur, et était prêt à le seconder pour tout ce qu'il désirerait entreprendre. C'étaient Boulay (de la Meurthe), Regnier, Cornet. Cornudet, Courtois, Lemercier, Cabanis, Villetard, Baraillon, Fargues, Chazal, Bouteville, Goupil de Préfeln, Vimar, Frégeville, Rousseau, Lahary, Delecloy, qui se groupaient autour de Lucien Bonaparte, nommé président aux Cinq-Cents depuis le retour de son frère. Parmi les généraux, indépendamment de Lannes, Berthier, Marmont, Murat, qu'il avait ramenés avec lui d'Égypte, il voyait autour de lui Macdonald, Beurnonville, Leclerc, Lefebvre, Marbot, et même Moreau, qui, d'un caractère faible quoique d'un esprit ambitieux, refusa d'être dans le secret de ce qu'on voulait faire, mais dit qu'on pouvait compter sur lui au moment de l'exécution. Jourdan, Augereau, tout en augmentant sa cour, paraissaient peu disposés à faire cause commune avec lui. Quant à Bernadotte, il hésitait, et fut pris au dépourvu par les évènements qui suivirent. L'amiral Bruix, Fouché, ministre de la police, Cambacérès, ministre de la justice, MM. de Talleyrand, Réal, Rœderer, Daunou, étaient tous disposés en sa faveur.

Cette attente d'un évènement que chacun voyait imminent, causait une fermentation générale. Pour calmer cette disposition des esprits, on essaya de réunir les partis dans une fête civique qui eut lieu au moment même où leur rupture allait devenir publique. Les deux conseils la dédièrent à Bonaparte : un banquet national lui fut donné dans l'église Saint-Sulpice, transformée en temple de la Victoire. Au sortir de ce banquet, où régnèrent seules la contrainte et la défiance, Bonaparte se rendit chez Sièyes pour faire avec lui ses derniers arrangements : c'était le 15 brumaire. Après être convenu du gouvernement à substituer, ils arrêtèrent la suspension des conseils pendant trois mois, et la substitution de trois Consuls provisoires aux cinq Directeurs. Ces trois Consuls, revêtus pendant ces trois mois d'une sorte de dictature, étaient chargés de faire une constitution. Bonaparte, Sièyes et Roger-Ducos devaient être ces trois Consuls provisoires. Quant aux moyens d'exécution, Sièyes se chargea de préparer les conseils par les *commissions des inspecteurs*, dont il avait toute la confiance. Quant à gagner les divers corps de troupes alors à Paris et leurs généraux, Bonaparte savait que cela lui était facile. Au jour convenu, les membres les plus modérés des deux conseils devaient être convoqués par la commission des inspecteurs d'une manière extraordinaire, au nom des dangers publics. On devait les effrayer de l'imminence du jacobinisme et de l'anarchie, leur demander la translation du corps législatif à Saint-Cloud, et la nomination du général Bonaparte au commandement de la force armée. Au moyen du nouveau pouvoir militaire, on obtiendrait ensuite la désorganisation du Directoire et la suspension du corps législatif. Le 18 brumaire (9 novembre) fut le jour fixé pour l'exécution. A mesure qu'on approcha de ce jour, les partis redoublèrent d'activité et de défiance. Le parti républicain pressa Barras de se joindre à Moulins et à Gohier pour former, dans le Directoire, une majorité qui replaçât tout-à-coup Bernadotte au ministère de la guerre ; mais Barras, qui avait déjà fait des ouvertures à Bonaparte et qui en avait été repoussé, cherchait, par Fouché et d'autres amis, à se raccrocher à lui. Il attendait tout du temps, sans se douter que le temps allait lui faire tout perdre. Les chefs des modérés, dans les conseils, se réunirent le 16 chez Lemercier, président des Anciens, et le 17 chez Lahary, membre du même conseil. Après s'être d'abord liés par un serment énergique, ils résolurent, sur un avis ouvert par Regnier, d'user du droit que la constitution donnait exclusivement au conseil des Anciens, de changer la résidence du corps législatif. C'était là un des points principaux arrêtés entre Bonaparte et Sièyes. Lucien Bonaparte appuya vivement cet avis, et déclara que son frère *le général répondait de tout*. Ils se distribuèrent ensuite les rôles, et chacun des membres présents se chargea de voir les députés sur lesquels on pouvait compter, et de les prévenir. Le conseil des Anciens, du reste, se montrait fort disposé à transiger, pourvu qu'il fût appelé au partage de la puissance. Ses dispositions étaient connues d'avance.

Dans la nuit du 17 au 18, la commission des inspecteurs prépara les lettres de convocation des conseils. Celui des Anciens fut convoqué pour sept heures, et celui des Cinq-Cents pour onze. Le décret de translation devait, par ce moyen, être rendu avant que les Cinq-Cents fussent en séance, et, aux termes de la constitution, toute délibération devait cesser à la promulgation du décret de translation. Pour ne pas compromettre le succès de cette décision, on différa l'envoi des lettres de convocation aux députés dont on n'était pas sûr.

Le 18, dès sept heures du matin, le conseil des Anciens se réunit sous la présidence de Lemercier; les membres convoqués s'étaient hâtés d'accourir; la plupart étaient étonnés de cette réunion extraordinaire; mais ceux qui étaient dans le secret s'empressèrent de les prévenir qu'on avait découvert une conspiration anarchiste prête à éclater, et qu'on n'avait peut-être que quelques heures devant soi pour prévenir les jacobins. Dès qu'on eut ainsi réuni cent cinquante membres formant la majorité nécessaire pour délibérer, la séance s'ouvrit : Cornudet, Lebrun et Fargues présentèrent le tableau le plus alarmant de la situation publique; Regnier demanda la translation du corps législatif à Saint-Cloud et la nomination du général Bonaparte au commandement des forces de Paris, pour protéger cette translation. Sous l'impression du système de terreur développé par les orateurs précédents, ce décret fut immédiatement rendu. Cornet et Baraillon, membres de la commission des inspecteurs, Huard et Lazchis, huissiers des conseils, reçurent l'ordre de se rendre immédiatement chez Bonaparte pour lui donner communication de ce décret. Ils le trouvèrent entouré de presque tous les généraux de la République. Sous prétexte de passer en revue quelques régiments de cavalerie, il avait réuni autour de lui tout ce qu'il y avait de généraux et d'officiers dans Paris, les uns parce qu'il voulait les employer, les autres parce qu'il croyait devoir paralyser leur action. Huard lui donna lecture du décret qui le nommait au commandement de la dix-septième division militaire : il reçut les félicitations des généraux qui l'entouraient, et presque tous tirèrent leurs épées en signe de fidélité.

Alors, suivi d'un nombreux état-major, il monta à cheval et se rendit au conseil pour prêter serment. En traversant les Champs-Elysées où étaient déjà rassemblées les troupes qu'il devait passer en revue, il fut salué de leurs acclamations et donna l'ordre de les faire avancer jusque dans les Tuileries. Arrivé au conseil des Anciens, et introduit à la barre avec les généraux Berthier, Lefebvre, Moreau, Macdonald, Murat, Moncey, Serrurier, Beurnonville, Marmont, Lannes et d'autres, il parla ainsi : « Citoyens représentants, la République périssait : vous l'avez su, et votre décret vient de la sauver. Malheur à ceux qui voudraient le trouble et le désordre ! je les arrêterai, aidé de tous mes compagnons d'armes.

« Qu'on ne cherche pas dans le passé des exemples qui pourraient retarder votre marche ! Rien dans l'histoire ne ressemble à la fin du XVIIIe siècle. Rien dans la fin du XVIIIe siècle ne ressemble au moment actuel.

« Votre sagesse a rendu ce décret : nos bras sauront l'exécuter.

« Nous voulons une République fondée sur la vraie liberté, sur la liberté civile ; nous l'aurons, je le jure ; je le jure en mon nom et en celui de mes compagnons d'armes ! »

Le président, sans faire remarquer que Bonaparte avait, dans son allocution, adroitement évité de prêter serment à la constitution comme il devait le faire, lui répondit :

« Général, le conseil des Anciens reçoit vos serments ; il

ne forme aucun doute sur leur sincérité et sur votre zèle à les remplir. Celui qui ne promit jamais en vain des victoires à la patrie, ne peut qu'exécuter avec dévouement de nouveaux engagements et lui rester fidèle. »

Bonaparte s'établit alors dans le local de la commission des inspecteurs, déféra les commandements, régla la marche des troupes, et rédigea ses proclamations à la garde nationale de Paris et à l'armée. Après ces premières dispositions, il descendit dans le jardin des Tuileries, où étaient rassemblés trois mille hommes de cavalerie environ qu'il devait passer en revue :

« Soldats, leur dit-il, l'armée s'est unie de cœur avec moi comme je me suis uni avec le corps législatif. La République serait bientôt détruite, si le conseil ne prenait des mesures fortes et décisives.

« Dans quel état j'ai laissé la France, et dans quel état je l'ai retrouvée ! Je vous avais laissé la paix, et je retrouve la guerre ! Je vous avais laissé des conquêtes, et l'ennemi presse vos frontières ! J'ai laissé nos arsenaux garnis, et je n'ai pas retrouvé une arme ! J'ai laissé les millions de l'Italie, et je retrouve partout des lois spoliatrices et la misère ! Nos canons ont été vendus ! Le vol a été érigé en système ! Les ressources de l'État sont épuisées. On a eu recours à des moyens vexatoires, réprouvés par la justice et le bon sens ! On a livré le soldat sans défense ! Où sont-ils les braves, les cent mille braves camarades que j'ai laissés couverts de lauriers ? Que sont-ils devenus ?

« Cet état de choses ne peut durer : avant trois ans, il nous conduirait au despotisme. Mais nous voulons la République, la République assise sur les bases de l'égalité, de la morale, de la liberté civile et de la tolérance politique.

« A entendre quelques factieux, bientôt nous serions

tous des ennemis de la République, nous qui l'avons affermie par nos travaux et notre courage ! Nous ne voulons pas de gens plus patriotes que les braves qui sont mutilés au service de la patrie. »

Pendant que Bonaparte s'assurait ainsi toutes les ressources de la force militaire, ses adhérents tâchaient, par tous les moyens, de lui assurer la force civile. Le décret du conseil des Anciens, les proclamations de Bonaparte, sa harangue aux troupes, étaient affichés sur tous les murs de Paris. Le ministre de la police Fouché, l'administration centrale de la Seine avaient aussi fait afficher des proclamations où on s'attachait à montrer la République touchant à sa ruine, où on présentait le décret du conseil des Anciens et l'appui de Bonaparte comme les seuls moyens de la sauver. Les citoyens y étaient invités à suivre avec sécurité le cours de leurs affaires et de leurs habitudes domestiques. « Que les faibles se rassurent, disait Fouché, ils sont avec les forts. » — « Ce jour n'est point un jour d'alarmes, disaient les magistrats du peuple, c'est celui qui vous promet au contraire une restauration générale. »

Tout cela n'était encore qu'un commencement de succès; Bonaparte était, il est vrai, chef du pouvoir armé ; mais il avait encore à soutenir la lutte contre le pouvoir exécutif du Directoire et le pouvoir législatif des conseils, et surtout du conseil des Cinq-Cents, dont les dispositions étaient plus à redouter que celles du conseil des Anciens.

En effet, à la suite de cette convocation extraordinaire, les Cinq-Cents s'étaient réunis en tumulte dans la salle de leurs séances. Les mouvements des troupes, les proclamations, tout les avait avertis de la révolution qui se préparait. On leur avait donné lecture du message des Anciens contenant le décret de translation ; plusieurs voix avaient voulu protester, mais Lucien Bonaparte, qui présidait, leur avait sur-le-champ rappelé qu'en vertu de la constitution toute délibération leur était maintenant interdite. Ils s'étaient aussitôt séparés, plusieurs d'entre eux ne dissimulant pas leur indignation ni leur projet de résister.

Pendant ce temps, le Directoire, étranger au mouvement qui s'opérait, n'était point en état de s'y opposer légalement. Sièyes et Roger-Ducos s'étaient rendus du Luxembourg au camp législatif et militaire des Tuileries, et avaient donné leur démission. Restaient encore Barras, Moulins et Gohier, qui, formant la majorité, auraient pu prendre un parti ; mais Bonaparte avait dépêché vers Barras Talleyrand et Bruix. Ceux-ci lui firent sentir l'impuissance à laquelle il était réduit, lui promirent repos et fortune, et finirent par lui arracher sa démission. Il partit immédiatement pour sa terre de Gros-Bois, avec une escorte de trente dragons que Bonaparte lui fit donner. Gohier et Moulins, se trouvant alors en minorité, ne purent plus légalement délibérer. Le commandant de la garde du Directoire avait, sur un ordre de Bonaparte, conduit ses soldats aux Tuileries, et Moreau, avec cinq cents hommes de troupes de ligne, avait été chargé de garder le Luxembourg. Gohier et Moulins se trouvèrent alors isolés devant la défection et la force. Il y avait encore à redouter, pour Bonaparte, l'intervention des patriotes des faubourgs, que Santerre cherchait à remuer ; mais Fouché, en sa qualité de ministre de la police, et agissant en vertu d'un ordre supposé du Directoire, fit suspendre les douze municipalités de Paris, et leur enleva tout pouvoir, privant ainsi les patriotes de tout centre de ralliement.

A trois heures, Moulins et Gohier se présentèrent aux Tuileries, à la commission des inspecteurs, où ils eurent une altercation très-vive avec Bonaparte. Ils protestèrent contre la violation de l'acte constitutionnel dans ses dispositions relatives à la force publique, et refusèrent avec fermeté leur démission. Ils rentrèrent au Luxembourg, où, dès ce moment, ils furent gardés à vue par Moreau.

Cependant, Paris était dans une grande agitation. Sérieusement alarmés pour la liberté, les républicains témoignaient des craintes sur les desseins de Bonaparte ; ils craignaient de trouver en lui *un César* ou *un Cromwell* ; on les rassurait par ces paroles du général lui-même : « Mauvais rôles, rôles usés, indignes d'un homme de sens, quand ils ne le seraient pas d'un homme de bien ; » ou bien encore : « Il n'y aurait qu'un fou qui voulût, de gaieté de cœur, faire perdre la gageure de la république contre la royauté, après l'avoir soutenue avec quelque gloire et quelques périls. » Malgré cela, ils n'étaient pas tout-à-fait rassurés, mais leurs soupçons devenaient moins inquiétants. Quant à la masse de la population, ne prévoyant pas le renversement de la constitution, elle était disposée d'avance à applaudir à tout ce qui se faisait, tant Bonaparte avait acquis de popularité, et tant le gouvernement avait perdu la confiance nationale. Les députés républicains du corps législatif se trouvaient ainsi avoir encore contre eux l'opinion publique. Ils tinrent des réunions pendant toute la nuit, formèrent beaucoup de projets, mais se trouvèrent sans ressource pour les exécuter. La journée du 18 était déjà décidée contre eux ; ils se rendirent à Saint-Cloud aux cris de *vive la République !* Sièyes proposa d'en faire arrêter vingt des plus influents, mais Bonaparte repoussa cette mesure.

Le 19, six mille hommes de troupes, sous le commandement du général Serrurier, avaient occupé Saint-Cloud avant le jour. La galerie de Mars avait été préparée pour les Anciens, l'Orangerie pour les Cinq-Cents. Le général Bonaparte, accompagné de son état-major, s'y rendit à une heure, dans une voiture escortée par des grenadiers à cheval de la garde directoriale. Sièyes et Roger-Ducos, accompagnés de Lagarde, secrétaire-général du Directoire, s'y rendirent aussi, et s'établirent dans une salle du palais ; là, ils formèrent une espèce de commission secrète où leurs adhérents des conseils venaient prendre le mot d'ordre. Dans les jardins, en attendant l'ouverture des séances, étaient les députés, les officiers généraux formant partout des groupes animés. Leurs mouvements bruyants et variés offraient déjà l'image du grand spectacle qui se préparait. Quelques groupes étaient agités d'une généreuse indignation contre la brutalité militaire dont ils se voyaient menacés ; ils se communiquaient leurs projets de résistance : c'étaient les républicains. Les conjurés se reconnaissaient sans peine à leur air hypocritement satisfait, à leur empressement affectueux à saluer les officiers et même les soldats, au soin avec lequel ils évitaient les députés qu'ils savaient résolus à tenir leurs serments.

A deux heures, les représentants entrèrent dans leurs salles respectives, au bruit de la musique des conseils qui exécutait *la Marseillaise*. Les républicains des Cinq-Cents s'étaient arrêtés au projet de lier la majorité des représentants par le renouvellement individuel du serment de fidélité à la constitution ; c'était le moyen de contraindre les conjurés à lever le masque, et de constater la défection présumée de leurs collègues, tels que Salicetti, Augereau et d'autres. Dès l'ouverture de la séance, Émile Gaudin, l'un des conjurés, demande et obtient la parole pour une motion d'ordre. Il propose de remercier le conseil des mesures qu'il a prises, de créer une commission de sept membres pour faire un rapport sur la situation de la République, sur les moyens de la sauver, et de suspendre toute délibération jusqu'après ce rapport.

Cette motion devient le signal du plus violent tumulte. Plusieurs membres s'élancent à la tribune. Les uns demandent qu'avant tout il soit prêté serment à la constitution; les autres qu'il soit fait un message au conseil des Anciens pour connaître les motifs de la translation du corps législatif. Au milieu des clameurs qui partent de tous côtés, le patriote Delbrel parvient à se faire entendre. « De grands dangers, dit-il, menacent la République ; mais ceux qui veulent la détruire sont ceux mêmes qui, sous prétexte de la sauver, veulent changer ou renverser la forme de gouvernement existant. En vain ces hypocrites conspirateurs ont cru nous effrayer en déployant autour de nous l'appareil formidable de la force armée; non, les défenseurs de la patrie ne consentiront jamais à tourner leurs armes contre leurs représentants!

« Si, néanmoins, les conspirateurs parvenaient à tromper ou à égarer le courage de nos guerriers, nous saurions mourir à notre poste, en défendant la liberté publique contre les tyrans, contre les dictateurs qui veulent l'opprimer! Nous voulons *la constitution ou la mort*. Les baïonnettes ne nous effrayent pas, nous sommes libres ici. Je demande que tous les membres du conseil, appelés individuellement, renouvellent à l'instant le serment de maintenir la constitution de l'an III. »

A cette proposition capitale autour de laquelle se concentra la discussion, la majorité de l'assemblée se lève en masse, en demandant la mise aux voix au président Lucien Bonaparte. Cabanis, Boulay (de la Meurthe), Chazal, Gaudin, font observer qu'avant toutes choses, la constitution prescrit de faire un message au conseil des Anciens pour lui annoncer qu'on est réuni en nombre suffisant pour délibérer. Ils ne sont pas écoutés, et on demande à grands cris la mise aux voix de la proposition de Gaudin. Lucien hésite, la majorité le rappelle à son devoir, le somme d'accéder au vœu de l'assemblée. La tribune est encombrée, le bureau environné de membres qui échangent de vives paroles avec les secrétaires. Presque tous les membres sont debout, faisant des propositions qui se perdent dans le bruit. Du milieu du tumulte on n'entend que les cris de : *Point de dictature ! Vive la constitution ! Le serment !* Le président se couvre. « Je sens trop, dit-il, la dignité du poste que j'occupe, pour supporter plus longtemps les menaces insolentes de quelques orateurs, et pour ne pas rappeler, de tout mon pouvoir, l'ordre et la décence dans le conseil. »

Aussitôt le calme se rétablit ; le serment demandé est mis aux voix, adopté à l'unanimité, et généralement prêté avec un accent d'enthousiasme qui parut être de mauvais augure pour la conjuration.

Prévenu de ce qui se passait, Bonaparte entrevit toute l'étendue du danger dont il était menacé, si cet élan du conseil des Cinq-Cents venait à se communiquer au conseil des Anciens. Il se rendit au sein de ce dernier, où les conjurés s'étaient trouvés réduits à des propositions dilatoires pour défendre la décision de la veille sur la translation des conseils et la nomination du général Bonaparte au commandement de la force armée. Ils étaient cependant parvenus à obtenir une suspension de séance, en attendant un signal ou un dénouement qui leur permît de s'affranchir de toute réserve, lorsqu'à quatre heures on annonça le général Bonaparte, qui parut, suivi de ses aides-de-camp, et demanda la parole. Le président s'empressa de la lui accorder : — Citoyens représentants, dit-il, d'une voix forte mais ferme, les circonstances où vous vous trouvez ne sont pas ordinaires ; vous êtes sur un volcan. Permettez-moi de vous parler avec la franchise d'un soldat, et, pour échapper au piège qui vous est tendu, suspendez votre jugement jusqu'à ce que j'aie achevé.

« Hier, j'étais tranquille à Paris, lorsque vous m'avez appelé pour me notifier le décret de translation et me charger de l'exécuter. Aussitôt j'ai rassemblé mes camarades, nous avons volé à votre secours. Eh bien ! aujourd'hui on m'abreuve de calomnies. On parle de César, on parle de Cromwell, on parle de gouvernement militaire. Le gouvernement militaire ! si je l'avais voulu, serais-je venu prêter mon appui à la représentation nationale ? Après nos triomphes en Italie, j'y ai été appelé par le vœu de la nation, j'y ai été appelé par le vœu de mes camarades, par le vœu de ces soldats qu'on a tant maltraités depuis qu'ils ne sont plus sous mes ordres; de ces soldats qui sont obligés encore aujourd'hui d'aller faire dans les départements de l'Ouest une guerre horrible, que la sagesse et le retour aux principes avaient calmée, et que l'ineptie et la trahison viennent de rallumer.

« Citoyens représentants, les moments pressent; il est essentiel que vous preniez de promptes mesures. La République n'a plus de gouvernement; quatre des Directeurs ont donné leur démission; j'ai cru devoir mettre en surveillance le cinquième en vertu du pouvoir dont vous m'avez investi. Le conseil des Cinq-Cents est divisé; il ne reste que le conseil des Anciens; c'est de lui que je tiens mes pouvoirs : qu'il prenne des mesures, qu'il parle, me voilà pour exécuter : sauvons la liberté, sauvons l'égalité ! »

Alors, le républicain Linglet se levant : « Et la constitution ? vous n'en parlez pas, » dit-il au général.

« La constitution ? reprit Bonaparte, que cette interruption avait un moment déconcerté, vous l'avez vous-même anéantie. Au 18 fructidor, vous l'avez violée; vous l'avez violée au 22 floréal ; vous l'avez violée au 30 prairial. Elle n'obtient plus le respect de personne.

« Je dirai tout.

« Depuis mon retour, je n'ai cessé d'être entouré d'intrigues ; toutes les factions se sont empressées autour de moi pour me circonvenir, et ces hommes qui se qualifient insolemment *les seuls patriotes*, sont venus me dire qu'il fallait écarter la constitution, et, pour purifier les fonctions, ils me proposaient d'en exclure les hommes amis sincères de la patrie. Voilà leur attachement pour la constitution ! Alors j'ai craint pour la République. Je me suis uni à mes frères d'armes ; nous sommes venus nous ranger autour de vous. Il n'y a pas de temps à perdre ; que le conseil des Anciens se prononce. Je me retire. Vous allez délibérer : ordonnez, et j'exécuterai.

« Que les projets criminels tramés contre la sûreté de la République ne vous effraient pas ; environné de mes frères d'armes, je saurai vous en préserver. » Se tournant vers les soldats qu'il avait laissés groupés aux portes de la salle : « J'en atteste votre courage, vous, mes braves camarades ! Vous, grenadiers, que je vois autour de cette enceinte ! Vous, braves soldats, dont j'aperçois les baïonnettes avec lesquelles nous avons triomphé ensemble. Si quelque orateur soldé par l'étranger, ajoute Bonaparte en élevant la voix, ose parler de mettre votre général *hors la loi*, que la foudre de la guerre l'écrase à l'instant ! Songez que je marche accompagné du dieu de la guerre et du dieu de la fortune.

« Recueillez-vous, citoyens représentants ! Les moyens de sauver la patrie sont dans vos mains. Si vous hésitez à en faire usage, si la liberté périt, vous en serez comptables envers l'univers, la postérité, la France et vos familles. »

Le conseil applaudit Bonaparte et se leva quand il sortit

en signe d'approbation. Le général se rendit de là aux Cinq-Cents, croyant que sa présence seule suffirait pour les apaiser, comme elle avait apaisé le conseil des Anciens. Mais, depuis le commencement de la séance, l'irritation n'avait fait que s'y accroître. Les motions les plus véhémentes commençaient même à s'y succéder, lorsque Bonaparte parut : il s'avance seul et découvert. Des grenadiers le suivent à quelque distance, mais sans dépasser la porte ; on aperçoit leurs baïonnettes. Bonaparte se dirige vers la tribune.

A sa vue, des cris furieux éclatent dans la salle. Tous les membres se lèvent, se répandent dans l'enceinte ou montent sur leurs banquettes. Ils adressent au général des menaces et agitent leurs bras comme s'ils voulaient le frapper. Bigonnet se précipite au-devant de Bonaparte : « *Que faites-vous ? téméraire*, lui dit-il; *vous violez le sanctuaire des lois !* » De toutes les parties de la salle s'élèvent les cris de *à bas ! à bas le dictateur ! hors la loi le dictateur ! Des baïonnettes ! des sabres ! mourons à notre poste ! Vive la République et la constitution de l'an III ! Mort aux tyrans !* — « *Général, est-ce donc pour cela que tu as vaincu ?* » lui crie Destrem. D'autres voix ajoutent : « *Tous vos lauriers sont flétris. Vous avez changé votre gloire en infamie.* » Bonaparte, troublé, s'arrête ; il sent son génie fléchir à l'aspect de cette assemblée se levant tout entière pour venger la souveraineté nationale outragée. En même temps, il est entouré, pressé, confondu dans la foule des députés. A leurs véhémentes apostrophes il ne peut répondre un seul mot. Pâle, et comme frappé de stupeur, il recule. Ses grenadiers, alors, s'avancent et l'enlèvent dans leurs bras.

Cependant l'agitation du conseil fut longue à se calmer;

chacun proposa des mesures de salut public et de défense. Après de longs efforts, Lucien parvint à se faire entendre : « Il était naturel de croire, dit-il, que la démarche du général qui a paru exciter de si vives inquiétudes, n'avait pour objet que de rendre compte de la situation des affaires ou de quelque objet intéressant la chose publique. Il venait remplir l'obligation que ses devoirs lui imposent ; mais je crois qu'en tout cas nul de vous ne peut soupçonner..... » Il ne put continuer ; plusieurs voix l'enterrompirent : — *Il a terni sa gloire*, dit l'une. *Je le voue à l'opprobre et à l'exécration des républicains !* s'écrie une autre. Un membre demande que Bonaparte soit traduit à la barre ; d'autres ne cessent de crier : « Aux voix la mise hors la loi du général Bonaparte ! » Cette proposition est appuyée par la majorité ; plusieurs membres veulent la motiver et se pressent à la tribune. Lucien Bonaparte, qui s'y est maintenu, dit : « Je demande qu'avant de prendre une mesure, vous appeliez le général. » — « Nous ne le reconnaissons pas, » lui est-il répondu. — « Aux voix la mise hors la loi ! » répètent plusieurs députés. — « Quoi ! s'écrie Lucien, vous voulez que je prononce le *hors la loi* contre mon frère ? » — « Oui, oui, répondent quelques membres, le *hors la loi*, voilà pour les tyrans !

Au milieu du tumulte, on proposa et on adopta que le conseil serait en permanence, qu'il se rendrait sur-le-champ dans son palais à Paris, que les troupes rassemblées dans la capitale feraient partie du corps législatif, que le commandement en serait confié à Bernadotte. Lucien croit la mise *hors la loi* adoptée comme toutes ces propositions, et, dans une agitation extrême, il s'écrie : « Puisque je n'ai pu me faire entendre dans cette enceinte, je dépose, avec un sentiment profond de dignité outragée, je dépose les marques de la magistrature populaire. »

En disant ces mots, il se dépouille de son manteau, de sa toque, de son écharpe ; mais quelques membres s'empressent autour de lui et l'engagent à reprendre le fauteuil. Il va céder lorsqu'un peloton des grenadiers du corps législatif entre l'arme au bras dans la salle, se dirige vers Lucien, le prend dans ses rangs et retourne avec lui au milieu des troupes.

Dans l'incertitude où il était sur les moyens de la conjuration, Lucien crut que les républicains, vainqueurs au-dehors l'avaient fait arrêter. Il sut bientôt le véritable motif de son enlèvement. En sortant du conseil, Bonaparte avait senti sa résolution chanceler ; mais ses officiers l'avaient entouré, encouragé, et Sièyes, plus habitué que lui aux scènes révolutionnaires, lui avait conseillé d'employer immédiatement la force. On avait arraché Lucien du conseil pour ne pas l'exposer. Il monta à cheval à côté de son frère. Le temps était précieux ; il était urgent *d'emporter la journée* par tous les moyens, et de lancer la force armée contre le conseil.

Déjà, d'ailleurs, le hasard avait merveilleusement disposé les esprits. « Un des soldats qui avaient accompagné le général dans la salle des Cinq-Cents, dit M. de Vaulabelle, le grenadier *Thomé*, pressé contre une des parois de la porte, avait eu la manche de son uniforme déchirée par un clou que les ouvriers avaient oublié de rabattre. Cette déchirure, lorsqu'elle fut aperçue, servit d'abord de texte aux plaisanteries des camarades. Ensuite vinrent les suppositions et les commentaires. Bientôt, la sottise et la crédulité aidant, le clou fut transformé en un poignard dirigé contre le général et son escorte ; on ne se borna pas à raconter, on affirma ; les témoignages se produisirent en foule ; c'était à qui avait vu le stylet ainsi que la main qui avait frappé[1]. » Profitant de cette disposition des troupes, les deux frères les haranguèrent l'un après l'autre.

« Citoyens soldats, dit Lucien, le président du conseil des Cinq-Cents vous déclare que l'immense majorité de ce conseil est dans ce moment sous la terreur de quelques représentants à stylets, qui assiègent la tribune, présentent la mort à leurs collègues et enlèvent les délibérations les plus affreuses.

« Je vous déclare que ces audacieux brigands, sans doute soldés par l'Angleterre, se sont mis en rébellion contre le conseil des Anciens, et ont osé parler de mettre hors la loi le général chargé de l'exécution de son décret; comme si nous étions encore à ce temps affreux de leur règne, où ce mot hors la loi suffisait pour faire tomber les têtes les plus chères à la patrie !

« Je vous déclare que ce petit nombre de furieux se sont mis eux-mêmes hors la loi par leurs attentats contre la liberté de ce conseil. Au nom de ce peuple qui, depuis tant d'années, est le jouet de ces misérables enfants de la terreur, je confie aux guerriers le soin de délivrer la majorité de leurs représentants, afin que, délivrée des stylets par les baïonnettes, elle puisse délibérer sur le sort de la République.

« Général, et vous tous soldats, et vous tous citoyens, vous ne reconnaîtrez pour législateurs de la France que ceux qui vont se rendre auprès de moi. Quant à ceux qui resteraient dans l'Orangerie, que la force les expulse !.... Ces brigands ne sont plus représentants du peuple, mais les *représentants du poignard !* Que ce titre leur reste! qu'il les suive partout! et lorsqu'ils oseront se montrer au peuple,

[1] *Histoire des deux Restaurations*, t. I, p. 48.

que les doigts les désignent sous ce nom mérité de *représentants du poignard !* Vive la République ! »

Bonaparte, à son tour, leur parla ainsi : — « Soldats, je vous ai menés à la victoire, puis-je compter sur vous ? — « Oui ! oui... : vive le général ! Qu'ordonnez-vous ? » s'écrient des milliers de voix. — « Soldats, reprit Bonaparte, on avait lieu de croire que le conseil des Cinq-Cents sauverait la patrie : il se livre au contraire à des déchirements ! Des agitateurs cherchent à le soulever contre moi ! Soldats, puis-je compter sur vous ? » — « Oui ! oui ! Vive Bonaparte ! » — « Eh bien ! je vais les mettre à la raison. Depuis assez longtemps la patrie est tourmentée, pillée, saccagée ! Depuis assez longtemps ses défenseurs sont avilis, immolés ! Ces braves que j'ai habillés, payés, entretenus au prix de nos victoires, dans quel état je les retrouve ! On dévore leur subsistance ! on les livre sans défense au fer de l'ennemi ! Mais ce n'est pas assez de leur sang : on veut encore celui de leurs familles ! Des factieux parlent de rétablir leur domination sanguinaire ! J'ai voulu leur parler : ils m'ont répondu par des poignards ! Il y a trois ans que les rois coalisés m'avaient mis hors la loi pour avoir vaincu leurs armées, et j'y serais mis aujourd'hui par quelques brouillons qui se prétendent plus amis de la liberté que ceux qui ont mille fois bravé la mort pour elle ! Ma fortune n'aurait-elle triomphé des plus redoutables armées que pour venir échouer contre une poignée de factieux ? Trois fois, vous le savez, j'ai sacrifié mes jours pour ma patrie ; mais le fer ennemi les a respectés ; je viens de franchir les mers sans craindre de les exposer une quatrième fois à de nouveaux dangers ; et ces dangers, je les trouve au sein d'un sénat d'assassins : trois fois j'ai ouvert les portes à la République, et trois fois on les a refermées ! »

Les cris mille fois répétés de *vive Bonaparte!* accueillirent cette harangue. Des généraux parcourant les rangs animaient encore les soldats, et aux cris d'enthousiasme se joignit plus d'un cri de colère et d'exaspération contre le conseil des Cinq-Cents. A tous ces cris succédèrent le roulement des tambours, le bruit des armes et le pas de charge. L'ordre venait d'être donné de faire évacuer le conseil.

Mais les membres des Cinq-Cents n'étaient pas disposés à céder. Dans l'explosion de la douleur qui déchirait les ames de quelques uns d'entre eux franchement républicains, les propositions les plus vigoureuses avaient été développées avec chaleur. La discussion avait souvent été interrompue par des cris patriotiques. La plupart des conjurés étaient sortis et avaient été se mettre sous la protection de la force : ceux qui restaient n'avaient que l'unique sentiment de la douleur de l'attentat prémédité contre la représentation nationale. Tout-à-coup un bruit de guerre se fait entendre. Les grenadiers envahissent le temple des lois au pas de charge : Leclerc et Murat les commandent. — « Citoyens représentants, dit Leclerc, on ne peut plus répondre de la sûreté du conseil ; je vous invite à vous retirer. Les législateurs, qui s'étaient levés à la vue des troupes, se replacent sur leurs sièges en criant :*Vive la République!* Jordan, Talot, Prudhon, Bigonnet, se mêlent aux soldats et les haranguent avec chaleur. D'autres s'embrassent en montrant leur poitrine et en s'écriant : « Nous mourrons à nos postes. » A cette vue les soldats hésitent ; mais un renfort entre en colonne serrée. — « Au nom du général Bonaparte, s'écrie Leclerc, le corps législatif est dissous. Que les bons citoyens se retirent. Grenadiers, baïonnette en avant! marche. » Les grenadiers s'ébranlent et pénètrent dans toute la largeur de la salle en présentant la baïonnette. Des cris d'indignation se font entendre, mais le roulement des tambours les couvre. Des députés affrontent les baïonnettes et veulent mourir sur leurs bancs : les grenadiers les prennent dans leurs bras et les transportent sans autre violence au-dehors : d'autres s'enfuient dans le jardin en criant : *Vive la République!* Il était cinq heures et demie lorsque la salle fut totalement évacuée.

Il ne restait plus alors qu'à rendre le décret objet de la révolution qu'on venait de faire. Le conseil des Anciens ne pouvait seul décréter l'ajournement du corps législatif et l'institution du consulat, et, par une susceptibilité fort singulière, au moment même où l'on venait d'agir d'une manière si illégale, on voulut conserver une sorte de légalité dans les formes. Une cinquantaine de députés, partisans du coup d'État, étaient restés à Saint-Cloud, et ce fut cette fraction, reconstituée presque immédiatement en conseil, qui rendit le soir le décret qui nommait Bonaparte, Sièyes et Roger-Ducos, consuls provisoires, revêtus de toute la puissance exécutive, ajourna les conseils au 1er ventôse prochain et les remplaça par deux commissions de vingt-cinq membres chacune, chargées d'approuver les mesures législatives prises par les consuls, qui devaient rédiger, de concert avec elles, la constitution nouvelle. Vers le milieu de la nuit, les Anciens adoptèrent ce décret.

Ainsi finit le règne de la représentation nationale. Après avoir, en renversant les factions, en triomphant de l'Europe conjurée, en se mutilant elle-même, sauvé la révolution dont elle était sortie et qu'elle avait été appelée à organiser, affaiblie par ses divisions, épuisée par ses luttes, à son tour elle périt victime d'un coup d'État. Toute la puissance de la République, toute la grandeur, toutes les forces de la révolution, un seul jour avait suffi pour les mettre au pouvoir d'un soldat. A la vérité, ce soldat s'appelait le vainqueur d'Italie et d'Égypte, et l'on pouvait croire qu'ayant fait servir son épée à la défense de la République, il ne la changerait pas pour l'épée de César ; mais tant de généreux efforts, tant de sang versé pour la plus sainte des causes, devaient être stériles. Désormais, la gloire allait remplacer la liberté, et la voix d'un maître, cette voix souveraine de la nation qui avait retenti, pendant dix ans, au milieu des foudres et des tempêtes. Sans cesse obligée, pour se défendre, de recourir aux armes, la révolution, en effet, avait fini par prendre, à son insu, un caractère militaire ; elle se lança dans ce tourbillon, sans qu'il lui fût possible de prévoir qu'un changement devenu inévitable, tournerait au profit d'un seul homme. Aussi, cette journée du 18 brumaire fut assez généralement nommée depuis une *journée de dupes*

CONSULAT.

CHAPITRE PREMIER.

Popularité du 18 brumaire. — Situation des partis ; leurs espérances. — Situation militaire, politique, administrative et financière de la République. — Première réunion des Consuls provisoires ; leurs pouvoirs ; leurs premières attributions ; leurs premiers travaux. — Composition du ministère et des corps administratifs. — Création de la caisse d'amortissement. — Rapport de quelques lois révolutionnaires. — État de l'armée ; sa misère ; sa désorganisation. — Proclamation du premier Consul à l'armée. — État de la Vendée. — Premières négociations avec l'Europe. — Confiance générale. — Projet de constitution de Sièyes. — Débats qu'elle soulève ; elle est dénaturée. — Constitution de l'an VIII ; sa promulgation ; son préambule ; son acceptation. — Composition des autorités principales. — Installation du gouvernement consulaire. — Esprit de modération du nouveau gouvernement. — Système de récompenses militaires. — Lettres de Bonaparte au roi d'Angleterre et à l'empereur d'Autriche pour leur offrir la paix. — Ouverture de la session du nouveau corps législatif. — Opposition naissante dans le tribunat. — Organisation administrative et judiciaire de la France. — Clôture de la liste des émigrés. — Clôture de la session du corps législatif. — Création de la banque de France. — Les ouvertures de paix faites par Bonaparte sont rejetées. — Pacification de l'Ouest. — Les Consuls s'installent aux Tuileries.

A révolution du 18 brumaire fut généralement considérée comme une des phases révolutionnaires que l'état social avait encore à traverser pour reprendre de la stabilité et assurer l'avenir. Les républicains purs, tout en déplorant la violation des lois qui l'avaient amenée, jugeant de l'esprit national par le leur, croyaient peu à la possibilité du despotisme ; les modérés, ne jugeant plus depuis longtemps les coups d'État sur leur légitimité, mais sur leurs résultats, attendaient les suites. Le parti royaliste lui-même considéra cette révolution sous un aspect d'espérance ; il crut sérieusement que Bonaparte allait commencer le rôle de Monck, pour le compléter par la restauration de la monarchie légitime. Quant à la masse de la nation, elle n'y vit que l'avènement au pouvoir d'un homme qui pouvait rétablir l'ordre, la sécurité, et rouvrir les sources taries de la prospérité publique. Ces désirs, ces illusions et ces espérances, expliquent suffisamment l'immense popularité qui accueillit le 18 brumaire.

La situation militaire, politique, administrative et financière de la République, était dans le plus triste état. En effet, les armées étaient désorganisées, rejetées sur les frontières, ayant partout en tête des ennemis menaçants, manquant de matériel, de vêtements, de vivres, de solde, et aigries contre un gouvernement qui ne montrait plus ni ensemble, ni énergie, ni succès. La Vendée, le Midi, insurgés de nouveau, semblaient présager une prochaine dissolution sociale. Les puissances ennemies, l'Autriche, l'Angleterre, la Russie, s'en prévalaient contre la France. Notre seule alliée, l'Espagne, tendait à se décharger d'une communauté d'intérêts qui lui pesait. La Prusse laissait douter de sa neutralité. L'administration était dans un désordre affreux. Les remaniements successifs de l'organisation administrative de la nation avaient abouti à un état de choses purement anarchique, et les désordres du temps et des circonstances avaient aggravé les vices de l'institution. Quant aux finances, comme les contributions régulières manquaient de base, que la perception des impôts était organisée d'une manière vicieuse, que les fonds rentrant au trésor avaient toujours été escomptés par anticipation, que, dans les provinces insurgées, les royalistes faisaient par prédilection la guerre aux caisses publiques, le gouvernement recevait peu et était menacé de recevoir moins encore. Et cependant les forces de la nation n'étaient point épuisées : mais depuis le comité de salut public, nul pouvoir n'avait su les concentrer dans ses mains, leur imprimer une direction. Les éléments en étaient épars; un homme tendait à les réunir, à en former un faisceau, et la France se montra disposée à favoriser les desseins de cet homme, assez énergique pour la sauver de l'anarchie. Elle avait un tel besoin de sécurité, elle avait tant souffert, que, pour éviter de nouveaux malheurs, elle confiait sa fortune à un soldat dont elle n'apercevait que la gloire.

Le 20 brumaire (11 novembre 1799), les Consuls revinrent à Paris et prirent possession du Luxembourg. Ils s'assemblèrent immédiatement pour délibérer. La première question agitée fut celle de la présidence; il fut convenu qu'elle n'appartiendrait à personne particulièrement, et que chaque jour l'un des Consuls l'exercerait à son tour. Bonaparte présida le conseil ce jour-là et ne quitta plus le fauteuil.

Les Consuls avaient des pouvoirs très-étendus. La loi du 19 brumaire, qui avait décrété le Consulat provisoire, leur attribuait un *pouvoir dictatorial* jusqu'à la promulgation de la constitution nouvelle qui devait avoir lieu le 1er ventôse au plus tard. Deux commissions législatives de vingt-cinq membres chacun, choisies dans le conseil des Cinq-Cents et celui des Anciens, étaient chargées, sur la proposition formelle et obligatoire de la commission consulaire exécutive, de statuer sur tous les objets urgents de police, de législation et de finance. La commission des Cinq-Cents avait l'initiative, celle des Anciens approuvait. Elles étaient chargées en outre, dans le même ordre de travail et de concours, de préparer les changements à apporter aux dispositions organiques de la constitution, pour *consolider, garantir et consacrer inviolablement la souveraineté du peuple français, la République une et indivisible, le gouvernement représentatif, la division des pouvoirs, la liberté, l'égalité, la sûreté et la propriété.* Ces commissions délibérant à huis-clos et divisées en sections diverses de constitution, finances, législation, police, n'étaient que des instruments prompts et sûrs de la puissance dictatoriale dévolue aux Consuls.

A peine installés, les Consuls firent un examen sommaire de la situation de la République, et délibérèrent sur les mesures urgentes qu'elle nécessitait. Dans cette première séance, Bonaparte se montra si versé dans toutes les branches administratives, et saisit avec tant de pénétration les points difficiles des affaires, les résuma et les régla avec tant de confiance et de précision, qu'à l'issue du conseil Sièyes dit à Roger-Ducos : « *Notre collègue sait tout faire, peut tout faire et veut, je crois, tout faire.* »

Le premier soin de Bonaparte fut de pourvoir à la distribution des grands commandements militaires. Moreau fut placé à la tête des deux armées du Rhin et d'Helvétie réunies; Masséna passa au commandement de celle d'Italie; Brune conserva celui de l'armée de Hollande.

Les Consuls firent preuve d'une grande activité dans les affaires d'administration : ils donnèrent leurs premiers soins aux finances. Ils supprimèrent l'emprunt forcé progressif qui, sans avoir pu être d'un grand secours au Directoire, avait excité un mécontentement général. Ils le remplacèrent par une subvention de guerre de 25 centimes additionnels au principal des contributions directes; ils réorganisèrent en même temps la perception, créèrent l'agence des contributions directes pour la formation des rôles qui pouvaient seuls donner une base rationnelle à l'impôt et en faciliter le recouvrement; en même temps, ils instituèrent les *obligations* des receveurs généraux, sorte de lettres de change qui assuraient la rentrée des fonds au trésor au fur et à mesure de leur perception. La création de la caisse d'amortissement, qui ne fut instituée d'abord que pour soutenir et garantir les *obligations* des receveurs généraux, et qui, ensuite, reçut toutes les attributions relatives à la dette publique, compléta ce système de finance qui ramena en peu de temps l'aisance au trésor.

Des commissaires extraordinaires, choisis parmi les membres des deux conseils ayant coopéré au 18 brumaire, et ne faisant pas partie des deux commissions législatives, furent envoyés dans les départements pour favoriser l'établissement de ce mode de finances, expliquer les vues du nouveau gouvernement, disposer l'opinion en sa faveur, et pourvoir au remplacement des agents administratifs qui lui seraient hostiles. Le ministère fut en même temps recomposé, comme on l'a vu : Berthier fut placé au département de la guerre, Laplace à l'intérieur, Gaudin aux finances, Forfait à la marine; Fouché conserva la police et Cambacérès la justice; M. de Talleyrand remplaça Reinhard aux relations extérieures. Douze membres furent en outre choisis par les commissions législatives, pour arrêter un projet de constitution; ce furent aux Anciens, Garat, Laussat, Lemercier, Régnier et Lenoir-Laroche; aux Cinq-Cents, Lucien Bonaparte, Daunou, Chénier, Cabanis, Boulay (de la Meurthe), Chazal et Chabaud. Mais ces commissions n'eurent qu'à se prononcer, comme on le verra bientôt, sur un projet de constitution que Sièyes méditait depuis longtemps.

Le gouvernement consulaire activait sans relâche les créations et les réformes. On révoqua la loi des ôtages qui rendait les parents des insurgés responsables d'actes auxquels ils avaient pu n'avoir participé ni d'intention ni même de désir. On remit en liberté les prêtres assermentés qui, pour quelques méfaits politiques, avaient eu à subir les rigueurs directoriales ; ceux qui avaient cherché leur salut dans la fuite ou la retraite, purent reparaître. Des émigrés jetés depuis quatre ans sur la côte de Calais par une tempête, et qui, disait-on, allaient en Vendée se joindre aux insurgés, furent transportés hors du territoire de la République et soustraits à la rigueur des lois sur l'émigration.

Mais les Consuls, qui se montraient si modérés et même si cléments envers des ennemis si acharnés de la révolution, n'eurent contre les révolutionnaires que de la défiance et de l'irritation. Toutes les rigueurs furent pour eux seuls. Par un arrêté du 26 brumaire, qu'ils prirent en exécution de l'article 3 d'une loi du 19, qui les chargeait spécialement de rétablir la tranquillité intérieure, ils prononcèrent, sur un rapport du ministre de la police, la déportation contre trente-huit membres du parti révolutionnaire, parmi lesquels étaient quatre ex-députés, Destrem, Aréna, Marquezy et Truck. La déportation fut prononcée contre dix-huit autres. On comptait, parmi ces derniers, le général Jourdan, que Bonaparte fit rayer le jour même.

Cette mesure rigoureuse fut généralement mal accueillie : aussi les Consuls s'empressèrent-ils de la mitiger. La déportation et la détention prononcées furent réduites à une mise en surveillance de la police. Ce palliatif fut attribué à Bonaparte, qui, dès la mise à exécution de la constitution de l'an VIII, déchargea les condamnés de la surveillance, et rapporta l'arrêté.

Sur la proposition des Consuls, les deux commissions législatives réglaient et vidaient rapidement un grand nombre de mesures administratives. Elles jetèrent les bases du Code civil, après avoir mis en ordre tous les matériaux et les lois déjà rendues pour son édification. On changea la forme du serment, et enfin on arrêta et on proclama définitivement l'étalon des poids et mesures que l'on dédia *à tous les temps et à tous les peuples.*

L'état des armées excita surtout la sollicitude de Bonaparte. Elles étaient dans une pénurie extrême. Tant qu'elles avaient fait la guerre sur le territoire ennemi, elles avaient vécu du fruit de leurs conquêtes ; mais, depuis qu'elles avaient été refoulées sur les frontières, elles affamaient les pays où elles se trouvaient, sans même pouvoir compter sur des distributions régulières. Leur organisation était en outre si défectueuse, qu'il n'existait même pas, au ministère de la guerre, des états de leur nombre ou de leur emplacement. Les désertions étaient journalières, et parfois des corps entiers, sourds à la voix de leurs officiers, quittaient leurs positions. Bonaparte tâcha de mettre un terme à cet état anarchique : il fit dresser sur les lieux des états réguliers ; il envoya aux armées un peu d'argent et quelques vivres, en conjurant les soldats de prendre patience et de se montrer aussi fermes dans les souffrances qu'ils l'avaient été sur les champs de bataille.

« Soldats, leur dit-il dans une proclamation à ce sujet, vos besoins sont grands : toutes les mesures sont prises pour y pourvoir.

« La première qualité du soldat est la constance à supporter la fatigue et la privation : la valeur n'est que la seconde.

« Vos distributions ne sont pas régulièrement faites, dites-vous ? Qu'eussiez-vous fait, si, comme les 4e et 22e légères, les 18e et 32e de ligne, vous vous fussiez trouvés au milieu du désert sans pain ni eau, mangeant du cheval et des mulets? *La victoire nous donnera du pain*, disaient-elles ; et vous, vous voudriez quitter vos drapeaux ! »

L'ascendant de Bonaparte sur l'armée, l'attachement que les soldats lui avaient voué, la confiance qu'il leur inspirait, suffirent pour arrêter les désertions et prévenir une désorganisation qui menaçait de devenir complète.

Sous l'impulsion à la fois rigoureuse et modérée du nouveau gouvernement, la confiance renaissait rapidement ; l'état intérieur s'améliorait d'une manière sensible. La Vendée seule, qui avait essayé une nouvelle levée de boucliers vers la fin du Directoire, semblait toujours vouloir protester contre l'ordre de choses sorti de la révolution. Mais l'avènement du général Bonaparte, qui, tout en se montrant très-accommodant envers les partis qui renonçaient à leurs systèmes, paraissait irrévocablement résolu à contenir les factions, modifia singulièrement l'attitude hostile des Vendéens et des chouans. Quelques uns des chefs furent même assez crédules pour croire que Bonaparte ne repousserait pas des idées de restauration, et accepterait le rôle de Monck. Des ouvertures plus ou moins claires lui furent même faites à ce sujet; mais ceux qui les lui firent purent se convaincre que cet homme, qui sentait sa force et sa grandeur, ne voulait se mettre à la remorque d'aucun parti, et que, pour le moment du moins, le sentiment qui dominait en lui, après son ambition personnelle, était un sentiment de nationalité prenant sa source dans son désir de faire triompher la révolution, et d'amener la réforme sociale que, dans ses idées à lui, elle pouvait comporter.

Ces communications n'eurent pas le résultat qu'en attendaient les chefs vendéens ; mais elles en amenèrent un autre qui put faire présager la pacification prochaine de la Ven-

dée. En effet, une suspension d'armes avait été signée entre le général Hédouville, commandant l'armée républicaine en Vendée, et MM. de Châtillon, d'Autichamp et de Bourmont, qui, excités et soutenus par les Anglais, avaient depuis quelque temps recommencé la guerre civile dans l'Ouest. Cette suspension d'armes, acceptée par ces chefs, fit espérer qu'il en serait adopté une pareille par les chefs de chouans du Morbihan et de la Normandie, Georges Cadoudal et de Frotté.

Vers ce même temps, on apprit que l'empereur de Russie, Paul Ier, s'était détaché de la coalition par suite de l'échec de Zurich, qu'il attribua à la malveillance des Autrichiens, qui avaient laissé les deux corps de Korsakoff et de Souvarow exposés partiellement contre toutes les forces de l'armée de Masséna. Il ne s'était pas encore ouvertement détaché de l'alliance anglaise et autrichienne; mais son mauvais vouloir avait percé assez ostensiblement pour ne laisser aucun doute à ce sujet. Bonaparte résolut de profiter de cet heureux incident pour maintenir la Prusse dans sa neutralité, et rétablir de meilleurs rapports entre l'Espagne et la République, de façon à n'avoir à lutter, dès l'ouverture des hostilités, que contre l'Autriche, l'Angleterre et les petites puissances d'Italie ou d'Allemagne qui s'étaient mises à leur remorque. Il envoya à ce sujet à la cour de Prusse son aide-de-camp Duroc, qui y fut reçu avec beaucoup de distinction, et qu'il fit suivre peu après par le général Beurnonville en qualité d'ambassadeur. Le roi de Prusse, Frédéric-Guillaume, parut très-flatté de ces marques réitérées de déférence, et assez disposé à accepter le rôle de médiateur et de pacificateur du continent. En même temps, de nouveaux ambassadeurs furent nommés à Madrid et à Copenhague, et quelques mesures secondaires de bienveillance et de bonne politique, dont le gouvernement consulaire fit suivre ces nominations et ces actes, disposèrent très-favorablement en sa faveur toutes les cours de l'Europe qui n'étaient pas aveuglément acharnées contre la République française.

L'activité, l'habileté du nouveau gouvernement, ces relations internationales presque rompues qu'il était parvenu à renouer, sa politique forte, quoique modérée à l'intérieur, l'ordre, la stabilité commençant à renaître partout comme par enchantement, inspiraient à la nation la plus grande confiance. Les esprits se berçaient même de l'idée d'une paix prochaine, et se considéraient comme en droit d'attendre tout ce qu'ils désiraient de celui qui, en si peu de temps, avait déjà fait tant de choses.

Quelques esprits cependant, parmi les républicains principalement, tout en rendant justice à l'habileté administrative de Bonaparte, paraissaient alarmés du retard qu'éprouvait la promulgation de la constitution, et impatients de la voir paraître. Le respect que Bonaparte professait pour les droits civils était évident : sous ce rapport, sa marche était rassurante. Nul ne doutait qu'il ne voulût la gloire et la prospérité de la France; mais on commençait à craindre pour les droits politiques.

Ces craintes, l'évènement ne tarda pas de les justifier. Par un des articles de la loi du 19 brumaire, les commissions des deux conseils avaient été chargées de préparer des changements à la constitution. Le vague de ces mots avait évidemment caché l'intention d'en faire une nouvelle, et on s'attendait assez généralement à une constitution méditée depuis longtemps par Sièyes, connue déjà en partie par quelques personnes, et que son auteur présentait comme devant fermer d'une manière définitive la révolution. Plusieurs des principaux acteurs des journées de brumaire avaient paru approuver son projet assez fortement pour éveiller l'attention de Bonaparte. Déjà même, les commissions avaient commencé à recueillir les idées éparses de Sièyes pour en former un tout, lorsque Bonaparte exprima le désir de présider les commissions, pour qu'il en fût délibéré en sa présence. Ce procédé blessait un peu la dignité et l'indépendance des commissions législatives; mais nul n'osa s'en plaindre. Sièyes fut en conséquence invité à exposer et développer son système. Il le fit en homme pénétré de son sujet, enthousiasmé de son œuvre. — « C'est très-beau, dit Bonaparte quand il eut fini; cependant il y a des objections à faire à ce système. » Il reprit alors le plan de Sièyes en sous-œuvre, en discuta toutes les parties, en fit ressortir les côtés faibles, et, dans ses rapides mais lumineuses objections, s'occupa bien plus de rendre le pouvoir étendu, fort et indépendant, que de donner des garanties à la nation. La discussion prit, dès le lendemain, une marche régulière.

Dès cette première conférence, il s'était formé deux opinions dans les commissions. Les uns, partisans du plan de Sièyes, le soutinrent dans l'intérêt de la République et des libertés nationales; les autres, pleins de déférence pour les vues de Bonaparte, se montrèrent disposés à doter largement le pouvoir, soit par conviction, soit par flatterie pour l'homme qui allait en être constitutionnellement revêtu. Dans les discussions, ces opinions se prononcèrent souvent avec vivacité, et les défenseurs des institutions républicaines étaient souvent brusqués avec fort peu de ménagement par Bonaparte, qui y assistait régulièrement. Un jour, entre autres, il apostropha Mathieu par ces mots : « *Votre discours est un discours de club.* » Il s'excusa ensuite auprès de Mathieu de sa vivacité; mais chacun commença à comprendre alors qu'on pouvait bien s'être donné un maître qu'irritait la moindre contradiction.

La constitution de Sièyes, trop bien réglée pour être praticable, était une ingénieuse conception, qui, par des combinaisons habiles, bridant à la fois les puissances exécutives, législatives et démocratiques, semblait fermer toutes les portes au despotisme.

La constitution de l'an III avait principalement laissé constater un grand vice dans les élections. Chaque année avait vu triompher tour-à-tour deux partis, royaliste ou jacobin, qui s'étaient réciproquement exclus, soit au 18 fructidor, soit au 22 floréal. Sous ce rapport, elle n'offrait dès lors ni stabilité ni sécurité. Dans la constitution nouvelle, Sièyes imagina d'ôter au peuple les élections directes. La commune, le département, l'État, devaient former en France trois divisions politiques, ayant chacune ses pouvoirs d'administration et de judicature placés dans un ordre hiérarchique. Les municipalités, les tribunaux de paix et d'instance, constituaient la division communale; les préfectures populaires et les tribunaux d'appel, la division départementale; le gouvernement central et la cour de cassation, la division de l'État. Pour remplir les diverses fonctions de ces trois divisions, le peuple devait faire des *listes de notabilité,* dont les membres ne seraient que de simples candidats. Un sénat devait élire parmi eux les membres du corps législatif et du tribunat, et le gouvernement y choisir tous les fonctionnaires judiciaires et administratifs.

Par surcroît de précaution, la première fois, les individus seuls appelés par le peuple à des fonctions publiques, et ayant exercé des emplois à la nomination du gouvernement, devaient être portés de droit sur ces listes pour dix ans; sur la liste nationale, tout citoyen qui avait été ou était législateur, directeur, investi de hautes fonctions administratives, judiciaires, diplomatiques ou militaires. Les listes départementales et communales, formées des fonctionnaires inférieurs, devaient être complétées par des notabilités indistinctement choisies parmi les propriétaires, les industriels, les artistes ou les savants. Cette disposition transitoire était fort importante, en ce qu'elle assurait, pendant les dix premières années, la coopération presque exclusive des hommes qui avaient donné des gages aux principes de la révolution, et qui étaient dès lors censés intéressés à en maintenir les résultats. Au bout de ce temps, et lorsque la République serait solidement assise, la formation des listes devait revenir au peuple.

Dans cette même constitution de Sièyes, la législature conservait peu de chose de sa forme et de ses attributs précédents. Le *jury constitutionnaire*, ou sénat conservateur, ne pouvant ni ordonner ni agir, était uniquement destiné à pourvoir à l'existence régulière de l'État, en élisant, sur les listes des candidats, les membres des premiers corps de la nation. Il avait, en outre, le privilège de réprimer les usurpations ou les empiètements, non-seulement des divers corps, mais encore des membres qui les composaient individuellement, ou même du chef de l'État. Ce privilège s'exerçait par le *droit d'absorption,* c'est-à-dire en appelant dans son sein tout chef de gouvernement, tout tribun dont l'ambition ou la popularité lui auraient paru dangereuses pour la République. Un sénateur étant, par la constitution, inhabile à toute autre fonction, l'individu *absorbé* entrait dans le sénat pour le reste de sa vie.

Il y avait ensuite un *corps législatif* muet, cessant d'être une cour délibérante pour devenir corps judiciaire, devant lequel des délégués du *Conseil d'État* et *du Tribunat* défendaient ou attaquaient les projets de loi qui avaient été secrètement élaborés dans le premier et publiquement discutés dans le second. L'initiative de la loi appartenait ainsi au Conseil d'État, la discussion au Conseil d'État et au Tribunat, et l'adoption au corps législatif.

L'élection de ces corps divers différait autant que leurs prérogatives.

Les assemblées primaires, composées de tout Français âgé de vingt-un ans, et s'élevant à cinq millions d'individus environ, nommaient le dixième d'entre eux ; c'étaient cinq cent mille individus formant la *liste communale de candidature*. Ces électeurs, choisissant encore le dixième d'entre eux, formaient une seconde liste de cinquante mille qu'on appelait *liste départementale;* par le même mode, ces nouveaux élus formaient une troisième liste de *cinq mille individus* nommée *liste nationale*. Dans la première de ces listes de *notabilité*, on choisissait les administrations municipales et judiciaires jusqu'aux sous-préfets et juges de première instance ; dans la seconde, les administrations départementales supérieures jusqu'aux préfets et juges d'appel ; dans la troisième, tous les membres du corps législatif et tous les fonctionnaires d'un ordre élevé. Le pouvoir exécutif, auteur de sa propre formation, choisissait, dans les listes correspondantes, tous ses agents depuis les maires jusqu'aux conseillers d'État. Le sénat, pris aussi lui-même dans la *liste nationale,* y élisait les membres du corps législatif et du tribunal de cassation. Les cent premiers membres de la liste nationale composaient de droit le tribunat.

Tel était ce pouvoir électoral. Sans être direct, il embrassait à la fois les membres des assemblées délibérantes et les fonctionnaires exécutifs eux-mêmes. Ce système paraissait de nature à paralyser les partis ; mais en transportant le droit d'élection dans le pouvoir exécutif et le sénat, il dénaturait le gouvernement représentatif. Il était à craindre, en outre, qu'en ne conférant au peuple que la simple nomination des candidatures, on ne fît naître l'indifférence pour la chose publique, et que l'esprit national ne vînt à s'éteindre.

Restait enfin le pouvoir exécutif qui couronnait ce qu'on appelait la *pyramide :* c'est le nom par lequel on figurait la constitution de Sièyes. Ce pouvoir exécutif était une des portions les plus importantes de l'édifice, et celle dont le peuple devait le plus sentir et apprécier l'influence. Il résidait dans un *proclamateur-électeur* inamovible, irresponsable, choisi par le sénat, ayant un revenu de six millions, une garde de trois mille hommes, et le palais de Versailles pour habitation. Ses fonctions consistaient à représenter la gloire, la puissance, la dignité de la nation. Il nommait deux consuls, le *consul de la paix*, le *consul de la guerre*. Il accréditait les ambassadeurs dans les cours étrangères dont les agents diplomatiques étaient accrédités auprès de lui. Les lois, la justice, tous les actes du gouvernement étaient rendus en son nom. Il pouvait destituer les consuls, les changer ; mais le sénat, s'il jugeait ses actes contraires à l'intérêt national, ou dangereux pour la liberté de la République, avait la faculté *d'absorber le proclamateur-électeur*, c'est-à-dire d'en faire un sénateur. Or, comme les fonctions de sénateur étaient à vie et incompatibles avec toute autre fonction publique, *l'absorption* était une déchéance irrévocable.

Il y avait, en outre, en ce qui concernait le choix du pouvoir exécutif, un contrôle réciproque qui s'exerçait indirectement. Ainsi, par exemple, le proclamateur-électeur et les deux consuls prenaient les fonctionnaires parmi les candidats présentés par le peuple ; mais les listes de candidature étant renouvelables la première tous les deux ans, la seconde tous les cinq ans, et la troisième tous les dix ans, le peuple n'avait qu'à ne pas maintenir les fonctionnaires amovibles sur ses listes pour prononcer, en quelque sorte, leur destitution.

Tel était, en résumé, le projet de constitution que présenta Sièyes ; mais ces rouages, ces contrôles, et surtout cette faculté d'absorption dévolue au sénat, tout cela n'allait point à Bonaparte. Il se réservait le gouvernement ; tous les suffrages du reste le lui destinaient : aussi attaqua-t-il sans ménagement tout ce qui pouvait porter atteinte aux attributions du pouvoir exécutif, ou même seulement l'entraver. — « Le proclamateur-électeur, disait-il, s'il s'en tient strictement aux fonctions que vous lui assignez, sera l'ombre, mais l'ombre décharnée d'un roi fainéant. Connaissez-vous un homme d'un caractère assez vil pour se complaire dans une pareille singerie ? S'il abuse de sa prérogative, vous lui donnez un pouvoir absolu. Si, par exemple, j'étais grand-électeur, je dirais, en nommant le consul de la guerre et celui de la paix : Si vous faites un ministre, si vous signez un acte sans que je l'approuve, je vous destitue. Mais, dites-vous, le sénat, à son tour, absorbera le grand-électeur. Le remède est pire que le mal : personne, dans ce projet, n'a de garantie. D'un autre côté, quelle sera la situation de ces deux premiers ministres ? L'un aura sous ses ordres les ministres de la justice, de l'intérieur, de la police, des finances, du trésor ; l'autre ceux de la marine, de la guerre, des relations extérieures. Le premier ne sera environné que de juges, d'administrateurs, de financiers, d'hommes en robes longues ; le second, que d'épaulettes et d'hommes d'épée : l'un voudra de l'argent et des recrues pour ses armées ; l'autre n'en voudra pas donner. Un pareil gouvernement est une création monstrueuse, composée d'idées hétérogènes qui n'offrent rien de raisonnable. C'est une grande erreur de croire que l'ombre d'une chose puisse tenir lieu de la réalité. »

A ces objections graves qui offraient peu de prise à la réplique, Bonaparte ajoutait de mordants sarcasmes qui laissaient peu de doutes à Sièyes sur le sort de son œuvre. — « Croyez-vous, lui disait-il au sujet du proclamateur-électeur, que la nation verrait avec plaisir un cochon à l'engrais dépenser six millions à Versailles sans rien faire ? »

Sièyes était d'autant plus sensible à ces critiques, mêlées d'amertume et d'ironie, qu'il s'était réservé la place de grand-électeur. Quelques historiens ont voulu l'en disculper, en lui attribuant l'intention d'en investir Bonaparte ; mais Sièyes connaissait trop bien les hommes pour croire que Bonaparte, avec son esprit actif et ses goûts belliqueux, se résignerait à ce rôle de nullité royale.

Quoi qu'il en soit, la constitution de Sièyes servit seulement de cadre à la constitution de l'an VIII. A son système on substitua, sous le nom de Premier Consul, un président temporaire de la République. Pour ne pas trop heurter de front les idées républicaines, encore fort ombrageuses et très-susceptibles, on lui donna, pour seconds, deux Consuls à voix consultative. Quelques républicains des commissions essayèrent de limiter ou de balancer les fonctions de cette magistrature suprême ; mais Bonaparte fit si bien, qu'on la dota de la plus grande indépendance et de tous les attributs de la royauté, moins l'hérédité. Ces Consuls, nommés pour dix ans, furent indéfiniment rééligibles ; ils eurent la nomination du personnel administratif, militaire et judiciaire, la direction de la guerre et de la diplomatie, et la signature des traités, sauf leur discussion et leur adoption par le corps législatif.

Le sénat, composé de quatre-vingts membres, fut primitivement nommé par les Consuls; mais, n'ayant plus le droit de révoquer ses chefs, il perdit toute action propre, toute indépendance, et fut totalement subordonné au pouvoir exécutif.

Le corps législatif, composé de trois cents membres choisis par le sénat, dut entendre les débats contradictoires des conseillers d'État et des tribuns, et voter les lois sans discussion.

Le tribunat, choisi aussi par le sénat, se composa de cent membres. Là seulement se conserva une faible parcelle de l'ame du gouvernement représentatif, la publicité. Sans avoir l'initiative des propositions légales, le tribunat eut la faculté de discuter publiquement les lois, non pour l'adoption, mais pour connaître l'avis à soutenir devant le corps législatif. Son vote, négatif ou affirmatif, n'avait, l'un et l'autre, que l'autorité d'un précédent. Le tribunat, du reste, eut la faculté de dénoncer les inconstitutionnalités et d'émettre des vœux.

Le système des listes de notabilité communale, départementale et nationale, fut adopté pour être mis à exécution dès l'an ix. L'action populaire qu'il consacrait était trop indirecte pour ne pas entrer dans les vues de Bonaparte; seulement on écarta la mesure transitoire sur leur première formation, et il n'y fut porté de droit que les citoyens nommés dans l'organisation du gouvernement consulaire.

Le gouvernement eut seul l'initiative des lois.

Au moyen de certaines dispositions générales, cette constitution garantissait la liberté individuelle, l'inviolabilité du domicile, la responsabilité des ministres et des agents inférieurs ; mais elle ne renfermait pas de déclaration de droits, ne contenait rien sur la liberté des cultes, celle de la presse, la publicité de la justice, et, de la plupart des droits publics, ne consacrait que celui de pétition. Aux réclamations que quelques membres des commissions firent entendre à ce sujet, Bonaparte répondit par ces mots : « Une constitution ne doit pas contenir tous ces détails ; on y pourvoira avec le temps et par des lois. »

Cette célèbre constitution de l'an VIII ne conserva donc, de celle de Sièyes, que ce qui pouvait entraver l'action populaire. Elle fit passer la vie de la nation au gouvernement. Elle ne fut qu'un règlement d'organisation politique, fait en haine des agitations révolutionnaires, tout en tenant compte des résultats pratiques et des intérêts de la révolution.

Voici en quels termes l'ex-directeur Gohier, dans ses *Mémoires*, apprécie cette constitution et le gouvernement qu'elle consacra. — « Ainsi, une minorité pitoyable crée, le 19 brumaire, trois commissions provisoires : ces trois commissions, sans être un corps constituant, créent une constitution ; cette constitution engendre un grand Consul ; le grand Consul engendre deux nouveaux Consuls et un conseiller d'État ; les deux nouveaux petits Consuls, réunis avec deux petits Consuls provisoires, métamorphosés en sénateurs, engendrent la moitié du grand corps dont ceux-ci sont déjà membres ; cette moitié engendrée engendre l'autre moitié ; et ce grand corps politique, qu'on appelle, par antiphrase, *sénat conservateur*, étant ainsi complètement engendré, il engendre un corps législatif et un tribunat. Dans trois jours et trois nuits s'opèrent ces joyeux enfantements ; et toutes les autorités qui devaient gouverner la France, ainsi illégitimement engendrées, n'attendent pas qu'elles soient légitimées par l'adoption nationale pour s'emparer des fonctions des autorités qu'elles remplacent. »

En effet, avant que les registres fussent ouverts aux votes du peuple, et sans savoir encore si l'acceptation de la constitution serait sanctionnée par la nation, le gouvernement consulaire s'institua d'une manière définitive. Le personnel des pouvoirs fut même désigné dans l'acte constitutionnel, et soumis à la sanction populaire.

Bonaparte fut élu Premier Consul pour dix ans. Il s'adjoignit Cambacérès et Lebrun. Le premier, ancien membre de la Plaine à la Convention, possédait de vastes connaissances en jurisprudence, en politique et en administration; le second, ancien coopérateur du chancelier Maupeou, était un homme de lettres à qui on doit une bonne traduction en prose de l'*Iliade* et de la *Jérusalem délivrée*, et qui passa inaperçu dans le poste éminent où il fut placé. Ces deux Consuls nouveaux, avec Sièyes et Roger-Ducos, Consuls sortant, élurent la moitié des membres du sénat, qui fut ensuite chargée d'élire l'autre moitié. Les sénateurs nommèrent ensuite le tribunat, le corps législatif et le tribunal de cassation. Sièyes, devenu sénateur, et dont le rôle actif se trouvait désormais fixé, reçut, pour fiche de consolation, le domaine de Crosne, à titre de récompense nationale.

Cette constitution fut soumise à l'acceptation du peuple, et approuvée par trois millions onze mille sept voix. Le nombre des non-acceptants était de quinze cent soixante-deux. Celle de 1793 avait obtenu un million huit cent un mille neuf cent dix-huit voix, contre onze mille six cent dix refusants; et celle de l'an III, un million cinquante-sept mille trois cent quatre-vingt-dix voix, contre quarante-neuf mille neuf cent cinquante-huit; celle de 1791 n'avait pas été acceptée nominativement.

Le 24 frimaire an VIII (15 décembre 1799), la constitution nouvelle fut promulguée, précédée de la proclamation suivante, en guise de préambule :

« Citoyens, une constitution vous est présentée;

« Elle fait cesser les incertitudes que le gouvernement provisoire mettait dans les relations extérieures, dans la situation intérieure et militaire de la République;

« Elle place, dans les institutions qu'elle établit, les premiers magistrats dont le dévouement a paru nécessaire à son activité.

« La constitution est fondée sur les vrais principes du gouvernement représentatif, sur les droits sacrés de la propriété, de l'égalité et de la liberté.

« Les pouvoirs qu'elle institue seront forts et stables, tels qu'ils doivent être pour garantir les droits des citoyens et les intérêts de l'État.

« Citoyens, la révolution est fixée aux principes qui l'ont commencée : *elle est finie.* »

Si l'on doit juger de la portée des hommes appelés au pouvoir d'après le choix qu'ils font de leurs agents, le Premier Consul dut, sous ce rapport, inspirer la plus grande confiance. Il mit un soin extrême à s'entourer d'esprits supérieurs. Tous ceux qui, dans cette sphère, avaient survécu aux orages révolutionnaires, et que leurs opinions politiques ne maintenaient pas dans un état d'exclusion où ils avaient cru devoir se renfermer, furent appelés par lui aux hautes fonctions administratives ou législatives.

Le conseil d'État, qui devait rédiger les projets de loi ou les règlements relatifs aux matières de sa compétence, était aussi chargé de les discuter devant le corps législatif. Tout le contentieux administratif entrait dans ses attributions. Il était divisé en cinq sections : la section de finance, de législation, de la guerre, de la marine et de l'intérieur. Les sections partielles, après avoir élaboré les projets en particulier, les délibéraient en assemblée générale de toutes les sections réunies. Parmi les membres principaux de ce grand corps, étaient Rœderer, Regnault de Saint-Jean-d'Angély, Chaptal, Fourcroy, Boulay (de la Meurthe), Duchâtel, Defermon, Réal, Ganteaume, Brune, etc.

Le sénat, commis à la garde et à l'observation des lois, fut chargé de maintenir dans leurs limites respectives les divers pouvoirs, et de veiller à ce qu'ils ne sortissent point des bornes tracées par la constitution. Il dérogea dans la suite à son institution, mais il put se montrer fier, dès son origine, des notabilités en tout genre qui le composaient. Là se voyaient Monge, Lagrange, Bertholet, Laplace, Lacépède, Volney, Tracy, Darcet, Daubenton, Bougainville, Kellermann, Cabanis, Garat, etc.

Le tribunat comptait aussi de belles renommées, des orateurs éloquents. Ce fut dans ce corps que la liberté expirante en France se réfugia. Là brillèrent par leurs talents, Benjamin Constant, Daunou, Laromiguière, Andrieux, Chénier, J.-B. Say, et, par le feu sacré de l'indépendance et du patriotisme, Carnot, Flaugergue, Riouffe et quelques autres.

Le corps législatif, dont les attributions se bornaient à voter les lois élaborées dans le conseil d'État, et discutées au tribunat, eut aussi ses notabilités, mais moins éclatantes.

Le système administratif fut complété par le choix des préfets, des sous-préfets, des maires, et, en peu de temps, sous la main de Bonaparte, tout marcha avec ensemble et précision.

Cet état de choses fut en partie la conséquence des instructions secrètes que donna Bonaparte aux agents envoyés en mission dans les départements. « N'écoutez aucune dénonciation, leur dit-il, ne voyez partout que des hommes égarés ou bien intentionnés. Je veux, dans le premier moment, ne connaître ni aristocrate, ni démocrate, ni royaliste, ni jacobin. Tous ceux qui voudront se rallier franchement à moi, seront les bien-venus ; et, plus tard, nous sévirons contre ceux qui voudraient persister dans un système d'opposition qui deviendrait criminel. Votre rôle est d'opérer une fusion complète : je vous recommande surtout les prêtres et les nobles ; ils ont été tourmentés ; je veux que les souvenirs de famille et les cultes soient respectés. Faites plier à ces intentions ceux qui les combattraient par des paroles démagogiques. Je ne suis pas venu, ajouta-t-il en terminant et en retournant une phrase de Jésus-Christ, je ne suis pas venu apporter le glaive, mais la paix. »

Ces instructions révèlent tout le système politique du Premier Consul, qui, avec l'intention ferme de comprimer tous les partis, était résolu à les accueillir tous.

Ses actes, du reste, furent tous, dès le début, en harmonie avec ses paroles. L'arrêté pris après le 18 brumaire, et qui prononçait la déportation et la détention, changées ensuite en surveillance de la haute police, de cinquante-six membres du parti révolutionnaire, fut rapporté ; la loi du 18 fructidor le fut aussi. On rappela les proscrits du Directoire et des gouvernements antérieurs, et on leur permit de séjourner en France dans des lieux indiqués ; de ce nombre furent Barrère, Barbé-Marbois, Pastoret, Boissy-d'Anglas, ainsi que Siméon, Portalis et Carnot, qui fut peu après employé par le nouveau gouvernement. Les lois qui prononçaient l'exclusion des fonctions publiques des parents d'émigrés et des ci-devant nobles, furent annulées comme contraires aux principes de la constitution nouvelle.

Un des actes les plus politiques du Premier Consul, et celui dont les résultats agrandirent sa popularité, fut celui par lequel il décréta la liberté des cultes et amoindrit l'énergie du serment républicain. Le 21 nivôse, sur la proposition du gouvernement, une loi consacra le nouveau serment des prêtres et autorisa l'exercice du culte catholique dans les édifices originairement consacrés à cet usage. Pour ne laisser aucune excuse aux prêtres qui avaient jusqu'alors refusé le serment républicain sous prétexte qu'il était contraire aux lois de l'Église, on n'exigea d'eux que cette simple promesse : *Je promets d'être fidèle à la constitution*. La restitution des églises au culte catholique amena quelques scènes fâcheuses. Le clergé voulut en avoir l'usage exclusif; mais d'autres cultes, celui de la Raison, de l'Être-Suprême ou des Théophilanthropes, avaient encore certains adhérents, et les lois qui avaient affecté ces édifices à la célébration des cérémonies décadaires, ne pouvaient être rapportées sans inconvénients; cela eût blessé profondément le parti républicain, qui, fort ombrageux déjà, s'était expliqué très-vivement sur cette nouvelle mesure. La concurrence des cérémonies du culte catholique et de celle des décades amena souvent de graves embarras; mais le gouvernement voulait que tous les cultes fussent libres, et qu'aucun ne dominât. Cette situation anormale, qui affectait les églises aux cérémonies de religions diverses, dura jusqu'à la publication du concordat où l'on renonça à l'institution du décadi pour revenir à celle du dimanche.

Après avoir pris l'initiative de cette réaction en faveur du catholicisme, le gouvernement voulut les consacrer par des actes. Pie VI était mort depuis six mois à Valence en

Dauphiné, et ses restes, en attendant d'être inhumés, avaient été déposés dans une sacristie. On lui fit de magnifiques obsèques. Pie VI, quand il mourut, avait quatre-vingt-deux ans. Chassé de Rome par les armées républicaines, il avait d'abord été confiné dans un couvent en Toscane. Lors de nos désastres en Italie, il avait été amené en France; le Directoire l'avait traité avec peu de ménagement. Bonaparte voulut réparer, par une conduite plus habile, les effets de mesures impolitiques. Bonaparte, en agissant de la sorte, s'attacha puissamment les masses, dont les faits extérieurs saisissent plus aisément l'imagination.

D'autres actes qui, en tout autre gouvernement que celui de Bonaparte, auraient paru les précurseurs d'une contre-révolution complète, suivirent ceux-là. La fête du 21 janvier fut abolie. Du catalogue des fêtes révolutionnaires, on ne conserva que le 14 juillet et le 1er vendémiaire, « journées impérissables dans la mémoire des citoyens, accueillies par tous les Français avec des transports unanimes, et ne réveillant aucun souvenir qui tende à porter la division parmi les amis de la République. » Telles étaient les expressions de l'arrêté consulaire. Ces fêtes, comme on sait, étaient l'anniversaire, l'une du premier jour de la révolution, l'autre du premier jour de la république.

Pendant que, par ces actes, le Premier Consul cherchait à captiver l'opinion publique et à répandre l'esprit de conciliation dont le gouvernement donnait l'exemple, il ne négligeait rien de ce qui pouvait lui rattacher de plus en plus l'armée. Préludant à l'institution de la Légion-d'Honneur, il institua les armes d'honneur. N'étant encore que général en chef, il avait décerné de semblables récompenses. En Italie, il avait distribué soixante-quinze sabres d'honneur; en Égypte, il avait décerné des grenades d'or, des baguettes, des trompettes et des fusils garnis en argent. Son arrêté du 5 nivôse statua sur le mode et sur la nature des récompenses à accorder *aux guerriers qui auraient rendu des services éclatants en combattant pour la République.* En même temps, il adressait à l'armée la proclamation suivante :

« Soldats, en promettant la paix au peuple français, j'ai été votre organe ; je connais votre valeur ;

« Vous êtes les mêmes hommes qui conquirent la Hollande, le Rhin, l'Italie, et donnèrent la paix sous les murs de Vienne étonnée ;

« Ce ne sont plus vos frontières qu'il faut défendre, ce sont les États ennemis qu'il faut envahir ;

« Premier magistrat de la République, il me sera doux de faire connaître à la nation entière les corps qui mériteront, par leur discipline et leur valeur, d'être proclamés les soutiens de la patrie ;

« Soldats, lorsqu'il en sera temps, je serai au milieu de vous, et l'Europe étonnée se souviendra que vous êtes de la race des braves. »

Le ton belliqueux de cette proclamation était plutôt un hommage à la bravoure de l'armée, que l'expression véritable des sentiments actuels du Premier Consul. En effet, pendant qu'il exaltait ainsi le courage de ses soldats, il faisait des démarches solennelles pour obtenir la paix. Dédaignant les formes usitées et toutes les mesquines et ridicules rubriques de la diplomatie, il adressa directement une lettre au roi d'Angleterre et une autre à l'empereur d'Autriche.

Voici celle qu'il écrivit au roi d'Angleterre.

*République française.—Souveraineté du peuple. — Liberté.
— Égalité.*

« Bonaparte, Premier Consul de la République, à S. M. le roi de la Grande-Bretagne et d'Irlande.

« Appelé par le vœu de la nation française à occuper la première magistrature de la République, je crois convenable, en entrant en charge, d'en faire directement part à Votre Majesté.

« La guerre qui, depuis huit ans, ravage les quatre parties du monde, doit-elle être éternelle? N'est-il donc aucun moyen de s'entendre?

« Comment les deux nations les plus éclairées de l'Europe, puissantes et fortes plus que ne l'exigent leur sûreté et leur indépendance, peuvent-elles sacrifier à des idées de vaine grandeur le bien du commerce, la prospérité intérieure, le bonheur des familles? Comment ne sentent-elles pas que la paix est le premier des besoins comme la première des gloires!

« Ces sentiments ne peuvent pas être étrangers au cœur de Votre Majesté, qui gouverne une nation libre et dans le seul but de la rendre heureuse.

« Votre Majesté ne verra, dans cette ouverture, que mon désir sincère de contribuer efficacement, pour la seconde fois, à la pacification générale par une démarche prompte, toute de confiance, et dégagée de ces formes qui, nécessaires peut-être pour déguiser la dépendance des États faibles, ne décèlent, dans les États forts, que le désir mutuel de se tromper.

« La France, l'Angleterre, par l'abus de leurs forces, peuvent longtemps encore, pour le malheur de tous les peuples, en retarder l'épuisement ; mais, j'ose le dire, le sort de toutes les nations civilisées est attaché à la fin d'une guerre qui embrase le monde entier. »

La lettre du Premier Consul à l'empereur d'Autriche était conçue dans un même esprit de franchise, de conciliation et de fermeté : son langage était celui du chef d'une nation connaissant sa force et ne craignant pas d'offrir la paix, disposée qu'elle était à la conquérir par la guerre, si on la lui refusait.

Tels furent les actes principaux qui précédèrent l'ouverture du corps législatif, qui eut lieu le 11 nivôse an VIII (1er janvier 1800). Le Luxembourg avait été affecté aux séances du sénat, le Palais-Bourbon à celles du corps législatif, et le Palais-Royal au tribunat.

Le premier jour fut consacré à l'élection des bureaux : Sièyes fut élu président du sénat, Daunou du tribunat, et Perrin (des Vosges) du corps législatif. Lucien Bonaparte avait été nommé au ministère de l'intérieur, en remplacement de Laplace, élu sénateur. Cambacérès, devenu Consul, avait été remplacé au ministère de la justice par Abrial.

La France entière attendait, avec une impatience bien naturelle, l'ouverture de la législature. On avait hâte de savoir comment fonctionneraient ces corps, dont un seul, le tribunat, avait la parole. On était curieux ou inquiet de connaître l'attitude que prendrait ce dernier à l'égard du gouvernement. Si le 18 brumaire était entaché d'illégalité, si la constitution nouvelle était illégitime, on s'en préoccupait fort peu en général. Depuis le 9 thermidor, les coups d'État s'étaient si rapidement succédés, qu'on les considérait comme des moyens de gouvernement. Puis, après les hommes qui s'étaient illustrés dans les trois assemblées révolutionnaires, quel enthousiasme, quel intérêt, quelle sympathie pouvaient inspirer leurs successeurs?

Dès la première séance, le tribunat fit de l'opposition. Elle porta sur des choses très-futiles ; cependant elle servit de prétexte à une déclaration qui n'était pas préméditée, mais qui fit une vive sensation au-dehors. Riouffe, par motion d'ordre, parla contre le singulier costume imposé aux tribuns. Duveyrier, par motion d'ordre aussi, monta à la tribune pour parler du local où l'on avait placé le tribunat. C'était, comme on l'a vu, le Palais-Royal, alors plus qu'à présent lieu de désordre et de débauche. Le choix de ce lieu avait paru injurieux à quelques personnes : dans les salons, il était, pour les uns, un sujet de plainte, pour les autres, un objet de plaisanterie. Duveyrier voulut défendre le gouvernement à ce sujet, et se trouva entraîné à dire : « Ce choix est satisfaisant : j'en remercie les auteurs. Le Palais-Royal a été le berceau de la révolution, le lieu où Camille Desmoulins a arboré le premier signe de la liberté, le lieu, en un mot, où, si l'on parlait d'une idole de quinze jours, on se rappellerait qu'une idole de quinze siècles a été brisée en un jour. »

Cette phrase blessa vivement le Premier Consul et fit quelque sensation au-dehors. La majorité même du tribunat désapprouva une attaque si peu motivée encore ; mais il n'en resta pas moins une opposition qui se formula plus sérieusement lors de la présentation d'un projet qui devait régler le mode de formation de la loi. On y fixait, entre autres, les délais dans lesquels la discussion devait avoir lieu. Ce mode fut trouvé arbitraire, et les délais insuffisants. L'opposition se plaignit qu'on voulût emporter les décrets au pas de course ; d'autres défendirent les intentions du gouvernement ; enfin le projet fut adopté à la majorité de cinquante-quatre voix contre vingt-six, tandis qu'au corps législatif le vote fut presque unanime. L'opposition du tribunat se maintint à ce chiffre de vingt-cinq à trente voix, mais sans avoir rien de systématique.

L'impression momentanée que cette opposition naissante avait faite se dissipa bientôt. L'attention se porta sur les vastes travaux administratifs, financiers ou judiciaires que méditait ou que proposait le gouvernement. Le 18 fructidor, Rœderer présenta au corps législatif une loi qui modifiait la division territoriale et réglementait l'administration départementale et municipale : c'est celle qui régit encore aujourd'hui la France, et a constitué la centralisation administrative. Elle fut décrétée le 28 du même mois. La circonscription d'arrondissement remplaça les municipalités cantonnales. Un préfet par département, un sous-préfet par arrondissement, un maire par commune, furent autant de délégués du pouvoir exécutif ayant, dans les conseils de département, d'arrondissement ou de commune, de petites assemblées délibérantes qui avaient droit de conseil, de surveillance, de contrôle, mais non d'action. Le pouvoir exécutif eut la nomination de ses agents, préfets, sous-préfets, maires ; et, au détriment du sénat, qui était chargé d'élire tous les corps délibérants politiques, il put choisir aussi les membres des conseils de département, d'arrondissement et de commune, dans les listes de notabilités départementales, d'arrondissement et communales. Les conseils de préfecture, chargés de la justice administrative ou du contentieux, complétèrent cette institution d'un système administratif essentiellement contraire aux opinions républicaines.

Il fut suivi d'un autre aussi majeur et aussi urgent, celui de la nouvelle organisation judiciaire, dont le double but fut de placer la justice plus près des justiciables, en leur assurant néanmoins une justice d'appel au-dessus de la justice locale. Il créait, après le tribunal de cassation, un tribunal de première instance par arrondissement, un tribunal criminel par département, et vingt-neuf tribunaux d'appel. Les avoués, l'un des privilèges supprimés par la révolution, furent rétablis.

A ces deux projets se joignirent celui qui déclarait fermée la liste d'émigration, et remettait aux tribunaux à prononcer sur les préventions de ce genre, celui du rachat des rentes viagères dont la confiscation avait réuni les titres à la République, ceux sur le droit de tester, dont les familles demandaient le rétablissement, sur la création de nouveaux comptables, et enfin sur les recettes et dépenses de l'an VIII.

Le 9 germinal (30 mars), fut close la session du corps législatif. Des inspecteurs, nommés par la voie du sort, durent rester réunis en commission pendant l'absence de l'assemblée. Le tribunat, qui, aux termes de la constitution, pouvait se conserver en permanence, ne se rassembla que tous les quinze jours, ne s'occupant, dans ses réunions, que de faits relatifs à des intérêts particuliers, et, de ses fonctions, n'exerçant alors que celle de surveillance et de redressement. Aux relations journalières des séances du tribunat et du corps législatif, succédèrent alors, dans les feuilles publiques, celles du conseil d'État, et la nation s'habitua peu à peu à entendre la représentation nationale parler moins souvent que le pouvoir.

Toutes ces nouvelles organisations administratives, judiciaires, financières, mettant à la disposition des Consuls tant de places lucratives et honorables, leur assurèrent bientôt une clientèle nombreuse et puissante, dont les ramifications embrassaient toutes les parties de la nation. La confiance, la sécurité de ceux qui trouvaient place dans ce nouvel ordre de choses, s'étendit bientôt à tous les autres, et les signes les plus évidents de la confiance des particuliers dans la stabilité d'un système politique, apparurent. La renaissance du crédit en fut un des symptômes les moins contestables ; le taux des rentes sur l'État s'éleva à la hausse ; le tiers consolidé monta de 6 francs à 24, et enfin l'association des banquiers, qui, comme on l'a vu, s'était formée pour faciliter la rentrée des fonds au trésor, prit de l'extension, et donna naissance à la *Banque de France*. Le fonds capital fut porté à trente millions, divisé en trente mille actions. Escompter des lettres de change, se charger du recouvrement des effets, recevoir en compte courant sous dépôts et consignations, émettre des billets au porteur et à vue, et enfin ouvrir une caisse de placements et d'épargnes, telles durent être ses opérations. Le gouvernement favorisa de tout son pouvoir une entreprise qui, dans ces moments, pouvait lui rendre de si importants services. Il y avait déjà fait verser, pour prix de cinq mille actions, cinq millions, inscrits au nom de la caisse d'amortissement ; et ensuite il fut ordonné de faire à la banque le versement des fonds déposés à la caisse des réserves de la loterie nationale pour la garantie des lots. Enfin, elle fut chargée de recouvrer les sommes à verser par les receveurs de la loterie, et de payer le second semestre des rentes et pensions, qui eut lieu dès ce moment en numéraire. Ces diverses mesures, qui secondèrent si puissamment la création d'une entreprise particulière indépendante du gouvernement, furent consacrées par des arrêtés des 23 nivôse, 15 ventôse, 16 germinal et 23 thermidor an VIII.

A ces grandes mesures d'utilité générale s'en était jointe malheureusement une oppressive et attentatoire à la liberté de la presse. Par arrêté du 27 nivôse, de tous les journaux politiques qui s'imprimaient à Paris il n'en fut autorisé que treize. Tous les autres furent supprimés. Le ministre de la police dut faire un rapport sur tous ceux qui s'imprimaient dans les départements, et le pouvoir put supprimer, sans jugement et par simple mesure de police, « tous les journaux qui inséreront des articles contraires au respect dû au pacte social, à la souveraineté du peuple et à la gloire des armées, ou qui publieront des invectives contre les gouvernements et les nations amis ou alliés de la République. » Une définition aussi vague ouvrait les portes à l'arbitraire, et ôtait à la presse la faculté d'exercer sur les actes du pouvoir toute espèce de contrôle.

Pendant que, par de grands travaux, le gouvernement consulaire avait reconstitué à l'intérieur l'administration, la justice, le crédit, les négociations entamées avec l'Europe avaient une issue moins heureuse. Aux lettres que le Premier Consul avait écrites au roi d'Angleterre et à l'empereur d'Autriche, le premier fit répondre, par lord Granville, une lettre inconvenante, mesquine, malveillante, et où la passion d'un premier ministre peu éclairé dominait plus que la raison. On y lisait, entre autres, ces deux phrases, dont l'une, la première, révèle une impudence peu commune, et l'autre, une insinuation malveillante que l'ignorance et la politique égoïste de Pitt pouvaient motiver, mais n'excusaient pas. « Le roi d'Angleterre, disait la première, a donné des preuves fréquentes de son désir sincère pour le rétablissement d'une tranquillité sûre et permanente en Europe. Il n'est ni n'a été engagé dans aucune contestation pour une vaine gloire ; il n'a eu d'autres vues que celles de maintenir contre toute agression les droits et le bonheur de ses sujets. C'est pour ces objets que jusqu'ici il a lutté contre une attaque non provoquée. » L'autre phrase était conçue en ces termes : « Le garant le plus naturel et le meilleur en même temps de la réalité du retour à de meilleurs principes, se trouverait dans le rétablissement de cette race de princes qui, durant tant de siècles, surent maintenir au-dedans la prospérité de la nation française, et lui assurer de la considération et du respect au-dehors. Un tel évènement aurait écarté à l'instant, et il écarterait, dans tous les temps, les obstacles qui s'opposeraient aux négociations de la paix. » Le reste de la note était un mélange de langage violent et de récriminations contre les divers gouvernements de la République. Ce langage ne permettait plus de compter sur la paix avec l'Angleterre. La réponse de l'Autriche fut plus modérée, mais également négative.

Le Premier Consul, pénétré de la nécessité de continuer la guerre et d'acheter la paix par de nouvelles victoires, s'y prépara. Il fit quelques démarches sagement concertées pour mettre à profit les bonnes dispositions du cabinet de Berlin, tirer tout le parti possible de sa neutralité, et détacher entièrement Paul Ier de la coalition. Ensuite il s'occupa activement d'en finir avec la Vendée, pour rendre disponibles, soit sur le Rhin, soit aux Alpes, les troupes qu'y retenait la guerre civile.

Les communications qu'il avait eues déjà avec quelques chefs vendéens, appuyées par soixante mille hommes qui menaçaient les provinces insurgées, avaient produit un heureux effet. La suspension d'armes, signée dans les premiers jours du Consulat, était près d'expirer, et les hostilités allaient recommencer avec une formidable armée d'un côté, et, de l'autre, un parti désorganisé, qui, dans le premier enthousiasme de l'insurrection de 1793, n'avait pu que livrer des luttes sanglantes et succomber. Peu de chances de succès restaient dès lors à l'insurrection, et la plupart des chefs parurent disposés à se soumettre. Les émigrés agents de l'Angleterre, dans un intérêt qu'ils disaient royaliste, mais qui était purement anglais, usèrent de tous leurs moyens pour empêcher la pacification. Promesses fallacieuses, insinuations perfides, bravades ridicules, calomnies, tout fut mis en œuvre pour éloigner un rapprochement qui paraissait imminent. Mais le général Hédouville, qui commandait l'armée républicaine, avait établi des intelligences avec quelques personnes qui avaient un grand ascendant sur les chefs royalistes, et, entre autres, avec l'abbé Bernier, curé de Saint-Laud, et qui, plus tard, prit part aux affaires de la République et de l'Empire. L'abbé Bernier réunit à Montfaucon les officiers royalistes de la rive gauche de la Loire. Il leur fit envisager leur peu de chances de succès et les malheurs inévitables qu'une plus longue résistance attirerait sur des provinces déjà si ravagées. Il conseilla de se soumettre. M. d'Autichamp mit le premier bas les armes pour le compte de la province. La capitulation fut signée le 28 nivôse (18 janvier). Les royalistes promettaient soumission complète et remise des armes ; la République assurait, en retour, amnistie, respect pour le culte, et radiation de tous les chefs de la liste des émigrés. Deux jours après, M. de Châtillon, qui commandait les insurgés de la rive droite, déposa aussi les armes. L'ancienne Vendée se trouva ainsi pacifiée. La Bretagne et la Normandie, où la chouannerie était plutôt organisée pour les pillages et les brigandages privés que pour la guerre, offrirent plus de difficultés ; mais, après plusieurs défaites des chouans à Melay, à Grandchamp, à Hennebon, M. de Bourmont et Georges Cadoudal se soumirent. Ce dernier fut obligé de livrer vingt mille fusils et vingt pièces de canon qu'il venait de recevoir des Anglais. M. de Frotté restait seul en armes dans la Basse-Normandie. Joint aux forges de Cossé par le général Gardanne, il fut battu, pris peu de jours après, livré à une commission militaire, et fusillé à Verneuil. Dès les premiers jours de ventôse (février 1800), la pacification des départements de l'Ouest fut terminée.

Des mesures ayant pour but de réorganiser, de montrer de la force ou de la modération, continuèrent de signaler la marche du gouvernement. De nouvelles listes de proscrits furent rapportées : de Fontanes, La Harpe, Suard, Michaud, Fiévée, furent rappelés de leur exil ; l'ex-Directeur Barthélemy fut nommé sénateur, et Carnot fut appelé au ministère de la guerre, à la place du général Berthier, nommé au commandement de l'une des armées de la République.

Au milieu des préoccupations incessantes du gouvernement de la République à l'intérieur et à l'extérieur, le Premier Consul ne négligeait aucun des moyens, aucune des manifestations qui pouvaient rassurer l'opinion publique sur son administration, et calmer les susceptibilités ombrageuses de la masse active de la nation. La mort de Washington, ce fondateur de la République américaine, et dont tous les amis de la liberté en Europe avaient vivement senti la perte, servit de prétexte à une de ces espèces de professions de foi souvent nécessaires aux gouvernements qui inspirent de la défiance. Avant la cérémonie funèbre qu'il ordonna en l'honneur de Washington, Bonaparte adressa aux armées la proclamation suivante : « Washington est mort ! Ce grand homme s'est battu contre la tyrannie ; il a consolidé l'indépendance de sa patrie. Sa mémoire sera toujours chère au peuple français, comme à tous les hommes libres des deux mondes, et spécialement aux soldats français, qui, comme lui et les soldats américains, se battent pour la liberté et l'égalité. » La cérémonie fut imposante et digne. De Fontanes prononça l'éloge funèbre du général américain, et la République française prit le deuil du fondateur de la République américaine. Des crêpes noirs furent attachés à tous les drapeaux.

Peu de jours après, les travaux exécutés aux Tuileries pour y recevoir les Consuls étant terminés, ils s'y rendirent en grande solennité. Les ministres, le conseil d'État, les autorités publiques, l'armée, le peuple, rivalisèrent, en cette circonstance, de zèle et d'enthousiasme pour légitimer en quelque sorte la prise de possession du général républicain s'installant dans le palais des rois. Bonaparte avait redouté l'effet moral de cette démarche; mais il fut bientôt rassuré à ce sujet. Tout ce qui l'entourait semblait aller au-devant du joug; ceux qu'animait encore le feu sacré de l'indépendance gémissaient en secret ou se taisaient.

Le Premier Consul prit possession des Tuileries le 30 pluviôse (19 février). Sur l'un des corps-de-garde construits dans la cour du palais, on lisait encore en grosses lettres : *La royauté est abolie en France : elle ne se relèvera jamais !*

CHAPITRE II.

Continuation de la guerre. — Proclamation des Consuls aux Français. — Plan des opérations militaires de la nouvelle campagne. — Armée d'Allemagne. — Les Autrichiens sont rejetés dans le camp retranché d'Ulm. — Départ du Premier Consul pour l'Italie. — Passage du mont Saint Bernard. — Le fort de Bard. — Prise d'Ivrée. — Entrée de Bonaparte à Milan. — Situation critique de l'armée autrichienne. — Capitulation de Gênes. — Combat de Montebello. — Bataille de Marengo. — Mort de Desaix. — Capitulation d'Alexandrie. — Élection à la papauté du cardinal Chiaramonte, qui prend le nom de Pie VII. — Retour de Bonaparte à Paris. — Opérations de l'armée d'Allemagne. — Bataille de Hochstett.

Les puissances européennes avaient vu avec peine la révolution qui venait de s'opérer en France. Général, Bonaparte leur avait paru redoutable; Premier Consul, il leur parut dangereux. La stabilité, la confiance qui commençaient à renaître à l'intérieur; cette main ferme et puissante dont un sentiment profond de nationalité dirigeait exclusivement alors tous les mouvements, étaient autant de motifs d'inquiétude pour des ennemis qu'un acharnement inique et une haine jalouse maintenaient soulevés contre la France.

Par la cessation de la guerre de la Vendée, toutes les forces de la grande nation se trouvaient disponibles ; et n'ayant pu, par leurs manœuvres, en paralyser l'action, les coalisés crurent pouvoir en arrêter l'effort par les armes.

Bonaparte, de son côté, sentait qu'un succès extraordinaire pouvait seul asseoir la position politique du gouvernement soit au-dehors soit au-dedans. Il ne s'était cependant pas laissé trop entraîner à cette pensée très-dangereuse, dans l'état d'épuisement où était la France. Pour satisfaire au vœu de la République, il avait, ainsi qu'on l'a vu, offert la paix d'une manière aussi noble que franche. Mais les refus des cabinets avaient moins contrarié que servi ses vues ; d'abord, parce qu'ils laissaient au nouveau gouvernement tous les dehors de la modération, ensuite parce qu'ils facilitaient les moyens de lui donner le lustre de nouvelles victoires.

Tous les efforts pour obtenir la paix ayant donc été infructueux, la continuation de la guerre fut décidée. Le 17 ventôse (8 mars 1800), les Consuls faisant appel, non plus au sentiment de la défense de la liberté, mais à celui de l'honneur, manifestèrent l'intention de pousser la guerre avec vigueur par la proclamation suivante aux Français :

« Français, vous désirez la paix, votre gouvernement la désire avec plus d'ardeur encore. Ses premiers vœux, ses démarches constantes ont été pour elle. Le ministère anglais la repousse ; le ministère anglais a trahi le secret de son horrible politique. Déchirer la France, détruire la marine et ses ports, l'effacer du tableau de l'Europe ou l'abaisser au rang de puissance secondaire, tenir toutes les nations du continent divisées pour s'emparer du commerce de toutes et s'enrichir de leurs dépouilles, c'est pour obtenir ces affreux succès que l'Angleterre répand l'or, prodigue les promesses et multiplie les intrigues

« Mais ni l'or, ni les promesses, ni les intrigues de l'Angleterre, n'enchaîneront à ses vues les puissances du continent; elles ont entendu la voix de la France; elles connaissent la modération des principes qui la dirigent; elles écouteront la voix de l'humanité et la voix puissante de leur intérêt.

« Si elles balancent, le gouvernement qui n'a pas craint d'offrir et de solliciter la paix, se souviendra que c'est à vous de la commander.

« Pour la commander, il faut de l'argent, du fer et des soldats. Que tous s'empressent de payer le tribut qu'ils doivent à la défense commune! Que les jeunes citoyens se lèvent! Ce n'est plus pour des factions, ce n'est plus pour le choix des tyrans qu'ils vont s'armer; c'est pour la garantie de ce qu'ils ont de plus cher; c'est pour l'honneur de la France, c'est pour les intérêts sacrés de l'humanité. Déjà les armées ont repris cette attitude présage de la victoire. A leur aspect, à l'aspect de la nation entière réunie dans les mêmes intérêts et dans les mêmes vœux, n'en doutez pas, Français, vous n'aurez plus d'ennemis sur le continent. Que si quelque puissance encore veut tenter le sort des combats, le Premier Consul a promis la paix; il ira la conquérir à la tête de ses guerriers qu'il a plus d'une fois conduits à la victoire. Avec eux, il saura retrouver ces champs encore pleins de leurs exploits; mais au milieu des batailles, il invoquera la paix, et il jure de ne combattre que pour le bonheur de la France et le repos du monde. »

A cette proclamation des Consuls était joint un arrêté contenant toutes les mesures qui étaient dans les limites de leur autorité constitutionnelle, savoir: la création d'une armée de réserve forte de soixante mille hommes commandés par le Premier Consul, l'appel, au nom de l'honneur, à tous les anciens soldats en état de faire la campagne, de rejoindre leurs drapeaux ou de se rendre au quartier-général de l'armée de réserve à Dijon, et enfin un encouragement aux enrôlements volontaires. Le sénat, le corps législatif, le tribunat, s'unirent de sentiments avec les consuls, en votant la levée et la mise à la disposition du gouvernement de tous les Français âgés de vingt ans au 1er vendémiaire dernier.

Ce premier élan d'enthousiasme guerrier ne dura que le temps nécessaire au Premier Consul pour augmenter ses moyens et ses ressources. Non-seulement il ne fit rien ensuite pour le prolonger, mais il agit avec tant de secret et d'habileté, que l'étranger resta dans une sécurité complète, et qu'il crut que cette manifestation guerrière ne serait suivie que de fort peu d'effet. L'armée de réserve de soixante mille hommes, qui devait se réunir à Dijon, passait à l'étranger pour une armée fabuleuse. On faisait à ce sujet mille plaisanteries et jusqu'à des caricatures. Bonaparte, loin de chercher à détromper ces bruits, y donnait en quelque sorte de la consistance, en n'envoyant à Dijon, où toute l'Europe avait ses espions, que quelques conscrits et des régiments dont il ne restait que le cadre. Mais, en attendant, il réunissait aux environs de Genève des forces considérables qui, dispersées sur plusieurs points, ne présentaient partout qu'un effectif trop peu important pour appeler l'attention. On les disait et on les croyait destinées à renforcer l'armée d'Allemagne. Une dernière circonstance donna plus de crédit encore au doute sur l'existence de l'armée de réserve. Bonaparte, qui s'en était réservé le commandement, en nomma Berthier général en chef. Carnot fut, à cette occasion, comme on a vu, promu au ministère de la guerre que quittait Berthier.

Dans la campagne qui allait s'ouvrir, Bonaparte résolut de frapper un coup décisif. Il fallait, par un grand effort, dissiper, à l'extérieur, l'idée d'une prochaine dissolution sociale en France, et en imposer à la fois aux cabinets qui étaient en guerre avec elle, et à ceux dont la victoire seule pouvait assurer la continuation des relations pacifiques. Il savait qu'il serait puissamment secondé dans cette tâche par la nation entière, qui, à part quelques illusions perdues, ressentait encore pour la révolution, sinon l'exaltation fiévreuse des premiers temps, du moins l'attachement qu'inspire toute grande cause. Les forces de la France étaient considérables encore, et, dirigées par un bras puissant, elles devaient produire de grandes choses. C'est ainsi qu'après les avoir utilisées pour mettre un peu d'ordre dans le chaos de l'intérieur, il allait s'en servir pour les relever moralement et physiquement, non-seulement aux yeux des ennemis de la France, mais encore à ceux de la France elle-même.

Son plan de campagne était un de ces chefs-d'œuvre d'audace et de génie auxquels il commençait à habituer l'Europe, et par lesquels il finit par l'asservir. Voici quelle était à cette époque la situation respective de la France et de ses ennemis. L'Autriche avait cent cinquante mille hommes en Souabe, commandés par M. de Kray. Son aile gauche était appuyée à la Suisse, son aile droite à l'Alsace; il gardait ainsi tous les débouchés du Rhin par lesquels les armées françaises pouvaient pénétrer en Allemagne; il pouvait, en outre, en dégarnissant son aile gauche, déboucher en Italie et appuyer au besoin le feld-maréchal de Mélas, qui, après avoir coupé Masséna, le tenait bloqué dans Gênes et avait rejeté Suchet au-delà du Var. M. de Mélas avait cent vingt mille hommes en Italie et devait, après avoir réduit Masséna, envahir la République par l'Apennin, le Var, et donner la main à une flotte anglaise qui côtoyait la Méditerranée, et aux émigrés du Midi secrètement organisés par le général Willot. La Suisse se trouvait ainsi inoccupée entre les deux armées autrichiennes. Cette faute capitale servit de point de départ au plan de Bonaparte.

La France avait ostensiblement à opposer aux deux armées autrichiennes en Allemagne, cent vingt mille hommes aux ordres du général Moreau. En Italie, trente mille hommes, savoir : dix-huit mille enfermés dans Gênes avec Masséna, et douze mille rejetés au-delà du Var avec Suchet. Mais il restait encore cette fabuleuse armée de réserve forte de soixante mille hommes, qui n'existait en apparence nulle part, mais que le génie de Bonaparte était parvenu, non seulement à créer, mais dont il avait encore dissimulé la réunion. Masséna eut ordre de tenir dans Gênes jusqu'à la dernière extrémité, et d'occuper assez l'armée autrichienne pour la forcer de rester en Ligurie. En Allemagne, Moreau, avec toutes ses forces, dut déboucher sur le flanc gauche de M. de Kray, le pousser sur le haut Danube ou sur Ulm, et l'éloigner des Alpes pour qu'il ne pût y envoyer aucun secours. Ce résultat en Allemagne obtenu, l'armée de réserve devait, sous les ordres du Premier Consul, franchir les glaciers du Saint-Bernard, déboucher en Piémont, courir à Milan soulever la Cisalpine sur les derrières de Mélas, couper en même temps sa ligne de communication, de manière à se placer entre les États de l'empereur et l'armée autrichienne, le forcer à accepter une bataille décisive qui, si Bonaparte était vainqueur, faisait tomber en son pouvoir une armée tout entière qui n'avait plus de retraite.

Ce plan, dont le succès devait tenir du prodige par les immenses difficultés qu'il y avait à surmonter, commença à être mis à exécution le 25 avril.

Bonaparte avait investi Moreau du commandement de l'armée d'Allemagne ; c'était l'armée la plus nombreuse et la mieux approvisionnée de la République. En en nommant Moreau général en chef, il avait fait preuve d'assez d'abnégation pour lui éviter ce ridicule reproche de jalousie que tant d'écrivains ont reproduit.

Après quelques retards qui avaient failli compromettre le succès du plan de Bonaparte, Moreau avait passé le Rhin sur trois points, Strasbourg, Brisach et Bâle. Les trois corps principaux étaient commandés par Saint-Cyr, Moreau et Lecourbe ; Lecourbe formait l'aile gauche, et Saint-Cyr l'aile droite. Le 1er mai, l'armée entière s'était trouvée au-delà du Rhin. Elle s'était subitement dérobée au maréchal de Kray, qui s'était porté en tête des trois débouchés. L'armée autrichienne se trouva dès lors menacée d'avoir sa gauche débordée par un mouvement pivotant de l'armée française. Toute sa ligne d'opérations pouvait être ainsi compromise ; dès ce moment, en effet, eut lieu pour l'armée française une suite non interrompue de succès. Lecourbe enleva Stokach après avoir fait quatre mille prisonniers. Moreau battit les Autrichiens à Engen, à Masskich ; Saint-Cyr les écrasa à Biberack ; et, après avoir vu son armée diminuée de plus de trente mille hommes, prisonniers, morts ou blessés, ses magasins pris, M. de Kray se rejeta sur Ulm où il s'établit dans un camp retranché préparé depuis longtemps. La tâche de l'armée d'Allemagne se trouvait ainsi remplie ; la ligne des Alpes était fermée à l'armée autrichienne par l'armée française, et Moreau put détacher de son corps dix-huit mille hommes qui, sous les ordres du général de Lorges, passèrent en Suisse pour franchir le Saint-Gothard et former une des ailes de l'armée de réserve.

Bonaparte attendait ce résultat pour agir. Le **16 floréal**

(6 mai), il quitta Paris à l'improviste, suivi de son aide-de-camp Duroc, et de M. de Bourrienne son secrétaire. Il se rendit à Dijon où, pour continuer de donner le change aux espions étrangers chargés de surveiller cette prétendue armée de réserve, il passa en revue les dépôts et les conscrits qui y étaient réunis; il partit ensuite pour Genève où il arriva le 13 mai. Des officiers de génie, chargés d'explorer les Alpes pour reconnaître les voies les plus praticables, l'y attendaient; ils se prononcèrent tous pour le passage du Saint-Bernard, en faisant observer néanmoins que l'opération offrait des difficultés presque inouïes. « Est-elle possible? demanda Bonaparte. — Je le crois, répondit le général Marescot chargé du rapport. — Eh bien! partons, » reprit Bonaparte. Et les ordres furent immédiatement donnés en conséquence.

En peu de jours, tous les corps détachés qui étaient en Suisse reçurent l'ordre de se mettre en marche. Leur masse se montait à soixante mille hommes avec un matériel considérable; et, sans contredit, c'était un fait curieux d'avoir pu réunir tant de troupes sur un seul point à l'insu de l'Europe entière. Trente-cinq mille hommes, dont Lannes commandait l'avant-garde, devaient franchir le grand Saint-Bernard; quinze mille hommes, sous les ordres de Moncey, devaient déboucher par le Saint-Gothard et le Simplon; deux divisions de droite, commandées par les généraux Chabran et Turreau, marchaient par le Mont-Cenis et le petit Saint-Bernard.

Dans la nuit du 24 au 25 floréal (14 au 15 mai), le général Lannes, avec six régiments de troupes d'élite, ouvrit la marche à la tête de l'avant-garde. Au sortir de Saint-Pierre, il s'engagea dans le sentier glacé qui conduit au sommet de la montagne. Les voitures des convois, les affûts des canons avaient été démontés, les canons placés dans des troncs de sapins sciés en deux et creusés; les soldats, gaiement attelés aux traîneaux qui transportaient le matériel, gravissaient l'escarpement au bruit de chants patriotiques. Les musiques militaires faisaient retentir ces solitudes de sons belliqueux qu'elles n'avaient jamais entendus. Aux passages les plus difficiles, les tambours battaient la charge, et ces braves soldats redoublaient d'ardeur, de courage et d'efforts. Bonaparte, du bas de la vallée, les suivait du regard, et son front rayonnait de voir exécuter avec tant d'audace par son armée, un de ces beaux mouvements militaires qui avaient fait une des gloires de l'armée d'Annibal.

Après huit heures de marche, de fatigues, d'obstacles presque surhumains vaincus, on arriva à l'hospice du Saint-Bernard. Les religieux, à qui Bonaparte avait envoyé des fonds pour faire des provisions, avaient dressé des tables sur la plate-forme du mont, couverte de neige. On fit aux soldats une distribution de vivres et d'une forte ration de vin, et toutes les fatigues furent oubliées. Après une courte halte, on se remit en marche, et on atteignit la cîme du mont. Le revers extérieur, dont la pente est moins rapide, fut descendu à la ramasse, et les premières troupes ralliées coururent sur Aoste et l'emportèrent. Quelques heures avaient suffi pour tout cela.

Le passage s'effectua sans discontinuer. Il dura quatre jours. Chaque division passait avec ses vivres, ses munitions et son artillerie. Le 17, Bonaparte franchit à son tour le Saint-Bernard, et porta son quartier-général au-delà du mont, à Aoste. Le même jour, Lannes se dirigea sur Châtillon. Un bataillon ennemi, qui défendait ce point, fut culbuté et pris.

Dès qu'on fut arrivé au chemin voiturable, les canons furent remis sur leurs affûts, et l'armée reprit ses rangs, marchant plus gaîment encore au milieu de la vallée qui allait toujours en s'élargissant. Une végétation vigoureuse et des habitations éparses commençaient à présager aux soldats ces belles plaines d'Italie, où, sous le même chef qui les conduisait alors, ils avaient, une fois déjà, trouvé tant de gloire et de bien-être.

Mais tout-à-coup, au fond de la vallée, un obstacle imprévu sembla devoir arrêter la marche de l'armée. C'était le fort de Bard, qui, bâti sur un rocher isolé et à pic, ferme presque entièrement la vallée d'Aoste, et ne laisse d'autre passage que la rivière Dora-Baltea, qui descend du Saint-Bernard, et une route étroite, enfilées l'une et l'autre par une formidable artillerie. Ce fort, que rien ne domine à portée du canon, ne pouvait être pris par un coup de main, et le succès du plan de Bonaparte dépendait de la promptitude et du secret. Il fallait donc passer, ou se résigner à voir l'expédition compromise. Lannes tenta plusieurs assauts; mais ce ne fut qu'une boucherie inutile. Il résolut alors de tourner la difficulté. On creusa dans le roc, hors de la portée du canon, une espèce d'escalier où l'infanterie et la cavalerie purent passer; mais l'artillerie, les munitions, les convois, restaient au-delà du fort, sans aucune chance d'issue. On imagina alors d'envelopper de paille les roues des canons et des voitures pour amortir le bruit, et, pendant une nuit obscure, au milieu d'une grêle d'obus, de boulets et de pots de feu dont un seul pouvait déterminer des explosions terribles, on parvint à dépasser le fort. Pendant ce temps, Lannes s'était porté sur Ivrée, défendu par quatre mille hommes de garnison, en avait fait enfoncer les portes à coups de hache, et avait emporté la ville d'assaut. La prise de cette ville était importante, en ce que, en cas d'échec, elle pouvait servir d'appui à la ligne de retraite de l'armée.

Les autres corps d'armée avaient opéré leur mouvement progressif avec autant de succès, sans que M. de Mélas ou ses lieutenants eussent encore pénétré les projets de Bonaparte. Ils attribuaient ces divers mouvements à quelques démonstrations pour dégager Suchet ou Masséna; et, dans la confiance où ils étaient de la non-existence de l'armée de réserve, ils ne furent détrompés que lorsqu'un officier, qui connaissait Bonaparte, leur dit l'avoir vu à Ivrée, et que le général Wukassowich leur eut mandé que des colonnes françaises débouchaient par toute la vallée des Alpes.

En effet, le général Chabran était descendu avec sa division par le petit Saint-Bernard, Moncey commençait à paraître au revers du Saint-Gothard, et le général Turreau avait débouché par le col de Suze. En même temps, Lannes, continuant ses succès d'avant-garde, s'était élancé sur la route du Piémont, après s'être assuré Ivrée, et s'était heurté contre un détachement autrichien qui avait pris position à Romano, derrière la Chiusella. Un trait d'audace avait décidé la victoire. Le pont était défendu par une batterie : l'infanterie française s'était précipitée dans la rivière, avait tourné le pont, pris les pièces, déblayé le défilé, et rompu les Impériaux, qui s'étaient enfuis en désordre à Chivasso, et repliés de là jusqu'à Turin.

Ces divers mouvements confirmèrent le général autrichien dans l'idée que les Français n'avaient d'autre but que d'investir Turin par les deux rives du Pô, et de donner la main à Suchet. Dans cette fausse conjecture, il laissa le général Ott avec trente mille hommes devant Gênes pour achever de réduire Masséna, qui y faisait une défense désespérée. Il rappela du Pont-du-Var le général Ilsnitz avec quelques détachements, et porta son quartier-général à Coni, où il se mit des deux côtés du Pô sur la défensive. Mais ce n'était ni à Turin ni au-delà du Pô que le Premier Consul voulait se rendre. Son plan, si vaste et si hardi, était autrement décisif. Dès que l'avant-garde de Lannes se fut montrée à Chivasso, l'armée entière fit un à gauche, et s'avança sur Verceil. L'avant-garde de Lannes devint alors le flanc droit de l'armée, la légion italienne de Lecchi forma la gauche au pied des Alpes, et on marcha de front sur Milan. Verceil fut pris, le Tésin franchi à Tubigo et Bufalora, Pavie et les immenses magasins de l'armée autrichienne enlevés. Le 13 prairial (2 juin), Bonaparte fit son entrée à Milan.

Ainsi, en treize jours, une armée entière, avec tout son matériel, avait traversé, sans routes frayées, la grande chaîne des Alpes, traînant ses canons sur la neige et la glace à force de bras, et faisant tout tomber devant elle; elle avait dérobé son existence, son but, sa marche, et s'était portée sur les derrières d'une armée ennemie, en conservant pour elle une ligne de retraite presque inattaquable.

A la vue des avant-gardes françaises, les transports de la joie la plus vive avaient éclaté à Milan. Les Cisalpins, en proie depuis un an à la réaction la plus dure, ne pouvaient croire à cette délivrance si subite. Depuis longtemps, on ne leur parlait que des succès des Autrichiens, des désastres des Français, et tout-à-coup une armée libératrice, dont nul ne soupçonnait l'existence, se montrait au milieu d'eux, ayant à sa tête Bonaparte, dont la vue produisit une sorte de délire. Les prisons, encombrées de patriotes, s'ouvrirent, les malheureux exilés furent rappelés, et la République cisalpine immédiatement réorganisée. Bonaparte ne cacha plus alors le but de son plan si hardi, et le révéla dans la proclamation du 17 prairial :

« Soldats! un de nos départements était au pouvoir de l'ennemi : la consternation était dans tout le midi de la France.

« La plus grande partie du territoire du peuple ligurien, le plus fidèle ami de la République, était envahie.

« La République cisalpine, anéantie dès la campagne passée, était devenue le jouet du grotesque régime féodal.

« Soldats! vous marchez, et déjà le territoire français est délivré! la joie et l'espérance succèdent, dans notre patrie, à la consternation et à la crainte.

« Vous rendrez la liberté et l'indépendance au peuple de Gênes. Il sera pour toujours délivré de ses éternels ennemis.

« Vous êtes dans la capitale de la Cisalpine.

« L'ennemi, épouvanté, n'aspire plus qu'à regagner ses frontières. Vous lui avez enlevé ses hôpitaux, ses magasins, ses parcs de réserve.

« Le premier acte de la campagne est terminé.

« Des millions d'hommes, vous l'entendez tous les jours, vous adressent des actes de reconnaissance.

« Mais aura-t-on donc impunément violé le territoire français? Laisserez-vous retourner dans ses foyers l'armée qui a porté l'alarme dans vos familles? Vous courez aux armes... Eh bien! marchez à sa rencontre! Opposez-vous à sa retraite! Arrachez-lui les lauriers dont elle s'est parée; et, par là, apprenez au monde que la malédiction est sur les insensés qui osent insulter le territoire du grand peuple!

« Le résultat de tous nos efforts sera gloire sans nuage et paix solide. »

Cette proclamation aurait suffi pour détruire toutes les illusions du général en chef de l'armée autrichienne, M. de Mélas, s'il avait pu en conserver encore. Mais sa position commençait à devenir critique. **Deux de ses lieutenants,** Laudon et Wukassowich, qui avaient seuls soutenu le choc de l'armée française à son débouché dans le Piémont et la Lombardie, avaient été forcés de se replier jusqu'au-delà de l'Adda, et s'étaient enfuis sous le canon de Mantoue. Coupés de l'armée de leur général en chef, ils étaient séparés de lui par un État surgissant hostile à l'Autriche, et par une armée victorieuse de soixante mille hommes. M. de Mélas se trouvait alors pris entre le Pô et la mer, sans autre issue que la rive droite du fleuve. Mais Bonaparte ne voulait lui en laisser aucune, et il manœuvra dans ce but.

Au sortir de la plaine de Tortone, la chaussée de Turin à Crémone entre dans un long défilé formé par les cultures qui bordent le Pô et par les prolongements de l'Apennin : elle aboutit, en se rétrécissant, à Stradella, position importante qui la coupe et la barre. Pour achever d'enlever toute retraite à l'armé autrichienne, Murat reçut l'ordre de marcher sur Plaisance. Il surprit le passage du Pô pendant la nuit, un peu au-dessous de la ville, rallia une division qui venait de s'emparer de Crémone, attaqua les Autrichiens, et les chassa jusqu'à Parme. Lannes se porta sur l'autre rive du Pô, culbuta trois ou quatre mille Autrichiens qui la défendaient, et s'établit à Stradella, où Bonaparte porta le quartier-général. Moncey, qui était parvenu à rallier l'armée centrale, fut laissé à Milan pour surveiller le Tésin et contenir Laudon et Wukassowich. Lannes se mit en communication avec Murat, et l'armée française se trouva maîtresse des deux points de la rive droite du Pô qui offraient le plus de chances pour barrer la retraite à l'ennemi. L'armée autrichienne, enfermée alors dans l'étroite enceinte du Piémont, n'avait d'autre issue que le Pô, qu'il fallait passer devant les Français, pour regagner la grande route du Tyrol et du Frioul, à travers la Lombardie, dont ces derniers étaient maîtres. Cette situation était des plus critiques.

Pour atteindre ce but, dont les résultats pouvaient être décisifs, Bonaparte n'avait pu secourir Gênes et débloquer Masséna, réduit à la dernière extrémité après une défense des plus héroïques. Bloqué avec quinze mille hommes par une armée autrichienne, il en avait mis vingt mille hors de combat, plus qu'il ne comptait de soldats. Mais de tels efforts n'avaient pu être obtenus qu'au prix des pertes les plus cruelles, des sacrifices les plus pénibles, des privations les plus douloureuses. Sept généraux de division ou de brigade sur dix, onze colonels sur dix-sept, sept mille soldats sur quinze mille, avaient été tués, blessés ou pris. On avait mangé les chevaux; on s'était nourri longtemps d'un pain affreux composé d'amidon et de cacao, dont chaque soldat et chaque habitant n'avaient que deux onces par jour; et, dans cette effrayante pénurie, les soldats conservaient encore le courage de louer leur héroïque général : *Il ne se rendra*, disaient-ils, *que quand il nous aura fait manger ses bottes.* Mais enfin ces deux onces de pain vinrent à manquer, et Masséna rendit la place. Il ne voulut souscrire qu'aux conditions les plus honorables pour l'armée et les habitants. L'armée sortit avec armes et bagages, enseignes déployées, et eut la faculté de combattre une fois hors des lignes des assiégeants. Les propriétés publiques et particulières des habitants, et jusqu'au respect de leurs opinions politiques, furent garantis. Les Autrichiens prirent en outre l'engagement de nourrir les Français malades, de les soigner, et de les rendre ensuite.

La capitulation de Gênes ne changea rien à la situation de M. de Mélas, sinon qu'il fut renforcé de vingt mille hommes qui bloquaient la ville, et put concentrer ses forces, afin de livrer à Bonaparte une bataille décisive. Un immense résultat, dû au génie d'un homme, allait bientôt compenser cet échec de nos armes.

Éclairé enfin sur les projets de Bonaparte, et voyant les vastes projets formés contre lui, M. de Mélas rappela immédiatement le général Ott, qui était au Pont-du-Var, et le général Ilsnitz, rendu disponible par la capitulation de Gênes. Alexandrie et Plaisance furent les deux points de concentration de ses troupes. Le 20 prairial (9 juin), l'avant-garde de Ott, qui, avec vingt mille hommes, s'efforçait de gagner Plaisance en descendant la Bocchetta, se heurta contre Lannes. Celui-ci la repoussa, et prit position, avec huit mille hommes, à Casteggio et Montebello. Il y fut attaqué de front par le corps autrichien. Lannes soutint le choc jusqu'au milieu du jour, malgré l'infériorité du nombre. Un combat acharné était engagé sur tous les points. Sous un feu épouvantable, Lannes soutenait ses troupes et les empêchait de plier ; il se maintint pendant six heures, et rien n'était décidé encore. Un renfort, que Bonaparte lui envoyait, parut alors sur le champ de bataille : c'était la division Chambarlhac, qui faisait partie du corps de Victor. Dès ce moment, le combat changea de face : les Impériaux se battirent avec une grande vigueur ; une division française fut rompue avec de grandes pertes. Le bourg de Casteggio fut pris et repris plusieurs fois. Mais Lannes, présent partout, fit un dernier effort, et donna sur toute la ligne une impulsion décisive. Les Autrichiens, repoussés de toutes parts, s'enfuirent à Montebello, laissant aux Français cinq mille prisonniers, et, sur le champ de bataille, trois mille morts. Pendant l'action, qui dura neuf heures, dix à douze mille Français avaient tenu tête à vingt mille Autrichiens. Ceux-ci furent consternés de cette brillante victoire d'avant-garde, qui, au contraire, rendit plus vive l'exaltation des premiers.

L'armée autrichienne était dans une situation qui devenait de plus en plus critique. Le gros de l'armée française, si avantageusement posté à Stradella, gardait la route de Plaisance, qu'on ne pouvait atteindre qu'en passant sur le corps de cette armée. Suchet, à qui s'étaient réunis les huit mille hommes sortis de Gênes avec Masséna, gardait avec vingt mille hommes les défilés de l'Apennin, et ôtait à M. de Mélas la faculté de s'appuyer sur Gênes. Restait alors le passage par le Tésin et Milan. Mais là étaient échelonnés les généraux Turreau, Chabran, Moncey, Lorges, venu d'Allemagne avec sa division, tout prêts à disputer le terrain pied à pied, et à donner le temps à Bonaparte d'accourir de la position centrale où il tenait les Impériaux en échec.

La cavalerie de M. de Mélas était brave et nombreuse; mais il ne pouvait l'utiliser qu'en plaine. Soit désir d'y attirer son adversaire, soit indécision dans une situation aussi cruelle, il resta plusieurs jours complètement inactif dans son camp d'Alexandrie. Bonaparte mit ce peu de temps à profit. Il acheva de former les corps français sur la rive droite du Pô, s'y fortifia, et fit jeter deux ponts. Ce fut pendant cet intervalle qu'il fut rejoint par Desaix, qui, à peine de retour d'Égypte, s'était rendu au quartier-général.

Desaix était non-seulement un militaire consommé, mais il avait encore un noble et généreux caractère, qui, en Égypte, lui avait valu le surnom de *Sultan juste*. Navré du pénible spectacle des fautes politiques de Kléber, il était rentré en France, impatient de prendre part à la bataille qu'on attendait. Il s'était hâté de rejoindre Bonaparte, pour qui il professait une sorte de culte. De son côté, le Premier Consul lui avait voué beaucoup d'estime et un vif attachement. Bonaparte l'accueillit avec joie, et lui donna le commandement des deux divisions de gauche.

Cette inaction du général autrichien, qui s'était prolongée pendant trois jours, inquiétait le Premier Consul. La situation des Impériaux était critique, et toute hésitation, tout retard, pouvaient l'aggraver encore, en donnant le temps aux Français de se renforcer à toutes les issues. Mais Bonaparte craignit que les Impériaux ne cherchassent à lui échapper, en marchant sur Gênes ou sur le Tésin. Desaix eut ordre de pousser une forte reconnaissance sur Novi, Victor sur la Bormida, et Bonaparte se porta sur la Scrivia. Nulle part on ne découvrit rien qui annonçât une bataille prochaine. On eut des nouvelles de M. de Mélas. Victor seul rencontra, près de Spinetta, l'arrière-garde de Ott, qu'il mit en déroute. C'était pendant la nuit du 24 au 25 prairial (13 à 14 juin) : Victor était à Marengo ; Lannes avait quitté sa position de Stradella, et avait passé la Scrivia à la hauteur de Tortone ; Desaix était à une demi-journée de marche sur la gauche. Les réserves avaient été portées à Torre-di-Garofoldo. L'armée voyait se dérouler devant elle l'immense plaine qui s'étend entre la Scrivia et la Bormida, et qui porte, depuis lors, le nom de plaine de Marengo.

Bonaparte avait pensé, à tort, que l'armée impériale s'était dérobée. Elle était tout entière au-delà de la Bormida, où elle avait établi des ponts. Après avoir laissé des garnisons dans toutes les villes, il lui restait environ quarante mille combattants et une formidable artillerie. Pendant cette même nuit du 13 au 14, un conseil avait été tenu chez le généralissime M. de Mélas. On y avait résolu, avec enthousiasme, de se frayer la route de Plaisance en passant sur le corps de l'armée française. Les Autrichiens étaient supérieurs en nombre, et surtout en artillerie et en cavalerie.

Cette tâche n'offrait, dès lors, qu'une des difficultés ordinaires de la guerre ; et puis, il s'agissait pour eux de vaincre ou de perdre l'Italie.

Le 25 prairial (14 juin), dès la pointe du jour, les Impériaux, défilant par trois ponts qu'ils avaient jetés sur la Bormida, portèrent leurs têtes de colonne de droite et du centre sur la route de Tortone. La querelle allait se vider dans une plaine qui n'a qu'un petit nombre de points d'appui : d'abord, à peu de distance de la Bormida, sont les deux villages de Marengo et de Castel-Ceriolo, couverts l'un et l'autre par le Fontanone, petit ruisseau parallèle à la rivière. Marengo, qui ouvre l'entrée de la plaine, allait donc être le premier attaqué : puis, deux lieues plus loin est le petit village de San-Giuliano, et, au-delà, la Scrivia, que l'on peut passer à Torre-di-Garofoldo et à Sale.

Victor occupait Marengo avec deux divisions. Voyant les Impériaux se mettre en mouvement, ce général fit dire au Premier Consul que l'armée autrichienne s'avançait tout entière avec l'intention de livrer bataille. Bonaparte s'y attendait si peu, qu'il n'avait que dix-huit mille hommes à opposer, au milieu d'une vaste plaine, à toutes ces masses autrichiennes. Il envoya l'ordre à Desaix, qui était à une demi-journée du champ de bataille, de se rendre au pas de course, et à travers pays, à San-Giuliano.

A mesure que l'armée autrichienne débouchait par les ponts de la Bormida, elle se formait sur la Fontanone. Victor disposa ses divisions de l'autre côté du ravin, appuyant sa droite au village de Marengo. Vers huit heures, le feu s'alluma sur toute la ligne ; la canonnade fut très-vive. Elle était enfin venue, la journée décisive tant désirée par Bonaparte. Mais ses forces, à lui, étaient éparpillées sur les routes divergentes de Gênes et d'Alexandrie, qu'il avait voulu garder, et, aucun indice n'ayant dévoilé le plan de Mélas, il était en quelque sorte pris au dépourvu. Son péril, qui était grand, devait lui suggérer des dispositions si habiles, qu'il fût dès lors considéré comme le premier tacticien de l'Europe.

Dès qu'il sut que deux lignes autrichiennes, s'étant déployées devant Marengo, cherchaient principalement à peser sur la droite de Victor; que Ilsnitz, laissant de côté Castel-Ceriolo, manœuvrait avec la colonne de gauche pour déborder les divisions françaises, il comprit que le plan de M. de Mélas était de dégager la route de Tortone, de pénétrer jusqu'à Torre-di-Garofoldo, et de jeter l'armée de réserve dans les montagnes. Pour déjouer ce but, il changea la ligne de retraite et l'ordre de bataille par cette belle et simple combinaison : au lieu de maintenir ses dix-huit mille hommes échelonnés, la gauche en tête, de Marengo à la Scrivia, ayant pour retraite le pont en avant de Tortone et la grande route de Plaisance, il échelonna son armée de Castel-Ceriolo à San-Giuliano, la droite en avant, et lui donnant pour retraite le pont de Sale. Par ce moyen, Desaix, arrivant du côté de Novi, se trouvait naturellement en ligne. La gauche de l'ennemi était ainsi débordée, et sa droite, après ses premiers succès, exposée à frapper à vide.

Restait à prendre ces nouvelles positions; l'armée entière s'ébranla dans ce but. La lutte, acharnée depuis le commencement de l'action, le devint plus encore. Victor, qui avait perdu et repris plusieurs fois Marengo, avait fini par plier sous le choc continuel des nouveaux corps de troupes fraîches. Ses divisions débordées, enveloppées, étaient à moitié détruites. Lannes lui-même, qui s'était développé pour soutenir Victor, commençait à être compromis. Il avait en tête tout le centre des Impériaux, et sa gauche découverte était menacée d'être chargée par la cavalerie d'Ilsnitz.

Heureusement le Premier Consul arriva avec sa réserve de neuf cents hommes des grenadiers à pied de la garde consulaire. Aussitôt tout changea de face. Toutes les divisions prêtes à lâcher pied reprirent courage ; celles qui avaient fui se rallièrent à San-Giuliano. Nul ne douta plus du succès ; il suffisait au Premier Consul de se montrer pour exercer sur les soldats un effet magique. Jugeant d'un coup d'œil la gravité de la situation, il flanqua la gauche découverte de Lannes par les grenadiers de la garde qui s'y formèrent en carré. Ilsnitz ne put plus alors exécuter son mouvement, et vint se briser contre leurs baïonnettes. Cavalerie, artillerie, rien ne put entamer cette héroïque phalange. Lannes, poussé par le gros de l'armée ennemie, criblé par la mitraille de quatre-vingts bouches à feu, tantôt se formant en carré et recevant une charge, tantôt chargeant lui-même, se mit à pivoter sur le carré des grenadiers comme sur une forteresse, refusant constamment sa gauche. Sa retraite dura une heure dans un espace fort resserré ; il y déploya un courage et un sang-froid héroïque. Les Autrichiens réunirent alors tous leurs efforts contre le formidable carré ; la cavalerie n'ayant pu le rompre, on l'attaqua à coups de canon ; on le battit en brèche comme une muraille. Il était trois heures après midi ; quatre fois depuis le commencement de la bataille, l'armée française avait été en retraite, et quatre fois elle était revenue en avant. A ce moment, dix mille hommes de cavalerie autrichienne débordaient sa droite dans la plaine. Seuls, les grenadiers de la garde avaient jusqu'alors contenu la gauche de l'ennemi ; un mouvement rapide de cavalerie les fit reculer sans les rompre. L'armée française fut alors en pleine retraite sur toute la ligne. Mais Desaix venait d'arriver à San-Giuliano avec ses dix mille hommes ; les divisions rompues s'étaient ralliées derrière lui.

Le but des mouvements qui s'opéraient à sa gauche avait échappé à M. de Mélas. Les débris de Victor jonchant la plaine, Lannes en retraite, la route de Tortone abandonnée, lui firent croire que la journée était finie et la victoire complète. Une division de Carra-Saint-Cyr qui s'était logée dans Castel-Ceriolo, lui parut même une faute de son adversaire qui avait exposé cette division à être tournée et enlevée. Sa confiance enfin fut telle qu'il reprit la route d'Alexandrie, laissant à son chef d'état-major Zach le soin d'achever la déroute des Français. Zach, considérant San-Giuliano comme le seul point d'appui qui restât alors aux Français en-deçà de la Scrivia, prit une colonne de six mille grenadiers, et, tandis que le reste de l'armée suivait de loin l'impulsion, il se dirigea vers San-Giuliano pour l'enlever.

A cinq heures, il arrive à une portée de canon de Desaix, qu'une légère ondulation de terrain lui avait caché jusqu'alors. C'était le moment critique ; Bonaparte parcourt le front de l'armée : « *Enfants*, s'écrie-t-il, *savez-vous que j'ai l'habitude de coucher sur le champ de bataille !* » Et il donne le signal ; la charge est battue sur toute la ligne. Marmont démasque à l'improviste douze pièces de canon postées en tête de la division Desaix. Avant que la colonne autrichienne, qui croyait les Français en retraite, soit revenue de la surprise où la jette cette décharge de mitraille, toutes les divisions se sont ébranlées aux cris de *Vive la République ! vive le Premier Consul !* Desaix, à la tête de la 9e légère, aborde vigoureusement l'ennemi au pas de charge et par le centre. Au premier coup de feu, une balle le frappe au cœur ; il tombe, en recommandant à ceux qui l'entourent de bien cacher sa mort à l'ennemi. Le général Boudet prend le commandement de la division. La 9e légère, après avoir juré de venger Desaix, s'élance pleine de rage sur les Impériaux. Sous son choc irrésistible, la tête est rompue, et l'ébranlement se fait sentir dans toute la profondeur de la colonne. La 9e mérita, dans ce jour, le surnom d'*incomparable*. L'ennemi culbuté cherche à se rallier; mais le général Kellermann, qui, avec sa brigade de grosse cavalerie, avait toute la journée protégé la retraite de la gauche, fond sur la colonne autrichienne déjà ébranlée. Ce brave général traverse la plaine à toute bride, et charge avec tant de vigueur et d'à-propos, qu'il coupe la colonne en plusieurs tronçons et la resserre contre l'infanterie de Boudet. Celui-ci, de son côté, charge à la baïonnette et la force de mettre bas les armes. Zach, son état-major et deux mille hommes furent faits prisonniers; le reste fut tué ou s'enfuit, jetant le désordre dans les autres divisions autrichiennes. Ce succès inespéré présageait la victoire, mais ne l'assurait pas encore. Dans ce moment, toute la ligne française qui s'était ébranlée déjà, se déploie menaçante de Castel-Ceriolo à San-Giuliano. La droite de l'ennemi était coupée, et ses divers échelons se trouvaient tous menacés par le flanc gauche.

Voyant renaître cette armée qu'ils croyaient vaincue et dispersée, les Autrichiens furent saisis de consternation et d'épouvante. L'état-major ayant disparu, toute direction centrale manquait, et chaque général n'agissait que d'après ses inspirations ou ses dangers personnels. La cavalerie autrichienne voulut essayer de se porter au centre pour protéger la retraite; mais le chef de brigade Bessières, à la tête des *casse-cous* et des grenadiers de la garde, exécuta une charge avec tant d'activité et de valeur, qu'il perça la ligne de cavalerie ennemie. Dès ce moment la déroute fut complète. L'armée autrichienne se rua en masse sur les ponts de la Bormida, cherchant, dans un affreux désordre, à se mettre en sûreté sur l'autre rive. Les ponts ne pouvant donner passage à tant de monde, l'artillerie se jette dans la Bormida pour la passer à gué; mais, ardentes à la poursuite, les divisions françaises arrivent et prennent hommes, chevaux, canons et bagages. Les Impériaux perdirent plus du tiers de leur armée, quinze drapeaux, quarante pièces de canon. Cinq de leurs généraux furent tués, blessés ou pris. Nos pertes furent aussi très-considérables.

Le lendemain, au moment où nos soldats allaient attaquer les ponts, M. de Mélas demanda une suspension d'armes, et, deux jours après la bataille, fut signée la glorieuse convention d'Alexandrie, par laquelle les Autrichiens évacuèrent l'Italie jusqu'au Mincio, et remirent à l'armée française Gênes et toutes les places du Piémont, de la Lombardie et des Légations.

Un seul jour avait suffi pour ravir à l'Autriche les conquêtes qu'elle avait achetées par deux ans d'efforts, pour replacer la République dans la situation victorieuse de 1797. Le 28 prairial (17 juin), Bonaparte était de retour à Milan. Il y fut reçu en triomphateur au milieu des démonstrations de la joie la plus vive, et avec cette fougue d'enthousiasme, caractère distinctif des populations méridionales.

La victoire de Marengo donnait une nouvelle face aux affaires d'Italie, et Bonaparte s'occupa immédiatement de les mettre un peu en ordre.

Après les succès des coalisés en Italie dans la campagne précédente, chacun s'était provisoirement accommodé à sa convenance des États des princes dépossédés par le Directoire, et pour le rétablissement desquels ils étaient censés avoir entrepris cette guerre. L'Autriche pressurait le Piémont; Naples occupait Rome; lord Nelson provoquait en Toscane des levées d'hommes et d'argent contre la France, et activait, par sa présence à Naples, les abominables cruautés de la cour napolitaine. Le Premier Consul, se contentant pour le moment de faire observer Naples et la Toscane, institua un gouvernement provisoire à Milan en attendant la réorganisation définitive de la Cisalpine, en fit autant pour le Piémont, et confia au général Jourdan la mission de diriger le gouvernement provisoire piémontais. Restait la cour de Rome, vers laquelle le Premier Consul tendait à se rapprocher. Les honneurs funèbres qu'il avait fait rendre à Pie VI, mort en France prisonnier du Directoire, avaient facilité le rapprochement, et le conclave, réuni à Venise pour élire un nouveau pape, s'était arrêté, après deux mois d'indécision, à un choix qui n'était nullement hostile à la France. Par les soins de monsignor Gonsalvi, secrétaire du conclave, le cardinal Chiaramonti, évêque d'Imola, qui, dans une homélie, avait parlé de la révolution française avec une grande modération, fut élu pape et prit le nom de Pie VII. L'abbé Maury, ce célèbre champion de Barnave et de Mirabeau, et que la cour de Rome avait récompensé par le chapeau de cardinal, facilita cette élection en donnant à ce choix cinq voix dont il disposait. Bonaparte, qui avait des projets ultérieurs, fit des avances au nouveau pape, et lui fit dire que s'il se montrait bien pénétré de la situation actuelle de la France et du monde, il réconcilierait la révolution française avec l'Église, et soutiendrait la Cour de Rome contre ses ennemis. Le concordat était en germe dans ces paroles.

Après avoir ainsi pourvu aux organisations provisoires des pays conquis, et, par une adroite politique, jeté les germes du concordat qu'il méditait dès ce moment, il établit l'armée d'Italie dans les riches plaines du Pô, en nomma Masséna général en chef, et partit pour Paris, où il arriva dans la nuit du 13 au 14 messidor (du 2 au 3 juillet), après moins de deux mois d'absence.

Il y fut reçu avec un enthousiasme en rapport avec les grands résultats qu'il venait d'obtenir. La ville fut spontanément illuminée ; pendant plusieurs jours, le peuple se porta en foule aux Tuileries pour voir le vainqueur de Marengo. Les grands corps de l'État renouvelèrent en cette circonstance ces félicitations de parade en usage dans les vieilles monarchies. Bonaparte fut tour-à-tour complimenté par le sénat, le corps législatif, le tribunat, et toutes les autorités civiles, militaires, judiciaires et même scientifiques. Cet enthousiasme était motivé : en effet, en peu de mois, d'un état d'anarchie, de découragement, la France, après avoir longtemps craint l'invasion, était parvenue à un commencement de prospérité. Confiante dans son avenir, elle possédait la puissance qui lui permettait d'imposer la paix. Ces biens, elle les devait au Premier Consul ; aussi, des deux sentiments qui dominaient en Bonaparte, ceux de l'ambition et de la nationalité, le second étant le seul résultat de tous ces actes, et le peuple français n'ayant pas la faculté de juger Bonaparte après coup, lui savait gré de ce qu'il faisait alors, s'inquiétant peu de ce que penserait la postérité.

Les grands résultats obtenus en Italie coïncidèrent avec les succès de Moreau en Allemagne. Après avoir, comme on l'a vu, enfermé M. de Kray dans le camp retranché d'Ulm, Moreau n'avait rien tenté de décisif pour ne pas découvrir les montagnes, et risquer de compromettre les opérations du Premier Consul ; mais, après le passage des Alpes, ayant toute liberté dans ses mouvements, il manœuvra pour déloger les Autrichiens de la position d'Ulm. Il passa le Danube au-dessous de cette ville, et se porta sur les derrières de M. de Kray, le menaçant de lui couper sa ligne de retraite. Les deux armées se rencontrèrent dans la plaine d'Hochstëtt. Le combat fut acharné et dura dix-huit heures; les Autrichiens furent enfin repoussés. Ils laissèrent en nos mains six mille prisonniers, vingt pièces de canon, mille chevaux et quatre cents voitures. Ils évacuèrent Ulm pendant la nuit. A la suite de cette affaire, un soldat illustre, honoré par Bonaparte du titre de premier grenadier de France, le brave Latour-d'Auvergne, fut tué d'un coup de lance. L'armée lui donna des regrets et éleva un monument à sa mémoire. Le général autrichien, obligé de repasser l'Issar, s'était porté derrière l'Inn et avait proposé une suspension d'armes conforme à celle d'Italie; elle avait été signée à Pardorf le 15 juillet. Six jours après, un officier de confiance de l'empereur d'Autriche, le comte de Saint-Julien, arriva à Paris, portant la ratification de la convention d'Alexandrie, et investi de la mission de conférer avec le Premier Consul sur les conditions de la paix.

Telle fut cette belle campagne de 1800. Les victoires de l'armée d'Italie nous avaient donné de vastes territoires, de belles contrées aimées du soleil, pleines de souvenirs fameux, et où l'art avait déployé ses magnificences. Nos succès en Allemagne, pour être moins brillants, n'en produisaient pas moins des résultats solides et avantageux. L'opinion publique en fut moins éblouie, mais elle se montra reconnaissante envers le général qui, avec autant de prudence que de vigueur, avait si puissamment secondé les opérations du vainqueur de Marengo.

CHAPITRE III.

Habileté diplomatique et administrative du Premier Consul. — Il change la face politique en tournant les affections de l'Europe vers la France et contre l'Angleterre. — Ligue des neutres. — Armistice naval proposé à l'Angleterre et refusé. — Le Premier Consul se prépare à reprendre les hostilités en Allemagne. — L'Autriche obtient la prolongation de l'armistice par la remise des places de Philisbourg, Ulm et Ingolstadt. — Fête du 1er vendémiaire. — Prospérité intérieure. — Restauration du crédit. — Grands travaux publics. — Rédaction des codes. — Hésitation de l'Autriche à signer la paix. — Reprise des hostilités en Italie et en Allemagne. — Succès en Italie. — Moreau se porte en avant. — Bataille de Hohenlinden. — Armistice de Steyer signé sous les murs de Vienne. — Traité de Lunéville. — Pacification continentale. — Machine infernale. — Premier sénatus-consulte. — Proscription de cent trente-deux démocrates. — Seconde session du corps législatif. — Le parti constitutionnel se sépare davantage de Bonaparte. — État des partis. — Situation de l'Angleterre. — Sortie de Pitt du ministère. — Bataille de Copenhague. — Assassinat de Paul Ier. — Réflexions du *Moniteur* sur cette catastrophe.

À PEINE connus en Europe, les nouveaux succès des armes françaises dissipèrent bien des illusions. Cette France, qu'on disait épuisée, hors d'état de continuer la guerre, était de nouveau partout victorieuse et en mesure de dicter la paix qu'on avait si impolitiquement refusée. L'Autriche, surtout, plus particulièrement battue et menacée, venait de se créer de nouveaux embarras en acceptant de l'Angleterre un subside de soixante millions de francs, à condition de ne traiter avec la France que d'une paix commune aux cabinets de Vienne et de Londres. M. de Thugut, ministre dirigeant à Vienne, et non moins ennemi que Pitt de la révolution française, venait ainsi de lier à l'Angleterre, l'Autriche, que la perte de la bataille de Marengo résignait à la paix. Cet arrangement était de nature à contrarier les vues du Premier Consul. Bonaparte désirait en effet terminer promptement la guerre, afin de porter secours à l'armée d'Égypte, et de s'occuper activement de l'organisation intérieure de la France, qui réclamait impérieusement tous ses soins.

En attendant ce résultat, que faisait espérer l'arrivée à Paris d'un envoyé de l'Autriche, M. de Saint-Julien, Bonaparte s'occupa de mettre à profit l'armistice commun aux deux armées d'Italie et d'Allemagne. Asseoir le peuple, diminuer le nombre des mécontents, faire rentrer de plus en plus dans l'État les factions déplacées, et au chaos administratif des gouvernements précédents, substituer l'ordre, la régularité, la stabilité, tel était son but.

Après avoir, comme on l'a vu, opéré l'œuvre de la pacification intérieure par la soumission des chefs vendéens, organisé le pouvoir et la justice par deux nouveaux systèmes qui, fonctionnant dès leur début à merveille, pouvaient promettre les plus heureux résultats, il ne négligea rien de tout ce qui pouvait augmenter le bien-être de la nation, exciter le développement de l'industrie, favoriser le commerce.

Mais, si les résultats presqu'immédiats de l'organisation intérieure de la France annonçaient en lui un administrateur habile, ses succès diplomatiques révélèrent un négociateur peut-être plus habile encore. La masse de la nation aspirait généralement après le repos, l'ordre, la stabilité, et, à part quelques passions déchaînées contre qui il eut à lutter encore, il trouva de ce côté peu de mauvais vouloir. Mais il n'en était pas de même à l'égard des cabinets de l'Europe, qui tous étaient plus ou moins mal disposés contre la France. Les grandes victoires de la République avaient eu de la peine à en maintenir quelques uns comme alliés ou neutres ; les négociations habiles de Bonaparte finirent par obtenir un résultat presque inespéré.

La Prusse, dans sa neutralité systématique, s'était plus ou moins montrée bienveillante suivant les succès ou les revers militaires de la République. Après la bataille de Marengo, elle parut plus que jamais favorable aux vues du Premier Consul. Elle apporta dès ce moment presque de l'intimité dans ses relations avec la République. La Prusse, impuissante à réprimer l'insatiable ambition de l'Autriche, était bien aise de voir Bonaparte se charger en quelque sorte de ce soin : aussi l'épuisement et l'humiliation de sa rivale avaient-ils fortement milité en faveur du Premier Consul.

Mais c'était surtout en Russie que la diplomatie de Bonaparte avait obtenu un plein succès. Paul Ier, comme on l'a vu, s'était en quelque sorte ostensiblement détaché de la coalition, et paraissait tout disposé à se rapprocher de la France. Bonaparte accrut outre mesure ces bonnes dispositions, en lui rendant sept mille prisonniers russes sans rançon, et lui offrant l'île de Malte comme un hommage à la grande-maîtrise de l'ordre dont il s'était fait décerner le titre. Paul Ier se montra très-sensible à ce procédé, et fut, dès ce moment, très-favorablement disposé pour la France. Il envoya un de ses favoris à Paris pour remercier publiquement le Premier Consul, et aller avec les Russes prisonniers prendre possession de l'île de Malte de la main des Français. Il fit annoncer en même temps l'envoi d'un plénipotentiaire pour traiter de la paix. Cet acte de politique du Premier Consul était d'autant plus habile, que Malte, bloquée par les Anglais, était prête à tomber en leur pouvoir, et qu'en la donnant à Paul il jetait une pomme de discorde entre le cabinet de Londres et celui de Saint-Pétersbourg.

Il ne tarda pas à en recueillir les fruits.

L'Angleterre, forte de sa prééminence maritime, avait voulu empêcher les neutres, Américains, Russes, Danois, Suédois, de prêter leur pavillon à la France et à l'Espagne, dont le commerce d'importation et d'exportation n'avait alors, en réalité, à souffrir que de la stagnation des bâtiments nationaux. C'était beaucoup, sans doute; mais l'Angleterre trouvait que ce n'était pas assez. Depuis le début de la guerre, elle n'avait cessé de commettre des violences contre la marine marchande des neutres. En dernier lieu, des actes odieux avaient dépassé toutes les bornes. Ces mesures, injustes pour un droit qui n'était pas alors bien défini, et qui, depuis, n'a pu l'être encore davantage, avaient commencé par soulever de violentes réclamations contre l'Angleterre, et fini par rallier les puissances neutres à la République. Des auxiliaires sur les mers étaient, sans contredit, une bonne fortune pour le Premier Consul; mais, quelque précieuse que fût leur coopération isolée, elle ne pouvait être réellement efficace que tout autant qu'ils seraient liés entre eux par un principe appuyé sur le droit et sur la force. Il existait une déclaration de 1780, par laquelle les trois puissances maritimes du Nord, la Russie, le Danemark et la Suède, s'engageaient à maintenir les principes du droit des neutres, et à diriger en commun leurs armes contre toute puissance qui voudrait y porter atteinte.

Bonaparte fit suggérer à Paul Ier combien serait glorieuse pour lui la mission de faire prévaloir ce principe du droit des gens et de rétablir la liberté des mers ; et Paul, dont le caractère versatile était alors plein de bon vouloir pour Bonaparte et de ressentiment contre l'Angleterre, renouvela, de concert avec le Danemark et la Suède, la déclaration de 1780. Il fit plus encore : comme réparation des dommages soufferts par les neutres, il mit l'embargo sur trois cents navires anglais qui étaient dans ses ports de la Baltique, et se plaça à la tête de la ligue des neutres, à laquelle adhéra aussi la Prusse.

La conduite de Bonaparte avec l'Amérique et l'Espagne, fut tout aussi habile. Il obtint des Américains la reconnaissance complète et solennelle du principe des droits des neutres, en leur abandonnant quelques avantages commerciaux, gênants pour eux, illusoires pour la France, et stipulés dans un traité de 1778. Son chef d'état-major, Berthier, qu'il envoya en Espagne, après avoir promis, en son nom, un agrandissement de territoire en Italie à la maison de Parme, exigea que la cour de Madrid menaçât le Portugal de la guerre, s'il ne faisait la paix avec la République, et s'il ne rompait avec l'Angleterre.

Bonaparte avait ainsi employé l'armistice conclu à Alexandrie à changer la face de la politique : il avait tourné les affections de l'Europe vers la France et contre l'Angleterre ; il lui avait suscité une ligue formidable des neutres, résolus à résister par les armes aux violences maritimes dont leur commerce était l'objet, et lui avait presque fermé tous les ports du continent. L'Angleterre n'avait plus, en quelque sorte, d'autre allié que l'Autriche, fort embarrassée d'ailleurs de cette alliance dans un pareil moment.

En effet, par la dernière convention entre l'Autriche et

l'Angleterre, qui ne permettait à aucune des deux puissances de traiter isolément avec la France pendant l'espace de six mois, l'Autriche allait se trouver forcée de recommencer les hostilités. Elle n'avait à opposer qu'une armée découragée à un ennemi victorieux qu'une seule bataille et quelques marches pouvaient conduire à Vienne. Elle proposa d'ouvrir une négociation commune pour traiter de la paix ; mais Bonaparte, dont les armées étaient prêtes à entrer en campagne, tandis que celles des ennemis n'étaient pas encore remises de leurs défaites, prévit qu'un congrès traînerait en longueur et laisserait passer la saison des combats. Il fit répondre qu'il consentait à une négociation commune comprenant toutes les puissances ; mais que, puisque l'Angleterre demandait à être admise dans la négociation, il serait conclu aussi un armistice maritime. Le Premier Consul pensait pouvoir, par ce moyen, ravitailler Malte, réduite à la dernière extrémité, et jeter un corps de troupes en Égypte. L'Angleterre, qui avait le même intérêt à ce que ni Malte ni l'Égypte ne fussent ravitaillés ou secourus, refusa l'armistice naval. Le Premier Consul dut alors se préparer à recommencer les hostilités contre l'Autriche, qui, se trouvant par son dernier traité liée à l'Angleterre, ne négociait que pour gagner du temps. En attendant, avec les subsides fournis par le cabinet anglais, elle faisait de nouvelles levées dans ses provinces.

Le premier Consul, de son côté, avait mis le temps à profit. Cinq corps d'armée, plus ou moins nombreux, étaient prêts à entrer en campagne. L'armée active du Rhin, sous les ordres de Moreau, comptait plus de cent mille hommes. Augereau, avec douze mille Français et huit mille Bataves, s'était porté à Francfort pour couvrir ses derrières. L'armée d'Italie présentait une masse totale de cent vingt mille hommes, commandés par Brune. Ce général avait remplacé Masséna, rappelé par le Premier Consul. Macdonald, avec quinze mille hommes, était placé dans les Grisons, en face le Tyrol, prêt à se porter en Allemagne ou en Italie, selon le besoin. Murat avait le commandement de dix mille hommes d'élite, cantonnés à Amiens, et destinés à opérer sur les côtes si les Anglais débarquaient quelque part, ou à passer en Italie pour couvrir les ailes et les derrières de l'armée de Brune.

Avec de tels moyens, Bonaparte, quoique désireux de la paix, redoutait peu la reprise des armes. Moreau et Brune eurent ordre de se rendre à leur quartier-général, d'y dénoncer l'armistice, et de recommencer les hostilités, après les délais stipulés. L'Autriche se montra fort effrayée de cette détermination : elle demanda une prolongation de l'armistice ; Moreau n'y consentit que moyennant la remise des places de Philisbourg, Ulm et Ingolstadt. Une prolongation de quarante-cinq jours fut signée à ces conditions, le 20 septembre.

L'Autriche, en remettant sans combattre ses trois principales places fortes, laissait deviner sa situation critique et le besoin qu'elle avait de la paix. La France y vit un indice certain d'une paix prochaine, et la joie y fut générale. La fête du 1er vendémiaire an IX, destinée à célébrer l'anniversaire de la fondation de la République, et qui eut lieu deux jours après, se ressentit de l'enthousiasme que de telles espérances faisaient naître. Elle fut célébrée par toute la France avec une grande pompe. Comme à l'époque de la fédération de 1790, les départements envoyèrent des représentants à Paris pour donner un caractère de nationalité à l'une des seules fêtes révolutionnaires qui avaient été conservées. Le corps de Turenne, qu'on avait trouvé bien conservé dans les caveaux de Saint-Denis, lors de la violation des tombes dans les premières années de la révolution, et qui avait été déposé au Jardin-des-Plantes, fut transféré aux Invalides et placé sous le dôme. Le Premier Consul posa en même temps la première pierre d'un monument élevé à Kléber et à Desaix, essayant ainsi déjà de confondre dans les respects du peuple les gloires du passé et celles du présent.

La nation s'associa d'autant plus franchement à cette fête, que, outre la perspective d'une paix prochaine et d'un développement de puissance à l'extérieur, l'administration intérieure, les finances, étaient sorties du chaos. Tout s'organisait comme par enchantement. La confiance conçue dans les premiers jours du 18 brumaire se trouvait jusqu'alors motivée. Bonaparte avait eu mission de procurer à la République la stabilité, la prospérité, la paix. La stabilité était acquise, la prospérité renaissait, la paix paraissait prochaine. Les finances s'amélioraient sensiblement; la rentrée des impôts s'effectuait, en général, sans trop de difficultés. Les obligations des receveurs-généraux, garanties par la caisse d'amortissement et négociables au pair, mettaient le gouvernement en mesure de disposer de l'impôt avant même sa perception, et d'assurer ainsi tous les services ordinaires. La banque de France, par le développement qu'elle avait pris et la confiance qu'elle inspirait, lui garantissait, en outre, une ressource pour les services imprévus et extraordinaires. Les fonds publics étaient dans une hausse progressive et constante, et les rentiers venaient, pour la première fois depuis le commencement de la révolution, d'être payés en numéraire. Ce fait, à lui seul plus sensible et plus palpable que les autres, révélait d'une manière évidente aux esprits que le gouvernement consulaire entrait dans une voie meilleure que ceux qui l'avaient précédé, ou bien tirait admirablement parti des éléments qu'ils avaient préparés.

En même temps, de grands travaux publics s'exécutaient ou se préparaient sur tous les points. Les routes principales de France, qui n'avaient pas été réparées depuis l'abolition des corvées, étaient relevées de l'état de dégradation où elles étaient tombées ; d'autres, monuments impérissables d'une volonté puissante, allaient établir une communication militaire entre la Lombardie et la France : la route du Simplon était tracée, commençait à s'ouvrir et promettait à la France de pouvoir, en tout temps, déboucher avec une armée dans la Haute-Italie. Des canaux étaient creusés : le canal de Saint-Quentin et celui de l'Ourcq ; trois nouveaux ponts étaient jetés sur la Seine : celui qui s'appela plus tard pont d'Austerlitz, le pont des Arts et celui de la Cité.

A ces grandes mesures d'intérêt public, Bonaparte en joignait d'autres d'une plus haute portée, et qui dénotaient son désir de se montrer le protecteur et le législateur des intérêts privés. Il savait qu'en ramenant la France à des idées de stabilité, il consoliderait d'autant plus sa puissance : il voulait que tout marchât conformément à la loi ; mais, pour cela, il fallait que l'existence intérieure de la nation fût réglée d'une manière à peu près conforme à son état réel. Ce fut alors qu'il fit entreprendre le *code civil*, et, plus tard, les codes *pénal* et de *commerce*. Pour concourir à la rédaction du premier, il fut créé une commission composée des hommes les plus illustres dans la jurisprudence, et dont le concours devait produire une législation privée supérieure à celle de toutes les sociétés européennes. Là, on rencontra les Cambacérès, les Merlin (de Douai), les Treilhard, Defermont, Tronchet, Target, Carnot, etc., qui, par leur œuvre et la supériorité de leurs lumières, allaient substituer à l'état civil du moyen âge, non pas seulement en France, mais même dans quelques monarchies de l'Europe, une législation destinée à compléter l'œuvre de la révolution.

Cependant, un mois s'était écoulé depuis la prolongation de l'armistice signé à Hohenlinden, et la paix ne paraissait pas être aussi prochaine qu'on l'avait cru après la remise des trois places de Philisbourg, Ulm et Ingolstadt. Lunéville avait été fixé pour les négociations avec l'Autriche. M. de Cobentzel s'y était rendu comme représentant de cette puissance, et Joseph Bonaparte avait été chargé des pleins pouvoirs de la République. Les négociateurs n'avaient pu parvenir à s'entendre. L'Autriche, liée par son traité avec l'Angleterre, avait refusé de traiter sans elle, et le Premier Consul, voyant alors qu'elle ne voulait que gagner du temps pour atteindre la mauvaise saison qui s'avançait, et renvoyer ainsi les hostilités au printemps prochain, fit dénoncer l'armistice. Les négociations ne furent pas rompues, mais les hostilités commencèrent.

Du Mein à l'Adriatique, de Francfort à Bologne, les armées françaises se mirent en mouvement. Le Premier Consul commença par faire occuper la Toscane, où les Autrichiens faisaient des levées en masse, et où les Anglais avaient projeté un débarquement. Le général Dupont occupa Florence, et le général Clément, Livourne ; l'un et l'autre sans trouver de résistance. Macdonald, avec son corps d'armée rassemblé aux Grisons, franchit le Splugen au milieu des glaces. Il eut à lutter contre des tourbillons impétueux de neige, et des avalanches, à deux reprises, lui emportèrent des têtes de lignes entières. Il devait, après avoir traversé la grande chaîne des Alpes, déborder, par la Valteline et le Tyrol italien, la ligne du Mincio, et se porter sur les derrières des

Autrichiens. Il pénétra dans le Tyrol après des efforts inouïs, se joignit à Brune, qui força le Mincio, se porta sur l'Adige, enferma le général Laudon entre son corps et celui de Moncey, et lui accorda un armistice en exigeant la ligne de l'Adige avec les places de Ferrare, Peschiera et Porto-Legnago. Le général Dupont avait, avec une seule division, soutenu un brillant combat à Pozzolo contre le gros de l'armée autrichienne, et Murat avait imposé la paix au royaume de Naples, par une simple marche offensive sur Ancône.

Les résultats de la campagne à l'armée du Rhin furent plus brillants et plus décisifs. Moreau avait concentré ses troupes entre l'Issar et l'Inn, sur un plateau au milieu d'un pays montueux et boisé, abordable par deux seules routes dont il était maître. L'armée autrichienne, commandée par l'archiduc Jean, n'était que de fort peu supérieure en nombre à l'armée française. L'archiduc était résolu à prendre l'offensive; il avait donc à aller chercher Moreau dans cette formidable retraite où il s'était concentré. Les deux armées manœuvrèrent plusieurs jours à distance pour connaître leurs intentions réciproques. Enfin, le 10 frimaire an IX (1er décembre 1800), l'archiduc se jeta sur l'aile gauche de l'armée française avec la majeure partie de ses forces. Quarante mille hommes en abordèrent à Ampfing vingt-cinq mille commandés par le général Grenier, et les forcèrent à se replier. Moreau reprit sa première position au centre de la forêt d'Hohenlinden. Enivré de ce premier succès, l'archiduc n'hésita pas à l'y attaquer. Moreau fit ses dispositions en conséquence. Ne doutant pas que les Autrichiens ne s'engouffrassent dans la route par où il était le plus abordable, il donna l'ordre à deux divisions commandées par Richepanse et Decaen, et qui étaient à deux lieues de là, de se rabattre sur la route menacée, et de se jeter sur les derrières de l'armée autrichienne. Ce qu'il avait prévu arriva. L'archiduc Jean avait divisé son armée en quatre corps qui devaient se joindre dans une petite plaine à l'extrémité de laquelle était l'armée française. Le corps principal formant le centre, et composé de la plus grande partie de la cavalerie, de la réserve, des bagages, et de plus de quatre-vingts pièces de canon, devait suivre la route la plus praticable : c'était celle sur laquelle avaient ordre de se rabattre Richepanse et Decaen. L'archiduc, arrivé le premier dans la petite plaine, repoussé à deux reprises différentes, ne put déboucher et se mettre en ligne. Les trois autres corps s'avançaient simultanément au milieu de tourbillons de neige qui obscurcissaient l'air. Ils étaient prêts à déboucher, lorsque Moreau aperçut un peu d'agitation à la tête de la colonne du centre. Ne doutant pas qu'elle ne fût chargée en queue par Richepanse, il donna l'ordre à Ney de l'aborder de front, et à Grouchy de la prendre en flanc. Ces mouvements eurent un plein succès. Les Autrichiens, vivement poussés dans le défilé de la forêt, s'y rejettent et s'y accumulent : l'infanterie, la cavalerie, l'artillerie s'entassent pêle-mêle dans cette gorge où règne le plus affreux désordre. Richepanse, Ney, Grouchy, continuent leur mouvement victorieux, et bientôt ce corps, mis dans une déroute complète et fuyant de toutes parts, fut tué ou pris. A la droite et à la gauche les évènements furent moins décisifs, mais les Français restèrent victorieux sur tous les points. Ils mirent la main sur douze mille prisonniers, quatre-vingt-dix pièces de canon et un nombreux bagage. L'ennemi laissa huit mille hommes sur le champ de bataille.

Ainsi écrasés à Hohenlinden, les Autrichiens furent successivement rejetés de l'Inn sur la Salza, de la Salza sur la Traun, l'Ens, et les avant-postes français se montrèrent sur l'Ips et l'Erlaf, aux portes de Vienne. Là fut conclu l'armistice de Steyer, sous la réserve expresse que les hostilités ne seraient suspendues que pour traiter immédiatement de la paix aux conditions exigées jusqu'alors par la France.

Les négociations se rouvrirent dès lors à Lunéville, et, cette fois, on put espérer qu'elles aboutiraient à la solution désirée. En effet, le traité de Lunéville suivit de près l'armistice de Steyer ; l'empereur ratifiait toutes les clauses du traité de Campo-Formio. Le Rhin fut la limite de la France en Allemagne, l'Adige celle de la Cisalpine en Italie ; l'indépendance des Républiques cisalpine, helvétique, batave et ligurienne était reconnue, et la Toscane cédée à l'infant de Parme. Ce traité de paix fut signé le 21 pluviôse an IX (9 février 1801). Il en amena successivement d'autres, et la pacification devint générale sur le continent. Le 18 ventôse (19 mars), l'Espagne, par un nouveau traité, céda le duché de Parme à la France : le duc de Parme eut la Toscane avec le titre de roi d'Étrurie. Le 7 germinal (28 mars), le roi de Naples s'engagea à fermer ses ports aux Anglais, et céda à la France l'île d'Elbe et la principauté de Piombino. Un traité avec la Bavière, du 6 thermidor (24 juillet), avec le Portugal, du 7 vendémiaire (29 septembre), avec la Russie, du 16 vendémiaire an X (8 octobre), et enfin les *préliminaires* signés avec la Porte le 17 vendémiaire (9 octobre), complétèrent la pacification continentale.

Par la brillante campagne d'hiver et les succès de Moreau en Allemagne, tous ces résultats étaient obtenus ou prêts à l'être. La nation accueillait avec un enthousiasme sincère tous ces pronostics d'une prospérité dont la paix ne pouvait que favoriser le développement. Mais ce qui motivait sa joie et son espérance, était un sujet de rage pour le parti royaliste, qui, depuis le commencement de la révolution, n'avait jamais obéi à un sentiment de nationalité. Ce parti était puissamment secondé par l'Angleterre, exclue de tous les ports du continent, et réduite à lutter seule contre la France. Pitt, que Bonaparte appelait le *banquier de la guerre civile*, prodiguait l'or dans l'espoir que quelque machination nouvelle viendrait encore compromettre la prospérité de la France. Il faillit être servi à souhait.

Quels que pussent être, plus tard, les résultats de l'ambition de Bonaparte, il était évident que le retour des biens dont on commençait à jouir était son ouvrage, et que le gouvernement consulaire seul avait su ou pu tirer parti, dans l'intérêt de l'ordre et de la sécurité, des éléments préparés par la révolution. Le chef de ce gouvernement devait être dès lors le point de mire de toutes les haines, de toutes les rages que la prospérité extérieure ou intérieure de la République ne faisait qu'accroître.

Georges Cadoudal, de retour de Londres dans le Morbihan, était arrivé gorgé de l'or de l'Angleterre, pour entretenir, à défaut de guerre civile, des bandes de pillards, d'incendiaires et d'assassins, qui, dans quelques provinces, répandaient la terreur et la désolation.

Vers la fin de brumaire, divers agents de Georges étaient successivement arrivés à Paris. C'étaient les nommés Joyau, Lahaye Saint-Hilaire, François Carbon, Limoclan et Saint-Régent. Les deux premiers étaient vendus à la police. Dans les premiers conciliabules qui furent tenus, il ne fut d'abord question que de plans pour assurer le vol des fonds publics, que de projets vagues et indéterminés contre le gouvernement. Un agent de l'Angleterre, nommé Hyde, qui avait figuré dans la correspondance du comité anglais, arriva le 11 frimaire, réunit les agents de Georges à l'hôtel des Deux-Ponts, et là, pour la première fois, on discuta les moyens de faire réussir ce que le cabinet de Londres, débordé par les victoires des armées françaises, leur ordonnait de consommer *promptement*.

Dans ce conciliabule, le complot prit un caractère fixe et déterminé. Il fut décidé que le Premier Consul serait assassiné. Peu de jours après, Georges annonça aux conjurés un envoi d'argent, en les exhortant à tout mettre en usage pour presser l'exécution de la *grande affaire.* Mais, dès ce moment, les deux agents qui servaient la police ne purent plus la servir ni lui être utiles. Carbon, Limoclan et Saint-Régent, que la police voulut faire alors arrêter, ne pouvant plus les suivre, disparurent complètement sans qu'il fût possible de retrouver leurs traces.

Le 3 nivôse (24 décembre 1800), deux tonneaux, l'un grand, l'autre petit, remplis de poudre et de mitraille, furent amenés rue Saint-Nicaise sur une charrette attelée d'une jument. Saint-Régent donna sa jument à garder à une jeune fille de quinze ans, et se posta à l'angle de la rue pour voir les signaux de Carbon et de Limoclan, qui, placés au guichet des Tuileries, devaient le prévenir dès que paraîtrait la voiture du Premier Consul. Il était alors huit heures du soir, Bonaparte devait se rendre à l'Opéra pour la première représentation de l'oratorio de Haydn, la *Création.* Les conjurés avaient, à plusieurs reprises, calculé le temps que la voiture du Premier Consul mettait à aller des Tuileries à la rue Saint-Nicaise, et disposé la mèche du baril pour assurer le succès de l'explosion. Mais soit que les mesures n'eussent pas été bien prises, soit que le cocher du Premier Consul eût conduit plus rapidement qu'à l'ordinaire, l'explosion n'eut lieu qu'après que la voiture eut franchi l'un des tournants de la rue. Elle fut épouvantable; quarante-six maisons furent plus ou moins endommagées, six personnes tuées, plus de trente grièvement blessées. De la jeune fille à qui Saint-Régent avait donné son cheval à garder, on ne retrouva que les jambes. Les glaces de la voiture du Premier Consul furent brisées par l'ébranlement que causa l'explosion de cette *machine infernale*. Un seul des gardes de son escorte fut légèrement blessé. Bonaparte continua sa route vers l'Opéra, où il ne resta du reste que peu de temps.

Les soupçons du Premier Consul se portèrent sur les jacobins. Une tentative avortée de deux d'entre eux, Ceracchi et Arena, pour laquelle ils furent condamnés plus tard, quoiqu'elle n'eut jamais été bien clairement définie, jointe à la défiance qu'ils lui inspiraient, contribua puissamment à servir de prétexte et de fondement à ses soupçons. « Les jacobins me déclarent la guerre, dit-il, ils la veulent, je ne les épargnerai pas. On ne me fera pas prendre le change ; il n'y a là-dedans ni nobles, ni chouans, ni prêtres. Ce sont des septembriseurs, des scélérats couverts de crimes qui sont en conspiration permanente, en révolte ouverte, en bataillon carré contre tous les gouvernements qui se sont succédés. Ce sont les instruments de Versailles, de septembre, du 31 mai, de prairial, de Grenelle, de tous les attentats contre les chefs des gouvernements. »

Fouché, qui avait suivi les menées des agents de Georges, et qui, les ayant ensuite perdus de vue, s'était trouvé pris au dépourvu, n'hésitait pas à attribuer l'attentat aux royalistes et à l'Angleterre. Mais le Premier Consul, qui avait une antipathie plus prononcée contre les démocrates que contre les chouans, ne voulut jamais voir dans ces derniers les véritables auteurs de l'attentat de la rue Saint-Nicaise.

Quels qu'ils fussent, l'indignation fut universelle. La révolution, en imprimant un certain mouvement d'élévation aux esprits, les avait empreints d'une sorte de purisme, et la morale de parti n'était pas encore descendue, dans la pratique, jusqu'à l'assassinat conçu dans de si terribles conditions. Aussi l'opinion publique se montra-t-elle disposée à tout souffrir pour en prévenir le retour. Bonaparte mit à profit cette disposition pour faire un pas décisif dans la route de l'arbitraire, qu'il agrandit tant depuis.

Le 5 nivôse, les deux sections de législation et de l'intérieur du conseil d'État, s'assemblèrent pour rechercher, parmi les projets divers qui avaient rapport à ce sujet, celui qui pouvait le mieux s'adapter aux circonstances. Elles s'occupaient alors d'un projet de loi relatif aux *tribunaux spéciaux*, et quelqu'un proposa d'ajouter à ce projet un article supplémentaire qui attribuât la connaissance de ce forfait à cette juridiction. Un simple changement de juridiction parut trop peu efficace à Bonaparte, et, dans la persuasion où il était que les démocrates étaient les auteurs de l'attentat, il se livra contre eux à un déchaînement de haine qu'il se donnait peu, du reste, la peine de comprimer. « L'action du tribunal spécial, dit-il, serait trop lente, trop circonscrite. Il faut une vengeance plus éclatante pour un crime aussi atroce; il faut qu'elle soit rapide comme la foudre; il faut punir autant de coupables qu'il y a eu de victimes, et profiter de cette circonstance pour en purger la République. Cet attentat est l'ouvrage d'une bande de scélérats, de septembriseurs qu'on retrouve dans tous les crimes de la révolution. Lorsque le parti verra son quartier-général frappé, et que la fortune abandonne les chefs, tout rentrera dans le devoir ; les ouvriers reprendront leurs travaux, et dix mille hommes qui, dans la France, tiennent à ce parti et sont susceptibles de repentir, l'abandonneront entièrement. » Passant ensuite à un autre ordre de faits : — « Ce grand exemple, ajouta-t-il, est nécessaire pour rattacher la classe intermédiaire à la République. Il est impossible de l'espérer tant que cette classe se verra menacée par deux cents loups enragés qui n'attendent que le moment de se jeter sur leur proie. Dans un pays où les brigands restent impunis et survivent à toutes les crises révolutionnaires, le peuple n'a point de confiance dans le gouvernement des honnêtes gens timides et modérés; il ménage toujours les méchants qui peuvent lui devenir funestes. Les métaphysiciens sont une sorte d'hommes à qui nous devons tous nos maux. Il ne faut rien faire, il faut pardonner comme Auguste, ou prendre une grande mesure qui soit une garantie pour l'ordre social. Il faut se défaire des scélérats en les jugeant par accumulation de crimes. Lors de la conjuration de Catilina, Cicéron fit immoler les conjurés et dit qu'il avait sauvé son pays. Je serais indigne de la grande tâche que j'ai entreprise et de ma mission, si je ne me montrais pas sévère dans une telle occurrence. La France et l'Europe se moqueraient d'un gouvernement qui laisserait impunément miner un quartier de Paris, ou qui ne ferait de ce crime qu'un procès criminel ordinaire. Il faut considérer cette affaire en hommes d'État. Ce n'est pas, au surplus, pour moi que je parle; j'ai bravé d'autres dangers, ma fortune m'en a préservé et j'y compte encore. Mais il s'agit ici de l'ordre social, de la morale publique et de la gloire nationale. »

Ce langage, qui rappelait celui des proscripteurs révolutionnaires, jeta du trouble et de la terreur parmi les membres des deux sections du conseil d'État. Quelques uns voulurent y faire des objections timides et mesurées, en élevant des doutes sur les véritables auteurs du crime, et l'attribuant aux chouans. « Les chouans! s'écria Bonaparte avec impétuosité; croit-on nous entraîner, avec ces déclamations contre les chouans, les émigrés, les prêtres? Faut-il recommencer à proscrire pour le titre de noble, de prêtre, de royaliste? Faut-il renvoyer dans l'exil dix mille vieillards qui ne demandent qu'à vivre paisibles en respectant les lois établies? N'avez-vous pas vu Georges Cadoudal faire égorger en Bretagne l'évêque de Quimper et d'autres pauvres ecclésiastiques, parce qu'ils tendaient à se rapprocher du gouvernement? Si les chouans commettent des crimes, je les ferai fusiller; mais je ne veux pas proscrire pour un nom, pour une qualité. On ne me fera pas prendre le change : il n'y a de menaçants pour votre repos, que les septembriseurs; et je suis tellement convaincu de la nécessité de faire un grand exemple, que je suis prêt à faire comparaître devant moi les scélérats, à les interroger, à les juger, et à signer leur condamnation. »

Cette seconde sortie laissa dans le conseil d'État peu de doute sur l'intention arrêtée de Bonaparte, qui se hâta de se lever et de mettre fin à la séance. Il était décidé à une mesure générale contre les démocrates, et n'était arrêté que par la forme de cette mesure. Sur l'avis du conseil des ministres, il fut décidé qu'elle serait prise au moyen d'une résolution spontanée du gouvernement. Fouché dressa une liste des principaux terroristes : les deux sections du conseil d'État furent chargées de rédiger des motifs de déportation. Le Premier Consul dut signer la résolution, et le sénat déclarer si elle était ou non contraire à la constitution. Cette forme de loi exceptionnelle dut prendre le nom de *sénatus-consulte*.

La proposition arrêtée fut faite au sénat dans la nuit du 14 nivôse. Elle y rencontra une violente opposition. *Point de coup d'État!* s'écria Lanjuinais; *les coups d'État perdent les États!* Garat, Lambrechts, Lenoir-Laroche, la combattirent avec véhémence. La délibération fut suspendue : il y eut des pourparlers. Le pouvoir exigea, et la majorité céda. Cent trente républicains furent condamnés à être déportés hors du territoire de la République. Le conseil d'État avait déclaré, dans un de ses considérants, « *que le référé du gouvernement au sénat conservateur, pour provoquer, sur ses propres actes, l'examen et la décision de ce corps tutélaire, devient, par la force de l'exemple, une sauvegarde capable de rassurer par la suite la nation, et de prémunir le gouvernement lui-même contre tout acte dangereux à la liberté publique.* » Le sénat alla plus loin : il déclara que l'*acte du gouvernement, en date du 14 nivôse, est une mesure conservatrice de la liberté.*

Tel fut le premier sénatus-consulte. Avec un sénat dévoué, le Premier Consul put, dès ce moment, agir seul, et, de sa pleine autorité, anéantir les derniers vestiges de la république.

Lorsque fut rendu ce sénatus-consulte, la police était sur les traces des véritables auteurs de l'attentat. Ses premières recherches avaient tendu à découvrir quelque rapport en ce qu'elle savait des complots de l'Angleterre et de Georges, et les traces qu'avait laissées, dans la rue Saint-Nicaise, l'explosion de la *machine infernale*. Le bouleversement produit était si grand, que les débris et les traces semblaient avoir été effacés ou emportés dans la violence de l'explosion. Cependant tous les débris dont la rue était semée furent conservés, interrogés, et bientôt on en vit sortir quelque lumière. Le cheval fut reconnu par un des marchands de chevaux appelés par le préfet de police, et on donna le signalement de l'homme qui l'avait acheté. On arriva bientôt au grainetier qui avait vendu le grain dont le cheval s'était nourri, au tonnelier qui avait cerclé le baril de poudre, à l'individu qui avait vendu la charrette, à la rue où la charrette avait été remisée, au fripier qui avait vendu des blouses bleues aux conjurés.

Aucun de ces individus ne reconnut ceux à qui il avait eu affaire parmi les républicains arrêtés. Les signalements qu'ils donnèrent, au contraire, se trouvèrent d'une similitude parfaite, par les traits du visage, les proportions de la taille, le genre des costumes et du langage, avec ceux des agents de Georges, dont Fouché avait surveillé si longtemps les menées. Fouché ne put cependant d'abord se remettre sur leurs traces ; mais enfin, ayant fait demander des renseignements autour de Georges même, il découvrit le domicile de Carbon dans une maison occupée, rue Notre-Dame-des-Champs, par des ci-devant religieuses, mesdames de Goyon et de Cicé. Carbon, arrêté, avoua tout, fit connaître tous les détails du crime, ses auteurs, ses instruments, et fut reconnu par tous les marchands qui avaient donné son signalement. Limoclan était parvenu à s'enfuir en Angleterre ; Saint-Régent, qui, en mettant le feu à la poudre, avait été jeté, par la force de l'explosion, contre un mur, et assez grièvement blessé, fut arrêté sur les indications de Carbon. Traduits l'un et l'autre devant le tribunal criminel, ils furent condamnés à mort et exécutés. Les cent trente terroristes qui avaient été déportés sans jugement, comme auteurs présumés de l'attentat, n'en subirent pas moins la déportation. Les pièces du procès de Carbon et Saint-Régent furent imprimées par ordre du gouvernement, pour faire suite à un volume ayant pour titre : *Conspiration anglaise*, où étaient consignées toutes les preuves authentiques des viles machinations du cabinet anglais pendant les diverses phases de la révolution.

Tel était alors l'intérêt qui s'attachait au Premier Consul, et la confiance de la nation en lui, qu'un des résultats immédiats de cet évènement fut d'éclairer totalement l'opinion sur les royalistes. Ils apparurent ce qu'ils avaient toujours été, des ennemis implacables de la révolution, qui, se posant hypocritement comme des victimes de la terreur, n'avaient cessé de dépasser, dans leurs actes, toutes les violences révolutionnaires, sans avoir même pour excuse l'entraînement du moment. Ce qui se passait à cette époque surtout, les peignait sous leur vrai jour. Depuis longtemps la France n'avait joui autant qu'alors de l'ordre, de la stabilité, de la prospérité, de la considération extérieure ; et cependant, dans plusieurs départements, des royalistes, enrégimentés par bandes plus ou moins nombreuses, auxquelles s'étaient joints tous les voleurs, les assassins que la justice n'avait pu atteindre, arrêtaient les diligences, pillaient les caisses publiques, incendiaient les propriétés, assassinaient ou rançonnaient les acquéreurs de biens nationaux. Ces méfaits, que la loi était impuissante à réprimer, par suite de la terreur qu'inspiraient ces *chauffeurs*, s'étaient déjà renouvelés à plusieurs reprises, mais avaient pris une proportion telle, qu'on ne pouvait plus voyager nulle part sans danger. Bonaparte envoya contre eux des colonnes mobiles, ayant chacune une commission militaire spéciale chargée de juger sur place tout individu pris les armes à la main. Un simple arrêté consulaire autorisa cette terrible mesure, qui était une violation flagrante de la loi ; et nul, cependant, n'éleva au-dehors la voix contre elle, tant les attentats royalistes avaient soulevé l'opinion.

Il n'en fut pas de même au tribunat. Là, quelques voix courageuses, mues par un véritable patriotisme, d'autres excitées par des jalousies mesquines ou de petites haines puisées dans les cercles, formulèrent des défiances plus ou moins prononcées contre la marche politique du Premier Consul, qui tendait chaque jour à reconstruire pièce à pièce un régime peu compatible avec les institutions acquises, et à se passer de la représentation nationale. La seconde session du corps législatif venait de s'ouvrir, et le parti constitutionnel, qui voyait combien était dangereux l'enthousiasme de la nation pour Bonaparte, tendait à se séparer de plus en plus de lui. Il rendait justice à ses grands talents, soit en administration, en politique ou dans la guerre; mais, par cela seul, il redoutait des vues ultérieures, que ses actes et les vœux de ses partisans commençaient à faire présager. Quelques lois de détail furent rejetées ; d'autres, telles que celle sur les justices-de-paix, qui les réduisait de six mille à trois mille, et attribuait à une autre juridiction la police judiciaire, excitèrent la plus vive opposition. Le tribunat, à la majorité de cinquante-six voix contre trente, rejeta un projet de loi de finances qui n'annonçait ni le produit approximatif des recettes, ni le montant des dépenses à prévoir. La discussion d'une loi de circonstance fournit à l'opposition une occasion de se montrer avec éclat. Le gouvernement avait proposé une loi portant création de tribunaux spéciaux. Il fondait sa proposition sur l'impossibilité de mettre un terme, sans une justice exceptionnelle, aux assassinats, aux pillages de caisses publiques, aux vols de diligences, dont les bandes royalistes se rendaient chaque jour coupables. La discussion au tribunat fut longue, orageuse, et la loi ne fut acceptée qu'à la majorité de quarante-neuf voix contre quarante et une. Cent quatre-vingt-douze voix contre quatre-vingt-huit la votèrent au corps législatif.

Ce commencement d'opposition causa au Premier Consul un mécontentement et un dépit qu'il ne se donna même pas la peine de dissimuler. Les journaux, qui, depuis le dernier arrêté des Consuls relatif à la presse, étaient forcément dévoués au pouvoir, déclamèrent avec violence contre les *sophistes, métaphysiciens, raisonneurs impitoyables,* possédés de la manie de parler. Ils désignaient par ces noms, Isnard, Daunou, Benjamin Constant, Chénier, Bailleul, Guinguené, Chazal, Riouffe, etc., qui, la plupart, avaient déjà commencé leur énergique mais inutile opposition systématique.

Cette opposition du tribunat était, sans contredit, alors opportune; elle trouvait cependant peu d'écho au-dehors, et était jugée plutôt étrange que motivée, quoique les tendances manifestes du gouvernement consulaire vers une réaction trop rapide peut-être, effarouchassent les amis sincères des principes de la révolution. Un examen sommaire de l'état des partis à ce moment, peut seul expliquer cette disposition des esprits.

La masse de la nation n'avait pas renoncé aux principes de la révolution. Elle y était plus que jamais attachée ; mais il lui tardait de la voir mise en pratique et de jouir de leur application. Le Premier Consul lui apparaissait comme le seul homme qui, après avoir, par ses victoires, réconcilié de gré ou de force la révolution avec l'Europe, pouvait, par son administration, en régulariser les principes et l'action. Le peu de stabilité des gouvernements qui l'avaient précédé lui faisait désirer, dans le pouvoir consulaire, une fixité qui lui permît d'opérer tout le bien qu'elle attendait de lui. Aussi, disposée à transiger sur beaucoup de points, et à fermer les yeux sur quelques légers envahissements, voyait-elle avec une sorte d'inquiétude les susceptibilités ombrageuses des esprits éclairés, dont elle partageait, du reste, les convictions.

Ces sentiments étaient communs à la portion modérée du parti révolutionnaire et du parti royaliste. Chacun, quelle que fût la nuance de son opinion, croyait avoir trouvé, en Bonaparte, une garantie pour ses convictions personnelles ou pour ses intérêts privés. Les patriotes de 89, qui, dès 92, avaient reculé devant la révolution, étaient fort disposés à s'arrêter au gouvernement consulaire, qui semblait devoir réaliser leurs vœux primitifs. Les acquéreurs de biens nationaux, quoique d'une opinion plus ardente, tenaient à Bonaparte comme à l'homme qui, par son épée, les garantissant du retour des Bourbons et des prétentions des émigrés, leur assurait la jouissance de leurs acquisitions nouvelles. Les royalistes modérés eux-mêmes, contents de se voir rentrés dans le droit commun, et de n'avoir plus en perspective les persécutions que les criminelles manœuvres de leurs meneurs avaient attirées sur leurs têtes, prenaient leur parti, sans toutefois renoncer à leurs espérances, de tout ce qui semblait devoir ramener l'ordre et la stabilité. Quant aux exaltés des deux partis, la politique modérée de Bonaparte ne pouvait convenir ni aux uns ni aux autres. Les révolutionnaires y voyaient l'abandon total des principes de la révolution; les royalistes, dont les passions déchaînées avaient perverti le sens moral, ne pouvaient plus se résigner qu'à un système politique qui qualifierait d'héroïques leurs exploits de grands chemins, ainsi qu'on l'avait déjà fait pour leurs crimes de guerre civile. Les premiers n'étaient qu'inquiétants, les seconds étaient dangereux : l'exaspération des uns ne se révélait que par la violence du langage; celle des autres était toujours prête à se formuler par l'assassinat. Mais les uns et les autres n'étaient que des fractions très-minimes de la masse nationale. La situation du gouvernement consulaire appuyé par l'immense majorité de la nation était dès lors fort assurée, en succédant surtout à dix ans d'effroyables commotions.

L'Angleterre avait, au contraire, devant elle, une fâcheuse perspective. Tandis que la France était en paix avec toutes les puissances du continent, les Anglais, en effet, étaient en guerre avec la France, l'Espagne et tout le nord de l'Europe. Une famine affreuse ravageait leur pays. Dans les campagnes, le peuple pillait ou incendiait les châteaux. La dette s'était accrue outre mesure; et, pendant que la prospérité commençait à renaître en France, des calamités de toutes sortes fondaient sur ce gouvernement égoïste, qui n'avait ameuté l'Europe contre la révolution française, que pour s'emparer, au milieu de cette commotion, des colonies de ses alliés et de ses ennemis. Sans pain et presque sans travail, le peuple de Londres, réduit à la plus affreuse misère, était dans un état d'exaspération dont on n'a point l'idée. Pitt était l'objet de l'exécration générale; il ne pouvait se montrer en public sans recueillir le mépris, digne fruit de sa vile politique. Le déchaînement contre lui fut tel, qu'il fut contraint de sortir du ministère, après dix-sept ans de fonctions. M. Addington le remplaça. La politique anglaise n'était pas moins détestée des cabinets de l'Europe. Ils s'apercevaient, un peu tard, qu'on les avait trompés, qu'on les avait poussés en Don Quichottes dans une guerre dont l'Angleterre profitait pour s'agrandir. La situation réciproque de la France et de l'Angleterre était ainsi totalement changée. Celle-ci était, en quelque sorte, mise à son tour au ban de l'Europe, dont la première avait alors acquis les sympathies.

Cet état de crise était alarmant pour l'Angleterre. La déclaration des neutres fut le premier manifeste des puissances du Nord. L'Angleterre y répondit en envoyant dans le Sund une escadre, qui, avant que les glaces de la Baltique eussent permis la réunion des flottes russe, suédoise et danoise, bombarda Copenhague et conclut avec les Danois un armistice de quatorze semaines.

Ce premier succès était insuffisant pour conjurer l'orage qui menaçait l'Angleterre du côté du Nord. Paul Ier, de plus en plus exaspéré contre elle, avait poussé le roi de Prusse à se déclarer et à s'emparer du Hanovre. Il avait fait lui-même de grands préparatifs pour lutter, avec ses alliés maritimes, contre les flottes anglaises. Cette ligue pouvait d'autant plus être fatale à l'Angleterre, que la France, n'ayant plus d'ennemis sur le continent, se voyait en position de tourner toutes ses forces contre sa rivale.

Ce fut en ce moment que l'Europe stupéfaite apprit que Paul Ier, ame de cette ligue des neutres qui avait tourné toutes les puissances maritimes contre l'Angleterre, était mort assassiné dans une conspiration de palais. Les conjurés étaient le comte Palhen, gouverneur de Saint-Pétersbourg, chargé de la police de l'Empire; le comte Panin, vice-chancelier, ministre des affaires étrangères; le général Benigsen, et les trois frères Souhow, qui frappèrent l'empereur, et dont la sœur, liée avec la faction anglaise, était amie de lord Withworth, ambassadeur d'Angleterre. Cette circonstance, jointe à l'intérêt qu'avait l'Angleterre à la mort de Paul Ier, fit attribuer cet assassinat à la politique britannique. Lorsqu'on annonça ce tragique évènement à Bonaparte, il en resta quelque temps atterré; puis, rompant tout-à-coup le silence, il s'écria : *Ah! les Anglais m'ont manqué au 3 nivôse : ils ne m'ont pas manqué à Saint-Pétersbourg!* Le lendemain, on lut dans le *Moniteur* la phrase suivante : « *Paul Ier est mort dans la nuit du 24 au 25 mars : l'escadre anglaise a passé le Sund le 31. L'histoire nous apprendra les rapports qui peuvent exister entre ces deux évènements* (3). »

CHAPITRE IV.

Effet produit en France et en Angleterre par la mort de Paul Ier. — Négociations pour la paix générale. — L'armée d'Égypte après le départ de Bonaparte. — Sir Sydney-Smith. — Massacre de la garnison française d'El-Arisch. — Convention d'El-Arisch. — Refus de l'Angleterre de la ratifier. — Noble indignation de Kléber. — Bataille d'Héliopolis. — Alliance avec Mourad-Bey. — Insurrection du Caire. — Soumission complète de l'Égypte. — Assassinat de Kléber. — Menou prend le commandement de l'armée; ses fautes. — Capitulation d'Alexandrie. — Traité des préliminaires avec l'Angleterre. — Joie du peuple en France et en Angleterre à la nouvelle de la signature du traité. — Changement dans les institutions des Républiques batave et cisalpine. — Bonaparte est nommé président de la République italienne. — Troisième session du corps législatif. — Élimination de l'an x. — Proclamation du concordat. — Traité d'Amiens. — Session extraordinaire de l'an x. — Amnistie à l'égard des émigrés. — Projet de loi sur l'instruction publique. — Institution de la Légion-d'Honneur. — Message des Consuls sur la paix générale. — Première proposition de décerner à Bonaparte une récompense nationale. — Consulat à vie. — Articles modificatifs de la constitution de l'an viii. — Cette constitution devient monarchique.

PENDANT qu'on se réjouissait à Londres du sort tragique de Paul Ier, le Premier Consul en éprouvait d'autant plus de peine que cet évènement, en délivrant l'Angleterre du chef redouté des puissances maritimes du Nord, le privait d'un allié puissant, capable de faire une diversion utile à ses projets contre l'Angleterre, et de faciliter la conclusion de la paix.

Le cabinet britannique se hâta de profiter de cette circonstance pour offrir la paix à toutes les puissances. Un armistice naval fut conclu dans la Baltique avec les cours du Nord, et une démarche directe fut faite auprès du Premier Consul pour ouvrir des négociations pour la paix générale. On avait quelque espoir de s'entendre. Enrichie des dépouilles de ses alliés, l'Angleterre était d'avis que chacun gardât ce qu'il avait entre les mains. La France, qui avait fait occuper le Hanovre par la Prusse, et qui était prête à tenir le Portugal, proposait, en échange de ces possessions, de rendre à l'Espagne et à la Hollande quelques îles d'Amérique et celle du Cap, occupée par l'Angleterre.

Quant à l'Angleterre et à la France, chacune garderait ce qu'elle avait conquis : celle-ci l'Égypte et ses conquêtes du continent, celle-là les Indes.

De toutes nos nouvelles possessions, l'Égypte seule menaçait de nous occasionner de grands embarras. En effet, de grands évènements s'y étaient passés depuis le départ de Bonaparte. L'Angleterre avait fait des efforts inouïs pour nous l'arracher, et elle devait se montrer fort peu disposée à perdre le fruit de ses intrigues.

Lorsqu'après avoir complètement détruit à Aboukir l'armée combinée des Ottomans, Bonaparte eut quitté l'Égypte en août 1799, l'armée française tomba dans le plus profond découragement. Ces braves soldats d'Italie se crurent abandonnés sans retour par leur général, qu'ils avaient suivi avec confiance dans cette expédition d'Italie. Leur désespoir éclata, non-seulement en murmures, mais souvent encore en suicides. Malheureusement, les chefs leur donnaient l'exemple de ce déchaînement contre Bonaparte, et de cette consternation qui devait, en peu de jours, démoraliser l'armée. Cette funeste situation se compliqua de rivalités et de graves dissentiments. Les chefs se divisèrent en *colonistes* et *anti-colonistes,* ceux qui voulaient rester, ceux qui voulaient retourner en France. Menou était à la tête des premiers, Kléber des autres. Le regret de la patrie absente avait énervé l'ame héroïque de ce valeureux général. N'aimant ni à commander ni à obéir, comme l'a dit un des généraux ses contemporains, il ne se trouvait point honoré par le commandement en chef que lui avait légué Bonaparte.

L'Angleterre ne pouvait que gagner à une aussi fâcheuse disposition des esprits ; aussi n'omit-elle point d'en profiter. Sir Sidney-Smith, qui convoyait avec ses vaisseaux une partie d'une nouvelle armée du vizir annoncée depuis longtemps, se disposa à débarquer huit mille janissaires à la branche du Nil de Damiette ; mais à peine quatre mille furent-ils arrivés à terre, que le général Verdier, se jetant sur eux avec mille hommes, malgré le feu des canonnières anglaises, en noya ou tua plus de trois mille, et prit les autres. Le commodore anglais ne jugea pas à propos de débarquer les quatre mille restants.

Au lieu de remonter le moral de l'armée, ce brillant fait d'armes précipita au contraire la résolution déjà prise d'évacuer immédiatement l'Égypte. Kléber fit proposer une négociation au vizir qui s'apprêtait à envahir l'Égypte par la Syrie, et à Sidney-Smith, qui était maître de la mer.

Ce dernier, pour arracher aux Français leur conquête, eut l'audace de se targuer d'un droit et d'un titre qu'il n'avait pas. Il se dit autorisé par son gouvernement à traiter d'une capitulation. La perfidie et la déloyauté du cabinet anglais à l'égard des autres peuples, étaient des précédents que ses agents ne manquaient jamais de mettre en pratique dans l'occasion. Kléber, trompé par cet odieux mensonge, envoya des officiers munis de pleins pouvoirs pour traiter d'une évacuation. Ces officiers se rendirent avec Sidney-Smith au camp du grand-vizir, qui, avec quatre-vingt mille hommes, était arrivé devant le fort El-Arisch, une des clefs de l'Égypte. Trois cents de nos soldats, avec des vivres et des munitions, étaient enfermés dans ce fort. Un officier anglais, le colonel Douglas, qui commandait à l'avant-garde turque un corps de troupes où servaient un grand nombre d'émigrés français, somma le commandant de se rendre. Il fit annoncer, en outre, aux soldats, que l'évacuation de l'Égypte était décidée. Ces malheureux, trompés par cette annonce, refusèrent de se défendre, et voulurent obliger leur courageux commandant, l'officier Cazals, à céder le fort. Il s'y refusa : il fallut combattre; mais pendant l'assaut, quelques misérables indignes de leur patrie, jetèrent des cordes aux ennemis, qui, parvenus dans le fort par ce moyen, égorgèrent lâchement la garnison entière.

L'odieux massacre de ces Français n'arrêta pas les négociations. Kléber, en cette circonstance, se montra inférieur à lui-même. Quelques généraux, entre autres Desaix, qui n'était pas encore parti pour la France, et Davoust, se montrèrent mus d'une généreuse indignation; mais la démoralisation de l'armée et surtout des chefs était telle, et leur désir de rentrer en France si vif, qu'on passa outre. Kléber, comme pour excuser sa conduite, avait demandé d'abord des conditions inacceptables, mais ensuite il se borna à traiter pour une évacuation pure et simple. Un armistice de trois mois, le transport avec armes et bagages de l'armée française en Europe garantis : telles furent les conditions de l'évacuation. Desaix, à qui Bonaparte avait laissé l'ordre de venir le rejoindre, s'embarqua immédiatement pour la France. Il y arriva après une traversée pleine d'incidents, et fut, comme on l'a vu, trouver le Premier Consul en Italie, où il scella de son sang la victoire de Marengo.

Kléber se disposait à évacuer l'Égypte; on avait déjà acheminé vers Alexandrie l'artillerie, les convois, les ambulances, les troupes, lorsque sir Sidney-Smith se refusa, d'après l'ordre reçu du cabinet de Londres, à laisser partir les bâtiments français.

Voici ce qui avait motivé cette infraction à la capitulation. Le ministère anglais avait appris, par des lettres interceptées, l'état de démoralisation où se trouvait l'armée d'Égypte : jugeant son état plus désespéré qu'il n'était en réalité, il avait refusé de reconnaître la convention signée par Sidney-Smith, et avait envoyé l'ordre de ne recevoir l'armée française que prisonnière de guerre.

Cet acte d'insigne mauvaise foi indigna Kléber contre les négociateurs anglais. Le général français fut néanmoins bien aise d'une solution qui, tout en lui épargnant les suites d'une faute capitale, fixait irrévocablement les incertitudes dont son esprit était depuis quelques jours tourmenté.

En effet, lorsqu'il avait consenti à signer la convention d'El-Arisch, il était sans nouvelles d'Europe; il ignorait la révolution du 18 brumaire; il ne connaissait que la situation fâcheuse de la France vers les derniers jours du Directoire. L'espoir de pouvoir assurer le retour d'une armée qui, dans toutes circonstances, pouvait être d'un grand secours à la République, avait puissamment influé sur sa détermination. Mais le chef de brigade Latour-Maubourg, débarqué à Alexandrie, lui raconta les évènements du 18 brumaire. La situation se trouvait dès lors changée; et abandonner en ce moment l'Égypte qui, dans le cas d'une paix générale, pouvait être un précieux moyen d'échange, était plus qu'une faute. Aussi, lorsque l'amiral anglais lui écrivit que « le roi son maître lui avait ordonné de ne consentir à aucune capitulation avec l'armée française, excepté dans le cas où elle mettrait bas les armes, se rendrait prisonnière de guerre, et livrerait aux puissances alliées tous les vaisseaux et toutes les munitions appartenant à sa nation et se trouvant dans les port et ville d'Alexandrie, » il ne répondit qu'en publiant la lettre de l'amiral anglais précédée de ces mots : *Proclamation de Kléber à l'armée,* et suivie de ceux-ci : *Soldats, à de telles insolences on ne répond que par des victoires : préparez-vous à combattre.*

Indignés comme leur général, et honteux de leur faiblesse, les soldats étaient impatients de réparer leur honneur. Tous coururent aux armes. Le 29 ventôse an VIII (20 mars 1800), ils se trouvèrent en présence de l'armée du grand-vizir. — « Amis, leur dit Kléber, vous ne possédez en Égypte que le terrain que vous foulez : si vous reculez d'un pas, vous êtes perdus. » Cette énergique allocution doubla le courage des soldats : il ne leur restait plus qu'à vaincre ou à mourir ; ils optèrent pour la victoire. Quatre-vingt mille hommes, sous les ordres du grand-vizir, étaient campés dans la plaine d'Héliopolis. Nos dix mille braves fondirent sur eux *vites comme les aigles, courageux comme les lions,* et taillèrent en pièces l'avant-garde, retranchée au village de Mattarieh. Le gros de l'armée ennemie fut ensuite abordé à la baïonnette, poussé jusqu'au-delà de Belbeys, écrasé à Karaïm, et rejeté dans le désert, où les Arabes nomades, toujours prêts au pillage, achevèrent sa destruction et sa ruine.

Mais, tandis que les débris de cette armée fuyaient devant nos armes, le Caire, n'étant plus maintenu par la présence des Français, s'était soulevé. Ibrahim-Bey s'y était jeté avec quelques troupes, avait armé la population, investi les forts défendus par quelques Français seulement, et massacré les Francs. Kléber s'y rendit avec son armée victorieuse. Il trouva tout le peuple en armes, les portes barricadées, les maisons converties en forteresses. Une poignée de Français, enfermés dans les forts, se défendaient avec un courage héroïque contre une nuée d'ennemis. Kléber somma la ville de se rendre : la population fanatisée refusa. La mitraille, la bombe, le feu, et un horrible combat qui dura quatre jours, l'en rendirent enfin maître. Les Anglais avaient enlevé Suez par un coup de main, et les Turcs avaient occupé Damiette après le départ des Français. Kléber détacha quelques bataillons qui chassèrent les premiers et les forcèrent de se rembarquer ; les autres furent refoulés dans le désert. Il contracta, en même temps, un traité d'alliance avec Mourad-Bey, à qui il abandonna les provinces de Syène et de Gigeh moyennant un léger tribut. Mourad-Bey resta notre allié fidèle jusqu'au moment où nous quittâmes l'Égypte.

Dès ce moment, cette contrée fut plus que jamais soumise à nos armes. Ainsi furent déjouées les manœuvres perfides de l'Angleterre. Quant à la Turquie, elle avait à ajouter une nouvelle défaite à ses récentes humiliations.

Ces résultats de la bataille d'Héliopolis, Kléber acheva de les compléter par une bonne administration. Des Grecs, des Cophtes, des Noirs, lui servirent à compléter le vide de l'armée. Plus tard, ces nouveaux auxiliaires ne se montrèrent point inférieurs à nos soldats, sous le double rapport du courage et de la discipline. Épris enfin de cette conquête, qu'avaient consolidée son habileté et son intrépidité, il était parvenu à relever le moral de l'armée, et à lui créer des ressources capables de défier les intrigues de l'Angleterre et les forces de la Turquie. Le poignard d'un fanatique l'arrêta dans ses projets.

Un jeune Syrien d'Alep, nommé Suleyman, exalté par les prédications des imans, et dans l'espoir de cette vie éternelle promise à tout musulman qui poignarderait le chef de l'armée française, était venu au Caire, à travers le désert, avec la ferme résolution d'attenter aux jours de Kléber. Il s'était préparé à cet acte de fanatisme par un voyage à la Mecque et à Médine. Arrivé au Caire, il s'était enfermé dans la mosquée de Jemir-Azar, et, pendant six semaines, s'était fortifié, par des jeûnes et des prières, dans le dessein de frapper celui que les imans et les cheiks lui désignaient comme l'ennemi de son pays et de sa foi. Raffermi dans sa résolution, il s'introduisit dans le jardin de Kléber, se présenta devant lui dans une attitude humble et respectueuse, et, pendant que Kléber lui donnait sa main à baiser, il lui plongea un poignard dans le sein. « A moi, gardes ! je suis assassiné ! » s'écria Kléber, qui n'était alors accompagné que de l'architecte Protain. L'assassin prit la fuite, et fut découvert sous un nopal touffu. Il fut condamné au supplice du pal, qu'il souffrit avec l'exaltation d'un martyr. Kléber, quelques minutes après avoir été frappé, exhala son ame héroïque. C'était le 14 juin. Le même jour, sur le champ de bataille de Marengo, Desaix, atteint d'une balle autrichienne, expirait en nous léguant une victoire.

La mort de Kléber fut un grand malheur pour l'armée. Menou, qui le remplaça par rang d'ancienneté, n'avait ni l'audace, ni le coup d'œil, ni la résolution, si nécessaires surtout au chef d'une armée placée dans les conditions où était l'armée d'Égypte. Il avait les qualités d'un administrateur, mais non celles d'un général. Menou, qui avait embrassé l'islamisme et épousé une femme turque, s'était montré l'adversaire déclaré de ceux qui voulaient l'évacuation de l'Égypte. C'était là, d'ailleurs, à peu près son seul mérite. Tant qu'il ne s'agit que d'administration, la colonie, sous son commandement, prospéra ; dès qu'il fallut combattre, des revers successifs, dus presque entièrement à son impéritie, amenèrent la perte de la colonie.

De toutes nos conquêtes, l'Égypte était considérée par l'Angleterre comme la plus incompatible avec ses intérêts. Aussi tous ses efforts avaient-ils tendu, depuis quelque temps, à l'arracher à la France.

Dans ce but, le cabinet de Londres avait combiné avec la Porte un plan vaste, et dont le succès pouvait être décisif : c'était d'attaquer à la fois les Français par trois côtés, par la Méditerranée, la Syrie et la mer Rouge. Un corps de troupes anglaises, de seize mille hommes, devait débarquer à Aboukir sous les ordres de sir Ralph Abercombrie. Le grand-vizir devait s'avancer de Syrie, par le désert, avec vingt-cinq mille hommes. Six mille Cipayes, venant de l'Inde, et commandés par le général Baird, devaient débarquer à Casseïr.

Le Premier Consul, qui attachait à la conservation de la conquête d'Égypte autant d'importance que l'Angleterre en mettait à nous l'enlever, n'avait rien négligé pour la consolider ; mais il avait été mal secondé, soit par la faute des amiraux chargés de ses ordres, soit par les circonstances.

Des troupes, réunies par son ordre sur plusieurs points, étaient destinées à renforcer la garnison d'Égypte. A Otrante, que les Français occupaient depuis la paix avec Naples, dix mille hommes étaient prêts à être embarqués pour cette destination ; mais les Anglais, maîtres alors de Malte, qui avait fini par capituler, rendaient cette opération peu chanceuse pour une escadre partant d'un des ports de la Méditerranée. A Brest, sept vaisseaux de ligne, sous les ordres de l'amiral Ganteaume, devaient transporter cinq mille hommes en Égypte. Favorisé par une bourrasque qui avait éloigné les croisières anglaises, Ganteaume mit à la voile le 25 janvier 1801 ; il gagna heureusement le détroit, et arriva en vue des côtes d'Afrique. Pendant ce temps, une flotte combinée, française et espagnole, occupait, dans la Méditerranée, les amiraux Keith, Warren et Saumarez. Ganteaume était sur le point de réussir, quand, par malheur, il captura une frégate anglaise. Elle lui donna le faux avis que l'amiral Keith croisait devant Aboukir, et, au lieu de continuer à cingler vers Alexandrie, il fit voile pour Toulon, où il rentra. Il en repartit bientôt sur un ordre du Premier Consul ; mais cet amiral, trop timide, apparut encore une fois en vue des côtes d'Afrique, qu'il n'osa point aborder.

Des évènements imprévus firent échouer toutes les autres combinaisons maritimes. De tous les renforts destinés pour Alexandrie, pas un n'y arriva. Tout réussissait à l'Angleterre.

Le 6 mars, Menou fut prévenu qu'une flotte anglaise de débarquement avait paru dans la rade d'Aboukir. Ce général perdit un temps précieux à prendre des demi-mesures. Au lieu de concentrer ses masses à Aboukir pour jeter les Anglais à la mer lors de leur débarquement, il éparpilla ses troupes, envoya la division Regnier à Belbeys pour faire face au grand-vizir, qui était encore au-delà de la limite du désert, laissa au Caire la moitié de ses forces, et marcha avec le reste vers Aboukir. Dans l'intervalle, les Anglais avaient déjà débarqué, et repoussé le général Friant, qui n'avait eu que trois mille hommes à opposer à seize mille. L'armée anglaise s'était retranchée sur les hauteurs de Nicopolis, dans un fort camp retranché qu'elle avait construit à cet effet. Menou la trouva dans cette position formidable. Il n'avait avec lui que dix mille hommes : il n'hésita cependant pas à livrer bataille. Nos soldats firent des prodiges de valeur ; mais, mal secondés, mal dirigés par Menou, ils ne purent forcer les retranchements anglais. Quatre généraux, Lanusse, Broussart, Baudot, Roize, furent tués ou blessés mortellement, et quinze cents hommes mis hors de combat. La cavalerie fut abîmée. Les Anglais éprouvèrent une perte à peu près égale. Leur général en chef, sir Ralph Abercombrie, trouva la mort sur le champ de bataille. Mais, dans la situation où était l'armée française, ne pas vaincre, c'était perdre l'Égypte.

Ne pouvant plus tenir la campagne, Menou se renferma dans Alexandrie, et, à dater de ce moment, des revers accablants nous firent expier nos brillantes victoires en Égypte. L'armée combinée des Anglais s'avança concentriquement dans la Basse-Égypte. Hutchinson, qui avait remplacé sir Ralph Abercrombie, détacha cinq mille hommes sur Rosette pour couper la digue qui sépare le lac Madieh du lac Maréotis. Menou se trouva alors dans Alexandrie, isolé du reste de l'Égypte, et séparé de Belliard, qui occupait le Caire avec huit mille hommes.

Notre situation était des plus critiques. Belliard, après avoir rappelé à lui tous les détachements épars dans la Haute et Basse-Égypte, réclama le secours de Mourad-Bey. Fondre sur l'armée du grand-vizir, la battre, se retourner ensuite contre les Anglais et dégager Menou, tel était le projet de Belliard. Mais le brave Mourad-Bey, qui, fidèle à ses engagements, se rendait avec ses troupes à l'appel de

Belliard, fut atteint de la peste en route, et mourut à Benerouef. Belliard désespéra dès lors de pouvoir se maintenir contre l'armée combinée anglo-turque. Cerné de tous côtés, isolé des généraux Menou et Friant, il capitula. Les conditions du traité furent l'évacuation de l'Égypte par son corps d'armée, qui conservait ses armes, ses canons, ses drapeaux et ses bagages. Il sortit du Caire enseignes déployées, emportant les tristes restes du vainqueur d'Héliopolis.

Menou, sans communication avec la terre et la mer, manquant de ressources, ayant à souffrir les plus dures privations, ne capitula que deux mois après, lorsqu'il n'eut plus ni vivres, ni munitions. Sa belle et tenace défense racheta une partie de ses fautes, en ce que la nouvelle de la capitulation d'Alexandrie ne parvint à Londres qu'après que les préliminaires avaient été signés.

Là se termina cette expédition d'Égypte. Elle a frappé l'imagination des masses, qui n'en ont entrevu que le côté grandiose et poétique; mais avec le temps et avec l'expérience, elle eût produit les plus féconds résultats.

Tandis que ces fâcheux évènements se passaient en Égypte, les négociations avec l'Angleterre se poursuivaient, tantôt ralenties, tantôt pressées, selon les motifs d'actualité qu'avait chaque puissance de se montrer exigeante; mais les hostilités n'en continuaient pas moins; elles avaient, au contraire, acquis plus d'activité, parce que chaque cabinet voulait être en possession de plus de gages possibles pour s'assurer une meilleure paix. Ainsi, par exemple, l'Angleterre, indépendamment du corps d'armée envoyé en Égypte, avait repris Malte, opéré un débarquement au Ferrol, en Espagne, où son armée, décimée par une épidémie et menacée par des renforts qui venaient au secours de la ville, avait été obligée de se rembarquer. Elle avait aussi jeté à Porto-Ferrajo un corps d'armée qui fut détruit ou fait prisonnier. Le Premier Consul, de son côté, avait fait occuper le Hanovre par la Prusse, la province d'Olivenza en Portugal, par l'Espagne; un de ces corps d'armée devait se porter, en outre, sur Oporto et Lisbonne, et une flottille rassemblée à Boulogne, où avaient lieu de grands préparatifs de descente, menaçait les côtes de l'Angleterre.

Malgré cela, les deux cabinets étaient impatients l'un et l'autre d'arriver à une solution. Les négociations se poursuivaient à Londres même entre M. Atta, pour la France, et lord Hawkesbury pour l'Angleterre. Les négociateurs échangeaient des notes fréquentes sans pouvoir parvenir à s'entendre. La négociation ne roulait plus sur des intérêts de principes, mais sur des intérêts territoriaux que les conquêtes réciproques des deux nations et leurs exigences compliquaient chaque jour davantage. La France se montrait fort conciliante, tandis que l'Angleterre paraissait peu disposée à faire des concessions. Cependant le cabinet anglais réduisit peu à peu ses prétentions, et on put, à bon droit, compter sur une solution prochaine. Deux échecs successifs qu'éprouva Nelson à une attaque de la flottille de Boulogne, rabaissèrent un peu l'orgueil britannique et levèrent les dernières difficultés. Le 16 thermidor (4 août), Nelson, avec une division de bâtiments légers et de bombardes, s'était présenté devant la flottille qui manœuvrait au-dehors, et, après un bombardement de plus de seize heures, n'avait pu parvenir ni à rompre sa ligne, ni à faire rentrer un seul bâtiment dans le port. Il était revenu à la charge avec une division plus nombreuse, le 28 thermidor (16 août); cette fois il avait attaqué à l'abordage, et, après un combat de nuit qui avait duré depuis onze heures du soir jusqu'au jour, il s'était retiré laissant la mer couverte des cadavres de ses matelots et de ses soldats.

Le mauvais succès de ces deux expéditions mit un terme aux vicissitudes de la grande négociation, et le traité des préliminaires fut signé le 9 vendémiaire (1er octobre). Un congrès fut ouvert à Amiens pour y rédiger le traité définitif et résoudre quelques questions secondaires : lord Cornwalis y fut le représentant de l'Angleterre, et Joseph Bonaparte celui de la République.

Cette transition d'une guerre acharnée à la paix, fit, en France et en Angleterre, une impression profonde sur les esprits. En France, et surtout en Angleterre, elle excita une joie des plus vives. Dans ce dernier pays, on avait écrit en grosses lettres, sur toutes les voitures publiques qui partaient de Londres : *Paix avec la France!* et lorsque Lauriston, aide-de-camp du Premier Consul, arriva pour porter les ratifications du traité préliminaire de paix, le peuple de Londres traîna sa voiture au cri si étrange et si nouveau sur les bords de la Tamise, de *Vive Bonaparte!* La Cité donna un magnifique banquet, et, au milieu des acclamations, on porta les toasts suivants : *Au Premier Consul Bonaparte! A la liberté, au bonheur de la République française!* C'est qu'au milieu des agrandissements territoriaux de l'Angleterre, le peuple avait eu à souffrir de la misère, de la famine; il avait été écrasé par les impôts, décimé par des presses fréquentes. Aussi la paix lui causait-elle des transports d'enthousiasme qui tenaient du délire. M. Addington, le chef du cabinet britannique, dit à ce propos à Lauriston : « Ceci n'est point une paix ordinaire, c'est une véritable réconciliation entre les deux premières nations du monde. »

Ce beau résultat, que le Premier Consul devait à ses victoires, fut suivi d'un acte très-politique : nous voulons parler du concordat, qui introduisit dans l'Église la paix dont jouissait alors l'Etat.

Cette mesure, que des esprits prévenus ont si amèrement blâmée en la présentant comme l'inspiration et l'entraînement d'une ambition impatiente de se satisfaire, n'a été que le fruit de la conviction d'un génie profond et pénétrant, qui a su découvrir une plaie sociale là où d'autres ne voyaient que la consécration d'un faux principe.

En effet, l'Église, en France, se trouvait dans un état complet d'anarchie : tel était le résultat des premières persécutions dont le clergé catholique avait été l'objet, des obligations civiles que l'autorité lui avait imposées, des amnisties même par lesquelles on avait cru le calmer. Il y avait les prêtres réfractaires qui avaient refusé de se soumettre à la constitution civile du clergé, et qu'on appelait les *insermentés* ; ceux qui avaient prêté serment à cette constitution, qu'on désignait par le nom d'*assermentés* ; ceux enfin qui avaient fait la *promesse*. Les premiers, qui avaient reparu depuis le Consulat, n'officiaient que dans des maisons particulières, protestant contre tout culte public pratiqué dans les églises fermées pour eux. Les seconds, légalement investis des fonctions sacerdotales et jouissant de l'usage des édifices religieux, étaient considérés, par la majorité des fidèles, comme des mauvais prêtres. Les troisièmes obtenaient un peu plus de considération, mais leur orthodoxie était très-contestée. Ces trois diverses catégories existaient aussi dans le haut clergé : de là des querelles, des passions, de l'agitation, du trouble, qui, se produisant au-dehors, portaient le désordre dans l'État et la famille, et, sous le masque de la religion, irritaient les ames au lieu de satisfaire à leurs besoins moraux.

Les doctrines philosophiques du XVIIIe siècle, et les divers essais tentés ensuite pour substituer de nouveaux cultes au catholicisme, n'avaient pu éteindre la foi en France. Elle y était encore vive et sincère sur plusieurs points du territoire. Dans les villes, cependant, dominaient encore les préjugés haineux de quelques révolutionnaires contre l'Église et ses ministres; le culte n'était suivi que par de rares adeptes. Le contraire avait lieu dans les campagnes; mais les prêtres constitutionnels, ou assermentés, ayant seuls l'usage des églises, ne les voyaient se remplir que d'un public indifférent ou sceptique. Les ames pieuses ou ardentes formaient le troupeau du clergé réfractaire. Avides de recueillir la parole de vie, elles suivaient les prêtres insermentés dans des maisons privées, dans des lieux secrets, où les cérémonies du culte, pratiquées sans pompe et sans appareil, leur rappelaient les premiers temps du christianisme, alors que les ténèbres des catacombes cachaient les catéchumènes et les confesseurs de la foi.

Cet état de choses donnait naissance à un schisme qui commençait à porter une perturbation très-notable dans les transactions civiles. Ainsi, par exemple, le clergé assermenté encourait la censure du pape et les anathèmes des prêtres insermentés. On contestait la validité de ses actes : les baptêmes, les mariages, tous les autres sacrements donnés par lui étaient considérés comme nuls; l'action civile résultant de quelques uns d'entre eux n'avait pas, il est vrai, à en souffrir; mais il n'en était pas de même de l'action religieuse; les consciences timorées s'en montraient alarmées, et le lit des mourants était parfois le théâtre des scènes les plus scandaleuses et les plus déplorables. Par la menace des châtiments éternels, on obligeait les esprits faibles à des rétractations, souvent même à des restitutions ou des transactions relativement aux biens nationaux, et ces atteintes à un droit acquis étaient moins funestes pour l'État que pour les familles.

Un autre inconvénient non moins grave : le clergé réfractaire, fort de l'appui de la cour de Rome, s'était constitué en une espèce de faction politique qui avait converti la chaire évangélique en une tribune, d'où le fanatisme, laissant tomber des paroles de haine contre la révolution et ses partisans, irritait les esprits que la religion aurait dû pacifier.

Le système d'unité et de fusion dont le Premier Consul avait, depuis son avènement au pouvoir, tenté de faire prévaloir les principes, ne pouvait s'accommoder d'un état de choses qui abandonnait la direction des consciences à des prêtres fanatiques et réactionnaires. Comme catholique, sa foi n'était pas plus orthodoxe que celle des hautes classes de son temps; il avait cependant l'ame ouverte aux impressions religieuses. Mais, en cette circonstance, il envisagea la question en homme d'État et en législateur. Mettre un terme à l'anarchie qui désolait l'Église, pacifier le clergé, le discipliner, le dominer, agir sur les esprits, les porter au calme, à l'obéissance : tel fut le but qu'il se proposa.

Son projet fut en général accueilli avec une défaveur marquée. Les répugnances qu'il causait se manifestaient même dans l'entourage du Premier Consul. Un des sentiments qui s'étaient conservés le plus inaltérables, c'était la haine contre le clergé. On n'avait oublié ni ses abus et son immoralité avant 89, ni ses machinations et ses intrigues sous les assemblées révolutionnaires. On voulait de la religion, mais sans ses ministres; aussi, en haine des doctrines ultramontaines, proposait-on différents systèmes au Premier Consul. Il devait, selon les uns, laisser les prêtres assermentés et insermentés s'arranger à leur guise, sauf à intervenir dans leurs querelles si elles troublaient l'ordre et la tranquillité du gouvernement. Bonaparte ne pouvait adopter, on le conçoit, une pareille marche, capable d'aggraver une situation déjà si mauvaise. Les autres voulaient qu'il jetât la France dans le protestantisme. Mais il savait qu'agir ainsi, c'eût été le plus sûr moyen de pousser au fanatisme les catholiques qui étaient attachés à leurs croyances. On alla même jusqu'à lui proposer d'affranchir l'Église gallicane de la juridiction pontificale, et de s'instituer primat des Gaules. Il y avait là de quoi tenter une grande ambition ; mais sa mission à lui était tout autre. « Je ne veux recommencer ni Luther ni Henri VIII, dit-il alors ; à tous les maux qui viennent de peser sur la France, n'ajoutons pas ceux qui prendraient leur source dans les dissensions religieuses ; ce ne serait pas le moyen de finir la révolution. Je soulèverais contre moi toutes les croyances catholiques, et n'aurais pas même les indifférents, dont le scepticisme trouverait avec raison mille sujets de raillerie contre ce nouveau culte et son fondateur. Ce qu'il faut, c'est un pape qui, pour prix de la protection et des égards que j'aurai pour lui, réconcilie les consciences avec le gouvernement sorti de la révolution, et réunisse d'abord sous sa main les prêtres, pour les placer ensuite sous la mienne. En relevant les autels, en rendant à la religion catholique toutes les attributions qui ne sont pas incompatibles avec l'état présent de la société française, j'atteindrai ce but. »

Les objections qu'on lui opposait ne lui paraissant guère fondées, le Premier Consul finit par céder à ses convictions, et ouvrit, en conséquence, avec le pape, une négociation dont les conclusions, reposant sur la base même des principes posés par la révolution, devaient réconcilier la République avec l'Église.

Le pape n'était pas moins impatient que Bonaparte de mettre fin aux troubles de l'Église de France, et, dès les premières ouvertures, Pie VII avait dit avec empressement : « Assurez le Premier Consul que nous nous prêterons volontiers à une négociation dont le but est si respectable, si convenable à notre ministère apostolique, si conforme aux vœux de notre cœur. » Les négociations pour le concordat s'ouvrirent immédiatement. Les plénipotentiaires furent, pour le Saint-Siège, Spina, archevêque de Corinthe, et le père Cazelli, savant théologien; pour la République, Joseph Bonaparte, le conseiller d'État Crétet, et le curé Bernier.

La base du concordat devait être celle-ci : un clergé, ni propriétaire ni pouvoir politique, uniquement voué aux fonctions du culte, salarié par l'État, nommé par lui et confirmé par le pape; la réduction à soixante sièges épiscopaux des cent cinquante-huit formant l'ancienne circonscription diocésaine; des évêques nommés par le gouvernement et institués par le pape, au lieu d'un épiscopat électif tel que l'avait décrété, sur le modèle de la primitive Église, la constitution civile de 1790; et enfin la police des cultes déférée à l'autorité civile, et la juridiction sur le clergé au conseil d'État.

Les négociations furent longues et épineuses; il y avait plusieurs points très-délicats à traiter. Ainsi, par exemple, le passage de l'ancien état au nouveau ne pouvait avoir lieu qu'en supprimant les anciens sièges et faisant déposer les titulaires par le pape, qui ne s'en reconnaissait pas le droit. Par un concordat de 1516, passé entre François Ier et Léon X, la cour de Rome avait la faculté d'ajourner indéfiniment l'institution canonique; le gouvernement consulaire demandait une modification à ce point capital, qui touchait à la prépotence spirituelle de Rome. D'autres questions, telles que l'admission, dans la nouvelle organisation du clergé, des évêques et prêtres constitutionnels, la garantie, par la cour de Rome, des droits des acquéreurs de biens nationaux ecclésiastiques, et enfin le refus, par le gouvernement, de déclarer la religion catholique religion de l'État, soulevèrent de vives résistances à Rome. Mais toutes les difficultés tombèrent devant la fermeté du Premier Consul ; le concordat fut signé à Paris, le 15 juillet 1801, et ratifié à Rome le 15 août suivant. Voici les principales dispositions de cette œuvre de pacification religieuse, qui marquait au clergé sa place dans l'État.

La religion catholique était reconnue la religion de la majorité des Français ; son culte serait public, en se conformant aux règlements de police jugés nécessaires pour le maintien de la tranquillité. La nouvelle circonscription épiscopale comprendrait neuf archevêchés et quarante-un évêchés, avec érection de chapitres. Les anciens sièges seraient supprimés, les titulaires tenus de donner leur démission. La nomination des évêques appartenait au Premier Consul, le pape devait les instituer. Les évêques, chargés de faire une nouvelle circonscription des paroisses de leurs diocèses, nommeraient aux cures des sujets agréés par le gouvernement. Les propriétés ecclésiastiques aliénées étaient reconnues incommutables et légalement acquises. Le clergé était salarié par l'État, les archevêques à raison de 15 mille francs par an, les évêques de 10 mille, les curés de première classe de 1,500 francs, et ceux de deuxième classe de 1,000. Des articles organiques furent annexés au concordat à titre de règlement d'exécution.

Tel fut le concordat. S'il n'éteignit pas immédiatement les passions religieuses nées de dix ans de troubles et de schisme, il contribua puissamment à les apaiser ; il rétablit dans l'Église l'unité de direction établie déjà dans l'État.

Le clergé catholique, jusqu'alors indiscipliné, devint un instrument utile du gouvernement.

Les relations de la République avec d'autres puissances, se régularisaient chaque jour davantage par divers traités de paix. Le 24 août, fut signé un traité avec la Bavière ; le 9 octobre avec la Porte. Le 8 du même mois avait été signé, avec la Russie, un traité de paix suivi d'une convention secrète par laquelle les deux puissances s'engageaient à régler, de concert, les affaires de l'Italie, et la répartition des indemnités dues aux princes dépossédés sur la rive gauche du Rhin. Cette convention, qui appelait directement la Russie à la direction des affaires d'Occident, fut un des actes diplomatiques les plus importants de l'époque. Elle amena dans la suite des résultats qu'il était difficile alors de prévoir.

C'est ainsi que la République prit peu à peu une attitude formidable. La paix était partout conquise ou imposée. Le Premier Consul, respecté, ménagé ou redouté, pouvait oser tout, parce que nulle puissance sur le continent n'eût osé le braver. Possédant à un suprême degré le génie de la force, il voulut en user. Les Républiques batave et cisalpine, instituées sur les formes du Directoire, n'étaient plus en harmonie avec l'établissement consulaire. L'omnipotence des assemblées délibérantes y dominait l'autorité centrale ; les passions populaires y étaient dans toute la fougue de leur action primitive. Entre ces Républiques et la République française, il n'y avait qu'une unité purement nominale ; la même impulsion n'en réglait plus les mouvements. Leur régime intérieur n'était plus modelé sur celui de la République-mère, nœud d'un vaste système qui ne pouvait être fort que par l'unité. Le Premier Consul profita des premiers moments de la paix pour introduire dans leurs institutions des changements devenus nécessaires. Il s'occupa d'abord de la République batave. L'élément populaire y fut réprimé, l'ascendant des assemblées diminué, la fluctuation des corps délibérants annulée, et tout le pouvoir exécutif concentré dans une régence d'État composée de douze membres. Cette République, ainsi modifiée, devint alors un instrument flexible entre les mains du Premier Consul.

Dans la Cisalpine, il introduisit des modifications plus capitales, et dont l'Europe pouvait, à bon droit, s'inquiéter. Le gouvernement démocratique de Milan n'avait jamais pu parvenir à fondre les éléments divers qui composaient la République. Les Lombards, les Bolonais, les Novarrais, les Vénitiens, n'avaient cessé d'apporter, dans les délibérations, les habitudes et les haines locales auxquelles était alors subordonné tout sentiment d'unité et de nationalité. Les intérêts seuls se disputaient la direction de cette jeune République : les luttes, les factions qui la déchiraient, appelaient une main puissante qui fortifiât les ressorts de ce gouvernement. Celui-là seul qui l'avait créé pouvait l'arracher à cette anarchie.

Le 9 octobre 1801, sur l'invitation de Bonaparte, tout ce que la République cisalpine renfermait de personnages éminents par leur naissance, leurs richesses ou leurs talents, se réunit à Lyon. Cette réunion, les évènements le prouvèrent plus tard, eut pour but d'exercer une plus grande influence dans la Cisalpine. Cette assemblée, qui prit le nom de *consulte législative*, délibéra sur une constitution dont les dispositions fondamentales furent celles de la constitution de l'an VIII. Au lieu de Consuls, il y eut un président et un vice-président, élus pour dix ans. Le travail législatif était confié à un corps de députés. Le titre de *République italienne* remplaça celui, plus défini, de République cisalpine.

La consulte législative invita le Premier Consul à honorer

l'assemblée de sa présence. Il s'y rendit dans les premiers jours de janvier 1802 : le titre de président de la République italienne lui fut décerné, hommage qu'il accepta le 5 pluviôse (25 janvier). Il proclama, en même temps, la constitution nouvelle, et ajouta ces paroles en langue italienne : « Je conserverai, pendant tout le temps que les circonstances l'exigeront, la grande pensée de vos affaires. Vous n'avez que des lois particulières, il vous en faut de générales. Votre peuple n'a que des habitudes locales ; il faut qu'il prenne des habitudes nationales. Enfin vous n'avez point d'armées : les puissances qui pourraient devenir vos ennemies en ont de fortes ; mais vous avez ce qui peut les produire, une population nombreuse, des campagnes fertiles, et l'exemple qu'a donné, dans toutes les circonstances essentielles, le premier peuple de l'Europe. »

Ces mots furent suivis de longues et bruyantes acclamations. Le 11 pluviôse (31 janvier), le Premier Consul arriva à Paris, après avoir laissé les Italiens pleins d'enthousiasme et d'espérance. De grandes fêtes avaient marqué son séjour à Lyon : les autorités de vingt départements voisins étaient venues le complimenter. Il avait été rejoint là par six demi-brigades de l'armée d'Égypte, qu'il avait passées pompeusement en revue. A la vue du jeune héros qui les avait tant de fois menés à la victoire, ces braves, noircis par le soleil africain, poussèrent des cris d'enthousiasme. Bonaparte, qui les connaissait presque tous, faisait sortir des rangs officiers ou soldats, leur adressait la parole, serrait leurs mains héroïques, heureux et fier de se retrouver au milieu de ces vieilles bandes d'Italie et d'Égypte qui avaient tant contribué à sa gloire.

L'élévation de Bonaparte à la dignité suprême de l'Italie fut un des principaux griefs du général Moreau contre lui.

La famille et les amis de ce dernier avaient fait de grandes démarches pour le porter à ce poste éminent; mais son échec, en cette circonstance, mit le comble aux mésintelligences qui existaient déjà entre les familles Bonaparte et Moreau, et celui-ci ne tarda pas à se laisser étourdiment compromettre dans une conspiration qui le perdit (4).

Pendant que Bonaparte recevait à Lyon l'hommage des populations empressées, il avait laissé aux deux Consuls le soin de préparer un acte qui devait compléter sa rupture avec le parti révolutionnaire. Dans les deux premières sessions, le tribunat, comme on l'a vu, avait fait au gouvernement une opposition parfois motivée, mais toujours fougueuse. Le Premier Consul n'en voulait d'aucune espèce. La troisième session avait été ouverte plus tard qu'à l'ordinaire, le 1er frimaire an x (21 novembre 1801). Un cérémonial jusqu'alors inusité avait inauguré cette ouverture : c'était une félicitation du corps législatif aux Consuls sur la situation de la République. La proposition en avait été adoptée à la presque unanimité; mais le tribunat, en la rapprochant de tous les actes du gouvernement consulaire, y avait vu une tendance trop marquée au retour d'un ordre de choses incompatible avec la République. Son opposition devint plus vive et en quelque sorte systématique. Des trois premiers chapitres du code civil qui furent présentés à sa discussion, le premier, relatif à la promulgation des lois, ne passa qu'à une très-faible majorité; le second, qui avait rapport à la jouissance et à la privation des droits civils, fut rejeté à la majorité de soixante et une voix contre trente. Ce rejet fit scandale, et l'opinion publique, le trouvant peu motivé, reprocha aux tribuns de faire une opposition mesquine et intempestive. Les Consuls s'empressèrent d'annoncer, par un message au corps législatif, que les projets sur le code civil étaient retirés. « C'est avec peine, dirent-ils, que le gouvernement se trouve obligé de remettre à une autre époque des lois attendues avec tant d'intérêt par la nation ; mais il s'est convaincu que le temps n'est pas venu où l'on portera dans ces grandes discussions le calme et l'unité d'intentions qu'elles demandent. »

Ce message causa une sensation profonde, et fut considéré par chacun comme l'avant-coureur de quelque grand évènement. Le sénat et le corps législatif surtout, où s'était aussi manifesté un esprit d'opposition, ne tardèrent pas à s'humilier devant le Premier Consul, qui avait pour lui la force et l'opinion. Quant aux tribuns, fidèles, en partie, à de sincères convictions, ils ne s'aperçurent point que tout avait changé autour d'eux, et que la France entière se précipitait dans la monarchie avec autant d'empressement que le chef de l'État en mettait à l'y conduire.

Avec le retrait des lois sur le code civil, eut lieu celui de toutes les autres lois alors présentées. Le corps législatif, n'ayant plus matière à discussion, ne s'assembla que pour renouveler ses bureaux. Lui et son opposition furent bientôt oubliés. Tous les esprits étaient alors attentifs aux évènements qui se passaient à Lyon, et dont les journaux s'occupaient exclusivement. La France apprit avec orgueil l'élection de Bonaparte à la présidence de la République italienne. Elle était fière d'être gouvernée par un homme qui faisait rejaillir sur elle l'éclat de sa gloire et de son génie.

Le Premier Consul, qui, en conseil privé, non-seulement supportait la contradiction, mais encore la provoquait, la trouvait déplacée dans les pouvoirs publics, à ce moment surtout où il avait besoin du concours unanime de tous les corps de la nation pour s'assurer cette force morale qui facilite les grandes choses et leur donne de la stabilité. « Il ne faut pas d'opposition, disait-il à cette occasion. En Angleterre, elle n'a aucun danger : les hommes qui la composent ne sont pas des factieux ; ils ne regrettent ni le régime féodal, ni la terreur ; ils ont l'influence légitime du talent, et ne cherchent qu'à se faire acheter par la couronne. Chez nous, c'est bien différent, ce sont les anciens privilégiés et les jacobins qui forment l'opposition. Ces gens-là ne briguent pas des places ou de l'argent : il faut aux uns le règne des clubs, aux autres l'ancien régime. Il y a une grande différence entre la discussion dans un pays depuis longtemps constitué, et l'opposition dans un pays qui ne l'est pas encore. Dans le tribunat, les plus honnêtes gens courent après le succès, sans s'inquiéter s'ils ébranlent l'édifice. Qu'est-ce que le gouvernement ? Rien, s'il n'a pas l'opinion. Comment peut-il balancer l'influence d'une tribune toujours ouverte à l'attaque ? Là où il n'y a pas de patriciens, il ne doit pas y avoir de tribunat. A Rome, c'était autre chose : encore les tribuns y ont-ils fait plus de mal que de bien. L'Assemblée Constituante mit le roi au second rang : elle eut raison. Le roi avait dans sa main la noblesse et le clergé ; il était, d'ailleurs, le représentant du régime féodal. Le gouvernement actuel est le représentant du peuple. »

Ce langage prouvait assez qu'il croyait toute opposition incompatible avec la situation présente, et qu'il était décidé à n'en supporter aucune. Ne croyant pas pouvoir assouplir ou gagner les tribuns, il les brisa.

L'inaction forcée à laquelle le gouvernement s'était réduit par l'interruption de la session, devint un grave sujet de reproche pour les corps délibérants. L'opinion les accusa hautement de vouloir contrarier le gouvernement et sa marche. La presse, toute dévouée au Premier Consul, entretint cette irritation, et l'accrut encore en mettant en relief les bienfaits dont la nation lui était redevable, ceux qu'il lui préparait et que le défaut de concours le forçait d'ajourner. L'opposition des corps législatifs était généralement blâmée. Aussi le gouvernement eût pu renouveler sans danger le coup d'État du Directoire au 18 fructidor. Le Premier Consul y était décidé ; mais Cambacérès trouva, dans l'article 38 de la constitution, un moyen à peu près légal de sortir d'embarras. Cet article, ainsi conçu : *Le premier renouvellement, par cinquième, du corps législatif et du tribunat, n'aura lieu que dans le cours de l'an* x, ne stipulait ni l'époque de l'année où on pourrait faire ce renouvellement, ni la manière d'y procéder. L'opportunité du moment et la forme étaient, dès lors, laissées à l'arbitraire du gouvernement. Le sénat, chargé par la constitution d'élire les corps délibérants, pouvait procéder par la voie du scrutin, au lieu de celle du sort. Alors on pouvait espérer d'éliminer vingt membres du tribunat, soixante du corps législatif, et, en ayant soin d'exclure les plus hostiles et de les remplacer par des gens dévoués, on s'assurait une majorité qui permettrait de faire adopter les lois paralysées par la mauvaise volonté de l'opposition. Le sénat se prêta à tout ce que voulut le gouvernement. Un sénatus-consulte, du 22 ventôse an x, fixa la désignation des membres du corps législatif et du tribunat qui devaient continuer la législature. Les membres les plus actifs et les plus remuants furent *éliminés*. Le tribunat devint, comme les autres corps délibérants, un instrument passif du gouvernement. Dès ce moment, il perdit cette importance momentanée qu'il avait due à une opposition qui pouvait avoir sa source dans des sentiments généreux, mais que n'avaient pas toujours guidée les principes de justice. Ainsi, par exemple, elle se tut lorsque cent trente-deux révolutionnaires furent déportés sans jugement, et elle repoussa le code civil, qui, tel qu'il fut rejeté par elle, est resté une des gloires de cette époque.

Pour prévenir tout retour d'opposition, le mode de la délibération du tribunat fut changé. Cinq sections, correspondant à celles du conseil d'État, durent, avant toute discussion publique, débattre contradictoirement avec elles, et en conférences secrètes, tous les projets de loi. L'institution du tribunat fut alors complètement dénaturée.

Le corps législatif, ainsi réformé, se réunit le 15 germinal (5 avril 1802). Le concordat, les articles organiques réglant l'exécution de cette convention, le projet d'organisation de tous les cultes protestants, qui complétait cette grande mesure du rétablissement des cultes, et que le gouvernement n'avait pas osé présenter à l'ancienne législature, furent adoptés par la nouvelle à la presque unanimité. Cette mesure fut consacrée par soixante-dix-huit voix sur quatre-vingt-cinq votants au tribunat, et deux cent vingt-huit contre vingt et une au corps législatif. Dès ce moment, la célébration du dimanche fut rétablie : on supprima les fêtes décadaires et le calendrier républicain.

Le 28 germinal an x (28 avril 1802), la loi du concordat fut proclamée dans toute la France, avec appareil et solennité. Les Consuls adressèrent aux Français la proclamation suivante, qui était à la fois un blâme du passé et l'expression la plus évidente de la politique du Premier Consul :

« Français ! du sein d'une révolution inspirée par l'amour de la patrie, éclatèrent tout-à-coup, au milieu de vous, des dissensions religieuses qui devinrent le fléau de vos familles, l'aliment des factions et l'espoir de vos ennemis.

« Une politique insensée tenta de les étouffer sous les débris des autels, sous les ruines de la religion même. A sa voix cessèrent les pieuses solennités où les citoyens s'appelaient du doux nom de frères, et se reconnaissaient tous égaux sous la main du Dieu qui les avait créés : le mourant, seul avec la douleur, n'entendit plus cette voix consolante qui appelle les chrétiens à une meilleure vie, et Dieu même sembla exilé de la nature.

« Mais la conscience publique, mais le sentiment de l'indépendance des opinions se soulevèrent, et bientôt, égarés par les ennemis du dehors, dont l'explosion porta le ravage dans nos départements, des Français oublièrent qu'ils étaient Français, et devinrent les instruments d'une haine étrangère.

« D'un autre côté, les passions déchaînées, la morale sans appui, le malheur sans espérance dans l'avenir, tout se réunissait pour porter le désordre dans la société.

« Pour arrêter ce désordre, il fallait rasseoir la religion sur sa base, et on ne pouvait le faire que par des mesures avouées par la religion même. »

Après avoir établi la nécessité de recourir au pape pour atteindre ce but, ils terminaient par les conseils suivants aux ministres des divers cultes et aux citoyens :

« Ministres d'une religion de paix, que l'oubli le plus profond couvre vos dissensions, vos malheurs et vos fautes ; que cette religion qui vous unit vous attache tous par les mêmes nœuds, par des nœuds indissolubles, aux intérêts de la patrie !

« Déployez pour elle tout ce que votre ministère vous donne de force et d'ascendant sur les esprits ; que vos leçons et vos exemples forment les jeunes citoyens à l'amour de nos institutions, au respect et à l'attachement pour les autorités tutélaires qui ont été créées pour les protéger ; qu'ils apprennent de vous que le Dieu de paix est aussi le

Dieu des armées, et qu'il combat avec ceux qui défendent l'indépendance et l'autorité de la France.

« Citoyens qui professez les religions protestantes, la loi a également étendu sur vous sa sollicitude. Que cette morale, commune à tous les chrétiens, cette morale si sainte, si pure, si fraternelle, les unisse tous dans le même amour pour la patrie, dans le même respect pour ses lois, dans la même affection pour tous les membres de la grande famille.

« Que jamais des combats de doctrine n'altèrent ces sentiments que la religion inspire et commande !

« Français ! soyons tous unis pour le bonheur de la patrie et pour le bonheur de l'humanité ! Que cette religion, qui a civilisé l'Europe, soit encore le lien qui en rapproche les habitants, et que les vertus qu'elle exige soient toujours associées aux lumières qui nous éclairent. »

L'inauguration du concordat eut lieu, à Paris, dans l'église de Notre-Dame. Le Premier Consul, accompagné de ses deux collègues, s'y rendit en grande pompe. Le sénat, le conseil d'État, le tribunat, le corps législatif, toutes les autorités civiles et militaires de Paris s'y trouvèrent réunies. Les Consuls s'y rendirent dans les voitures de l'ancienne cour. Ils furent reçus, à l'entrée de la nef, par l'archevêque de Paris, accompagné de son clergé, de cinq archevêques et de dix-neuf évêques. L'archevêque de Tours, chargé de haranguer le Premier Consul, dit, à propos de la solennité, la phrase suivante, qui eut un grand succès : *Cette solennité consomme la réconciliation de la France avec l'Europe, et de la France avec elle-même.* Le cardinal-légat Caprara célébra ensuite une messe pontificale. Les archevêques, les évêques, nominalement appelés par un secrétaire d'État, prêtèrent, entre les mains du Premier Consul, le serment civil stipulé dans le concordat. A la fin de la cérémonie, un *Te Deum* fut exécuté à grand orchestre, et on chanta, pour la première fois, un *Domine salvum fac Rempublicam, salvos fac Consules.* Des illuminations, des concerts, des réjouissances publiques terminèrent cette journée.

Le succès de cette démarche éclatante fut incontestable : le Premier Consul n'eut qu'à s'en louer. A la faction religieuse qui n'avait cessé de troubler le pays depuis dix ans, il ôtait toute cause ou tout prétexte de troubles ; au parti royaliste, il enlevait le clergé qui était son seul appui un peu populaire ; à la coalition il arrachait le pape, dont l'influence morale était encore à ménager. Cependant il trouva, dans son entourage même, quelque désapprobation ; les militaires surtout raillèrent assez hautement cette solennité, et Bonaparte ayant demandé au général Delmas ce qu'il pensait de la cérémonie : *Je pense*, répondit ce dernier, *que c'est une belle capucinade, à laquelle cependant il manquait le million d'hommes qui ont été tués pour détruire ce que vous vous êtes donné tant de peine à rétablir.*

Le Premier Consul avait jusqu'alors fait marcher de front des projets de bien public et de grandeur personnelle ; mais pour les mener à bonne fin il avait besoin de mettre le sceau à la pacification générale par la conclusion de la paix maritime qui se négociait avec l'Angleterre à Amiens. Le traité des préliminaires était signé depuis six mois, et chaque jour de nouvelles difficultés de détail venaient tout remettre en question. La France, pour qui cette paix était en tout point glorieuse, se montrait fort conciliante. Il n'en était pas de même de l'Angleterre. Le traité des préliminaires avait fait éclater au sein du parlement britannique des débats ardents, passionnés, et le ministère anglais avait été hautement accusé d'avoir sacrifié l'Angleterre. L'abandon de Malte, surtout, avait été considéré comme une concession indigne ;

aussi, quoique cela fût déjà décidé en principe par les préliminaires, il faillit en résulter une rupture. Cependant, toutes les questions admises comme bases et éléments de la négociation furent peu à peu résolues, et la paix fut définitivement signée le 4 germinal an x (25 mars 1802).

Le traité fut encore plus mal accueilli par le parlement anglais que ne l'avaient été les préliminaires. Il ne stipulait aucun avantage nouveau pour l'Angleterre, tandis que, depuis les préliminaires, la France n'avait cessé d'étendre son influence et ses acquisitions. On apprit coup sur coup la décision de la consulte réunie à Lyon, qui avait décerné au chef de l'État de France le gouvernement de l'Italie, ce qui était une prise de possession évidente ; puis la cession par l'Espagne à la France de la Louisiane, comme équivalent de la Toscane donnée au duc de Parme sous le titre de royaume d'Étrurie ; puis encore l'île d'Elbe échangée contre le duché de Piombino, et enfin une expédition française partie pour Saint-Domingue, et qui révélait de vastes projets en Amérique.

La jalousie britannique ne tarda pas à éclater ; les orateurs de l'opposition se récrièrent avec véhémence contre cet agrandissement incessant de la France, et le rapetissement proportionnel de l'Angleterre. Des évènements aussi graves annonçaient, selon eux, de la part du chef de la France, une audace et une habileté qui n'étaient comparables qu'à la faiblesse et à l'incurie des ministres britanniques. « Nous avons confirmé à la France la possession de l'Italie et la domination du continent, s'écria lord Granville. En restituant le Cap à la Hollande, c'est à la France que nous l'avons rendu. En Amérique, nous lui avons restitué Tabago et la Martinique ; nous lui avons facilité le recouvrement de Saint-Domingue. Dans la Méditerranée, nous

nous dessaisissons de Malte, de Minorque, de l'île d'Elbe, et nous donnons cette dernière île à la France, comme pour nous faire exclure de Livourne. Nous sommes chassés de tous les ports de la Péninsule. Voilà la paix que vous avez conclue : vantez-vous-en, ministres de la Grande-Bretagne. »

Ces débats passionnés du parlement avaient de l'écho au dehors, et produisaient une réaction de mauvais augure dans les esprits. A force de montrer au peuple que cette paix, dont il avait été si enthousiaste, était un affront fait à sa dignité et menaçait sa puissance, on raviva les haines et les jalousies nationales. La politique de Pitt reprit le dessus.

Cette disposition des esprits en Angleterre ne présageait point une paix bien longue ; mais quelle que dût en être la durée, le Premier Consul se promettait de la mettre à profit. Il commençait alors à poursuivre assez à découvert un but empreint à la fois du sentiment de nationalité et de celui de personnalité. C'était d'assouplir la révolution sous le frein de l'ordre et de l'autorité, de la façonner de nouveau au joug monarchique ; mais, pour cela, de l'élever à une hauteur où les fascinations de la puissance et de la gloire ne lui permissent plus de se demander ce qu'elle cédait ou ce qu'elle perdait à se donner un maître.

Tous ses actes, depuis le 18 brumaire, n'avaient été que le développement de ce système profondément calculé ; tous ceux qui allaient se produire encore devaient être empreints du même caractère.

La session extraordinaire du corps législatif après l'*élimination*, s'était, comme on a vu, ouverte le 15 germinal. De grands travaux d'organisation intérieure avaient été proposés et votés. La loi sur l'instruction publique avait été adoptée. En même temps, un sénatus-consulte promulguait une nouvelle loi d'amnistie accordée pour fait d'émigration, à tout individu qui en était prévenu et n'était pas rayé définitivement. Étaient seuls exceptés les chefs de rassemblements d'armées ennemies, les agents de guerre civile, et ceux qui étaient au service des princes de la maison de Bourbon. La liste des émigrés se trouva réduite alors à mille individus environ. Cette mesure, qui *fermait*, disait-on, *l'abîme de la révolution*, qui a pu être un acte d'équité, mais non de prudence, de morale sociale, mais non d'habileté politique, passa sans discussions ni murmures, comme une simple mesure administrative.

Pendant que le Premier Consul tâchait, à force de générosité, de détacher l'ancienne noblesse de la cause des Bourbons, de faire une des forces de son gouvernement de cette milice dangereuse qui soufflait la haine de la révolution dans toutes les cours de l'Europe, il préparait un projet d'institution que les uns ont présenté comme contraire à l'esprit de la République, et les autres comme un hommage à l'égalité. C'était la loi relative à la *création d'une légion d'honneur*.

Les esprits rudes et austères du temps dirent que cette institution n'était que le précurseur du rétablissement de la noblesse, qu'un acheminement à des essais monarchiques incompatibles avec l'esprit républicain, que c'était, en un mot, l'organisation d'une caste nouvelle au moment où l'on venait d'en détruire une qui avait au moins la sanction du temps.

Les partisans du projet disaient qu'il fallait créer de nouveaux ressorts pour soutenir l'ardeur de la nation; qu'au milieu des épreuves cruelles que pouvait encore réserver à la France la haine de ses ennemis, il fallait prévenir dans les cœurs jusqu'à la satiété de la gloire et du patriotisme, et que la création d'une institution qui était à la fois civile et militaire, et qui récompenserait sans distinction tous les services rendus à la patrie, ne pouvait être qu'un hommage éclatant à l'égalité, et un stimulant pour tous les sentiments généreux et toutes les vertus patriotiques.

Le Premier Consul, qui suivait avec intérêt la discussion de ce projet de loi au conseil d'État, l'appuyait de ces pensées mordantes et originales qui lui étaient familières. « L'ordre proposé, disait Berlier au sujet de ce projet, conduit à l'aristocratie; les croix et les rubans sont les hochets de la monarchie..... Nous n'avons plus de classes; ne tendons pas à les rétablir; la magistrature et les emplois doivent être, dans la République, les premières récompenses des talents et des vertus. »

A cela, le Premier Consul répondit : — « Je défie qu'on me montre une république ancienne et moderne dans laquelle il n'y ait pas eu de distinction. On appelle cela des hochets. Eh bien! c'est avec des hochets que l'on mène les hommes. Je ne dirais pas cela à la tribune; mais dans un conseil de sages et d'hommes d'État, on doit tout dire. Je ne crois pas que le peuple français aime la liberté et l'égalité. Les Français ne sont pas changés par dix ans de révolution; ils sont ce qu'étaient les Gaulois, fiers et légers; ils n'ont qu'un sentiment, l'honneur; il faut donc donner de l'aliment à ce sentiment; il leur faut des distinctions...... On a tout détruit, il s'agit de récréer. Il y a un gouvernement, des pouvoirs; mais tout le reste de la nation, qu'est-ce? des grains de sable. Nous avons au milieu de nous les anciens privilégiés, organisés de principes et d'intérêts, et qui savent bien ce qu'ils veulent. Je peux compter nos ennemis; mais nous, nous sommes épars, sans système, sans réunion, sans contact. Tant que j'y serai, je réponds bien de la République; mais il faut prévoir l'avenir. Croyez-vous que la République soit assise définitivement? Vous vous tromperiez fort. Nous ne l'aurons qu'en jetant sur le sol de la France quelques masses de granit. Croyez-vous qu'il faille compter sur le peuple? Il crie indifféremment *Vive le roi! Vive la ligue!* Il faut lui donner une direction et avoir pour cela des instruments. » Passant ensuite à un autre ordre d'idées : « Vous demandez, ajouta-t-il, ce que sera cette légion? ce sera un essai d'organisation pour les hommes qui ne sont ni émigrés, ni Vendéens, ni prêtres, un essai d'organisation des auteurs ou partisans de la révolution. L'ancien régime, tout battu qu'il est par le bélier de la révolution, est plus entier qu'on ne croit. Émigrés, Vendéens, prêtres, tout se tient encore par la main; avec les mots de roi légitime et de religion, des milliers de bras se lèveraient encore si leur fatigue et la force du gouvernement ne les retenaient. Il faut donc que les hommes qui ont pris part à la révolution s'unissent, se lient entre eux, forment un tout. Ces légionnaires, composés des hommes qui ont fait la révolution, qui l'ont défendue après l'avoir faite, qui veulent la continuer dans ce qu'elle a de raisonnable et de juste, sont une des plus fortes garanties que vous puissiez donner à l'ordre de choses nouveau, et, avec quelques millions de revenus en biens nationaux, vous susciterez autant de héros pour soutenir la révolution, qu'elle en a trouvé pour l'entreprendre. »

Cependant, tel était encore le sentiment de l'égalité, que le conseil d'État se montrait indécis et irrésolu. Le projet de loi fut présenté, mais vivement combattu dans le tribunat et au corps législatif; il n'obtint que peu de voix de majorité au tribunat, cinquante-six voix contre trente-huit; au corps législatif cent soixante-six contre cent dix. Il fut converti en loi le 29 floréal (19 mai). Le lendemain 30, devait être la séance de clôture de la session. Le corps législatif devait l'employer à convertir en loi le traité d'Amiens, qui lui avait été présenté depuis le 16 floréal, et sur lequel on n'avait pas encore statué, parce qu'il devait servir à motiver une manifestation éclatante qui devait couronner cette session.

Depuis quelque temps, les chauds partisans du Premier Consul avaient préparé les esprits à l'opportunité de donner un grand témoignage de gratitude nationale à l'homme à qui la France devait tant. L'opinion publique était si bien disposée en faveur de Bonaparte, qu'elle était prête à ratifier tout ce qui se ferait pour celui que sa volonté presque unanime avait adopté. Bonaparte commençait alors à désirer beaucoup; mais, dans cette circonstance, il dissimulait avec ses plus intimes, parlait seulement de la nécessité d'une autorité forte, stable, et restait obstinément dans le vague des généralités. Il en disait assez cependant pour se laisser deviner, du moins en partie, et le seul embarras des corps délibérants était de ne pas connaître au juste son vœu tout entier. Il restait encore, il est vrai, au tribunat, au corps législatif et même au sénat, une minorité honorable qui croyait et disait que la gloire d'avoir bien servi son pays était la plus belle des récompenses pour le Premier Consul; mais les meneurs, sachant bien que le public, qui avait abdiqué toute participation aux affaires publiques, sanctionnait tout ce qui se faisait, ne voulaient pas s'en tenir là, sûrs qu'ils étaient de ne pas être désavoués par le Premier Consul.

Aussi souple alors qu'il avait été naguère ombrageux, le tribunat prit l'initiative. Lors de la présentation du traité d'Amiens, le 16 floréal, en réponse à un message des Consuls où étaient rappelés avec détail les grands faits accomplis, au-dehors comme au-dedans, depuis l'avènement du gouvernement consulaire, Chabot (de l'Allier), président du tribunat, s'exprima ainsi : « Les destinées de la France, dit-il, vont être remplies ; la victoire assure son indépendance ; la paix affermira son bonheur. Le traité qu'on nous annonce est le complément de la paix générale. Français, soyez grands dans la paix comme vous avez été grands dans la guerre : que vos vertus et vos habitudes prouvent que vous avez été dignes de la liberté.

« Chez tous les peuples on décerna des honneurs publics et des récompenses nationales aux hommes qui, par des actions éclatantes, avaient honoré leur pays ou l'avaient sauvé de grands périls.

« Quel homme eut plus que le général Bonaparte des droits à la reconnaissance nationale ?

« Quel homme, soit à la tête des armées, soit à la tête du gouvernement, honora davantage sa patrie, et lui rendit des services plus signalés ?

« Sa valeur et son génie ont sauvé le peuple français des excès de l'anarchie, des fureurs de la guerre ; et ce peuple est trop grand, trop magnanime, pour laisser sans une *grande récompense* tant de gloire et tant de bienfaits.

« Tribuns, soyons ses organes. C'est à nous surtout qu'il appartient de prendre l'initiative lorsqu'il s'agit d'exprimer, dans une circonstance si mémorable, les sentiments et la volonté du peuple.

« Je propose que le tribunat prenne l'arrêté dont la teneur suit :

« Le tribunat émet le vœu qu'il soit donné au général Bonaparte, Premier Consul de la République, un *gage éclatant* de la reconnaissance nationale. »

Cette proposition fut adoptée à l'unanimité. Un arrêté émettant ce vœu fut immédiatement communiqué par des messagers d'Etat au sénat, au corps législatif et au gouvernement. Une députation solennelle alla, en outre, féliciter le Premier Consul du rétablissement de la paix générale. M. Siméon porta la parole. Dans son discours, il célébra pompeusement les hauts faits du Premier Consul, les grands résultats de son gouvernement. Faisant ensuite une allusion directe à l'arrêté ci-dessus, il termina en disant qu'ils attendaient avec confiance que le sénat se rendît l'interprète d'un sentiment général dont le tribunat n'avait pu que désirer et voter l'expression.

Bonaparte répondit qu'il ne désirait *d'autre gloire que celle d'avoir rempli tout entière la tâche qui lui était imposée;* qu'il n'ambitionnait *d'autre récompense que l'affection de ses concitoyens.*

En cela, le Premier Consul se montrait peu sincère. En effet, après avoir connu la délibération du tribunat, le sénat avait immédiatement décidé la formation d'une commission spéciale chargée de présenter ses vues sur le *gage éclatant de gratitude nationale* qui devait être offert au Premier Consul. Mais soit que sa complaisance se trouvât mise à une trop rude épreuve, soit, ce qui est le plus probable, qu'il crût remplir le vœu de Bonaparte, il rendit le 18 floréal, sur le rapport de sa commission, un sénatus-consulte longuement motivé, par lequel il réélisait le *citoyen Napoléon Bonaparte, Premier Consul de la République pour les dix années qui suivraient immédiatement les dix ans pour lesquels il avait été nommé par l'article 39 de la constitution.*

Cette décision fut loin de satisfaire le Premier Consul. Il attendait davantage; il eût voulu que le sénat devinât ce qu'il n'osait demander. Cependant il paraissait pour le moment difficile d'infirmer cette décision et d'aller au-delà;

mais le Consul Cambacérès, qui, dans toute cette intrigue, avait montré beaucoup de dévouement pour Bonaparte, se chargea de réparer ce qu'il appelait l'erreur du sénat.

Depuis que Sièyes, dans sa terre de Crosne, boudait le pouvoir qu'il avait si activement contribué à fonder, Cambacérès avait sur le sénat une influence décisive; il disposait de ce corps presqu'entièrement. Il lui était donc facile de lui faire accepter une modification qui, sans infirmer la décision prise, la dénaturerait, en altérerait l'esprit et la portée, et atteindrait le but que l'on se proposait. Il fut décidé, en conséquence, que le Premier Consul se montrerait reconnaissant de cette prorogation de pouvoir que le sénat lui offrait, mais qu'il déclarerait que, tenant son autorité du suffrage de la nation, il désirait avoir, en cette circonstance, son adhésion, comme pour l'adoption de la constitution consulaire.

Cet hommage simulé à la souveraineté nationale, devait grandir Bonaparte aux yeux de la nation, et était un des plus habiles expédients qui aient jamais été imaginés pour emporter une décision capitale.

Ce plan une fois arrêté, on se mit à l'œuvre sans retard. Le sénat avait envoyé au Premier Consul un message pour lui communiquer son vœu de prorogation; il lui fut répondu par le message suivant du Premier Consul:

« Sénateurs, la preuve honorable d'estime consignée dans votre délibération du 18, sera toujours gravée dans mon cœur.

« Mais le suffrage du peuple m'a investi de la suprême magistrature, et je ne me croirais pas assuré de sa confiance, si l'acte qui m'y retiendrait n'était encore sanctionné par son suffrage.

« L'intérêt de ma gloire et celui de mon bonheur sembleraient avoir marqué le terme de ma vie publique au moment où la paix du monde est proclamée.

« Mais la gloire et le bonheur du citoyen doivent se ta... quand l'intérêt de l'État et la bienveillance publique l'a... pellent.

« Vous jugez que je dois au peuple un nouveau sacrifice; je le ferai si le vœu du peuple me commande ce que votre suffrage autorise. »

Le jour même il partit pour la Malmaison. Cambacérès convoqua extraordinairement le conseil d'Etat; les deux Consuls et tous les ministres étaient présents. Les conseillers, habitués à seconder les vues du gouvernement, et prévenus à l'avance, ouvrirent l'avis que, puisqu'on s'adressait à la souveraineté nationale, et qu'on remontait ainsi à la source de toutes les lois, il ne fallait pas, comme le sénat, se restreindre à l'esprit de la constitution existante, mais assurer une grande mesure d'intérêt général, en provoquant un vote public sur cette seule question : *Napoléon Bonaparte sera-t-il consul à vie?*

Cette proposition trouva peu d'opposants. Une commission fut nommée, chargée de rédiger, séance tenante, la délibération, et, le jour même, l'acte suivant fut soumis à la délibération du tribunat et du corps législatif :

« Les consuls de la République,

« Considérant que la résolution du Premier Consul est un hommage éclatant à la souveraineté du peuple;

« Considérant que le peuple, consulté sur ses plus chers intérêts, ne doit connaître d'autre limite que ses intérêts mêmes;

« Arrêtent que le peuple sera consulté sur cette question : *Napoléon Bonaparte sera-t-il consul à vie?* »

Le tribunat et le corps législatif s'empressèrent de manifester leur adhésion. Ils allèrent voter solennellement en corps pour le consulat à vie, entre les mains du Premier Consul. Des registres immédiatement ouverts dans toute la République, pour recueillir les votes, furent remplis avec empressement. Le dépouillement constata trois millions cinq cent soixante-huit mille cent quatre-vingt-cinq suffrages, contre huit mille trois cent soixante-quatorze opposants.

Le sénat fut chargé de supputer les votes émis. Après en avoir constaté le résultat, il rendit le sénatus-consulte suivant, le 14 thermidor (2 août) :

« 1° Le peuple français *nomme* et le sénat *proclame* Napoléon Bonaparte Premier Consul à vie.

« 2° Une statue de la Paix, tenant d'une main le laurier de la victoire, et de l'autre le décret du sénat, attestera à la postérité la reconnaissance de la nation.

« 3° Le sénat portera au Premier Consul l'expression de la confiance, de l'amour et de l'admiration du peuple français. »

Le 15 thermidor (3 août 1802), le sénat se rendit en corps aux Tuileries, pour donner au Premier Consul lecture du décret. Les ambassadeurs d'Angleterre, de Russie, d'Autriche, de Prusse, d'Amérique, d'Espagne, de Naples, de Suède, de Wurtemberg, de Bavière, les ministres, des généraux, des grands dignitaires, étaient présents. Barthélemy porta la parole au nom du sénat, et, après avoir énuméré les grandes actions de Bonaparte, il lui lut le décret et ajouta : « Le peuple français, reconnaissant des immenses services que vous lui avez rendus, veut que la première magistrature de l'État soit inamovible entre vos mains. En s'emparant ainsi de votre vie tout entière, il n'a fait qu'exprimer la pensée du sénat, déposée dans le sénatus-consulte du 18 fructidor,

La nation, par cet acte solennel de gratitude, vous donne la mission de consolider nos institutions. »

Le Premier Consul répondit : « La vie d'un citoyen est à sa patrie : le peuple français veut que la mienne tout entière lui soit consacrée, j'obéis à sa volonté.

« Par mes efforts, par votre concours, citoyens sénateurs, par le concours de toutes les autorités, par la confiance et la volonté de cet immense peuple, la liberté, l'égalité, la prospérité de la France, seront à l'abri des caprices du sort et de l'incertitude de l'avenir. Le meilleur des peuples sera le plus heureux, comme il est le plus digne de l'être, et sa félicité contribuera à celle de l'Europe entière.

« Content alors d'avoir été appelé, par l'ordre de celui de qui tout émane, à ramener sur la terre l'ordre, la justice, l'égalité, j'entendrai sonner la dernière heure sans regret et sans inquiétude sur l'opinion des générations futures. »

Cette réponse d'apparat laisse à peine percer les véritables sentiments du Premier Consul sur l'investiture viagère dont il venait d'être honoré. Ils sont formulés d'une façon plus explicite dans sa réponse aux corps qui vinrent ensuite le féliciter : « Les destinées du peuple français, dit-il, sont désormais à l'abri de l'influence de l'étranger, qui, jaloux de notre gloire, et ne pouvant nous vaincre, aurait saisi toutes les occasions pour nous diviser. » Mais sa pensée tout entière se dévoilait dans ses conférences intimes avec Cambacérès : « Dès ce moment, lui disait-il, je suis au niveau des autres souverains ; car, après tout, ils ne sont aussi quelque chose qu'à vie. Eux et leurs ministres me respecteront davantage. Il ne faut pas que l'autorité d'un homme qui mène toutes les affaires de l'Europe soit précaire ou du moins le paraisse. »

Du reste, quel que fût le désir et les motifs de Bonaparte d'arriver au but qu'il venait d'atteindre, la nation était aussi impatiente que lui de l'y voir. Nous n'accuserons pas pour cela de versatilité cette grande nation ; nous ne suivrons pas non plus le triste exemple de ceux qui ont prétendu la disculper en présentant tous les grands actes du Premier Consul comme une série d'usurpations flagrantes. A cette époque on était encore de bonne foi de part et d'autre. La force, la puissance, la grandeur, l'ordre, la paix, la stabilité, la prospérité, tous les biens que la nation avait rêvés ou désirés, elle les possédait ; les autres, elle les voyait en perspective. En se jetant dans les bras de l'homme qui, en si peu de temps, l'en avait dotée, elle croyait agir, non pour lui, mais pour elle. En augmentant son pouvoir, Bonaparte croyait agir autant pour elle que pour lui. Lui-même ignorait l'abus qu'il en pouvait faire, à plus forte raison les autres. Quand le présent était si beau, si imprévu, qui eût voulu prévoir les jours sombres qui devaient succéder aux jours de gloire ?

Ce fut dans le sénatus-consulte du 14 thermidor que le prénom de *Napoléon* figura, pour la première fois en France, dans un acte public, à côté du nom de famille de Bonaparte. Il ne cessa d'y figurer dans la suite. C'est par ce nom que nous appellerons désormais le Premier Consul.

Le pouvoir exécutif étant ainsi modifié, de nouveaux articles modificatifs furent introduits aussi dans la constitution. La nation avait étendu le pouvoir du Premier Consul ; elle n'hésita pas à en élargir les bases. Le 16 thermidor (4 août), le sénat fut convoqué extraordinairement, et vota, sans désemparer, le sénatus-consulte organique de la constitution. Les changements qui y furent introduits dénaturèrent, dans ses garanties principales, la constitution de l'an VIII.

Au système des listes de notabilité, candidature illusoire

et en quelque sorte inerte, fut substitué un mode d'élection plus directe, qui était, en apparence, une grande concession. C'était la formation de deux collèges électoraux par département, dont les membres étaient nommés à vie par des assemblées cantonnales composées de tous les habitants ayant l'âge et la qualité de citoyens. Ces collèges présentaient, de concert avec les assemblées de canton, les candidats pour les justices-de-paix, les autorités municipales et départementales, et, isolément, des candidats pour les places vacantes au tribunat, au sénat et au corps législatif. Cette modification donnait aux citoyens plus de part que les listes de notabilité à la composition des assemblées délibérantes. Mais c'était là la seule concession populaire : tout le reste ne tendait qu'à dégager l'autorité des faibles entraves qui l'entouraient. Ainsi, par exemple, le sénat eut le pouvoir de modifier la constitution, de l'interpréter, de dissoudre le tribunat et le corps législatif, et de nommer les Consuls ; mais les sénateurs, pouvant en même temps être appelés à des fonctions publiques, perdirent le peu qui leur restait d'indépendance. Le tribunat fut réduit à cinquante membres, et, avec la puissance du nombre, perdit presque celle de la publicité. L'approbation des traités de paix, certaines grandes affaires de gouvernement, furent reportées du corps législatif et du conseil d'État à un conseil privé.

Ainsi disparurent les limites que la constitution de l'an VIII avait posées à l'autorité consulaire. Le Premier Consul eut, en outre, la faculté de désigner son successeur et le droit de faire grâce. Ces deux prérogatives royales achevèrent de rendre monarchique une constitution qui n'était plus républicaine dans son esprit, mais seulement dans sa forme.

Par déférence pour le Premier Consul, on avait, en outre, introduit dans les articles organiques une disposition qui

était le prélude de cette adulation qui, dans les rapports des corps délibérants avec le chef de l'État, ne connut bientôt plus de bornes. Par un statut particulier de la loi de la Légion-d'Honneur, le grand conseil de cette institution devait être composé des trois Consuls et d'un représentant de chacun des grands corps de l'État, qui seraient alors de droit sénateurs. Le conseil d'État nomma, pour cette grande charge, Joseph Bonaparte, et le tribunat, Lucien. Ainsi les corps délibérants semblaient, par leurs flatteries, pousser Napoléon à cette politique de famille qui le perdit plus tard.

CHAPITRE V.

Séance consulaire. — Maison civile et militaire du Premier Consul. — Mécontentement de quelques généraux. — Redoublement d'activité du Premier Consul. — Réunion définitive du Piémont à la France. — Pacte fédéral de la Suisse. — Partage des indemnités germaniques. — Expédition de Saint-Domingue. — Détresse affreuse et ruine de l'armée d'expédition. — Rupture du traité d'Amiens. — Vote du tribunat. — Commencement des hostilités de l'Angleterre. — Représailles de la France. — Occupation du Hanovre et du royaume de Naples. — Préparatifs de descente en Angleterre. — Alarmes du peuple anglais; grands préparatifs de défense nationale. — Modification du corps législatif. — Disposition des cabinets de l'Europe dans la grande lutte entre la France et l'Angleterre. — Rentrée de Pitt au ministère. — Conspiration de Georges Cadoudal et de Pichegru; Moreau s'y trouve compromis. — Mort du duc d'Enghien; effet qu'elle produit sur la France et sur l'Europe. — Machinations de l'Angleterre; infâmes manœuvres de ses agents diplomatiques; le cabinet anglais les avoue comme faisant partie du droit des gens. — Généreuse indignation du corps diplomatique d'Europe. — Adresse de la nation au Premier Consul. — Démarches pour conférer une autorité héréditaire au Premier consul. — Motion du tribun Curée. — Message du sénat. — Sénatus-consulte organique du 28 floréal. — Napoléon est proclamé empereur.

La France, après les émotions et les fatigues d'une guerre de dix ans, après les plus douloureux sacrifices, jouissait enfin de la paix unie à la grandeur. Ses conquêtes n'étaient plus contestées; ses ennemis étaient abattus. Elle commandait à Anvers, à Mayence, à Milan, à Turin, à Gênes. L'ordre et la stabilité régnaient à l'intérieur:

aucun des partis qui avaient survécu à la crise révolutionnaire n'était en mesure de causer de sérieux embarras au pouvoir. Les monarchistes tendaient à s'en rapprocher chaque jour : les catholiques, rendus à la liberté, le bénissaient. Des fractions du parti révolutionnaire, l'une, la fraction dantoniste, avide de pouvoir et de jouissances, était entièrement ralliée; l'autre, la fraction constitutionnelle, hésitait encore, mais n'était plus hostile; la troisième, enfin, la fraction hébertiste, avait succombé sans retour sous le coup d'État du 14 nivôse. La satisfaction, en France, était profonde et motivée. Elle éclata, sur tous les points de la République, le 27 thermidor (15 août). Ce jour, qui se trouvait à la fois celui de la fête de l'Assomption, l'anniversaire de la ratification du concordat, celui de la naissance de Napoléon, fut aussi consacré à la publication du nouvel acte constitutif. Il resta, jusqu'en 1815, une fête nationale.

Quelques jours après, 3 fructidor (21 août), eut lieu la séance consulaire où le Premier Consul présida en pompe le sénat. Il s'y rendit dans une voiture royale à huit chevaux, escorté par la garde consulaire à cheval. Une députation de dix sénateurs l'accueillit à son entrée au palais du Luxembourg. Ce fut dans cette séance que ses deux frères, Joseph et Lucien, devenus sénateurs de droit en leur qualité de membres du grand conseil de la Légion-d'Honneur, prêtèrent serment.

A cette époque, la maison civile et militaire du Premier Consul commença à être réglée avec plus de pompe et d'apparat. Quatre bataillons d'infanterie de douze cents hommes chacun, deux régiments de cavalerie, une artillerie nombreuse et bien servie, composaient la garde consulaire, qui devint ensuite la garde impériale. Lannes la commandait :

un brillant état-major était sous ses ordres. Le palais des Tuileries avait un gouverneur militaire : c'était Duroc. Quatre préfets du palais, MM. Benezech, Didelot, de Luçay et de Rémusat, présidaient aux réceptions. Madame Bonaparte avait aussi son entourage princier. Quatre dames du palais, mesdames de Luçay, de Lauriston, de Talhouet, de Rémusat, l'aidaient à faire les honneurs du salon du Premier Consul. Cette première organisation du palais rapprocha du gouvernement consulaire les familles de l'ancien régime qui ne s'étaient pas trop compromises dans l'émigration. Celles qui avaient jadis rempli les appartements de Versailles vinrent plus tard. Les étrangers de tous les rangs, de toutes les nations, affluaient à Paris pour voir l'homme extraordinaire qui occupait alors toute l'Europe, le révolutionnaire de génie, qui, à l'éclat immédiat de la victoire, joignait la restauration graduelle des principes sociaux. Toutes les monarchies avaient envoyé, pour ambassadeurs auprès de la République, les diplomates les plus marquants et les plus élevés en dignité, et déjà, à cette époque, un roi de race ancienne, le roi d'Étrurie, faisait antichambre dans les salons du Premier Consul. La famille de Napoléon, les dignitaires de la République, les généraux, complétaient cette cour consulaire.

Parmi ces derniers, quelques uns affichaient une opposition dont la suite a prouvé le véritable caractère. C'étaient Moreau, esprit faible et indécis, qui, obsédé par sa femme et aveuglé par quelques amis, tâchait de se poser en mécontent redoutable ; Bernadotte, esprit étroit et jaloux, que madame de Staël avait attiré dans son cercle d'opposition. Les autres, Masséna, Augereau, Jourdan, Lecourbe, Lannes lui-même, qui commandait la garde consulaire, blâmaient quelques actes du gouvernement, sa tendance monarchique, mais avaient trop de loyauté pour rien tenter contre le Premier Consul.

Cependant, comme s'il eût voulu se rendre plus digne de la preuve de confiance que venait de lui donner la nation, aux grands résultats déjà obtenus, le Premier Consul en ajoutait d'autres. Un décret du 26 août proclama l'île d'Elbe partie intégrante de la République. Un autre, du 4 septembre, consacra d'une manière définitive la réunion à la France du Piémont, qui forma six départements nouveaux : ceux du Pô, de la Doire, de Marengo, de la Stura, du Tenaro et de la Sezia. Il leur fut accordé dix-sept députés au corps législatif. La régence d'Alger, qui avait osé insulter les côtes de la République, fut mise en demeure de réparer cette offense, et envoya un ambassadeur et des présents à Paris pour adhérer à tout ce qu'exigerait le Premier Consul.

Mais tel avait été le bouleversement occasionné par les dix dernières années de guerre, que chaque jour se présentaient de nouvelles difficultés. La Suisse était, aux portes de la France, déchirée par la guerre civile. La politique du Directoire, en y proclamant les principes d'unité et d'égalité sociale de la révolution française, avait renversé l'ancienne constitution helvétique, sans avoir pu parvenir à substituer un gouvernement unitaire et central à l'organisation fédérale. Les cantons souverains réclamaient leur suprématie; les cantons sujets refusaient de les reconnaître. De là deux partis : les fédéralistes, voulant rétablir l'ancienne souveraineté féodale; les unitaires, voulant conserver l'organisation établie par le Directoire.

Ce malheureux pays était, depuis trois ans, bouleversé par toutes les fureurs et tous les désordres qui sont le cortège ordinaire de l'anarchie. L'Autriche, l'Angleterre, avaient pris parti pour l'oligarchie helvétique; la France soutenait les unitaires. Ces derniers finirent, cependant, par être chassés du gouvernement. Ney, au commencement de brumaire an XI (octobre et novembre 1802), reçut du Premier Consul l'ordre d'entrer en Suisse, de faire mettre bas les armes aux deux partis, et d'occuper le pays. Les fédéralistes jugèrent la résistance inutile : ils rendirent leurs armes, se démirent de leurs fonctions, et le gouvernement unitaire fut rétabli sans effusion de sang.

Ce résultat en appelait un autre. Il s'agissait d'organiser le pays sur un plan plus efficace que celui du Directoire, afin de rapprocher des intérêts, des préjugés, des passions, qui, lors de la dernière lutte, avaient paru inconciliables. Le Premier Consul apporta, dans cette tâche, la sagacité qui le caractérisait. Cinquante-six députés des cantons de l'Helvétie, trente-deux unitaires et quinze fédéralistes, se rendirent à Paris. Ce congrès national fut chargé de débattre contradictoirement les intérêts respectifs des deux partis devant une commission de quatre sénateurs français, Barthélemy, Rœderer, Fouché et Desmeuniers. Cette commission ne put parvenir à concilier les prétentions réciproques des représentants des divers cantons. Le Premier Consul devait seul y réussir. Il fit comparaître devant lui cinq députés de chacun des deux partis, et, après de longs débats, il parvint à sceller la réconciliation des fédéralistes et des unitaires. Ce pacte fédéral, du 11 février 1803, fut appelé *acte de modération*, et motiva le titre de *médiateur de la confédération Suisse*, que prit plus tard Napoléon.

La base de ce nouveau pacte fut la reconnaissance de dix-neuf cantons régis par trois constitutions diverses, dont le ressort principal fut de remettre en vigueur, dans chaque canton, les institutions et les coutumes qui lui étaient propres, modifiées, toutefois, par la doctrine de l'égalité des droits. Ce système eut l'avantage de fortifier l'autorité centrale, en resserrant les liens de la confédération, et de ne pas mettre en présence, comme celui du Directoire, sous l'empire d'une forme exclusive, des passions, des intérêts et des préjugés dont la prévoyance et l'équité devaient, avant tout, chercher à prévenir les résistances. Cet acte, œuvre de sagesse, de justice et de sagacité, fut un grand bienfait pour la France et la Suisse, dont il cimenta l'union, et un beau titre de gloire pour le Premier Consul.

Il n'avait pas été moins habile dans la négociation si délicate et si compliquée qui avait pour but d'indemniser, par des possessions en Allemagne, les souverains dépossédés sur la rive gauche du Rhin, et ceux qui pouvaient prétendre à des indemnités, en vertu des traités de Lunéville et d'Amiens. De concert avec la Russie, il fut assez heureux pour concilier des intérêts intraitables, des passions en lutte, et, par des partages adroitement calculés, il désorganisa le système germanique. L'acte de partage du 25 février, qui prit le nom de *recès*, consacra un fait devenu bientôt après évident; c'est que ce ne fut plus à Vienne, mais à Paris, que se réglèrent les destinées de la confédération germanique. L'Autriche dévora en silence ce nouvel affront, et la Russie, assez maladroitement intervenue dans cette distribution, s'aperçut, un peu tard, que, pour favoriser quelques princes de sa maison, elle avait puissamment servi les intérêts de la France.

Mais à ces récits de puissance et de grandeur, nous sommes forcés de mêler le souvenir désastreux d'un évènement qui s'accomplissait alors sur un autre théâtre. Dès les premières années de la révolution, les colons français qui avaient échappé au massacre de Saint-Domingue, avaient vu leurs habitations et leurs propriétés devenues la proie des noirs et des mulâtres qui les cultivaient auparavant. Les insurgés n'avaient pas cessé de reconnaître la France comme mère-patrie; mais leur soumission n'avait jamais été complète. Ceux qui avaient envahi le pouvoir craignaient la punition de leur usurpation; ceux qui s'étaient emparés des propriétés redoutaient le retour des colons; tous tremblaient que la République ne rétablît l'esclavage.

Le mulâtre Rigaud et le nègre Toussaint-Louverture, se partageaient le territoire. Les hommes de couleur en occupaient une partie avec le premier, et les noirs l'autre avec le second. Ces deux chefs agirent avec assez de concert, tant qu'il fut question d'administrer les parties de l'île qui leur étaient échues. Mais le général Hédouville, envoyé du Directoire, ayant accordé à Rigaud une légitimation de pouvoir qu'il refusa à Toussaint-Louverture, cela fit éclater une affreuse guerre d'extermination.

Le parti des noirs fut le plus fort. Le Premier Consul intervint alors; il rappela le général Rigaud, nomma Toussaint-Louverture général en chef, et promit l'abolition de l'esclavage à Saint-Domingue.

Investi de l'autorité suprême, Toussaint fit rédiger, par une *assemblée centrale* convoquée par lui à cet effet, une constitution qui fut soumise à la sanction du Premier Consul. Celui-ci s'éleva contre cette prétention de vouloir faire la loi à la France, et eut la malheureuse idée de vouloir replacer Saint-Domingue sous les lois de la métropole. En brumaire an X (novembre 1801), une armée navale, partie par convois séparés des ports de Brest, Rochefort, Lorient, Toulon, Cadix, la Hollande, fit voile vers les Antilles. Le vice-amiral Villaret-Joyeuse commandait la flotte, forte de trente-cinq vaisseaux de ligne et de vingt-trois frégates. L'armée expéditionnaire, dont l'effectif fut en peu de temps de trente-quatre mille hommes, était sous les ordres du général Leclerc, qui avait épousé une sœur du Premier Consul, Pauline Bonaparte, qui devint plus tard la femme du prince Borghèse. Les premières opérations furent heureuses. Tous les points militaires furent en peu de temps occupés par l'armée française, et les noirs battus en toute rencontre. Tous les chefs, Maurepas, Christophe, Dessalines, se rendirent, et Toussaint lui-même, battu dans huit combats, se soumit.

Le général Leclerc avait reçu du Premier Consul l'ordre de s'appuyer sur les hommes de couleur, de les constituer fortement, et d'embarquer les chefs militaires des noirs pour la France, leur promettant de les incorporer dans l'armée avec le grade qu'ils avaient dans la colonie. Leclerc n'osa pas employer la force pour exécuter cette mesure. Il incorpora l'armée noire et ses chefs dans la sienne, et voulut essayer, entre les deux races, une fusion alors impossible. Les haines étaient trop récentes, et les préventions trop violentes.

Cependant, quarante jours se passèrent dans le calme et le repos; les travaux de culture furent repris, la prospérité renaissait, lorsque l'armée se trouva tout-à-coup dans une affreuse situation. La fièvre jaune éclata dans l'île, portant partout la désolation et la mort; elle fit dans l'armée des ravages terribles. L'épidémie emportait les victimes par centaines; en peu de jours la mortalité devint effrayante; la majeure partie de l'armée expéditionnaire fut moissonnée par le fléau. On découvrit en même temps des projets sinistres de Toussaint; des lettres interceptées dévoilèrent qu'il projetait un nouveau soulèvement; il fut enlevé et envoyé prisonnier en France. Des insurrections partielles éclatèrent alors sur plusieurs points à la fois, mais l'armée était hors d'état de les réprimer. Sur trente-quatre mille hommes, vingt-quatre mille étaient morts à la fin de l'an x ; les trois quarts des dix mille qui restaient encombraient les hôpitaux ; les généraux Hardy, Ledoyen, Debelle, l'administrateur Bénézech, avaient été victimes du fléau ; le général Leclerc lui-même succomba au commencement de l'an xi. Il ne resta que trois ou quatre mille hommes environ, enfermés dans quelques villes de la côte, et dont le général Rochambeau avait pris le commandement.

Dur et violent, Rochambeau était peu propre à concilier les deux races. Il n'avait pas assez de forces pour soumettre les insurgés ; il le tenta cependant : mais, après d'impolitiques cruautés sur les mulâtres de la province du Sud qui avaient conservé une sorte de neutralité, il motiva une insurrection qui embrasa l'île entière. Alors il n'eut que la ressource de rentrer au Cap, sans même aucun espoir de pouvoir prolonger la défense. Il y fut bientôt investi par Dessalines, à la tête de quinze mille noirs ; il avait alors reçu l'ordre de ramener l'expédition en France : mais il était trop tard, la mer lui était fermée. Le traité d'Amiens était rompu, et les Anglais n'avaient pas attendu la déclaration des hostilités pour les commencer : ils bloquaient la côte de Saint-Domingue. Rochambeau était investi par terre et par mer ; sa position était désespérée. Préférant traiter avec les noirs que livrer la ville aux Anglais, il capitula avec Dessalines, décidé à courir les chances d'un embarquement. Il évacua la ville le 9 frimaire an xii (1er décembre 1803) ; mais, pour comble de malheur, retenu pendant dix jours par des vents contraires, il ne put gagner la haute mer. Tout son convoi tomba entre les mains des Anglais. De tous les autres généraux de l'expédition, deux seulement sauvèrent leurs troupes ; le général Ferrand, qui continua à occuper

San-Domingo, capitale de la partie espagnole, et le général Noailles, qui, attaqué dans sa navigation par une corvette anglaise, s'en empara à l'abordage mais fut tué dans l'attaque. Brunet se rendit aux Anglais; Fressinet, arrêté en mer, fut conduit à la Jamaïque; Sarrazin réussit à se retirer à la Havane; Lavalette périt dans un naufrage.

Cette expédition, entreprise sous la garantie d'une longue paix maritime, fut une faute; et, sous quelque point de vue qu'on l'envisage, il est difficile de la justifier. Elle fit perdre à la France quarante mille hommes d'excellentes troupes, de bons généraux, des vaisseaux et des sommes immenses. Elle avait trouvé peu d'approbateurs, et l'évènement n'avait malheureusement que trop justifié leurs funestes prévisions. En effet, ce que la guerre et la fièvre jaune avaient épargné, était, comme on l'a vu, tombé au pouvoir des Anglais par suite de la rupture du traité d'Amiens.

Cette rupture elle-même était un fait prévu : le traité d'Amiens, pas plus que celui de Lunéville, n'avait rien pu résoudre encore d'une manière définitive. Depuis que la France avait étendu sa suprématie sur toute la Haute-Italie, en Hollande, sur la rive gauche du Rhin, sur une partie de la Suisse, il fallait de nouvelles victoires pour affermir sur de solides fondements une paix où l'un des contractants gagnait tout au détriment des autres. L'arène restait toujours ouverte, l'Angleterre et l'Autriche ne devaient pas tarder à y descendre pour provoquer à de nouveaux combats la France, qui, seule contre tous, et réduite à des alliés de second ordre, alliés douteux, parce qu'ils étaient le fruit de la conquête, avait besoin de prodiges d'héroïsme et de génie pour se maintenir dans la situation qu'elle s'était créée.

L'Angleterre commença les hostilités. Elle était cependant, après la France, celle des puissances qui avait le plus gagné à la paix. En effet, par le traité d'Amiens, toutes ses vastes conquêtes dans l'Inde avaient été reconnues : la république batave lui avait cédé Ceylan, le roi d'Espagne l'île de la Trinité ; elle n'avait eu à restituer que quelques îles d'Amérique, peu importantes à côté de ces vastes acquisitions; mais le traité stipulait formellement que les troupes anglaises évacueraient Malte trois mois après l'échange des ratifications; qu'à cette époque elle serait remise au grand-maître ou à ses commissaires. Ce fut là ce qui motiva la rupture du traité.

La paix, comme on a vu, avait été reçue en France avec la joie franche d'un peuple qui ne saurait être soupçonné de redouter la guerre. En Angleterre, l'enthousiasme fut plus vif encore, mais peu constant. Il ne tarda pas à s'y élever un parti qui blâma les dispositions du traité, contre lequel se déchaînèrent bientôt des passions et des haines un moment assoupies. Elles ne se manifestèrent d'abord, de la part du cabinet anglais, que par une tolérance coupable qui laissait insulter, par les feuilles publiques, la France et ses magistrats. Bientôt il fut avéré que les ministres continuaient à soudoyer, à Jersey et à Guernesey, des hommes qui y préparaient des assassinats, faisaient des descentes sur les côtes, venaient piller et brûler les habitations isolées, massacrer les habitants, correspondaient avec les chouans que le gouvernement anglais tolérait à Londres, entretenaient des relations avec ceux de la Bretagne, et répandaient en France des écrits royalistes hostiles au gouvernement, et des mandements d'anciens évêques qui attaquaient le concordat et insultaient le pape Pie VII.

Le Premier Consul fit faire quelques représentations à cet égard : le cabinet anglais les éluda avec une mauvaise foi évidente.

Mais ce n'était pas là son seul grief. Sous divers prétextes, le cabinet anglais avait laissé passer le délai de l'évacuation de Malte et de l'Égypte, et bientôt il se montra moins disposé que jamais à exécuter cette clause du traité d'Amiens. Il motiva d'abord son occupation sur ce que nous avions tellement accru notre puissance, que l'équilibre européen n'existait plus ; il entreprit ensuite de la justifier par les dispositions mêmes du traité d'Amiens. Cet acte de mauvaise foi insigne ne permit plus de compter sur l'exécution de cette partie du traité. Les deux cabinets échangèrent à ce sujet diverses notes où la France fit preuve d'autant de modération et de conciliation que l'Angleterre de violence et d'avidité : toute relation entre les deux pays fut bientôt rompue. Le 13 mai, lord Withword, ambassadeur d'Angleterre, demanda ses passeports, qui lui furent envoyés.

Le Premier Consul se montra irrité de cette conduite déloyale. Il fit éclater son ressentiment en paroles amères après l'audience de départ de l'ambassadeur anglais. « Les Anglais veulent la guerre, dit-il, nous la ferons. Ils pourront prendre quelques frégates, quelques colonies, mais je porterai la terreur dans Londres, et je leur prédis qu'ils pleureront la fin de cette guerre avec des larmes de sang. Ce n'est qu'à l'aide de viles suppositions qu'ils ont cherché à exciter les passions. Depuis deux mois j'ai souffert toutes les insolences des Anglais ; ils ont pris cela pour de la faiblesse, et ils ont redoublé au point que leur ambassadeur a osé dire : *Vous ferez cela, ou je partirai dans sept jours.* Est-ce ainsi qu'on parle à une grande nation ? Ils ont cru que je craignais la guerre, que je la redoutais pour mon autorité. J'aurai deux millions d'hommes s'il le faut. Le résultat de la dernière guerre a été d'agrandir la France de la Belgique et du Piémont ; le résultat de celle-ci sera encore d'asseoir plus solidement notre système fédératif. Le lien de deux grandes puissances ne peut être que la justice et l'observation des traités. Celle envers qui on les viole, ne peut pas, ne doit pas le souffrir, sous peine de se dégrader. Une fois qu'elle a commencé à dériver, elle est dans la dépendance. Il vaudrait mieux, pour le peuple français, être vassal et élever à Paris le trône d'Angleterre, que de se soumettre aux caprices et à l'arbitraire de ce gouvernement. Un jour ils exigeront le salut de nos vaisseaux, une autre fois ils défendront à nos navigateurs d'aller au-delà de telle latitude ; aujourd'hui même ils voient avec peine que nous curions nos ports et que nous rétablissions notre marine. Ils s'en plaignent, ils demandent des garanties. Il y a quelques jours que le contre-amiral Lesseygues toucha à Malte ; il avait deux bâtiments, il en trouva quinze anglais. Ils voulurent exiger le salut, Lesseygues le refusa : il y eut quelques injures dites. S'il eût cédé, je l'aurais fait promener sur un âne, ce qui est plus ignominieux que la guillotine. Je me flatte que, lorsqu'on connaîtra notre conduite, il n'y aura pas un coin de l'Europe dont nous n'ayons l'approbation. Du reste, un peu plus tôt, un peu plus tard, nous devions avoir la guerre ; il vaut mieux l'avoir à présent que notre commerce maritime n'est pas encore rétabli. »

La France entière partagea le ressentiment du Premier Consul, et le tribunat émit, d'indignation, le projet de vœu suivant :

« Le tribunat,

« En vertu du droit que lui donne l'article 29 du titre III de la constitution, après avoir pris connaissance de la négociation qui a eu lieu entre la République et l'Angleterre;

« Convaincu que le gouvernement a fait, pour conserver

la paix, tout ce que l'honneur du peuple français pouvait souffrir ;

« Que cependant le cabinet britannique s'est permis, durant cette négociation, des formes insolites, des allégations fausses, des demandes injustes, et même des actes hostiles ;

« Que la paix qu'on laisse à la France doit être achetée par l'infraction d'un traité solennel, par une injure envers ses alliés ;

« Arrête que le vœu suivant sera porté au gouvernement par le tribunat en corps :

« *Le tribunat émet le vœu qu'il soit pris à l'instant les plus énergiques mesures afin de faire respecter la foi des traités et la dignité du peuple français.* »

Le sénat et le corps-législatif, à qui ce vœu fut communiqué, l'adoptèrent par acclamation, et, comme le tribunat, ils allèrent en corps porter leurs adresses au Premier Consul. Les discours énergiques et menaçants prononcés en cette circonstance, exaltèrent l'opinion publique. Cette initiative des grands corps délibérants ; des votes de départements, de villes qui firent don à l'État de vaisseaux, de frégates, de bâtiments de guerre de toute espèce, de canons ; des prières publiques ordonnées pour le succès de la guerre, tout contribua à donner un grand caractère de nationalité à une guerre entreprise pour venger l'honneur et la dignité du pays.

Cette fois, comme toujours, l'Angleterre ne se départit pas de sa sauvage politique. Elle avait rompu la paix, parce que la France, plus jalouse qu'elle de sa dignité et de son honneur, s'était refusée à la violation d'un traité conclu. Elle n'attendit pas, pour se livrer à des actes hostiles, que la guerre eût été officiellement déclarée entre elle et la République. Elle fit saisir tous les bâtiments français qui étaient dans ses ports, capturer tous ceux qui étaient sous voile, confisquer les marchandises, et retenir prisonniers les équipages. Le Premier Consul, par de justes et terribles représailles, fit arrêter tous les sujets du roi d'Angleterre qui étaient sur le territoire français, confisquer tous les bâtiments anglais qui se trouvaient dans les ports de la République ou de ses alliés, donna l'ordre à l'armée d'Italie de prendre position dans le royaume de Naples pour s'assurer ainsi la fidélité d'un allié douteux, et enfin fit envahir, par vingt-cinq mille hommes aux ordres de Mortier, le Hanôvre, où il frappa des impôts, s'empara d'une immense quantité de constructions, et de plus de cinq cents pièces de canon.

En même temps, il préparait à Boulogne un armement formidable contre l'Angleterre. L'ancien projet de descente fut repris sur un plan gigantesque. Dans tous les ports, depuis Anvers jusqu'à Bayonne, de grands ateliers de construction furent mis en activité. Le nombre des vaisseaux n'étant pas en proportion avec la grandeur du projet arrêté, on construisit des bâtiments légers et plats, propres au transport des troupes; des chaloupes canonnières, des péniches, les unes armées de pièces de 24 et pouvant porter jusqu'à deux cents hommes, d'autres d'une manœuvre rapide, à dix-huit rangs de rameurs. Toutes les côtes, armées et fortifiées, furent en peu de temps converties en un immense arsenal de marine. De vastes bassins furent creusés à Anvers, de grands travaux exécutés à Boulogne, Montreuil, Ambleteuse, pour abriter les flottilles. Mille huit cent cinquante bâtiments, tant de guerre que de transport, plus de cent mille hommes de ces valeureux soldats qui avaient combattu en Allemagne, en Italie, en Afrique, furent réunis sur les côtes de la Manche. Les plus habiles généraux de la République, Lannes, Ney, Davoust, Soult, étaient chargés de les organiser et de les exercer aux manœuvres de débarquement. Il fut formé un corps de *marins de la garde consulaire*, un autre de *guides-interprètes*. La *grande armée*, dite d'*Angleterre*, fut divisée en six corps, dont le centre était à Boulogne, où étaient réunis sept cents bâtiments. La Hollande et Bayonne formaient les deux points extrêmes des deux ailes. Le Premier Consul alla lui-même activer, par sa présence, les armements et les travaux. Il passait ses journées au milieu des soldats, les électrisait, les remplissait d'enthousiasme, en leur rappelant les victoires glorieuses auxquelles ils avaient concouru. Les périls, la témérité de l'entreprise projetée, ne frappaient les esprits d'aucun d'eux. Commandés par Bonaparte, ils se croyaient sûrs du succès.

L'Angleterre trembla dans ses îles, à la nouvelle de ces formidables préparatifs. Toute la population virile, depuis dix-sept jusqu'à cinquante-cinq ans, fut mise sur pied, armée de fusils et de piques. L'armée active, réunie sur des points propres à une concentration rapide, fut munie d'une immense quantité de charriots particuliers destinés à porter rapidement des troupes sur les points menacés, et à opérer la jonction des divers corps. Toutes les côtes furent hérissées de redoutes et de canons : la Tamise, le Humber, furent barrés au moyen d'une chaîne de frégates rasées contenues par d'énormes barres de fer. On avait établi, sur chaque hauteur, des signaux et des feux destinés à donner l'alarme. Des ponts, des routes, étaient minés ; le rivage qui fait face à Boulogne et à Dunkerque était couvert de troupes ; des patrouilles de jour et de nuit sillonnaient incessamment toutes les côtes. En même temps, pour prévenir la jonction des escadres françaises dans la Manche, quatre escadres anglaises tenaient la mer. Nelson croisait dans la Méditerranée, depuis Toulon jusqu'à Livourne; lord Cornwallis observait Brest et Rochefort; Keith et Sydney-Smith surveillaient Boulogne. De temps à autre, ils insultaient les côtes françaises, bombardant des villes. Ils dirigèrent particulièrement leurs feux sur le Hâvre, Dieppe, Granville, Saint-Valery, Boulogne, Calais et Fécamp. Mais ces bombardements, exécutés de très-loin, occasionnèrent peu de dommages. On eût dit que les Anglais, par tout ce fracas, voulaient s'étourdir sur l'imminence du danger.

C'est qu'en effet la terreur était grande en Angleterre: on y vit, à plusieurs reprises, des populations entières se ruer, pleines d'effroi, dans Londres, en annonçant, avec des cris affreux, que les Français avaient débarqué.

La guerre n'était pas, en quelque sorte, commencée encore, et déjà l'Angleterre avait doublement à souffrir, dans son commerce et dans ses finances, de ces hostilités qu'elle avait provoquées. Ses grands travaux de défense nationale lui coûtaient des sommes immenses. Elle avait en armement cinq cents bâtiments de guerre de toute dimension; en outre, une flottille de six cents bâtiments légers. Ses équipages se montaient à cent vingt-cinq mille hommes, y compris vingt-cinq mille *fencibles* marins; son armée de terre, à près de deux cent mille, avec la milice. Sa levée en masse avait produit quatre cent mille hommes. L'équipement, l'armement d'un si fort effectif, les ouvrages militaires exécutés sur les côtes et dans l'intérieur, avaient coûté des sommes énormes, et jeté la plus grande perturbation dans ses affaires financières.

Elle était surtout frappée dans son commerce. Depuis longtemps, le Premier Consul avait compris que le commerce de la Grande-Bretagne ne pouvait s'assimiler à celui des autres États. Pour les autres peuples, le commerce est un des éléments de puissance : pour l'Angleterre, il est la puissance elle-même. En l'attaquant dans son commerce, on l'atteignait dans la source même de sa grandeur. Aussi, dès les premières hostilités, le Premier Consul s'était emparé de l'électorat de Hanôvre, pour fermer au commerce anglais les grands fleuves, les ports et les marchés du nord de l'Allemagne. En même temps, il défendit l'introduction, dans les ports de la France et des pays soumis à sa domination, de toutes les marchandises ou denrées coloniales venant de la Grande-Bretagne ou de ses colonies. Il préludait ainsi au grand système du blocus continental qu'il mit plus tard à exécution sur une si vaste échelle.

Une descente en Angleterre, dans la situation respective des marines des deux nations, était, il est vrai, un moyen direct, puissant, d'abattre l'orgueil britannique ; mais rien n'était plus terriblement chanceux. Passer le détroit, descendre en Angleterre, marcher sur Londres, y dicter la paix, rien en cela ne sortait des moyens ordinaires de la guerre. Mais le Premier Consul, en mettant entre lui et la France la mer, gardée par les escadres britanniques, laissait derrière lui, au-dehors, les inimitiés et les ambitions du continent mal éteintes ; au-dedans, un gouvernement mal assuré, s'il en retirait sa main puissante ; un pouvoir précaire, pour qui toute révolution législative pouvait être mortelle. Mille dangers pouvaient surgir de cet état de choses, lorsqu'il serait engagé, pour longtemps peut-être, dans une guerre au-delà de la Manche.

Toutes ces craintes durent se présenter à son esprit. On en voit la preuve dans une mesure qui date de cette époque. C'est le sénatus-consulte organique du 28 frimaire an XII (20 décembre 1803), qui modifia la constitution du corps législatif dans une de ses parties principales. Cette assemblée ne put plus se réunir, délibérer, ni voter, que sous la présidence et par les soins d'hommes nommés par le Premier Consul.

L'Europe entière était attentive à la lutte gigantesque qui se préparait entre la France et l'Angleterre. Avant d'en venir aux mains, les deux cabinets mettaient en jeu tous les ressorts de leur diplomatie pour s'assurer l'alliance des puissances continentales. L'un et l'autre avaient le plus grand intérêt à réussir en ce point : l'Angleterre, pour soulever de nouveaux ennemis à la France ; la France, pour prévenir toute hostilité pendant que ses armées seraient engagées au-delà de la Manche. L'Autriche, la Russie, la Prusse et l'Espagne étaient les quatre puissances dont l'Angleterre voulait le concours et Bonaparte la neutralité. La Russie, surtout, était celle dont la détermination pouvait exercer l'influence la plus décisive. En se prononçant pour la France, elle paralysait tout mauvais vouloir de l'Autriche, décidait l'adhésion de la Prusse et des cours électorales, et laissait l'Angleterre lutter seule contre toutes les chances d'une invasion. Si elle optait pour l'Angleterre, une coalition continentale était à craindre, et le projet de descente forcément ajourné. L'empereur Alexandre se montra fort disposé à suivre ce dernier parti.

Depuis la mort de Paul Ier, Bonaparte avait toujours agi envers la Russie, de façon à la mettre dans ses intérêts. Malheureusement, il y avait à la cour de Saint-Pétersbourg un parti anglais qui, avec une habileté aussi profonde que perfide, réussit peu à peu à tourner au profit de l'Angleterre l'influence que le Premier Consul avait su se ménager par des attentions délicates adroitement calculées. Bientôt la partialité d'Alexandre pour l'Angleterre devint évidente, et, s'il ne se déclarait pas encore comme ennemi de la France, rien en lui ne rassurait contre une nouvelle guerre sur le continent.

L'Autriche avait hautement annoncé la résolution de rester neutre. Mais le traité de Lunéville lui avait arraché le Milanais ; le partage des indemnités germaniques l'avait lésée dans ses intérêts les plus chers ; les changements opérés dans la constitution cisalpine, par la nomination du chef de la France à la présidence de la République italienne, l'avaient profondément aigrie et troublée. Elle était mécontente, et il était probable que, si elle pouvait trouver une occasion propice de venger tant d'affronts, elle reparaîtrait sur les champs de bataille de l'Europe. Elle mettait, en outre, tant d'affectation à déclarer sa résolution de rester neutre, que tout prouvait qu'il existait déjà des éléments d'un concert intime entre les cabinets de Vienne, de Londres et de Saint-Pétersbourg.

La Prusse paraissait mieux disposée à l'égard de la France. La neutralité qu'elle avait gardée jusqu'alors lui avait valu des agrandissements considérables, et un accroissement d'influence qui était d'un grand poids dans les conseils de l'Europe. Elle n'était pas encore État de premier ordre, mais elle pouvait le devenir. En se jetant sans réserve dans les bras de la France, en s'associant à ses prospérités comme à ses périls, elle pouvait grandir avec elle. Le Premier Consul, qui l'avait si généreusement récompensée de sa neutralité dans le partage des indemnités, pouvait payer sa coopération efficace de la prééminence en Allemagne, peut-être même de la couronne impériale. Mais, pour cela, il fallait qu'elle se dévouât à la politique de la France, et contractât avec elle une alliance intime. Le Premier Consul lui en fit la proposition formelle. L'esprit timide et irrésolu de Frédéric-Guillaume fut effrayé d'une telle solidarité ; il craignit d'être entraîné trop loin, et, résistant à toutes les avances et à toutes les promesses du Premier Consul, il déclara vouloir rester dans sa politique négative.

Quant à l'Espagne, l'incapacité du prince de la Paix, l'égoïsme de la reine, la caducité morale de Charles VI avaient tellement énervé toutes ses forces, qu'elle était pour la France un allié plus embarrassant qu'utile, mais qu'il importait cependant de conserver. Moitié par menace, moitié par force, le Premier Consul parvint à faire déclarer le cabinet de Madrid en faveur de la France, et à lui arracher quelques millions au lieu du subside de guerre qu'il était tenu de fournir aux termes du traité de Saint-Ildefonse.

Ainsi, les dispositions des puissances continentales étaient assez peu rassurantes pour la France. Mais cependant, comme l'Autriche était hors d'état, pour le moment, de reprendre les armes, que la Prusse avait plus d'intérêt à conserver sa neutralité qu'à la rompre, que la Russie, malgré son penchant pour l'Angleterre, ne se déciderait pas à entrer seule en lice, que, dès lors, une nouvelle coalition, quoique présumable, n'était pas dans l'ordre probable des faits instantanés, et laisserait à la France le soin d'aller frapper son ennemie dans Londres même, le Premier Consul donna une nouvelle activité à ses projets de descente.

Depuis l'invasion des Normands en Angleterre, jamais cette puissance n'avait été dans un si grand péril. A cette époque, Pitt rentra au ministère, et avec lui la politique de l'assassinat.

Dans le courant du mois de nivôse an XII, la police de Paris apprit par divers rapports de ses agents résidant à l'étranger, qu'on y comptait généralement sur un changement prochain du gouvernement en France; que, dans cette éventualité, l'Autriche avait rassemblé de nombreuses troupes dans le Tyrol, et que l'Angleterre avait repris à sa solde les émigrés et les princes français avec ordre de se rendre sur les bords du Rhin. En même temps, le *Courrier de Londres*, journal français, publiait un pamphlet ayant pour titre : *Tuer n'est pas assassiner*, et pour épigraphe : *Necesse est unum mori pro populo*. On lut aussi dans le *Morning-Chronicle* du 30 janvier, une annonce d'un maître de langue ainsi conçue : *L'assassinat de Bonaparte et la restauration de Louis XVIII devant arriver, et la plupart des Français devant retourner en France, un tel offre au public ses services pour donner des leçons en place des émigrés.* On écrivait aussi de Vienne : *L'hiver a été doux, mais on craint pour la fin de février. Des personnes bien instruites prétendent que vous aurez un tremblement de terre : tenez cet avis pour certain ; je ne puis m'expliquer davantage.*

On apprit enfin que des agents anglais accrédités à Munich, Stuttgard, Cassel, Hambourg, et surtout deux d'entre eux, Dracke et Spencer-Smith, recrutaient des agents d'intrigue, de révolte, d'assassinat, étaient en correspondance avec des chefs de comités insurrectionnels soit à Londres, soit à Paris, pratiquaient des intelligences dans les places, et embauchaient des mécontents et des émigrés qu'ils dirigeaient dans le grand-duché de Bade, où était déjà le duc d'Enghien résidant au château d'Ettenheim.

Tous ces faits une fois constants et avérés, il ne resta plus de doute sur l'existence d'une vaste conjuration ourdie par l'Angleterre, et dans laquelle l'Autriche avait accepté un rôle. Mais on ne pouvait parvenir à en saisir les fils. Malheureusement la police était alors dirigée par Régnier, qui n'avait ni l'habileté ni la pénétration de Fouché : on savait qu'il existait un plan de révolte et d'assassinat contre le

Premier Consul et son gouvernement, et cependant rien n'était encore découvert. La police était aux abois.

Enfin, un de ses espions les plus adroits, Méhé de Latouche, s'introduisit auprès du résident anglais de Munich, Dracke; il se présenta comme ardent royaliste et chef d'un comité insurrectionnel, et parvint de la sorte à lui arracher son secret et son plan. Les informations qu'il donna guidèrent la police dans ses recherches, et voici ce qu'elle parvint à découvrir.

Le gouvernement anglais avait repris récemment à sa solde tous les émigrés français, depuis les princes jusqu'aux plus petits nobles. Ils devaient se rendre aux lieux qui leur seraient indiqués, pour agir selon les circonstances. Georges Cadoudal et Pichegru étaient les chefs nominaux de la conjuration. Après eux venaient les généraux Lajolais, Villot, les amis personnels des princes, MM. de Rivière, Jules et Armand de Polignac, et enfin des affidés de Georges : Léridan, Coster, Saint-Victor, Picot, Bouvet de l'Ozier, aventureux chouans prêts à tout, et que l'Angleterre avait toujours conservés avec soin comme des instruments précieux à sa politique. Il était convenu que les conjurés débarqueraient en France par bandes séparées : les uns étaient chargés de parcourir la Bretagne, la Normandie et d'en organiser le soulèvement, les autres de s'introduire dans Paris et d'y assassiner le Premier Consul. L'or, les armes, les navires étaient mis à leur disposition par le gouvernement anglais. Pendant que le duc de Berry et le comte d'Artois prendraient le commandement des insurgés de l'Ouest, les agents consulaires anglais auprès des cours électorales, Dracke, Spencer-Smith, Rumbold, Taylor, devaient préparer l'insurrection des provinces de l'Est, dont le duc d'Enghien, fixé momentanément au château d'Ettenheim sous la protection du margrave de Bade, devait prendre le commandement. Ce dernier fait ressort incontestable des propres paroles du duc d'Enghien, qui, lors de son jugement, dit : *J'avais demandé à l'Angleterre du service dans ses armées; elle m'avait fait répondre qu'elle ne pouvait m'en donner, mais que j'eusse à rester sur le Rhin, où j'aurais incessamment un rôle à jouer; et j'attendais.*

Georges débarqua le premier avec huit de ses complices. Un second débarquement jeta sur les côtes Coster, Saint-Victor et dix autres. Dans les premiers jours de pluviôse, un troisième débarquement eut lieu : c'étaient Pichegru, Lajolais, les Polignac, de Rivière et plusieurs autres. Un brick anglais de la marine royale, commandé par le capitaine Wright, les débarqua tous, à diverses reprises, à la falaise de Beville près de Dieppe, par des routes obscures, chez des paysans isolés. Les logements étaient préparés jusqu'à Paris; des agents expédiés à l'avance y disposaient tout pour la réception des conjurés. Georges devait rallier à Paris une élite de deux ou trois cents hommes d'exécution, qu'il faisait recruter dans la Vendée, le Morbihan, la Bretagne ; mais il ne put en réunir qu'une quarantaine, la plupart venus d'Angleterre.

Georges et Pichegru comptaient sur Moreau. Le mécontentement qu'affichait ce dernier depuis quelque temps, son attitude hostile vis-à-vis du nouveau pouvoir, son alliance avec une famille royaliste, l'ascendant qu'exerçait sur lui sa femme, tout autorisait les espérances des conjurés. Déjà, avant l'arrivée de Pichegru à Paris, ils communiquaient fréquemment avec Moreau par l'intermédiaire du général Lajolais, et son adhésion paraissait assurée. Mais, quand Georges, Pichegru et Moreau se trouvèrent en présence, chacun d'eux se trouva avoir un but différent. Georges voulait la restauration de la monarchie absolue avec les Bourbons, sans condition ; Pichegru désirait une transaction entre la révolution et la légitimité, et Moreau inclinait à agir pour son propre compte ; ce qui fit dire à Pichegru, en sortant de cette entrevue : « Ce b.... là a de l'ambition aussi; il voudrait régner. Je lui souhaite beaucoup de succès, mais, à mon avis, il n'est pas en état de gouverner la France pendant deux mois. »

Moreau pouvait entraîner quelques généraux frondeurs, Bernadotte, Lecourbe, Macdonald, et, avec eux, une partie de l'armée. Un tel appui était un des éléments de succès de la conspiration. Aussi, son défaut de concours désappointa les conjurés ; cependant ils ne désespérèrent pas de le ramener et de combiner un plan d'exécution qui conciliât, en apparence, tous les intérêts. Ils restèrent à Paris.

La police n'avait pas eu vent de toutes ces menées. Cependant, elle avait tant d'indices, qu'elle fit arrêter à tout hasard quinze ou vingt chouans qui étaient en rupture de ban à Paris. Elle eut la main heureuse : tous étaient dans la conspiration. Cinq furent mis en jugement : deux furent acquittés, deux condamnés à mort comme espions ; le cinquième, nommé Querelle, fit des révélations. Il déclara être venu de Londres avec Georges et d'autres, dans l'intention de tuer le Premier Consul. Jusque-là on ne connaissait d'autre chef à la conjuration que Georges, et on était si loin de soupçonner Pichegru, que le ministère anglais faisait rendre compte dans les journaux des démarches de Pichegru, comme s'il eût été à Londres.

Les perquisitions redoublèrent dans Paris ; elles amenèrent l'arrestation de dix à douze nouveaux conjurés. Deux tentèrent de se pendre : l'un, nommé Danouville, y réussit; l'autre, Bouvet de l'Ozier, fut arraché à la mort. Il resta quelque temps plongé dans un délire au milieu duquel s'échappèrent de sa bouche des exclamations sans suite : il nomma Pichegru, Moreau. Revenu enfin à lui, il avoua tout ; il déclara qu'après avoir promis de se réunir à la cause des Bourbons, Moreau s'était rétracté, qu'il avait eu plusieurs conférences à Paris avec Pichegru et Georges, et qu'ils n'avaient pu s'entendre, Moreau ne voulant agir que dans un but personnel.

Le Premier Consul s'écria, en apprenant ces révélations : « Comment ! Moreau est engagé dans une telle affaire ! Le seul homme qui pût me donner des inquiétudes, se perdre si maladroitement ! Décidément, j'ai une étoile. » Cependant il refusa de le faire arrêter, et n'y consentit que lorsqu'on eut acquis la certitude que Pichegru était à Paris.

L'arrestation de Moreau produisit dans Paris une impression pénible. Que le héros de Hohenlinden eût terni sa gloire et flétri ses lauriers en conspirant au profit de la contre-révolution avec un Georges, avec Pichegru, nul ne voulait y croire. Les ennemis du Premier Consul disaient qu'il avait le dessein de perdre un général illustre dont la renommée lui portait ombrage. Georges et Pichegru n'étaient pas encore arrêtés : leur présence à Paris était révoquée en doute, et c'étaient là autant de motifs qui militaient en faveur de Moreau, qui niait du reste obtinément avoir eu aucun rapport avec eux. Mais bientôt tous les doutes se dissipèrent : Pichegru et Georges furent arrêtés, et il résulta des aveux de Moreau lui-même, que, s'il n'avait pas trempé dans le complot, il s'y était du moins laissé compromettre.

Les révélations de quelques conjurés avaient toutes été unanimes sur la présence de Georges et de Pichegru à Paris, mais toutes les recherches étaient restées infructueuses. Le gouvernement prit une mesure terrible : il déclara le recèlement des conjurés crime contre la sûreté de l'État, et punissable de mort. Il décréta aussi la suspension du jugement par jury, et déféra les conjurés et les non-révélateurs à des tribunaux exceptionnels. En même temps, des factionnaires furent placés le long des murs de Paris ; nul ne put passer de nuit par les barrières. Le signalement de Georges et de ses complices fut affiché ; et, pour sortir de la ville pendant le jour, on dut faire vérifier son passeport par des gendarmes et des officiers de police stationnant aux barrières.

Ces mesures ne furent pas inutiles. La loi contre les recéleurs ferma tous les asyles aux conjurés : ils furent bientôt tous arrêtés. Pichegru, livré par un ami qui le vendit, dit-on, pour la somme de cent mille francs, fut arrêté le 8 ventôse dans la rue Chabannais. Il essaya de se défendre ; mais, surpris dans son sommeil, il ne put que saisir des pistolets qui étaient sur sa table de nuit. Interrogé par le conseiller d'État Réal, il nia tout.

Dix jours après, la police fut informée qu'un cabriolet de place devait, à sept heures du soir, aller chercher Georges et deux individus de sa bande. Malgré la rapidité de sa course, ce cabriolet fut suivi par des agents jusqu'auprès du Panthéon. Mais, comme il avait sur eux un peu d'avance, Georges put y monter et partir avant leur arrivée. Il ne put être joint que dans la rue des Fossés-Monsieur-le-Prince, où deux inspecteurs, Calliol et Buffet, arrêtèrent le cheval par la bride ; Georges saute du cabriolet deux pistolets à la main, tire sur les deux inspecteurs, en tue un, blesse très-grièvement l'autre ; il s'arme alors d'un poignard et prend la fuite ; mais un autre agent le saisit au collet, et, aidé de quelques citoyens, parvient à le désarmer. Il fut lié et transféré à la préfecture de police. On trouva sur lui une somme de quatre-vingt mille francs, qui fut donnée aux enfants de l'inspecteur Buffet qui avait été tué. L'arrestation de Georges acheva de dissiper tous les doutes que la malveillance se plaisait à répandre sur l'existence de la conspiration. Tous les autres conjurés furent successivement arrêtés, soit à Paris, soit dans les environs ; on trouva sur tous de fortes sommes d'argent que le ministère anglais n'avait pas ménagé dans cette circonstance.

Georges avoua tout, seulement il ne nomma ni ne compromit personne. Il déclara hautement que, de concert avec les princes français, il était venu à Paris pour tuer le Premier Consul et rétablir les Bourbons. Son attitude fut franche et même fière devant la justice. Celle de Moreau et de Pichegru se ressentit de la fausseté de leur position. Moreau, dont on avait arrêté le secrétaire, et qui, par suite des révélations de quelques conjurés, ne pouvait plus nier les rapports qu'il avait eus avec Pichegru, écrivit une longue lettre au Premier Consul ; il avouait qu'il lui avait été fait des ouvertures pour se mettre en relation avec les princes français, mais qu'il avait repoussé toutes les propositions, autant par opinion que parce qu'il considérait la tentative projetée comme une folie. Il ajoutait que la délation répugnait à son caractère, surtout vis-à-vis de personnes avec qui il avait eu d'anciennes liaisons d'amitié (ce qui était désigner Pichegru), et que ses démarches et ses actions avaient pu être imprudentes, mais non criminelles. Il terminait en disant : « Je ne vous parlerai pas d'une probité de vingt-cinq ans qui ne s'est jamais démentie, ni des services que j'ai rendus à mon pays. J'ose croire qu'ils ne sont pas encore effacés de votre mémoire. Mais je vous rappellerai que, si l'envie de prendre part au gouvernement de la France avait été un seul instant le but de mes services et de mon ambition, la carrière m'en a été ouverte d'une manière bien avantageuse, quelques instants avant votre retour d'Égypte, et sûrement vous n'avez pas oublié le désintéressement que je mis à vous seconder au 18 brumaire. Des ennemis nous ont éloignés depuis ce temps. C'est avec bien des regrets que je me vois forcé de parler de moi et de ce que j'ai fait; mais dans un moment où je suis accusé d'être le complice de ceux que l'on regarde comme agissant d'après l'impulsion de l'Angleterre, j'aurai peut-être à me défendre moi-même des pièges qu'elle me tend. J'ai l'amour-propre de croire qu'elle peut encore juger du mal que je puis lui faire par celui que je lui ai fait.

« Si j'obtiens, général, toute votre attention, alors je ne doute plus de votre justice. J'attendrai votre décision sur mon sort avec le calme de l'innocence, mais non sans l'inquiétude de voir triompher les ennemis qu'aura toujours la célébrité. »

Cette lettre, où il avouait que des propositions lui avaient été faites sans qu'il les eût dénoncées, où il parlait de sa répugnance à être le délateur de Pichegru, ne pouvait que le compromettre sans le justifier. Aussi le Premier Consul, qui, avant l'arrestation de Georges et de Pichegru, lui avait fait suggérer l'idée de demander à le voir, avec l'intention de le renvoyer chez lui après une explication, envoya au grand-juge sa lettre, qui devint une des pièces principales du procès qui allait se juger. Moreau en fut pour l'humiliation de s'être abaissé devant celui qu'il avait si amèrement censuré depuis trois ans.

Par calcul et par intérêt, le Premier Consul donna le plus grand retentissement à toutes les pièces de cette conspiration, où la coopération des puissances étrangères, de l'Angleterre surtout, était si évidente. C'était le moyen de faire bien ressortir qu'elle était un attentat non-seulement contre lui, mais encore contre la nation entière. Le succès répondit à ses espérances. Il fut pendant quelque temps l'objet d'une vive sollicitude de la part de la nation. Des prières publiques, des messes eurent lieu partout. Les évêques s'associèrent, dans leurs mandements, à cette manifestation ; des *Te Deum* furent chantés dans toutes les églises. Pendant plusieurs mois, les pages du *Moniteur* ne suffirent pas à consigner les adresses de tous les corps civils et militaires. Les ambassadeurs de toutes les puissances protestèrent de leur indignation contre de si odieuses trames. La Russie seule ne s'associa pas à cette manifestation.

Pendant que le procès des conjurés se poursuivait avec la plus grande latitude pour la défense des accusés, l'opinion publique fut un moment distraite de ces débats par un évènement tragique que l'esprit de parti convertit dans la suite en une des plus graves accusations contre le Premier Consul.

Les déclarations des révélateurs s'étaient toutes accordées en un point : le projet d'une destruction violente du Premier Consul, sous les ordres d'un Bourbon qui devait se trouver à Paris. Des domestiques de Georges avaient, en outre, déclaré que, dans quelques réunions des conjurés, s'était trouvé un homme d'une taille élevée, devant qui les conjurés se tenaient dans une attitude de déférence marquée. MM. de Rivière et de Polignac ne lui parlaient qu'avec une sorte de respect.

Le Premier Consul, ayant fait vérifier la situation de tous les membres de la famille des Bourbons, apprit que le comte de Lille et le duc d'Angoulême étaient à Varsovie, les autres à Londres, et que le duc d'Enghien seul était à Ettenheim, à quatre lieues du Rhin.

A ce dernier fait, déjà connu, s'en joignit un autre qui lui donna une immense gravité. En nivôse, avant la découverte de la conspiration, M. de Champagny, ambassadeur de France à Vienne, avait été pressenti par M. de Cobentzel, à la prière du chargé d'affaires d'Angleterre, le chevalier Stuart, *sur la possibilité d'obtenir un passeport pour le duc d'Enghien, qui avait le désir de passer par la France pour retourner à Londres, auprès de sa famille.* En même temps, le signalement du personnage inconnu devant qui les conjurés étaient si respectueux, ne pouvait s'adapter, de tous les membres de la famille des Bourbons, qu'au duc d'Enghien. Le Premier Consul, rapprochant ce fait de la demande du passeport, resta alors persuadé qu'entre les cours de Vienne et de Londres, il y avait eu concert pour favoriser les entrevues du duc d'Enghien avec les conjurés.

Cependant, il hésitait encore sur le parti à prendre, lorsqu'arriva d'Ettenheim le rapport d'un officier de gendarmerie qu'on y avait secrètement expédié pour prendre des informations sur les relations et les habitudes du prince. On y lisait les charges accablantes que voici : — « La vie de ce prince, si calme en apparence, a des parties mystérieuses qui donnent prise aux plus sévères interprétations. Il fait de fréquentes absences qui durent quelquefois dix jours, temps plus que suffisant pour aller à Paris s'aboucher avec les conjurés, et retourner à Ettenheim. On a la certitude qu'il s'est plus d'une fois introduit dans la place de Strasbourg, sans doute pour y tramer de dangereuses intrigues. Il est en relations permanentes avec le comité d'émigrés établi au château de la baronne de Reich, à Offenbourg, et, parmi ceux qui l'assistent de leurs conseils, se trouve le fameux *Dumouriez.* »

Cette dernière assertion était une erreur. Ce n'était pas le général Dumouriez qui était auprès du prince, mais le général Thumery. Trompé par la prononciation allemande, l'officier de gendarmerie prit un nom pour l'autre. Ce quiproquo perdit le duc d'Enghien. Ce qui n'était que soupçon dans l'esprit du Premier Consul, devint, par la présence supposée de Dumouriez auprès du prince, certitude et conviction. Profondément ulcéré par tant de machinations flagrantes tramées contre lui, il ne put contenir son indignation. Un conseil privé était assemblé ; M. de Talleyrand, Cambacérès, le conseiller d'État Réal, chargé de l'instruction de la conjuration, y assistaient. — « Vos anciens amis ne se gênent pas, dit le Premier Consul avec amertume, ne pouvant me combattre à force ouverte, ils tentent de m'assassiner. Est-ce là un art bien noble, bien français, bien digne des rois? Et vous, Monsieur Réal, vous ne me dites point que le duc d'Enghien est à quatre lieues de ma frontière, organisant des complots militaires? Il n'était pas à Ettenheim pour faire l'amour et chasser, mais pour conspirer; il était partie active dans le complot de Georges ; après l'assassinat du chef de l'État, il devait se mettre à la tête des émigrés, dont l'Angleterre avait inondé les bords du Rhin; il était l'avant-garde de la coalition européenne. L'Autriche elle-même n'était-elle pas dans le secret de la conspiration? N'était-ce pas dans la prévision d'une conspiration en France, qu'elle avait rassemblé soixante mille hommes dans le Tyrol, lorsqu'elle n'était menacée par personne? Dans cette conjuration, dont le vaste réseau enveloppait la moitié de l'Europe, figuraient non plus seulement d'obscurs fanatiques, mais des princes, des têtes couronnées, de puissants empires! Suis-je donc un chien qu'on peut assommer dans la rue...? tandis que mes meurtriers seront des êtres sacrés...! Ah! on conspire contre moi, on veut me tuer par trahison! on m'attaque au corps; je rendrai guerre pour guerre, et je frapperai un coup qui les foudroiera tous!...

« Le duc d'Enghien est coupable, coupable au même titre que Georges, Pichegru et tous les autres. Ce n'était pas seulement la vie du chef de l'État qui était en péril, c'était la France que l'Angleterre et l'Autriche voulaient abattre et peut-être même détruire. Il faut un grand et terrible exemple. Les Bourbons veulent la mort du chef de l'État; le chef de l'État à son tour doit les terrifier. Dans cette sanglante arène, où ils n'ont pas eu honte de descendre, les chances doivent être égales, tête pour tête, sang pour sang, ce sera rentrer dans la loi naturelle. »

— « J'ose penser, dit Cambacérès, que si le duc d'Enghien était en votre pouvoir, la rigueur n'irait pas jusqu'à ce point. »

— « Que dites-vous? répliqua le Premier Consul en le mesurant de la tête aux pieds; sachez que je ne veux pas ménager ceux qui m'envoyent des assassins. » Et il ajouta, faisant allusion au vote de Cambacérès dans le procès de Louis XVI : « Vous êtes devenu bien avare du sang des Bourbons! »

A la suite de cette conférence, des mesures furent prises pour aller à Ettenheim enlever le duc d'Enghien. M. de Talleyrand rédigea les instructions destinées à expliquer la violation du territoire Badois. Les généraux Caulincourt et Ordenner se rendirent à Strasbourg. Caulincourt adressa de là au duc de Bade une demande officielle en l'extradition du prince, et Ordenner, avec trois cents dragons, se rendit dans la nuit du 15 au 16 mars à Ettenheim, où le duc d'Enghien fut arrêté avec plusieurs généraux de l'armée de Condé, MM. de Vauborel, de Mauroy, de Thumery, etc. Il fut mis en route sur Paris et déposé à Vincennes le 20 mars au soir. Traduit immédiatement devant une commission militaire composée des colonels des régiments présents à Paris, il fut jugé, condamné à mort et fusillé (5). On trouva dans ses papiers un ordre du conseil privé de S. M. Britannique en date du 14 janvier 1804, et des lettres qui ne laissèrent aucun doute sur les motifs de son séjour à Ettenheim.

Le 1ᵉʳ germinal (22 mars), le public fut instruit par le *Moniteur* du jugement qui déclarait le prince coupable sur les six chefs d'accusation suivants : 1° D'avoir porté les armes contre la République française; 2° d'avoir offert ses services au gouvernement anglais ennemi du peuple français ; 3° d'avoir reçu et accrédité auprès de lui des agents du gouvernement britannique, de leur avoir procuré des moyens de pratiquer des intelligences en France, et d'avoir conspiré avec eux contre la sûreté intérieure et extérieure de l'État; 4° de s'être mis à la tête d'un rassemblement d'émigrés français et autres. soldé par l'Angleterre, formé sur la frontière de France, dans les pays de Fribourg et de Bade; 5° d'avoir pratiqué dans la place de Strasbourg des intelligences tendantes à faire soulever les départements circonvoisins, pour y opérer une diversion favorable à l'Angleterre; 6° d'être l'un des fauteurs et complices de la conspiration tramée par les Anglais contre la vie du Premier Consul, et d'avoir dû, en cas de succès de cette conspiration, entrer en France.

Cette procédure de Vincennes trouva quelques improbateurs, non pas tant par le fait en lui-même que par sa forme. Le secret et la précipitation apportés dans le jugement et l'exécution furent blâmés. L'ancienne noblesse en fut vivement émue et attristée, ce qui ne l'empêcha pas plus tard d'accourir en foule à la cour de Napoléon. Quant à la masse de la nation, elle y fut indifférente. Les résistances qu'avait éprouvées la révolution de la part des royalistes, et les malheurs qu'elles avaient entraînés, étaient encore trop présents pour qu'elle vît dans la mort d'un Bourbon autre chose qu'un ennemi de moins.

Le même motif agit en sens inverse sur les souverains de l'Europe. L'impression de cet évènement y fut douloureuse et pénible. Le duc d'Enghien était de lignée royale, et toutes ces races qui n'hésitaient point à solder des bandes d'assassins pour attenter aux jours d'un chef d'État sorti du sein du peuple, trouvaient mauvais que ce chef se fût oublié un moment jusqu'à se défendre avec leurs propres armes. La cour de Russie surtout dépassa toute mesure : l'empereur Alexandre prit le deuil et le fit prendre à toute sa cour. Cet élan de sensibilité fut d'autant plus remarquable, qu'à son avènement au trône, Alexandre avait conservé au pouvoir les Palhen, Panen, Berghinsen et autres, assassins de Paul Ier son père, comme gage à donner à l'alliance anglaise qu'il projetait. Lors de la mort du duc d'Enghien, il fit plus que de prendre le deuil; en qualité de garant des arrangements pris en Allemagne lors du partage des indemnités, il fit remettre une note à la diète de Ratisbonne, où il protestait contre la violation du territoire Badois. Le Premier Consul, irrité de tant de partialité, lui fit remettre par M. de Talleyrand une note qui était une bien sanglante personnalité. « Lorsque tous les souverains de l'Allemagne, y était-il dit, gardent le silence, à quel titre l'empereur de Russie exige-t-il pour leur satisfaction ce qu'ils ne réclament pas eux-mêmes ? D'où vient cette étrange prétention de la Russie, de se mêler si audacieusement de ce qui ne la touche en aucune manière ? Peut-elle fonder son intervention sur des précédents dont on eût, par son exemple, consacré l'autorité ? Lorsque l'empereur Paul Ier tomba sous les coups de ses assassins vendus à l'Angleterre, la France s'avança-t-elle pour exercer un droit d'examen dans ce mystère d'iniquité? Et si on avait fait arrêter les auteurs du complot à deux lieues de la frontière Russe, le cabinet de Saint-Pétersbourg aurait-il vu de bon œil qu'on lui demandât des explications sur cette *violation* du territoire? La Russie parle du *droit des nations*? Était-ce donc conformément aux maximes en honneur chez les nations civilisées, qu'elle protégeait les machinations de complots à Dresde, à Rome, à Paris, et que son ambassadeur Markoff avait naguère tramé tant d'intrigues contre la sûreté du pays où ce titre l'accréditait? La Russie veut la guerre, c'est évident ; à quoi servent alors les détours? et pourquoi ne pas agir ouvertement? Quelque profonde que soit la douleur que ressentira le Premier Consul du renouvellement des hostilités, il ne reconnaît sur la terre personne qui puisse intimider la France, personne qu'il veuille laisser intervenir dans les affaires intérieures du pays. »

Ce langage hautain et plein d'amertume dénotait toute l'irritation du Premier Consul à la vue des manœuvres sourdes des souverains. Bonaparte voyait clairement alors que tout n'était que mensonge et duplicité dans les cajoleries dont il était l'objet de la part des grandes couronnes, et que les légitimités ne lui pardonneraient jamais son origine plébéienne.

L'instruction du procès de Georges amena une découverte qui jeta un nouveau jour sur le caractère de la diplomatie anglaise, sur la bassesse de ses agents, et dévoila les misérables expédients qu'elle employait pour arriver à ses fins. La correspondance d'un ministre d'Angleterre près la cour de Bavière, Drake, dont nous avons déjà parlé, fut saisie. Elle consistait en plusieurs lettres écrites toutes de sa main, et d'où il résultait que ce ministre entretenait au sein de la France des agents pour y organiser la révolte, l'assassinat, une guerre de brigandage, et qu'il en payait d'autres chargés du meurtre du Premier Consul et du renversement du gouvernement. D'autres ministres anglais, accrédités près d'autres cours, jouaient le même rôle (6).

Le rapport du grand-juge sur cette vile manœuvre de l'Angleterre fut adressé aux membres de tout le corps diplomatique. On envoya, en original, à l'électeur de Bavière, les pièces de la correspondance. Tous les cabinets protestèrent individuellement contre l'odieuse profanation d'un caractère sacré commise par le ministre anglais, et manifestèrent leur indignation et celle de leur gouvernement. Les ministres seuls d'Autriche et de Russie, tout en condamnant implicitement les agents de l'Angleterre, eurent soin d'éviter toute expression blessante pour cette nation.

Le cabinet de Londres assuma d'abord, sans répondre, tout l'odieux de la conduite de ses agents; mais enfin le cri de l'Europe, les sentiments de réprobation hautement exprimés par tout le corps diplomatique, et, plus que tout, les interpellations véhémentes de quelques membres des Communes qui s'écrièrent que l'Angleterre était déshonorée, à moins qu'elle ne prouvât la fausseté des allégations dirigées contre elle, forcèrent le ministère anglais à s'expliquer catégoriquement. Nul n'ignorait alors quel était l'espèce de droit des gens que l'Angleterre pratiquait en toute occasion; mais elle n'avait jamais encore osé le professer ouvertement. En cette circonstance, elle abjura toute pudeur et révolta jusqu'aux cabinets de l'Europe, dont la morale ne s'était pas encore élevée à la hauteur de juger *loyale* et *justifiable*, la doctrine d'armer et de payer les mécontents d'un pays pour en assassiner le chef. La note du 30 avril, relative aux menées de Dracke et de Smith, était claire. L'histoire doit la conserver comme un stigmate à cette politique immorale.

« Si le gouvernement de Sa Majesté négligeait d'avoir égard aux sentiments de ceux des habitants de la France qui sont, à juste titre, mécontents du gouvernement actuel de ce pays; s'il refusait de prêter l'oreille aux projets qu'ils forment pour délivrer leur patrie du joug honteux et de l'esclavage flétrissant sous lequel elle gémit maintenant, ou de leur donner aide et assistance autant que ces projets sont loyaux et *justifiables*, il ne remplirait pas ce que tout gouvernement juste et sage se doit à lui-même et au monde en général, dans des circonstances semblables aux circonstances actuelles..... C'est un droit reconnu aux puissances belligérantes de profiter de tous les mécontentements existants dans les pays avec lesquels ils peuvent être en guerre.

« Si quelque ministre accrédité par Sa Majesté auprès d'une cour étrangère, a entretenu des correspondances avec des personnes résidant en France, dans la vue d'obtenir des informations sur les projets du gouvernement français, ou pour tout autre *objet légitime*, il n'a rien fait de plus que ce que des ministres, dans des circonstances pareilles, ont toujours été regardés comme ayant droit de faire par rapport aux pays avec lesquels les souverains étaient en guerre. Un ministre, dans un pays étranger, est obligé, par la nature de sa place et les devoirs de sa charge, de s'abstenir de toute communication avec les mécontents du pays où il est accrédité, ainsi que de tout autre acte nuisible aux intérêts de ce pays; mais il n'est pas sujet aux mêmes restrictions par rapport aux pays avec lesquels son gouvernement est en guerre. Ses actes, à leur égard, peuvent être dignes de louange ou de blâme, selon la nature des actes eux-mêmes ; mais ils ne constituent la violation de son caractère public qu'autant qu'ils militent contre le pays ou la sécurité du pays où il est accrédité. »

Napoléon fit répondre à ces étranges principes de morale politique et sociale, par une circulaire à tous les agents diplomatiques de la France, qui leur prescrivait de déclarer aux gouvernements près desquels ils étaient accrédités, que tant que l'Angleterre ne répudierait pas un pareil droit des gens, et ne tracerait pas à ses ministres des règles de conduite limitées à leurs fonctions, il ne reconnaîtrait pas le corps diplomatique anglais en Europe.

La conspiration de Georges servit d'échelon à Napoléon pour monter du consulat à vie à l'empire. Dans toutes les adresses des corps administratifs, militaires ou électoraux, des vœux étaient joints aux félicitations. On demandait que tout espoir fût ôté aux conspirateurs, en assurant la stabilité de l'État sur la perpétuité d'une famille. On désignait fort clairement la fondation d'une dynastie napoléonienne. On est frappé, en lisant toutes ces adresses, de voir que la monarchie était déjà rétablie dans les idées et dans les mœurs avant de l'être dans les institutions.

Le sénat, qui avait reçu communication des pièces relatives au complot de Georges, avait une occasion naturelle de se rendre l'interprète d'un vœu qui, dans toutes les parties de la France, se formulait avec une sorte d'unanimité. Le 6 germinal an XII (27 mars 1804), François de Neufchâteau, à la tête d'une députation solennelle, s'exprima ainsi :

« Citoyen Premier Consul, vous fondez une ère nouvelle, mais vous devez l'éterniser ; l'éclat n'est rien sans la durée. Nous ne saurions douter que cette grande idée ne vous ait occupé, car votre génie créateur embrasse tout et n'oublie rien.

« Mais ne différez point; vous êtes pressé par le temps, par les évènements, par les conspirateurs, par les ambitieux; tranquillisez la France entière en lui donnant des institutions qui cimentent votre édifice et qui prolongent pour les enfants ce que vous fîtes pour les pères.

« Grand homme, achevez votre ouvrage en le rendant immortel comme votre gloire. Vous nous avez tirés du chaos du passé; vous nous faites bénir les bienfaits du présent, garantissez-nous l'avenir.

« Citoyen Premier Consul, soyez assuré que le sénat vous parle ici au nom de tous les citoyens. »

Le Premier Consul sut dissimuler la joie profonde que lui causait le message du sénat. Il répondit qu'il réfléchirait à ce grave sujet, et convoqua le conseil d'État pour le consulter. La question de l'hérédité y fut mise en discussion. On rechercha aussi le titre par lequel cette autorité héréditaire pouvait être convenablement désignée dans l'état actuel des esprits. La majorité se montra très-zélée, mais une minorité de sept membres, sur vingt-sept, opina pour l'ajournement de toute mesure à cet égard. Berlier, Merlin et Thibaudeau, furent du nombre des opposants.

Cette délibération mécontenta gravement le Premier Consul, qui sentait que l'unanimité de suffrages, ou tout au moins un vote d'entraînement, était indispensable dans une affaire qui fixait l'attention de l'Europe entière et surtout des souverains. Ses frères, ses courtisans les plus zélés lurent dans sa pensée, et tout fut mis en œuvre pour obtenir cette unanimité apparente qui devait donner un caractère plus imposant à cette manifestation nationale. Un des moyens qui fut employé avec le plus de succès, fut de faire craindre aux corps délibérants que, s'ils ne se hâtaient, l'armée les devancerait de zèle en prenant l'initiative. On rappelait que le sénat romain avait perdu sa considération et son autorité le jour où les légions s'attribuèrent l'élection des empereurs. On disait que Murat avait peine à contenir la garnison de Paris, résolue à saluer le Premier Consul du titre d'empereur à la première revue; que dans les camps, depuis Brest jusque dans le Hanôvre, ce vœu était hautement manifesté ; que le peuple confirmerait infailliblement par ses acclamations ce vœu si unanime des troupes que les grands corps de l'État n'auraient alors qu'à sanctionner ; et que si on attendait à se prononcer dans une circonstance où on voulait encore les consulter, on ne manquerait pas bientôt de se passer d'eux.

Un mois s'écoula en démarches et en intrigues auprès des personnages les plus influents du sénat, du tribunat et du corps législatif. Lorsqu'on se fut assuré presque l'unanimité en effrayant les timides, entraînant les incertains, gagnant les mécontents, le Premier Consul répondit à l'adresse du sénat par le message suivant du 5 floréal (25 avril).

« Sénateurs, votre adresse du 6 germinal dernier n'a pas cessé d'être présente à ma pensée ; elle a été l'objet de mes méditations les plus constantes.

« Vous avez jugé l'hérédité de la suprême magistrature nécessaire pour mettre le peuple français à l'abri des complots de ses ennemis et des agitations qui naîtraient d'ambitions rivales. Plusieurs de nos institutions vous ont en même temps paru devoir être perfectionnées pour assurer sans retour le triomphe de l'égalité et de la liberté publique, et offrir à la nation et au gouvernement la double garantie dont ils ont besoin.

« Nous avons été constamment guidés par cette grande vérité, que la souveraineté réside dans le peuple français, en ce sens que tout, sans exception, doit être fait pour son intérêt, pour son bonheur et pour sa gloire. C'est afin d'atteindre ce but que la suprême magistrature, le sénat, le conseil d'État, le corps législatif, les collèges électoraux et les diverses branches de l'administration, sont et doivent être institués.

« A mesure que j'ai arrêté mon attention sur ces grands objets, je me suis convaincu davantage de la vérité des sentiments que je vous ai exprimés, et j'ai senti de plus en plus que, dans une circonstance aussi nouvelle qu'importante, les conseils de votre sagesse et de votre expérience m'étaient nécessaires pour fixer toutes mes idées.

« Je vous invite donc à me faire connaître votre pensée tout entière.

« Le peuple français n'a rien à ajouter aux honneurs et à la gloire dont il m'a environné; mais le devoir le plus sacré pour moi, comme le plus cher à mon cœur, est d'assurer à ses enfants les avantages qu'il a acquis par cette révolution qui lui a tant coûté, surtout par le sacrifice de ce million de braves morts pour la défense de ses droits.

« Je désire que nous puissions lui dire le 14 juillet de cette année : Il y a quinze ans, par un mouvement spontané, vous courûtes aux armes ; vous conquîtes la liberté, l'égalité et la gloire. Aujourd'hui, ces premiers biens des nations assurés sans retour, sont à l'abri de toutes les tempêtes. Ils sont conservés à vous et à vos enfants; des institutions conçues au sein des orages de la guerre intérieure et extérieure, développées avec constance, viennent se terminer au bruit des attentats et des complots de nos plus mortels ennemis, par l'adoption de tout ce que l'expérience des siècles et des peuples a démontré propre à garantir les droits que la nation a jugé nécessaires à sa dignité, à sa liberté et à son bonheur. »

En recevant ce message, le sénat nomma une commission de dix membres chargée de l'examiner, mais il fut devancé par le tribunat. Le 10 floréal, le tribunat délibérant sur ce qui occupait alors exclusivement l'opinion publique, le tribun Curée monta à la tribune et termina ainsi un discours préparé : « Hâtons-nous, mes collègues, de demander l'hérédité de la suprême magistrature ; car en votant l'hérédité d'un chef, comme disait Pline à Trajan, nous empêcherons le retour d'un maître.

« Mais en même temps donnons un grand nom à un grand pouvoir ; concilions à la magistrature du premier empire du monde le respect d'une dénomination sublime.

« Choisissons celle qui, en même temps qu'elle donnera l'idée des premières fonctions civiles, rappellera de glorieux souvenirs et ne portera aucune atteinte à la souveraineté du peuple.

« Je ne vois pour le chef du pouvoir national aucun titre plus digne de la splendeur de la nation que le titre d'empereur.

S'il signifie consul victorieux, qui mérita mieux de le porter ? Quel peuple, quelles armées furent plus dignes d'exiger qu'il fût celui de leur chef ?

« Je demande donc que nous reportions au sénat un vœu qui est celui de toute la nation, et qui a pour objet :

« 1° Que Napoléon Bonaparte, actuellement Premier Consul, soit déclaré empereur, et, en cette qualité, demeure chargé du gouvernement de la République française ;

« 2° Que la dignité impériale soit déclarée héréditaire dans sa famille ;

« 3° Que celles de nos institutions qui ne sont que tracées, soient définitivement arrêtées.

« Tribuns, il ne nous est plus permis de marcher lentement; le temps se hâte, le siècle de Bonaparte est à sa quatrième année, et la nation veut un chef aussi illustre que sa destinée. »

Plus de vingt orateurs se succédèrent à la tribune pour appuyer cette motion. Le petit nombre de ceux qui ne l'approuvaient pas se taisait. Un seul homme eut le courage de prendre la parole, ce fut Carnot. Son discours fut une dernière protestation de l'idée républicaine, un dernier hommage rendu du haut de la tribune publique à la liberté expirante.

« Quelques services qu'un citoyen ait pu rendre à sa patrie, disait Carnot, il est des bornes que l'honneur, autant que la raison, imposent à la reconnaissance nationale. Si ce citoyen a restauré la République, s'il a opéré le salut de son pays, sera-ce une récompense à lui offrir que le sacrifice de cette même liberté? et ne serait-ce pas anéantir son propre ouvrage, que de faire de ce pays son patrimoine particulier?....

« De toutes les constitutions qui ont été successivement éprouvées sans succès depuis le commencement de la révolution, il n'en est aucune qui ne fût née au sein des factions et qui ne fût l'ouvrage de circonstances aussi impérieuses que fugitives; voilà pourquoi toutes ont été vicieuses. Mais, depuis le 18 brumaire, il s'est trouvé une époque unique peut-être dans les annales du monde, pour méditer à l'abri des orages, pour fonder la liberté sur des bases solides, avouées par l'expérience et par la raison. Après la paix d'Amiens, Bonaparte a pu choisir entre le système républicain et le système monarchique; il eût fait tout ce qu'il eût voulu; il n'eût pas rencontré la plus légère opposition. Le dépôt de la liberté lui était confié; il avait juré de la défendre; en tenant sa promesse, il eût rempli l'attente de la nation, qui l'avait jugé seul capable de résoudre le grand problème de la liberté publique dans les vastes États; il se fût couvert d'une gloire incomparable. Au lieu de cela, que fait-on aujourd'hui? On propose de lui faire une propriété absolue et héréditaire d'un pouvoir dont il n'avait reçu que l'administration. Est-ce là l'intérêt bien entendu du Premier Consul lui-même? je ne le crois pas.

« Il est très-vrai qu'avant le 18 brumaire l'État tombait en dissolution, et que le pouvoir absolu l'a retiré des bords de l'abyme; mais que conclure de là? ce que tout le monde sait : que les corps politiques sont sujets à des maladies que l'on ne saurait guérir que par des remèdes violents ; qu'une dictature momentanée est quelquefois nécessaire pour sauver la liberté. Les Romains, qui en étaient si jaloux, avaient pourtant reconnu la nécessité de ce pouvoir suprême par intervalles. Mais parce qu'un remède violent a sauvé un malade, doit-on lui administrer chaque jour un remède violent? Les Fabius, les Cincinnatus, les Camille, sauvèrent la liberté romaine par le pouvoir absolu; mais c'est qu'ils se dessaisirent de ce pouvoir aussitôt qu'ils le purent; ils l'auraient tuée par le fait, s'ils l'avaient gardé. César fut le premier qui voulut le conserver, il en fut la victime ; mais la liberté fut anéantie pour jamais.....

« La liberté fut-elle donc montrée à l'homme pour qu'il ne pût jamais en jouir? Fut-elle sans cesse offerte à ses vœux comme un fruit auquel il ne peut porter la main sans être frappé de mort? Ainsi la nature, qui nous fait de cette liberté un besoin si pressant, aurait voulu nous traiter en marâtre! Non, je ne puis consentir à regarder ce bien si universellement préféré à tous les autres, sans lequel tous les autres ne sont rien, comme une simple illusion; mon cœur me dit que la liberté est possible, que le régime en est facile et plus stable qu'aucun gouvernement arbitraire, qu'aucune oligarchie. »

Ces nobles et généreuses paroles ne trouvèrent point d'écho. Une commission fut nommée pour faire un rapport sur la motion de Curée. Les membres en furent Curée, Carion-Nisas, Savoye, Sahuc, Jaubert, Fréville, Duveyrier, Gillet, Duvidal, Siméon, Jard-Panvilliers, Arnould, Faure, Fabre, Rollin, Grenier, Chabaud-Latour, Albisson et Delaitre. Le 13 floréal (3 mai), Jard-Panvilliers, rapporteur de cette commission, fit lecture au tribunat d'un projet d'arrêté qu'elle avait rédigé, et où, après avoir établi : que la France était dans le plus grand péril lorsque Bonaparte avait paru pour la sauver; que sous son gouvernement elle avait recouvré la tranquillité au-dedans, et acquis au-dehors le plus haut degré de considération et de gloire ; que les complots formés par la maison de Bourbon, de concert avec l'Angleterre, ont averti la France du danger qui la menace, si, venant à perdre Bonaparte, elle restait exposée aux agitations inséparables d'une élection ; que le consulat à vie et le droit accordé au Premier Consul de désigner son successeur, n'étaient pas suffisants pour prévenir les intrigues intérieures et étrangères qui ne manqueraient pas de se former lors de la vacance de la magistrature suprême ; qu'en déclarant l'hérédité de cette magistrature, on se conforme à la fois à l'exemple de tous les grands États anciens et modernes, et au premier vœu que la nation exprima en 1789 ; qu'on a toujours vu dans toutes les mutations politiques les peuples placer le pouvoir suprême dans la famille de ceux auxquels ils devaient leur salut ; que quand la France réclame pour sa sûreté un chef héréditaire, sa reconnaissance et son affection appellent Bonaparte, et qu'enfin il n'était point de titre plus convenable à la gloire de Bonaparte et à la dignité du chef suprême de la nation française que le titre d'empereur : après avoir développé toutes ces idées, le rapporteur termina par émettre le vœu, au nom de la commission :

« 1° Que Napoléon Bonaparte, Premier Consul, fût proclamé *empereur des Français*, et, en cette qualité, chargé du gouvernement de la République française ;

« 2° Que le titre d'*empereur* et le pouvoir impérial, fussent héréditaires dans sa famille de mâle en mâle, et par ordre de primogéniture ;

« 3° Que faisant dans l'organisation des autorités constituées les modifications que pourra exiger l'établissement du pouvoir héréditaire, la liberté, l'égalité, les droits du peuple fussent conservés dans leur intégrité. »

Sur la proposition de Sahuc, tous les membres du tribunat signèrent ce vœu séance tenante, et une députation de six orateurs fut chargée de le présenter au sénat. Elle s'y rendit le 14 floréal (4 mai). Le président du sénat, François de Neufchâteau, félicita le tribunat d'avoir été l'interprète du vœu de la nation, en usant si noblement de cette *initiative populaire et républicaine* que leur avaient déléguée les lois fondamentales. Il déclara en même temps que, comme le tribunat, le sénat voulait *élever une nouvelle dynastie*. En effet, la commission des dix, nommée après le message du 25 floréal du Premier Consul, fit son rapport le jour même et proposa une adresse où, après avoir établi la nécessité d'un gouvernement héréditaire confié à Napoléon Bonaparte et à sa famille, pour mettre le peuple français à l'abri des complots de ses ennemis et des agitations qui naîtraient d'ambitions rivales, on terminait par ces mots : « Le sénat, citoyen Premier Consul, pense qu'il est du plus grand intérêt du peuple français de confier le gouvernement de la République à *Napoléon Bonaparte empereur héréditaire.*

« L'amour des Français à votre personne, transmis à vos successeurs avec la gloire immortelle de votre nom, liera à jamais les droits de la nation à la puissance du prince.

« Le pacte social bravera le temps.

« La République, immuable comme son vaste territoire, verrait s'élever en vain autour d'elle les tempêtes politiques.

« Pour l'ébranler, il faudrait ébranler le monde ; et la postérité, en voyant les prodiges enfantés par votre génie, verra toujours debout cet immense monument de ce que vous devra la patrie. »

Dès que le tribunat et le sénat se furent si hautement prononcés, des adresses monarchiques arrivèrent de toutes parts. Les tribunaux, les administrations, les armées, les municipalités, les collèges électoraux, envoyèrent les leurs ; toutes respiraient une exaltation de flatterie qui dénotait le prodigieux changement qui s'était opéré dans les idées. La France entière courait au-devant de la servitude avec le même fanatisme qu'elle avait déployé pour conquérir la liberté. Le corps législatif, qui n'était pas en session, pouvait se dispenser d'une manifestation en cette circonstance, il ne le fit pas. Ses membres votèrent individuellement une adresse constatant que le corps législatif formait les mêmes vœux que le tribunat et le sénat. Fontanes, son président, la remit à la tête d'une députation au Premier Consul. Le 26 floréal (16 mai), eut enfin lieu, au sénat, la proposition directe de l'institution impériale. Le consul Cambacérès présidait. Il ouvrit la séance par un discours où, après avoir rappelé l'unanimité des vœux de la nation, l'urgence et l'opportunité de satisfaire ce vœu par un sénatus-consulte organique, qui embrassât la nouvelle base de l'organisation sociale, il céda la parole au conseiller d'État Portalis, qui exposa les motifs du projet de sénatus-consulte (7). Il fut immédiatement nommé une commission spéciale de dix membres chargée de faire un rapport toute affaire cessante. C'étaient François de Neufchâteau, Fouché, Rœderer, Lecoulteux-Canteleu, Boissy-d'Anglas, Vergnier, Vaubois, Lacepède, Fargues et Laplace.

Le 28 floréal an XII (18 mai 1804), Lacepède fit un rapport au nom de cette commission, et proposa :

Premièrement, d'adopter le projet du sénatus-consulte organique présenté par les orateurs du gouvernement, et qui, par le sceau seul de l'autorité du sénat, instituait *Napoléon empereur des Français*.

Secondement, de rendre un décret par lequel le sénat présenterait en corps, immédiatement après sa séance, le sénatus-consulte organique de ce jour à Napoléon Bonaparte empereur des Français.

Les conclusions de ce rapport furent adoptées à la presqu'unanimité. Quatre membres seulement, Sièyes, Volney, Grégoire et Lanjuinais, votèrent contre cette décision. Dès la fin de la séance, le sénat se rendit solennellement à Saint-Cloud. Différents corps de cavalerie accompagnaient le cortège ; une foule immense le suivit. Dès son arrivée, il fut admis à l'audience de l'empereur. Le second Consul Cambacérès porta la parole en qualité de président du sénat.

« Sire, dit-il, le décret que le sénat vient de rendre, et qu'il s'empresse de présenter à Votre Majesté Impériale, n'est que l'expression authentique d'une volonté déjà manifestée par la nation.

« Ce décret qui vous défère un nouveau titre, et qui, après vous, en assure l'hérédité à votre race, n'ajoute rien ni à votre gloire ni à vos droits.

« L'amour et la reconnaissance du peuple français ont depuis quatre années confié à Votre Majesté les rênes du gouvernement, et les constitutions de l'État se reposaient déjà sur vous du soin d'un successeur.

« La dénomination plus imposante qui vous est décernée n'est donc qu'un tribut que la nation paye à sa propre dignité, et au besoin qu'elle sent de vous donner chaque jour des témoignages d'un respect et d'un attachement que chaque jour voit augmenter.

« Eh! comment le peuple français pourrait-il trouver des bornes à sa reconnaissance, lorsque vous n'en mettez aucune à vos soins et à votre sollicitude pour lui?

« Comment pourrait-il, conservant le souvenir des maux qu'il a soufferts lorsqu'il fut livré à lui-même, penser sans enthousiasme au bonheur qu'il éprouve depuis que la providence lui a inspiré de se jeter dans vos bras?

« Les armées étaient vaincues, les finances en désordre, le crédit public anéanti; les factions se disputaient les restes de notre antique splendeur; les idées de religion et même de morale s'étaient obscurcies; l'habitude de donner et de reprendre le pouvoir laissait les magistrats sans considération, et même avait rendu odieuse toute espèce d'autorité.

« Votre Majesté a paru. Elle a rappelé la victoire sous nos drapeaux; elle a établi la règle et l'économie dans les dépenses publiques; la nation, rassurée par l'usage que vous en avez su faire, a repris confiance dans ses propres ressources; votre sagesse a calmé la fureur des partis; la religion a vu relever ses autels; les notions du juste et de l'injuste se sont réveillées dans l'ame des citoyens, quand on a vu la peine suivre le crime, et d'honorables distinctions récompenser et signaler les vertus.

« Enfin, et c'est là sans doute le plus grand des miracles opérés par votre génie, ce peuple, que l'effervescence civile avait rendu indocile à toute contrainte, ennemi de toute autorité, vous avez su lui faire chérir et respecter un pouvoir qui ne s'exerçait que pour sa gloire et son repos.

« Le peuple français ne prétend point s'ériger en juge des constitutions des autres États.

« Il n'a point de critiques à faire, point d'exemples à suivre ; l'expérience désormais devient sa leçon.

« Il a, pendant des siècles, goûté les avantages attachés à l'hérédité du pouvoir.

« Il a fait une épreuve courte mais pénible du système contraire.

« Il rentre, par l'effet d'une délibération mûre et réfléchie, dans un sentier conforme à son génie.

« Il use librement de ses droits pour déléguer à Votre Majesté Impériale une puissance que son intérêt lui défend d'exercer par lui-même.

« Il stipule pour les générations à venir, et, par un pacte solennel, il confie le bonheur de ses neveux à des rejetons de votre race.

« Ceux-ci imiteront vos vertus.

« Ceux-là hériteront de notre amour et de notre fidélité.

« Heureuse la nation qui, après tant de troubles et d'incertitudes, trouve dans son sein un homme digne d'apaiser la tempête des passions, de concilier tous les intérêts et de réunir toutes les voix !

« Heureux le prince qui tient son pouvoir de la volonté, de la confiance et de l'affection des citoyens !

« S'il est dans le principe de notre constitution, et déjà plusieurs exemples semblables ont été donnés, de soumettre à la sanction du peuple la partie du décret qui concerne l'établissement d'un gouvernement héréditaire, le sénat a pensé qu'il devait supplier Votre Majesté Impériale d'agréer que les dispositions organiques reçussent immédiatement leur exécution ; et pour la gloire comme pour le bonheur de la République, il proclame à l'instant même Napoléon empereur des Français. »

L'empereur répondit en ces termes :

« Tout ce qui peut contribuer au bien de la patrie, est essentiellement lié à mon bonheur.

« J'accepte le titre que vous croyez utile à la gloire de la nation.

« Je soumets à la sanction du peuple la loi de l'hérédité. J'espère que la France ne se repentira jamais des honneurs dont elle environnera ma famille.

« Dans tous les cas, mon esprit ne serait plus avec ma postérité, du jour où elle cesserait de mériter la confiance de la grande nation (8). »

FIN DU DIRECTOIRE ET DU CONSULAT.

PIÈCES JUSTIFICATIVES.

NOTE 1. (PAGE 121.)

Dans la plupart des histoires de la Révolution, on n'a pas assez tenu compte des résistances des royalistes qui ont, plus que tout, donné aux esprits et aux actes une impulsion qu'ils n'auraient pas eue sans cela. L'impartialité dans laquelle nous avons tâché de nous renfermer, nous a fait un devoir de donner un document qui peut les faire connaître en partie. C'est un rapport au conseil des Cinq-Cents sur la conjuration du 18 fructidor an v, fait par Bailleul, au nom d'une commission spéciale, dans la séance du 26 ventôse an vi (16 mars 1798.)

> Beaucoup de tentatives ont été faites pour rétablir le trône ; rien n'a découragé les royalistes.
>
> *Déclaration de Duverne de Presle, agent du prétendu roi.*

« Citoyens représentants, vous avez chargé une commission de faire un rapport sur la journée du 18 fructidor an v. Je viens, en son nom, vous présenter le résultat de son travail et de ses recherches.

« L'historique des faits qui ont précédé et accompagné cette journée, prouverait la nécessité des mesures qui furent prises alors ; si votre commission n'a pu donner à son travail la perfection dont il est susceptible, au moins elle a recueilli tous les faits connus jusqu'ici, en n'admettant toutefois que ceux dont elle pouvait garantir l'authenticité.

« *Beaucoup de tentatives ont été faites pour rétablir le trône; rien n'a découragé les royalistes,* a dit un agent du prétendu roi.

« Ce témoignage devrait être le texte de toutes nos pensées, la mesure de toutes nos observations. On concevra mal les évènements de la révolution, quels qu'ils soient, tant qu'on n'aura pas fait la part des royalistes; plus ou moins ils ne sont étrangers à aucun. Auteurs sans réserve de tous les maux de l'intérieur, ils le sont encore de la guerre étrangère : guerre cruelle, terrible, mais qui a valu aux républicains la gloire et la puissance, tandis qu'elle n'a laissé à ses provocateurs que l'infamie et la dispersion.

« Ils conspiraient ouvertement avant le 10 août; mais qui peut déterminer jusqu'à quel point, souples à prendre tous les masques, ils se sont mêlés à l'exagération qui a caractérisé l'esprit public avant le 9 thermidor, en faisant dégénérer cet enthousiasme, cette exaltation même, si nécessaires dans de telles circonstances, en un désir atroce, dont les excès allaient bientôt leur fournir de nouvelles armes.

« Malheureusement, nous n'avons jamais bien connu le foyer de ces machinations, et la main qui leur imprimait le mouvement; tout ce que nous savons de positif, c'est que le gouvernement anglais a constamment payé des agents de désordres et de crimes.

« Au moins le royalisme n'osa se montrer sous ses couleurs depuis le 10 août jusqu'au 9 thermidor, et ceux de ses vils sectaires qui, dans ces temps malheureux, ne s'étaient pas coiffés d'un bonnet rouge pour faire du patriotisme sur les places publiques, donnèrent partout et surtout dans les prisons l'exemple de la plus rampante bassesse.

« Le 9 thermidor sauva la République; il est une des époques les plus glorieuses de la Convention nationale.

« Dans cette journée mémorable tomba un gouvernement atroce : malheureusement rien ne lui fut substitué, que le désir de fermer toutes les plaies : sentiment bien louable, mais qui, n'ayant pas été régularisé, limité, dans ses effets, a été le germe de tous nos maux ultérieurs.

« Des souvenirs trop récents, des craintes, des soupçons; la force des choses plus puissante que celle des hommes; des prétentions même de la part des gens qui n'en devaient plus avoir et devaient être satisfaits, la dissémination des pouvoirs, que l'on crut nécessaire après une concentration si funeste; tant de passions diverses furent cause qu'on ne s'arrêta à aucun plan et qu'on marcha à l'aventure.

« L'ombre terrible du gouvernement révolutionnaire planait encore sur la France; mais à mesure qu'elle se dissipait, comme on n avait présenté aux esprits aucun point fixe de réunion, tous les éléments se confondirent, toutes les volontés voulaient prévaloir et prévalurent en effet. Le gouvernement était partout et nulle part; alors il exista une véritable et grande anarchie, car l'arbitraire constitue le despotisme, et l'anarchie naît de la contrariété dans les volontés et les principes. Dans un tel chaos d'idées, de prétentions et d'intrigues, le royalisme ne s'oublia point. Avant prairial il ourdissait des trames et provoquait des vengeances : tel citoyen qui, dans ces journées de deuil, en marchant au secours de la Convention nationale, osa s'élever contre tout sentiment de réaction et de vengeance fut traité de *Jacobin*; on préludait déjà à l'usage affreux que l'on devait faire par la suite de cette dénomination.

« Les malheurs de prairial déterminèrent la direction que, depuis un certain temps les royalistes essayaient de donner à l'esprit public : inspirer une haine profonde contre les jacobins; comprendre sous ce nom tous les citoyens qui ont montré des sentiments républicains, et dont le dévouement a été et peut être utile au peuple, voilà le système dont jusqu'à présent ils ne se sont point départis.

« La République succombait sous leurs efforts : la victoire de vendémiaire arrêta, suspendit pour quelques instants les étreintes perfides qui devaient l'étouffer.

« Les hommes qui figurèrent dans la conspiration de vendémiaire, représentants du peuple, membres des tribunaux et des administrations, meneurs des sections, journalistes, sont les mêmes qui conjuraient en fructidor dernier.

« Le mensonge, l'outrage, la calomnie furent les moyens des royalistes, et leurs organes furent ces infâmes journaux que nous retrouverons à toutes les époques malheureuses de la révolution.

« Le crime de cette révolte ne fut point dans l'intention d'un grand nombre de citoyens qui y prirent part et même qui furent victimes; ils furent armés et on les fit marcher sous prétexte qu'ils étaient perdus s'ils ne se défendaient contre ce qu'on appelait les jacobins.

« Cette journée épouvanta les royalistes et ne les terrassa point, parce qu'un malentendu, des bruits et des défiances adroitement semés, détournèrent l'attention des républicains, paralysèrent la Convention nationale et laissèrent entrer dans le corps législatif les principaux conjurés.

« Le système de cette conjuration était d'agir par le massacre; une correspondance et des émissaires avaient préparé sur les points principaux de la République tous les moyens d'action qui devaient être employés après l'extermination de la Convention nationale et des plus zélés républicains.

« Nous ne sommes point entrés dans des détails connus de cette conjuration, que nous ne devions rappeler que pour conserver le fil des évènements ; mais nous allons maintenant dévoiler l'un des puissant ressorts des conjurés, ignoré jusqu'à ce jour ; l'exposé que nous allons faire nous conduira, par une suite de trahisons non interrompue, jusqu'au 18 fructidor.

« Vous avez vu cette assertion dans les pièces du procès de Lavilleheurnois.

« Le roi désire avoir des éclaircissements plus étendus sur la con« nexion que ses agents, dans une lettre du 25 mai 1796, lui ont annoncée « avec une des deux principales armées, et dans l'*association* qui paraît « formée depuis peu, et que vous ne faites qu'indiquer dans votre nou« velle lettre. Sa Majesté désire l'envoi du député qui paraît être en me« sure de se rendre auprès ou à portée d'elle. »

« Éloigné des armées, pénétré d'admiration pour tant de faits héroïques et de reconnaissance pour leurs auteurs, hors d'état d'observer ces petites indiscrétions, ces précautions soutenues dont l'oubli momentané décèle les projets d'un homme qui médite un grand crime, on n'osait supposer quelque réalité à une telle assertion ; on écartait jusqu'au soupçon, de peur d'être injuste et tout à la fois coupable de la plus noire ingratitude.

« Cependant, le temps qui révèle tout a enfin levé le voile qui couvrait ce mystère.

« Un homme qui devait toute sa fortune à la révolution, sergent d'artillerie, puis commis dans les bureaux de la guerre sous l'ancien régime, place qu'il fut obligé d'abandonner par les dédains qu'il essuya, commandant de bataillon, puis général d'armée dans les guerres de la révolution, *Pichegru,* fut constamment un traître ; il n'employa de ses talents que ce qu'il en fallait pour conserver son crédit et tromper les regards ; il ne conservait son crédit que pour être utile au parti des émigrés, et se rendre fameux en exécutant un projet qu'il n'a jamais perdu de vue.

« Il n'entra en Hollande que parce qu'il y fut forcé par les représentants du peuple. Dès cette époque, des officiers distingués le pénétrèrent, et n'ont depuis cessé de le regarder comme un homme indigne de toute confiance. En effet, un nommé *Montgaillard,* aventurier, agent de contre-révolution, annonça, dès le moment de cette invasion, aux généraux Clairfayt et Mack, les dispositions où était Pichegru de les servir. Un jeune homme de Bordeaux, aide-de-camp du général Thierry, se fit prendre dans une petite affaire auprès de Tournay, et fit les mêmes ouvertures à deux officiers de l'état-major, Frossard et Ondonnel.

« La trace de ces premières ouvertures se perd et ne se retrouve qu'en floréal de l'an III : alors de nouvelles proposition furent faites. Au mois d'août de la même année, Condé autorisa Montgaillard dont nous venons de parler, à continuer les démarches auprès de Pichegru : en conséquence, il jeta les yeux, pour cette mission, sur deux individus nommés *Fauche-Borel* et *Couraut*.

« Le premier, prenant le titre d'imprimeur du roi à Neufchâtel, homme fanatique de la royauté, ayant peu d'esprit, mais plein de zèle et d'enthousiasme ;

« Couraut, aussi de Neufchâtel, homme à ressources, jadis pendant quatorze ans au service de Frédéric en qualité d'espion.

« Ces deux ambassadeurs de la trahison arrivent à Altkirch, où était le quartier-général de Pichegru, le 25 thermidor. Après toutes les précautions nécessaires pour parvenir à s'entendre, après avoir fait à Pichegru les promesses les plus brillantes, ils lui demandent de livrer à Condé la ville de Huningue, d'arborer le drapeau blanc, et que, réuni à l'armée de Condé, il marche sur Paris.

« Pichegru ne goûta pas ce plan. Il en proposa un autre qui ne fut pas accepté. Condé voulait avoir à lui seul la gloire de la contre-révolution ; d'après le plan de Pichegru, il fallait la partager avec les Autrichiens. En conséquence, Condé rejeta complètement ces offres ; mais ses partisans en furent indignés. Plus de neuf mois après, une baronne de Reich, autre intrigante, qui tenait à l'étranger la correspondance des émigrés, écrivait à l'émigré Klinglin : « Il est fâcheux que Condé n'ait pas « voulu, au 18 août, ce qui était si facile pour lors, et qu'il n'ait pas « pesé une si grande responsabilité, qui, j'en suis fâchée pour lui, peut « lui laisser de cruels soucis tout le temps de sa vie, si nous ne perçons « pas.... » C'est-à-dire si les Autrichiens n'entrent pas en France.

« C'était environ trente-six jours avant vendémiaire que ces moyens de Pichegru *avaient leur racine à Paris dans la Convention, dans les départements*; il est donc évident qu'il était lié à tous ces mouvements, et que cette trame dut être un encouragement puissant et même une raison absolue de détermination.

« La République ayant été victorieuse, il est probable que la correspondance et les pourparlers furent interrompus quelques instants ; mais dès le mois de novembre, la trame avait repris toute son activité.

« Des communications existaient de l'intérieur avec les émigrés, Condé et les généraux autrichiens, notamment Wurmser, Latour, le prince Charles, et Klinglin, émigré, général-major de l'armée autrichienne, chargé de la correspondance secrète.

« Plusieurs points sur le Rhin servaient habituellement à ces communications, tels que Bartenheim, Hahsheim, Gersheim, Eschau, etc.

« Elles étaient envisagées sous deux rapports : la correspondance militaire et la correspondance politique.

« La correspondance militaire comprenait tout ce qui était espionnage relatif à la position de nos armées : les Autrichiens en faisaient les frais.

« La correspondance politique comprenait tout ce qui tient aux moyens d'intrigue, aux soulèvements intérieurs, en un mot à la contre-révolution : Wickam faisait les fonds de cette partie.

« Les principaux agents de l'intérieur étaient un nommé Démougé de Strasbourg, ami intime de Pichegru : il tenait la correspondance et l'espionnage ; Fauche-Borel et Couraut, ces deux Neufchâtelois, les mêmes qui, huit mois auparavant, avaient été envoyés à Pichegru par Montgaillard. Fauche était à la fois agent de Condé et de Wickam : tous deux étaient les voyageurs intermédiaires. Un nommé Chembé de Colmar, le même qui fut député au corps législatif en germinal de l'an v, était spécialement chargé de donner des renseignements sur l'état des magasins, sur la position et le mouvement des troupes républicaines.

« Les agents extérieurs étaient l'émigré Klinglin, une baronne de Reich, Montgaillard et un baron de Witersbach.

« Condé tenait toujours à la gloire de faire seul la contre-révolution, ainsi qu'à son plan, avec cette différence qu'il demandait qu'on lui livrât Strasbourg au lieu d'Huningue, qu'il avait désigné d'abord, et il y tenait si opiniâtrément, que Démougé, dans une lettre au général Klinglin, dit : « Je sens comme vous qu'il est impossible que Condé aille sans Wurm-
« ser ; par conséquent, il faut que vous soyez instruit de tout : mais
« j'exige que tout ce que je vous dirai reste inviolablement entre vous,
« Wurmser et Latour. »

« Démougé craignait de déplaire à son prince.

« Pichegru ne cède point et trouve toujours le plan mauvais ; il persiste dans le sien, ou plutôt il n'en a plus. Il est prêt à profiter des circonstances ; seulement il travaille avec ardeur à les faire naître telles qu'il les désire.

« Il se réunit fréquemment aux conspirateurs ; il va chez eux, il y mange, il les reçoit chez lui ; il est précautionneux, adroit pour éviter le soupçon ; tantôt c'est à la ville, tantôt à la campagne, et le temps le plus affreux ne l'arrête point quand il s'agit de conférer avec les agents des émigrés et de la royauté.

« Il fonde ses espérances sur le mécontentement de l'armée, sur son dénuement, sur l'impossibilité où est le gouvernement de venir à son secours, d'après la pénurie des finances. Pour affermir ses idées et celles de ses amis, il passe en revue les moyens et les opérations du gouvernement. L'emprunt forcé ne rentre point, même il donne lieu à un mécontement et à des scènes qui lui paraissent utiles et d'un bon augure ; les biens de la Belgique ne produiront rien ; les contributions ne sont pas payées ; les inscriptions perdent quarante pour cent ; le crédit est anéanti ; il est dû deux milliards aux fournisseurs ; les soldats ne veulent plus recevoir du papier....

« L'armistice fournira de nouveaux moyens pour ce qu'il appelle la *bonne cause;* il désorganisera les armées, il donnera le temps de travailler l'esprit des officiers et des soldats : la trêve expirant, nouveau sujet de mécontentement pour le soldat, à qui l'on fera entendre que si le gouvernement n'a pas fait la paix, c'est qu'il ne l'a pas voulu....

« La première réquisition fera d'abord volte-face ; les canonniers départementaires, redevenant simples volontaires, maudiront la nation, et cela fait, selon le calcul de Pichegru, quinze mille hommes aliénés de la République.... Par la nouvelle composition qui devait se faire au mois de février 1795 (pluviôse de l'an III), quantité d'officiers devaient être réformés ; autant de mécontents ! et, nouveau Monck, il comptait sur le choix de ceux que l'on devait conserver, et que pendant la trêve on aurait le temps de travailler....

« Il indique à l'ennemi, notamment à Condé, les positions qu'il doit tenir ; il critique, il approuve celles qu'il prend ; si quelque évènement oblige à plus de circonspection, il lui défend de se rapprocher, pour ne pas éveiller le soupçon, et détermine les placements convenables à ses troupes. Il annonce la force de son armée et promet de donner toutes les notions de ce genre ; il désigne lui-même, à Condé, Démougé comme l'intermédiaire qui lui est le plus agréable. Il revient sans cesse à sa première idée ; il ne veut point de tentative partielle sur Strasbourg, et il donne ordre à Fauche-Borel, qui devait être auprès de Condé le 13 janvier 1796 (24 nivôse an IV), de détourner tous ces *conseils biscornus* dont on lui remplit la tête. Il veut toujours que les choses en soient au point qu'il puisse mettre son armée à la disposition du prétendu roi. Il n'est point d'avis d'aventurer un éclat qu'il ne soit plus sûr encore des autres chefs et des officiers : « Car sans cela, dit-il, les soldats, quoique
« dégoûtés, tergiverseraient. Du reste, ajoute-t-il, on ne peut croire que
« je ne fasse pas ce qu'on désire de moi : le gouvernement me déteste ;
« je me prononce tous les jours, et même trop, contre ces *gueux* ; je ne
« dois attendre que des persécutions et peut-être pis encore. Vous voyez
« donc que je suis personnellement intéressé à une chose que mon opi-
« nion prescrit et que mon cœur désire ; qu'ayant conduit l'entreprise
« aussi loin qu'elle l'est, je saurai sans doute aussi saisir le moment fa-
« vorable, tel qu'il le faut pour ne pas manquer le coup. »

« Il acceptait des agents de la main des émigrés, parce que *ceux-là étaient sûrs.* Démougé, Fauche-Borel et autres plaçaient, disait-il, sous ses auspices, dans l'armée, des meneurs qui travaillaient *de leur mieux*.

« Il corrigeait de sa main les écrits corrupteurs que les agents royalistes se proposaient de distribuer à l'armée; il indiquait ceux qu'il convenait de faire; et lorsque des soldats, dans la bonne foi de leur civisme, venaient lui dénoncer ces écrits contre-révolutionnaires qu'on ne cessait de jeter aux avant-postes, et notamment un *dialogue entre trois grenadiers,* il en plaisantait avec les agents du prétendu roi, et recommandait de renvoyer *la balle* à ces braves militaires en faisant de nouvelles distributions.

« Ce fut Pichegru qui approuva que l'on mît au bas de l'un de ces écrits, intitulé *Deuxième entretien des grenadiers,* cette note : « Citoyens, « je vous envoie un échantillon de l'écu du roi donné au prisonnier : « quoique ci-devant, il n'est pas mal venu nulle part. »

« En effet, des anciens écus de six livres devaient accompagner ces paquets, adressés à des militaires et à des corps-de-garde des cantonnements : un maître de poste de l'armée, *très-bon,* et quelques affidés, s'étaient chargés de faciliter cette opération. Une autre fois, c'étaient des pièces de vingt-quatre sous enveloppées dans des bandes d'assignats.

« Il ne se contente point de se lier, de conspirer avec les espions de la royauté; il les prend sous sa sauvegarde, et promet d'avouer, au besoin, Démougé pour son agent général, au moyen d'une correspondance simulée d'où il résultait que, par ses relations avec les ennemis, il servait les intérêts de la République.

« En même temps qu'il fait faire des *compliments* à Wurmser, il s'éloigne de l'armée pour ne pas prêter le serment de haine à la royauté; il attend l'effet que produira ce scandale pour juger de son influence et du progrès de ses trames sur l'esprit des soldats; ce qui lui vaut *l'estime* de la baronne de Reich.

« Enfin, quand ce traître parle des républicains, il ne les nomme jamais que des noms les plus odieux; il fait son possible pour être détesté du gouvernement, qui ne pourra l'inculper et qui n'agirait pas contre lui sans qu'il sût l'en faire repentir; il pense que sa destitution, qu'il désire, ne saurait que produire un bon effet, parce que l'armée lui est entièrement dévouée et que ce serait le moment de la crise.

« Il reçoit des lettres de Wickam qui lui en écrit de *fort polies,* et qui lui envoie *deux mille louis* dont il a besoin pour de hauts projets qu'on ne confie pas à tout le monde.

« Quelque profondément dissimulé qu'on soit, il n'est cependant pas possible de faire constamment bien une chose avec l'intention déterminée d'arriver précisément à ce qui lui est contraire. Il s'éleva des nuages sur la conduite de Pichegru. Il sentit que l'un des plus sûrs moyens pour lui était de payer d'effronterie. Les émigrés en frémirent ; ils firent des observations ; Pichegru n'en fut que plus convaincu de la nécessité d'un voyage à Paris, sans quoi les soupçons allaient se convertir en preuves ; et dès qu'il se fut assuré qu'il n'y avait pas encore de danger à se rendre auprès du gouvernement, sa résolution fut prise : il fit entendre même qu'il parlerait si haut à ce qu'il appelait *sots gouvernants,* qu'il leur en imposerait.

« Démougé lui offrit des fonds pour ce voyage ; Pichegru, en lui répondant, salua cordialement M. de Précy, présenta ses respects au prince de Condé, et accepta les fonds que Fauche-Borel, attendu avec impatience, devait apporter. D'ailleurs, l'intention de Pichegru, disent ses confidents, était de se mettre en mesure avec la capitale pour que l'explosion se fît au même instant ; il devait communiquer aux meneurs les dispositions de son armée, et se faire rendre compte des leurs.

« Ce voyage inspira de cruelles inquiétudes ; mais Démougé, après une nouvelle entrevue dans *son cabinet* avec Pichegru, assure à Wurmser qui craint, à Condé qui désespère du succès de l'entreprise, à la baronne de Reich qui implore l'assistance divine, qu'ils ne doivent point s'alarmer sur la démarche de Pichegru, qui est un homme bien extraordinaire par sa prudence ; il leur annonce même que lui, Démougé, est ravi, parce que Pichegru a accepté des fonds ; que Pichegru est probe, et que ce n'est pas pour rien faire qu'on ose accepter ainsi.

« Cependant il ne partit point sans laisser à ses fidèles des paroles de consolation et des conseils ; il les rassura sur son voyage ; ensuite : « Je
« n'écris à personne, dit-il, malgré le désir que j'en ai et la satisfaction
« que cela me donnerait ; mais je suis homme d'honneur ; je cherche le
« plus grand bien sans pouvoir nominativement m'engager à telle ou
« telle opération, puisque tout dépend des circonstances que je calcule.
« Si dans la minute je pouvais faire changer les choses à l'avantage du
« roi que je révère et des infortunés qui défendent une cause si sacrée,
« je n'hésiterais pas un moment. Dites-leur que si les Autrichiens épau-
« laient bien Condé, je ne vois pas alors comment, dans tous les cas,
« les succès peuvent être douteux. A Paris, je verrai les cinq : là je sau-
« rai de quoi il tourne. Je ne leur mâcherai pas le mot, et les différentes
« conférences où j'apprendrai leurs vœux et leurs ressources m'éclaire-
« ront probablement sur la véritable détermination de ma conduite pour
« le plus grand bien de la chose.

« Mais ce que je réitère bien positivement, c'est qu'il est du plus grand
« intérêt pour les Autrichiens et Condé de ne pas lever cette trêve arbi-

« traire et illimitée, qui a déjà fait le plus grand mal aux Français, qui
« a épuisé leurs magasins de siège, augmenté la pénurie, et qui met cha-
« que jour le comble au dégoût du soldat.

« Le gouvernement français lèvera nécessairement la trève le premier.
« Ne perdez pas une minute; après les dix jours de grâce, tombez sur les
« autres le plus rudement possible, comme aussi sur Jourdan : nous ne
« soutiendrons qu'un échec.

« Si je suis destitué, alors peut-être il sera bon que les Autrichiens
« lèvent la trève les premiers, et que, de concert avec Condé, ils nous
« attaquent. Le plus petit échec, avec le mécontentement de l'armée, et
« un petit pamphlet analogue, produiraient l'effet désiré d'une réunion
« ou une désertion totale. »

« Et ensuite, répète Démougé, *il a accepté des fonds ;* et toutes les fois
qu'on veut élever des doutes sur le dévouement et le zèle de Pichegru
parce que les choses n'allaient pas assez vite, il répond toujours : *mais
il a accepté des fonds et Pichegru est probe.*

« Fauche-Borel, de son côté, écrivait à Wurmser le 14 avril 1796 :
« S'il était possible de déshonorer Pichegru au point de le croire suscep-
« tible de *partir pour la Suède*, il ne suffirait pas de le croire scélérat, il
« faudrait le croire le plus fou des insensés, puisque cet homme ne se
« dissimulerait pas que, *s'étant joué de la parole et de la confiance du roi,
« de monseigneur le prince de Condé, de Votre Excellence, des généraux de
« S. M. impériale et du cabinet britannique, et ayant laissé partout des
« preuves et des traces irrécusables de ses manœuvres contre le Direc-
« toire,* il suffirait, pour le faire arrêter avant son arrivée à Stockholm et
« faire tomber sa tête, *d'un seul mot* d'une des seules personnes qui
« ont été en rapport avec lui à Strasbourg.

« Je supplie Votre Excellence de me permettre de l'assurer qu'avant
« très-peu de jours Pichegru lui fera passer *le projet définitif ainsi que les
« derniers arrangements à prendre*, et je ne doute point que si Votre Ex-
« cellence daigne continuer à les favoriser, S. A. R. Mgr l'archiduc Char-
« les ne soit conduit dans le sein de la France avant la fin du mois pro-
« chain. »

« Pendant le temps de son absence, trois ou quatre *travailleurs* connus pour
lui appartenir, redoublèrent d'activité pour attirer à eux et pour s'attacher
le plus d'officiers possible. Badouville, son adjudant-général, traite les
généraux et leur prête ; Tugnot, autre officier, en fait de même ; Démougé
avait aussi table ouverte.

« Les affaires vont très-bien à Paris qui a *reçu son impulsion*. Démougé
est même persuadé que tous ces mouvements combinés sont en partie
l'ouvrage de Pichegru dont l'idée ne pouvait être que de confondre les

éléments à la source de tous les maux, et de déterminer par là nos armées.

« Une circulaire de Démougé, du 2 mai 1794, annonce le retour de Pichegru vers le Rhin; il avait obtenu un congé sous prétexte d'affaires.

« Quoiqu'il n'ait pas trouvé à Paris les esprits aussi bien disposés qu'il l'espérait, et que l'opinion fût encore bien *erronée,* cependant on pouvait, à son avis, compter sur tout ce qui n'est pas *jacobin,* et cet homme extraordinaire a formé à Paris des relations importantes et a décidément fixé les opérations à entamer.

« Il faut, d'après ses conseils, que le roi ne paraisse pas tenir à ses anciennes prétentions; il faut qu'il se soumette à des palliatifs, s'il veut éviter de faire couler des flots de sang : la perversité du siècle rendait ces ménagements nécessaires; car le général des armées républicaines ne voyait la perfection des gouvernements que dans une tyrannie complète; et en même temps qu'il impose au prétendu roi des conditions aussi rigoureuses, il ajoute : *sauf à ne rien tenir une fois qu'il pourra tout.*

« Il faut ensuite, et c'était probablement le point le plus difficile, il faut que ce prétendu roi se montre à la tête des siens : la grande sensation qu'a faite sa présence prouve la nécessité de ne pas quitter le poste.

« Ces choses convenues, les Autrichiens lèveront la trêve; Pichegru leur donnera tous les renseignements qui sont en son pouvoir. L'erreur où l'on était sur son compte, la confiance qu'inspirait sa réputation, et les conseils que ses connaissances militaires faisaient rechercher, lui avaient, jusqu'à un certain point, valu le secret de nos généraux. Il savait que Moreau faisait son rassemblement le 8 floréal (le 27 mai). Il en avertit les ennemis; il leur recommande de se mettre en mesure pour attaquer les premiers sur tous *les points possibles :* il leur recommande de *battre le fer bien dru afin de tout épouvanter.* Ils n'éprouveront qu'une faible résistance; alors on fera crier par l'armée : *point de paix, point de succès sans Pichegru!* Si le gouvernement cède à ces mouvements, Pichegru est maître; il est *dictateur;* si le gouvernement s'y refuse, les généraux autrichiens, vainqueurs, déclareront qu'ils ne veulent pas traiter avec Moreau, et qu'ils entendent que ce soit avec Pichegru.

« En attendant des succès qui ne peuvent manquer, Pichegru se rendra dans le département du Jura, sur lequel Démougé lui a donné des renseignements dont il est satisfait. Il dirigera les mesures convenables qui doivent *harmoniser* avec ce qui se passera sur les bords du Rhin. Peut-être ira-t-il aussi dans le Lyonnais. Il se fera précéder par un jeune homme nommé Holbang, dont le frère, émigré, rentré et caché, agit activement pour la contre-révolution. Ce jeune homme recueillera des renseignements; ce qui le mettra à même d'opérer utilement, surtout lorsque Condé lui aura fait passer les noms des agents royalistes qu'il a dans la ci-devant Franche-Comté, ainsi qu'il l'a promis.

« Il fait, avant son départ, présent d'un très-beau cheval à Démougé, et, pour donner un gage de sa foi au prétendu roi, à Condé, aux généraux autrichiens, il écrit un billet, annoncé depuis longtemps, ainsi conçu : « Plus de projets partiels et isolés dont l'exécution, toujours ar-
« rêtée, empêchée, opère une diminution réelle de forces et de moyens,
« sans produire d'autres effets que la crainte et le découragement dans
« les esprits réunis, et l'éloignement dans ceux disposés à se rapprocher.
« De grands évènements militaires peuvent amener le moment favora-
« ble ; je le saisirai, et le descendant de Henri IV peut compter sur mon
« dévouement. »

« Au lieu d'être battues, les armées républicaines furent victorieuses ; mais les projets contre-révolutionnaires ne furent qu'ajournés. Aussitôt après les revers que nous éprouvâmes à la fin de cette campagne, c'est-à-dire à la fin de vendémiaire an IV, les correspondances furent renouées.

« Pichegru recommande au prince Charles et au général Latour de continuer à bien *travailler,* de frapper vigoureusement, et de ne pas laisser le temps aux républicains de recourir *à des moyens extrêmes,* s'ils veulent qu'il soit rappelé.

« Il conseille à l'archiduc de faire publier en France une déclaration par laquelle il annoncera qu'il ne veut que reconquérir la Belgique ; il répète tous les mots qui doivent encourager l'ennemi ; il médite un nouveau voyage à Paris. Wickam a déjà fourni les fonds nécessaires ; Démougé doit l'accompagner. Démougé n'a reçu que ce qu'il lui faut pour la dépense à Paris ; mais Pichegru *est cavé pleinement pour les grands cas.*

« Pichegru a donné des conseils perfides au gouvernement ; il en rit aux éclats en serrant la main de son digne ami Démougé. Celui-ci et ses infâmes complices, sous les auspices de Pichegru, appellent le feu et le carnage sur notre patrie. Tandis que leur patron, Pichegru, indique à l'ennemi les défauts qui se trouvent aux retranchements de Kelh, ils font dresser, par la corruption, des plans de ce fort et de nos camps retranchés ; ils lui marquent si leur feu a bien ou mal réussi ; ils indiquent s'ils tirent trop haut ou trop bas et où ils doivent porter leurs coups ; ils désirent surtout que l'on jette des bombes sur une voûte où se retirent nos généraux ; ils désignent la situation de cette voûte que l'on pourra reconnaître à la fumée qui en sort.

« Badouville qui, en sa qualité d'adjudant-général, *peut aller partout,* fournit des renseignements précieux. Chembé (de Colmar), le représentant du peuple, ne fait jamais attendre les siens, et, doublement utile par sa qualité d'espion et de juge, en même temps qu'il livre le secret de la situation de nos armées et de l'état de nos places, il se dispose à faire acquitter des émigrés, parce que *cela fera plaisir à Klinglin*. Tugniot commande la ligne de Guermersheim à Limersheim ; il lève aussitôt la consigne sur les correspondances, et diminue les postes au point qu'il n'y reste presque personne. Démougé fait passer aux ennemis, devant Kelh, le mot d'ordre, et il raconte très-tranquillement le matin qu'un poste des républicains a été égorgé pendant la nuit par ce moyen.

« Ces hommes affreux ne sont rien moins qu'étrangers à ce qui se passe dans l'intérieur. On a déjà pu remarquer les immenses relations de Pichegru. Lyon, la Vendée, les chouans, les intrigants de Paris, les journalistes, leurs dignes échos, les réquisitionnaires, les émigrés rentrés, les assassins, les prêtres surtout, venaient tour-à-tour augmenter leur espoir comme ils faisaient l'objet de leur sollicitude.

« Il n'y a pas jusqu'à l'affaire de Babœuf qui ne les réjouisse : en effet, la folie de l'exagération ne travaillera jamais qu'au profit du royalisme. D'ailleurs, il ne pouvait être indifférent pour eux qu'un magistrat indigne de ses fonctions, Viellart, eût l'impudence de dire, dans un discours, qu'il n'y avait pas eu de conspiration en vendémiaire.

« Ils annoncent avec jactance que Malmesbury porte avec lui, pour les présenter à l'empereur, des écrits, des affiches où le gouvernement républicain est déchiré et traîné dans la boue. Pour donner une idée de la rage qui dévore un royaliste, indépendamment de ce que plusieurs se sont faits assassins, et que la doctrine de l'assassinat est leur doctrine familière, je ne citerai qu'un passage d'une lettre écrite par un individu suppléant de Démougé : « Les soldats allemands ne doivent voir dans les « soldats français que des monstres exécrables que le juste sentiment « des vengeances doit leur faire désirer d'exterminer jusqu'à extinction « totale. »

« Et le scélérat forcené qui écrivait ainsi habitait dans la République ! Et il a des complices et des approbateurs ! Et c'était au milieu de tels hommes que vivait cet usurpateur d'un grade éminent comme d'une grande renommée ! Et c'est avec de tels scélérats qu'il prépara sa nomination au corps législatif, où un nouveau plan des royalistes lui assignait une place distinguée ! Mais ne nous décourageons point : nous ne faisons que découvrir l'horizon des crimes, et notre armée trahie n'est que le prélude de ce vaste forfait dont nous allons suivre la trame.

« Le but de la conspiration de vendémiaire était le rétablissement de la royauté : les moyens étaient le massacre. Exterminer les hommes qui avaient concouru directement ou indirectement à la révolution, retrouver un trône en assouvissant sa vengeance, et y monter sur les cadavres des républicains, qui ne veulent pas de maîtres sous quelque dénomination que ce soit, était un triomphe digne du cœur atroce d'un tyran, d'un roi de Blankembourg, d'un Condé ; et l'histoire des assassinats commis par leurs agents venait soulager le chagrin dévorant de leur exil !

« Leur entrée en France, toutefois, ne se décidant point, leur impatience les détermina à combiner un plan, en apparence plus humain, avec les anciennes entreprises ; ce plan embrassait toute la France et excluait tout autre mouvement partiel que celui qui les aurait rendus maîtres de Paris en renversant le gouvernement.

« J'observerai ici que Pichegru ne voulait point non plus d'entreprises partielles, et qu'il ne voyait d'efficace que de grands succès militaires.

« On a cherché dans ce plan à faire marcher de concert les mesures politiques et militaires.

« En conséquence, ces aventuriers divisent la France en deux agences : l'une, qui comprend les provinces du Sud-Est et du Midi, était confiée à M. de Précy ; l'autre, qui comprenait le reste du territoire, était dirigée par les agents de Paris. Une correspondance active existait entre ces deux agences.

« Elles correspondaient avec le prétendu roi et le gouvernement anglais.

« L'Angleterre faisait les fonds, et soixante mille livres sterling étaient destinées à l'un de ces agents. En nivôse de l'an v, Puisaye étendait ses intelligences depuis Brest jusqu'à Laval. Frotté, encore en Angleterre, était chargé de la ci-devant Basse-Normandie. Rochecot devait préparer le Maine, le Perche et le pays Chartrain ; il avait même des intelligences à Caen. Bourmont commençait ses fonctions depuis Lorient jusqu'à Paris. Mallet commandait dans la Haute-Normandie et l'Ile-de-France aussi jusqu'à Paris. Tous les arrondissements, jusqu'à cinquante lieues, formaient un triangle dont un angle s'appuyait sur Paris. Dans l'Orléanais était employé un Dujuglatz. Un de Palu-Duparc avait commencé une organisation dans le Haut-Poitou. Un Delorge arrivait d'Angleterre pour organiser les pays qui environnent Rochefort et Bordeaux. A Paris, foyer de toutes ces trames, deux compagnies étaient formées, dont une commandée par un Defrainville.

« C'est par ces mesures militaires, autant que par la constitution, que les conspirateurs espéraient renverser le gouvernement; ils comptaient profiter surtout de la fréquence des élections, qui leur donnait les moyens de porter en majorité les royalistes aux places du gouvernement et de 'ladministration. Pour parvenir à ce but, il fallait : 1° forcer les royalistes d'aller aux assemblées primaires ; 2° les forcer de réunir leurs suffrages sur des individus désignés ; 3° faire voter dans le même sens qu'eux cette classe d'hommes qui, sans attachement à un gouvernement plutôt qu'à un autre, aiment l'ordre qui garantit leur personne et leurs propriétés. Il fut formé deux associations : l'une composée de royalistes éprouvés ; l'autre de royalistes timides, des égoïstes, des indifférents. La dernière de ces associations portait le nom de *Société des amis de l'ordre et des ennemis des anarchistes*. Les règlements de cette société sont divisés en cinq chapitres, et le cinquième chapitre en six sections.

« Le prétexte de cette société est d'opposer une digue épaisse au *torrent dévastateur des jacobins*. C'est avec ces mots qu'on fera diverger l'opinion des ambitieux. Toutes les dénominations sont bannies de cet établissement, et tous les partis y sont admis, afin de lutter de concert contre les anarchistes qui les attaquent tous. De cette manière, c'était pour les dupes une ligue offensive des *honnêtes gens* contre les jacobins.

« La première démarche à faire pour entrer dans cette société, était un serment de ne jamais faire connaître aux non-initiés les mots et signaux de reconnaissance, non plus que les personnes de la société.

« La société ne se réunit point : les membres ne communiquent que par le moyen des affidés. Il n'y a de réunion que dans le cas où il faudrait résister à un *mouvement oppresseur*.

« Les membres sont tenus de se rendre aux assemblées primaires pour y porter le vote de la société.

« Les présentations se font par des parrains à des affidés. Le récipiendaire reçoit de ses parrains un nom qui devient le secret de communication.

« La société devait porter naturellement son attention sur les assemblées primaires, qui sont un *moyen constitutionnel d'arracher aux jacobins les places et de les remettre à des mains pures*. Pour s'assurer de l'unanimité des suffrages, chaque sociétaire donne à un affidé son vote cacheté. Un bureau central fait le dépouillement des scrutins ; le résultat en est communiqué à chaque membre de la société, qui sera tenu d'adopter le vœu de la majorité.

« Chaque sociétaire mettra au bas de son billet les lettres initiale et finale de son nom de société : on verra bientôt le motif.

« Ils seront forcés de signer des adresses contre des jacobins, quand on leur en présentera.

« Chaque membre convoqué sera tenu de se trouver au lieu de réunion indiqué. On combattra l'ennemi avec la vigueur qui assure le succès s'il attaque.

« Chaque associé préviendra son affidé de l'arrivée dans sa commune d'un ami de l'ordre, d'un faux frère ou d'un jacobin.

« La première de ces associations, désignée par Duverne de Presle, s'intitule *Coterie des fils légitimes*. Cette société est extraite de celle des *Amis de l'ordre et des ennemis des anarchistes*. Chaque membre jure d'être fidèle à son roi légitime Louis XVIII, de se conformer en tout point aux règlements de la coterie, et de n'en jamais révéler aucun des articles. Les *Amis de l'ordre* doivent ignorer jusqu'à l'existence de cette coterie. Il y a un président par chaque canton. Les affidés sont nommés par le président du canton, sur la présentation d'un secrétaire. Ils votent comme les secrétaires et ne connaîtront point le président du canton. Les secrétaires sont nommés par le président de canton et acceptés par un président général qu'ils ne connaîtront pas davantage. Ils voteront conformément aux désirs du président.

« Voilà en abrégé quels étaient les règlements de ces instituts. Mais ce qui n'est point compris dans les règlements, c'est que les commandants militaires avaient ordre de former des compagnies des royalistes les plus dévoués et les plus courageux, à qui on devait fournir des armes et des munitions; elles étaient destinées à assurer les manœuvres des royalistes, à forcer par les menaces ou autrement les membres de *l'institut philanthropique* à se rendre aux assemblées primaires; et c'est pour cela que chaque membre devait mettre sur son billet les lettres initiale et finale de son nom de sociétaire, afin que l'on pût connaître la conduite de chacun des membres; elles étaient destinées en outre à en éloigner des assemblées tous ceux qui ne convenaient pas: ce qui a été exécuté ainsi qu'on le verra par la suite.

« Vous vous rappelez que les agents du prétendu roi devaient faire tous leurs efforts pour gagner les membres du gouvernement et de l'administration. Dès le mois de juin 1796 (prairial an IV), un parti qui se disait très-puissant, leur fit faire des propositions. (On se souvient que des conjurés de vendémiaire étaient entrés dans le corps législatif.) On proposait pour tout changement la concentration du pouvoir exécutif. Le prétendu roi voulut discuter la condition: il demanda un fondé de pouvoirs que l'on n'osa envoyer. Les agents ne savaient pas au juste le nombre des membres du corps législatif qui désiraient le retour de la monarchie. Ils supposaient que ces membres étaient ceux, ou au moins en partie, de la réunion de Clichy. Ils ne connaissaient que les seuls intermédiaires, Lemerer et Mersan. Un envoyé d'Angleterre, nommé Hardemberg, avait des rapports directs avec Salin.

« Voilà quel était le grand plan dont il est question dans les instructions du prétendant, sur l'existence duquel le procès de Lavilleheurnois n'avait laissé aucun doute, mais dont il n'avait pas révélé toutes les parties, quoiqu'il fût évident que les moyens les plus importants indiqués par ce plan fussent les élections, et que le but fût le rétablissement de la royauté.

« Je dois ajouter que dès cette époque il existait une correspondance entre un agent de Louis XVIII à Paris et un autre agent de Londres. Il se faisait par mois un envoi de 48,000 francs, pour payer tous les renseignements que l'on pouvait prendre autour du Directoire et des ministres. L'agent secret en faisait passer à Londres le bulletin, tous les quinze jours, par un nommé Riom, émigré, fusillé depuis.

« Déjà les manœuvres des Précy, des Ressignan, avaient excité les plus affreux désordres depuis le Jura jusqu'aux Bouches-du-Rhône. Lyon était le point central de toutes les espérances royales, de toutes les intrigues contre-révolutionnaires. Un particulier de Vaux a fait sa fortune, en transportant seulement à Lyon des émigrés et des prêtres déportés. L'arrivée de Willot mit, dans les pays soumis à son commandement, tous les crimes à l'ordre du jour. La constitution, les lois, la justice, l'humanité, furent foulées aux pieds sans pudeur et sans déguisement, tandis que un Lamotte, un Dominique Allier, portaient le ravage et la mort dans ces malheureux départements. Bientôt ces exemples funestes, à l'approche des élections, sont propagés avec fureur et suivis avec audace. Les fêtes républicaines ne sont point célébrées, les airs patriotiques sont proscrits. Par ordre des administrations, sous leur autorisation, on donne des pièces qui rappellent la royauté, telles que *Richard Cœur-de-Lion*. Les arbres de la liberté sont coupés ; les républicains, les fonctionnaires publics patriotes, insultés, menacés, assassinés. Des troupes d'égorgeurs royaux parcourent les communes aux cris de *Vive le roi!* jurant qu'ils ne déposeront les armes que quand ils se seront défaits de tous les républicains. Ces premiers attentats sont suivis de vols, de brigandages, de proscriptions. Les courriers de la malle sont arrêtés, dépouillés, assassinés. Des malheureux sont arrachés à leurs assassins, repris et massacrés. Les acquéreurs de biens nationaux éprouvent plus particulièrement tous les genres d'outrages et de persécutions. Des jeunes gens, dans un département, sont convaincus d'avoir tiré des coups de fusil sur ces acquéreurs ; ils sont absous par le jury d'accusation, parce que tout ce qui tend à détruire le gouvernement est bien. Les émigrés, les prêtres déportés, rentrent en foule et provoquent tous les crimes. La plupart des autorités constituées non-seulement laissent tant de forfaits impunis, mais les provoquent et sont les instruments des agents de la royauté. Ce n'est qu'avec des soins et des peines incroyables qu'on est parvenu à prévenir l'exécution du projet constamment suivi, de faire périr tous les républicains depuis Lyon jusqu'à Marseille, afin de pouvoir communiquer sans obstacle et se mettre en état de rébellion ouverte. L'administration centrale du département de la Drôme, nommée par le Directoire exécutif, et heureusement conservée par les patriotes de ce département aux élections de l'an v, a rendu à cet égard les plus grands services.

Les administrations n'exécutent aucune des lois sur les passeports, sur les prêtres et sur les émigrés; elles éloignent tout ce qui peut être avantageux au maintien de la République. Des représentants du peuple même encouragent directement ou indirectement tous ces désordres; Boissy-d'Anglas faisait renvoyer des troupes républicaines du département de l'Ardèche, et demandait que ce département fût mis sous le commandement de Willot.

« Ceux des tribunaux qui ne sont pas ouvertement contre-révolutionnaires, cèdent à la crainte, et les résultats sont également déplorables. Les républicains innocents n'y paraissent jamais impunément; les assassins royalistes, les émigrés, les prêtres séditieux, y trouvent toujours une protection déclarée; les victimes y prennent la place des agresseurs. Des juges de paix sont mis en jugement, pour avoir commencé des poursuites contre des royalistes, et le moindre crime de ces autorités est de ne pas juger quand elles n'ont pas l'impudence d'absoudre.

« Mais peut-on parler de crimes dans la révolution, sans parler des prêtres réfractaires, avec lesquels nous ne confondrons jamais ces hommes estimables qui ont donné l'exemple de la soumission aux lois, et qui ont persisté dans leur sage résolution? Quand donc enfin rendra-t-on justice à ces espèces d'êtres qui n'ont ni cité ni famille, qui regardent le genre humain comme leur domaine, et égorgent qui ne se soumet pas? Feront-ils encore longtemps des dupes, ces monstres qui n'ont à la bouche que Dieu et la mort!

« Ils ont été les agents les plus redoutables de la contre-révolution, et à peine ose-t-on en parler! On tremble devant cette poignée de misérables qu'un peu de fermeté ferait pour jamais disparaître du sol français! Ils connaissaient bien ces prêtres, ceux qui les appelaient avec tant de force à leur secours!

« Dès cette époque, c'est-à-dire à la fin de l'an IV et avant les élections de l'an v, ils effrayent les fonctionnaires publics; ils les empêchent de prêter le serment de haine à la royauté; ils provoquent la rébellion, prêchent le pillage, et, un crucifix à la main, ils appellent la mort sur les républicains; ils publient des maximes anti-civiques, incendiaires et des diffamations; ils prononcent une formule de rétractation de tout serment à la liberté, à l'égalité, de soumission aux lois; partout ils organisent la guerre civile, et personne n'ose déposer contre eux.

« Un individu se disant évêque de Castres recommande à ses subordonnés d'être prudents.... « Il exhorte, au nom de Jésus, tous les bons « catholiques à rétablir la croix adorable... Les catholiques ne doivent « prendre aucune part aux fêtes païennes, ni adopter, ni garder chez eux « le nouveau calendrier... le nouveau calendrier ne doit pas même « souiller la poche d'un catholique... Par ce calendrier on a voulu in- « sulter le ciel... Un catholique ne doit adopter le langage et le style « nouveau ni dans ses lettres, ni dans sa conversation, ni dans ses « actes. »

« D'après cela, n'est-il pas évident que les ministres réfractaires ne prêchent que la soumission aux lois et au gouvernement existant? Impudents qui le disiez à cette tribune, nous savions bien que vous en imposiez!

« Un autre prêtre annonçait qu'ils avaient des jeunes gens sur différents points de la République qui bientôt l'auraient assommée. Un autre prêche une croisade dans les Alpes maritimes, se met à la tête des barbets et coupe l'arbre de la liberté, tandis que les émigrés rentrés embauchaient pour une nouvelle Vendée dans les gorges du ci-devant Vivarais.

« Ils étaient généralement soutenus par les administrations. Mais c'est surtout les élections qui attirent leur convoitise et fixent leur attention. Déjà ils employaient leur influence pour s'emparer des choix : elles arrivèrent enfin, et, en grande partie, furent dignes de tels préparatifs.

« Le procès de Lavilleheurnois avait tout révélé. Les agents du prétendant étaient convenus que l'un des points les plus importants était de travailler le succès des élections.

« Déjà nombre des élus, d'un incivisme bien connu, attestaient qu'ils n'avaient pas travaillé en vain. Et cependant on ne prit aucune mesure pour prévenir de si dangereuses entreprises! En vain éleva-t-on la voix ; les républicains étaient comme des voyageurs errants, sans guides et sans boussole ; ils appelaient à leur secours : on ne leur répondait rien, ou, si l'on faisait semblant d'entendre leurs cris, on croyait avoir tout fait pour la République avec des mots qui furent terribles sous Robespierre, et qui ne le furent pas moins depuis ; ces mots sont : les *principes permettent* ou les *principes ne veulent pas ;* comme si les faits ne devaient pas toujours déterminer la nature et l'application des principes! Comme si autre chose, pour des hommes raisonnables, que les moyens qui conservent pouvaient être appelés *principes*. Insensés qui, dans leur froideur abstraite, raisonnent aussi solidement que ce médecin qui regardait comme fort indifférent que le malade fût mort, pourvu qu'il fût mort dans les règles prescrites par la médecine !

« Au lieu des mesures que cette conjuration rendait nécessaires, on lui laissa son libre cours. Aussi les élections de l'an v n'ont-elles été qu'une dérision et qu'un jeu cruel sous les auspices de tous les crimes. Les royalistes avaient tout préparé pour le succès; partout on remarquait leur sécurité, leur joie, leur audace. Les ci-devant si dédaigneux veulent bien être présents aux assemblées; des émigrés veillent à ce que tout s'y passe dans l'ordre qui leur convient, à ce que la liberté règne et que la constitution soit respectée... Il n'y a pas de séduction qu'on n'emploie auprès des habitants des campagnes, qui n'ont pas le bon esprit de voir que cette importance même qu'on leur donne et dont ils abusent contre la révolution, ils la doivent à cette même révolution, et que, s'ils étaient replongés dans leur première abjection, ils seraient cent fois plus humiliés que ces ci-devant qui les caressent.

« Les royalistes attirent dans les assemblées primaires des étrangers, des stipendiés, ils y font entrer des domestiques à gages, des déserteurs, des réfractaires, des émigrés, et ils font déposer plusieurs billets par le même individu.

« Les républicains sont insultés, chassés et traînés dans les cachots. Des massacres avaient préludé à ces royales machinations.

« Des rassemblements de brigands royalistes, des troupes d'émigrés, des compagnies de Jésus, troublent les assemblées, portent l'épouvante, dispersent les républicains, incendient les propriétés des acquéreurs de biens nationaux.

« Secondés des torches du fanatisme, des prêtres parcourent les campagnes, forcent leurs sectaires d'aller aux assemblées, distribuent des bulletins préparés d'avance. Enfin, le scandale de ces assemblées électorales fut porté à un excès dont les royalistes seuls étaient capables. Aussi les noms les plus fameux parmi les contre-révolutionnaires viennent s'unir à ceux d'entre eux que vendémiaire avait déjà placés dans cette enceinte.

« A peine sont-ils arrivés que, forts de leur triomphe, ils traitent les républicains avec insolence : la fureur est dans leurs yeux et l'outrage dans leur bouche ; ils imitent pour la royauté tous les excès dont des hommes violents avaient usé pour la République ; ils apportent à la tribune le langage de la cour du prétendant et des émigrés.

« Les motions les plus contre-révolutionnaires sont impudemment faites à cette tribune par les Lemerer, Pastoret, Boissy-d'Anglas et consorts, et à peine leur horde est-elle fortifiée des royalistes entrés en prairial, qu'ils ne gardent plus aucune mesure.

« L'effet de la foudre n'est pas plus prompt. Toutes les horreurs dont j'ai déjà tracé l'effroyable esquisse redoublent ; l'affluence des émigrés et des prêtres déportés s'accroît de toutes parts ; les uns s'arment, se mettent par bandes, portent partout l'effroi et l'assassinat; tandis que les autres, forts de l'empire qu'ils ont sur les esprits faibles, sèment les divisions et la guerre civile.

« Les chouans sont complètement réorganisés ; des compagnons de Jésus, des royalistes organisés en colonnes mobiles, des réquisitionnaires déserteurs ajoutent encore à l'effroi : il n'y a plus d'asyle pour les républicains.

« Les acquéreurs de biens nationaux sont menacés plus que jamais ; les attaques qu'on leur porte, accueillies dans le corps législatif, décident leur entière proscription : ils sont de nouveau insultés, pillés, chassés ; leurs récoltes sont dévastées, incendiées. Des fonctionnaires publics sont même accusés d'être au nombre des pillards ; on met à leur porte des placards terminés par les mots de *vive le roi! périssent les républicains!* L'impunité continue d'enhardir tous ces brigandages.

« Les prêtres déportés sont accueillis avec plus d'empressement, et pour nouvelle preuve de leur dévouement à la contre-révolution, ces forcenés, joignant le ridicule à l'atrocité, font attacher par des imbéciles une croix à un arbre de la liberté, avec cette inscription : *Tremblez, infâmes jacobins, et reconnaissez la croix de votre maître!*

« Ils distribuent des catéchismes contre-révolutionnaires, président des rassemblements séditieux, insultent, menacent les fonctionnaires publics, prêchent sans cesse contre la République, proscrivent les patriotes, se créent une garde de ceux qu'ils trompent et corrompent, au moyen de laquelle les agents de l'autorité sont méconnus, repoussés, assassinés. Des royalistes, endoctrinés par leurs écrits ou par leurs prédications, ourdissent des projets d'assassiner des républicains et les mettent à exécution. Ils entraînent dans leurs sinistres manœuvres jusqu'à des municipalités.

« Les émigrés ne furent ni moins assurés, ni moins furieux que les prêtres, quand ils virent leurs députés dans le corps législatif. Dans les départements du Rhône, Ille-et-Vilaine, Haut et Bas-Rhin, ils enrôlent au nom de Louis XVIII. Ils se vantent qu'ils forceront bientôt les républicains à courir à leur tour chez l'étranger.

« En même temps, des compagnies de Jésus répandues dans les départements du Rhône, de l'Allier, de l'Ardèche ; des émigrés, des chouans, des prêtres, dans le Calvados, forment des tribunaux qui décident de la vie ou de la mort des républicains, et font exécuter ces horribles jugements par des bandes armées. De tous les moyens de terreur imaginés par les royalistes dans ces derniers temps, celui-là est le plus audacieux et le plus épouvantable.

« Malgré que la terreur fût grande, que les officiers publics n'osassent poursuivre aucun des scélérats dévoués à la cause royale, et qu'ils craignissent même d'envoyer à la police leur écriture déguisée sans signature, cependant la liste authentique des assassinats, parvenue à travers tant de frayeurs, offre encore le tableau le plus déchirant. Plus de vingt-six départements sont souillés par des crimes dont les détails font frémir : des femmes mises en morceaux, des enfants tombant à côté de leur mère, des citoyens massacrés au milieu de leur famille, les odieux massacres des prisons de septembre imités à Marseille, Aix, Tarascon, avec une atrocité qu'aucun mot ne peut rendre : telles sont les horreurs commises par ces hommes qui prennent le titre *d'honnêtes gens,* qui sont du parti des honnêtes gens ; telles sont les horreurs sur lesquelles gémissait et que voyait avec effroi cette baronne de Reich, correspondante des émigrés, tandis que des représentants du peuple, qui vinrent ici prendre place au nom d'un roi, excusaient à cette tribune, légitimaient ces meurtres, accablaient d'outrages et d'injures les membres de cette assemblée qui osaient demander qu'on ouvrît enfin les yeux sur tant d'attentats !

« Tandis qu'on répandait ainsi la consternation, on organisait, on régularisait les moyens d'arriver à l'évènement qui devait couronner les efforts des royalistes : les journaux qui, chaque jour, portaient aux extrêmes frontières les conseils de rébellion et de mort, étaient un des plus puissants mobiles de ces coupables trames, et c'est encore ici que nous devons nous accuser. Ne savions-nous pas que les auteurs de ces affreux libelles étaient des royalistes salariés, des échappés de séminaires, ce que la théologie et la perfidie sacerdotale ont vomi de plus impur ? Ne savions-nous pas qu'ils avaient fait de la contre-révolution leur domaine ? Ne connaissions-nous pas la rage qui les dévorait, et qu'après avoir provoqué la journée de vendémiaire dans leurs écrits, ils avaient encore été les principaux agents de la royauté dans les sections ? Et nous ne prenions aucune mesure : il fallait fructidor pour qu'ils fussent déportés ! Mais, que dis-je, sur combien de ces êtres atroces a-t-on exécuté la loi ? Ils sont encore dans le sein de la République ; ils se promènent librement, ils écrivent, ils endoctrinent, ils m'écoutent peut-être, quand un vaisseau aurait dû les porter sur la terre qu'habitent les tigres ! Gouvernement, tu réponds de l'exécution des lois !

« Mais la mesure était comblée. Les républicains, relancés partout par d'indignes représentants du peuple, des administrations prévaricatrices, des tribunaux coupables, des émigrés, des prêtres, des déserteurs, tous se posant en victimes de la révolution, tous assassins, tous impunis, les républicains, dis-je, contemplèrent enfin la grandeur du péril. Las de tant d'indignités, ils élevèrent ce cri redoutable qui fit trembler les ordonnateurs de contre-révolution et de massacre. Vous save le reste. »

NOTE 2 (PAGE 194).

Rien ne donne une idée de la facilité de mœurs et du dévergondage de costume de cette époque que la chanson suivante de la fin de l'an IV. Elle avait pour titre : *La sans-gêne*.

1.

Grâce à la mode,
On n'a plus d' cheveux ;
On n'a plus d' cheveux,
Ah ! que c'est commode !
On n'a plus d' cheveux ;
On dit que c'est mieux.

2.

Grâce à la mode,
On va sans façon ;
On va sans façon,
Ah ! que c'est commode !
On va sans façon
Et sans jupon.

3.

Grâce à la mode,
On n'a plus d' fichu ;
On n'a plus d' fichu,
Ah ! que c'est commode !
On n'a plus d' fichu ;
Tout est déchu.

4.

Grâce à la mode,
On n'a plus d' corset ;
On n'a plus d' corset,
Ah ! que c'est commode !
On n'a plus d' corset ;
C'est plus vit' fait.

5

Grâce à la mode,
Un' chemis' suffit ;
Un' chemis' suffit,
Ah! que c'est commode!
Un chemis' suffit;
C'est tout profit.

6.

Grâce à la mode,
On n'a qu'un vêt'ment;
On n'a qu'un vêt'ment,
Ah! que c'est commode!
On n'a qu'un vêt'ment
Qu'est transparent.

7.

Grâce à la mode,
On n'a rien d' caché;
On n'a rien d' caché,
Ah! que c'est commode!
On n'a rien d' caché;
J'en suis fâché.

NOTE 3 (PAGE 339).

Nous empruntons à *l'Histoire des cabinets de l'Europe,* par M. Armand Lefevbre, la relation suivante de l'assassinat de Paul Ier.

« L'histoire a parlé. Elle a soulevé une partie des voiles qui cachaient les mystères de ce drame sanglant. Elle nous a dit et les noms des principaux acteurs et les moindres circonstances du crime. Elle nous a montré dans la victime un prince que ses caprices et ses passions ont conduit fatalement à sa perte. On eût dit que la civilisation et la barbarie s'étaient partagé, chacune par moitié, le caractère de Paul Ier. Jamais, en effet, contrastes plus nombreux et plus bizarres ne se trouvèrent réunis dans un seul homme. Brave, capable des plus généreux élans, toujours prêt à tirer l'épée pour la cause des opprimés, il reproduisait dans ses traits les plus attachants le preux chevalier du moyen âge. Vrai Tartare, il rappelait, dans ses jours d'égarement, les tyrans de l'Orient. Passant brusquement du soupçon à la confiance, de l'amitié à la haine, tour-à-tour bon et cruel, clément et impitoyable, il était devenu le fléau de sa cour et de toute la noblesse. Il n'y avait pas un seul de ses courtisans, si comblé qu'il fût de ses faveurs, qui se crût garanti, dans sa fortune et dans sa liberté, contre les caprices de ce maître ombrageux et violent. La guerre qu'il avait déclarée aux Anglais avait achevé de lui aliéner toutes les grandes familles de l'Empire. C'est principalement en Angleterre que l'aristocratie russe exporte ses grains, ses bois de mâture et ses chanvres. Elle ne comprit pas tout ce que, dans la déclaration des neutres, la conduite de Paul avait de noble et de grand.

Aveuglée par un étroit égoïsme, elle ne lui pardonna pas de porter le trouble dans l'économie de sa fortune, et, ce grief s'ajoutant à tous les autres, elle résolut de se venger comme se vengent les esclaves, par l'assassinat. Les Suhow, les Benigsen ne furent que les instruments de sa haine.

« Les Suhow nourrissaient contre leurs maîtres de vieux ressentiments. Dans un de ses jours de colère, il les avait frappés d'exil; puis, dans un de ses jours de bonté, il leur avait rendu leur fortune et leurs dignités. Ces récentes faveurs ne leur avaient point fait oublier les injures passées, et, par vengeance non moins que pour se mettre à l'abri de nouveaux caprices, ils avaient juré la perte de ce prince. Livrés sans mesure à la politique de l'Angleterre, ils n'avaient pas cessé d'entretenir des relations très-étroites avec les agents de cette puissance. Le palais de madame Gerehsow, leur sœur, était celui que fréquentait le plus assidument l'ambassadeur d'Angleterre, lord Whitworth. C'est dans ce même palais que fut tissue la trame du complot; c'est dans ses salons que se rassemblèrent, jusqu'au jour de l'exécution, les conjurés. De là le soupçon trop fondé que l'ambassade britannique n'est pas restée étrangère à la pensée d'un crime dont son gouvernement a recueilli tout le fruit.

« Le chef principal de la conjuration était le général Pahlen. Il n'avait point encore souffert des violences de son maître. Son crédit égalait celui d'un premier ministre; il possédait toute la confiance de l'empereur. Gouverneur militaire de Saint-Pétersbourg, il disposait de la police et des troupes; c'était lui qui était spécialement chargé de veiller à la sûreté du palais impérial. Quels mobiles secrets poussèrent cet homme à frapper un prince dont il n'avait encore reçu que des bienfaits? Fut-ce le désir de faire disparaître du trône un souverain jugé par lui indigne de l'occuper? Faudrait-il voir en lui une sorte de Brutus monarchique? Ne céda-t-il pas plutôt, comme les autres, au désir de mettre à l'abri des caprices du despote ses honneurs et sa liberté? Qui peut se flatter de pénétrer jusqu'aux profondeurs de l'ame humaine, et d'y saisir les fils mystérieux qui dirigent ses secrets mouvements? Du reste, jamais chef de complot ne trama son dessein, n'en conduisit l'exécution avec une habileté plus consommée, avec un plus étonnant sang-froid. Il ne lui suffit pas d'avoir associé à ses projets criminels les plus grands noms de l'empire, il osa prendre pour son confident le fils même du czar, le grand-duc Alexandre. Il lui fit sentir la nécessité de sauver l'État, en écartant du trône un prince dont l'esprit fantasque et mal réglé compromettait les destinées de la Russie. Il se garda bien de laisser pressentir toute pensée de meurtre; il s'étudia, au contraire, à rassurer le prince sur la vie de son père : il ne lui fit entrevoir qu'un projet d'abdication. Alexandre reçut cette première confidence avec plus d'effroi que d'indignation. Il ne courut point tout révéler à son père, et, par son silence, il se fit le complice de Pahlen. Bientôt celui-ci acheva de l'envelopper dans les fils de sa trame. Mettant à profit le poste de confiance qu'il occupe, il allume la discorde au sein de la famille impériale; il excite la jalousie du père contre sa femme et ses enfants, et les défiances de ceux-ci contre leur père. Puis, quand il a créé, nourri, fomenté dans l'ame de Paul Ier des projets de vengeance, il va tout dévoiler au grand-duc Alexandre. Il lui apprend que son père médite de l'envoyer en Sibérie, d'enfermer Constantin dans une forteresse, et l'impératrice dans un cloître. A ce récit Alexandre s'émeut; il s'effraie du sort réservé à sa mère, à son frère, à lui-même : les scrupules de sa conscience s'apaisent, et il donne son consentement au projet d'abdication.

« Cependant la nouvelle qu'il se trame un complot contre sa personne parvient jusqu'aux oreilles de l'empereur. Le 22 mars, il appelle Pahlen et l'interroge. « — Il se forme une conspiration contre moi, lui dit-il. — Je le crois, répond froidement le général. — Mais mon fils est d'accord avec les conjurés. — On peut le croire. — Mais, vous-même, vous en êtes aussi. — Si je n'en étais pas, comment pourrais-je en suivre le cours et les progrès? »

« Après ce terrible entretien, il ne restait plus aux conjurés qu'à fuir ou à frapper. Pahlen sort du palais et les prévient qu'ils ne peuvent plus reculer sans se perdre. Ils se divisent en deux bandes, l'une sous la direction de Subow, l'autre sous celle de Pahlen. Le 23 mars, à onze heures de la nuit, le prince Suhow, adjudant de l'empereur, se présente, suivi des siens, au palais Michel, et arrive sans obstacle à la porte de la chambre de Paul ; elle était gardée par deux hussards. L'un d'eux veut barrer le passage ; il tombe frappé d'un coup de sabre. Suhow pénètre jusqu'à l'empereur, et, présentant à sa signature un acte d'abdication, il lui dit : « Sire, je vous arrête au nom de l'empereur Alexandre ! » Le premier mouvement du prince fut de se jeter sur son épée et de se défendre. Vains efforts ! les conjurés se précipitent sur lui, le désarment ; et comme il se débat violemment, l'un d'eux, qui, plus tard, commandera les armées de l'Empire, le général Benigsen, lui passe une écharpe autour du cou, et termine par une prompte mort cette horrible lutte.

« L'infortuné czar venait d'expirer quand Pahlen arriva au palais Michel. Il se rendit aussitôt chez le grand-duc Alexandre, qui se trouvait avec son frère, le prince Constantin, dans une chambre placée au-dessous de celle de leur père. A la vue de Pahlen, Alexandre témoigna une extrême émotion, et demanda en tremblant des nouvelles de l'empereur. Le morne silence du général lui dit assez qu'il n'avait plus de père et qu'il était empereur.

« La mort de Paul Ier amena une révolution complète dans la politique de la Russie, et le nouvel empereur se précipita sans discernement dans les voies de la politique anglaise. »

NOTE 4 (PAGE 363).

Voici ce que nous trouvons à ce sujet dans les *Mémoires d'un Pair de France*, M. D.....

« Ce fut peut-être la nécessité et le besoin de prévenir un rival, qui porta Bonaparte à cet envahissement propre à éveiller contre lui l'inquiétude de l'Europe. Le général Moreau avait souffert le coup d'État du 18 brumaire ; il y avait même accepté un rôle peu honorable pour lui, celui d'aller s'emparer du Luxembourg, où Moulin le reçut avec tant de dureté, et lui dit que, puisqu'il faisait le métier de gendarme, il n'avait qu'à attendre dans l'antichambre.

« Faible comme citoyen, Moreau était chaque jour exposé aux reproches de sa belle-mère et de sa femme. Elles se plaignaient avec amertume de ce qu'il n'avait pas su prendre pour lui ce qu'on lui avait offert. Timide, moins par républicanisme que par indécision naturelle, tourmenté par sa famille, Moreau se retranchait, tantôt derrière son patriotisme, tantôt il accusait les circonstances et tâchait ainsi de se justifier.

« D'une autre part, des amis dévoués, le général Lecourbe, Fournier-Sarlovèse, alors colonel, Despérière et quelques autres, parmi lesquels il faut compter Bernadotte, qui, jaloux du Premier Consul, aurait voulu le précipiter de son poste, assiégeaient incessamment Moreau et le poursuivaient de toute leur énergie, de manière à presque suppléer à celle qui lui manquait. Ils voulaient lutter en France contre le pouvoir qui s'élevait, et renverser, s'il était possible, la constitution de brumaire pour revenir à celle des directeurs. Lecourbe, vraiment homme de guerre, joignait à une valeur peu commune, une vivacité qui ne lui permettait pas toujours de profiter des résultats de son courage. La guerre des *pots de chambre*, si redoutée du grand Condé, ne l'eût pas effrayé plus qu'une lutte à soutenir contre toute l'Europe. Il aimait Moreau, parce qu'il l'estimait; il haïssait le Premier Consul parce que celui-ci, par sa conduite présente, lui paraissait déchu de sa gloire passée; il ne balançait pas à montrer son mécontentement, et ses regards chagrins, son sourire sardonique, l'amertume de ses propos, annonçaient un conspirateur capable d'organiser un complot à lui seul, et qui n'hésiterait pas à lutter corps à corps avec le chef du gouvernement, appuyé sur le gouvernement même. Lecourbe, enfin, n'était pas courtisan; il y avait de la raideur dans son épine dorsale; il ne s'abaissait pas devant le pouvoir; et, chose étrange parmi nos militaires modernes, il préférait la liberté avec une médiocre existence, à un esclavage fondé sur la richesse, et dont les fers seraient cachés sous des cordons.

« Fournier-Sarlovèse, véritable *beau-fils* par l'élégance de ses formes, la grâce de sa figure, mettait une grande partie de sa vanité à bien tirer le pistolet, à faire des armes, à danser, à jouer de je ne sais combien d'instruments, et réunissait les folies d'un élégant petit-maître à l'impétuosité d'un brave soldat. Sa tête était efféminée; son cœur possédait les qualités du militaire : il voulait tour-à-tour plaire dans un salon et briller sur un champ de bataille. Fier et plein de franchise, il ne pouvait souffrir la simplicité extérieure de Bonaparte, parce qu'elle était la satire de sa parure efféminée. Il était devenu l'ennemi d'un grand homme; car celui-ci ne témoignait aucune estime pour les choses auxquelles lui, Sarlovèse, attachait tant de prix. Loin de dissimuler sa haine, il en faisait sans cesse parade; il persifflait le pouvoir, et, dans cette lutte inégale, il se représentait comme le type du beau essayant de triompher du laid et du mauvais goût.

« Bernadotte, enfin, supérieur en habileté et en connaissances militaires à Fournier-Sarlovèse, surpassait Lecourbe en mauvaise humeur, et Moreau dans tout ce qui touchait à la diplomatie. Dans un temps où le royalisme ne pouvait mener à rien, il s'accrochait à la liberté comme à l'unique chance qui pouvait le conduire à la fortune ; aussi nul n'était meilleur patriote, nul ne parlait plus haut de l'indépendance de la patrie, nul n'affichait plus de mépris pour les rois. Le résultat du 18 brumaire fut pour lui un coup de foudre. Il avait espéré que la marche des choses lui serait plus favorable. Trompé dans son attente, il chercha, par des complots obscurs, à ramener les chances de réussite qui, chaque jour, s'éloignaient davantage ; et, pour y parvenir, il commença à se rapprocher de Moreau, dont la réputation était plus populaire, et dont, en même temps, il connaissait la faiblesse de caractère.

« Tandis que, de ce côté, on pressait Moreau d'appeler aux armes, d'appeler les troupes à la rébellion par la puissance de sa voix, sa belle-mère, sa femme, étrangères à ces mouvements belliqueux, essayèrent d'obtenir par la ruse ce qu'il devenait chaque jour plus difficile d'avoir par la violence.

« La rivalité des petits États d'Italie formant la République Cisalpine, rendait presque impossible l'élection d'un chef sorti de leur sein. Melzi eût pu seul réunir la majorité des suffrages, mais il était peu capable. On parla de demander un chef à la France, et les ennemis du premier consul proposèrent Moreau, qu'on ne manquait jamais de lui opposer dans toutes les circonstances. Moreau était connu à Milan ; on l'y aimait, quoiqu'il y eût sali son nom en permettant qu'une courtisane le portât ; on connaissait sa modération et ses qualités personnelles, et l'on se reposait sur son épée de la garde du sceptre qu'on lui confierait, n'importe sous quel titre, qu'on le fît consul, président ou doge. Cet espoir exalta la belle-mère et la femme de Moreau, qui tournèrent leurs batteries de ce côté, et songèrent sérieusement à porter leur gendre et leur époux au trône de l'Italie, en le faisant chef de la République Cisalpine.

« Madame Moreau, aussi imprudente qu'ambitieuse, laissa échapper le but de ses secrètes pensées un jour que Joséphine lui demandait ce qu'elle désirerait pour son mari. J'étais présent : je fus plus frappé de ce qu'elle venait de dire que l'épouse du premier consul elle-même ; et dès que je pus me rapprocher de Bonaparte, je lui contai ce que j'avais entendu : « Ah ! me dit-il avec un sourire malin, notre ami voudrait tâter
« de la souveraine puissance ! Qu'en fera-t-il ? Elle ne tarderait guère à tom-
« ber en quenouille, à moins que quelques intrigants ne fussent là pour
« la ramasser. Non, pardieu ! je ne lui donnerai pas l'Italie. Il faut abso-
« lument que ce beau pays suive en tout la destinée de la France. »

« Ainsi averti, le premier consul pressa la conclusion et parvint sans peine à se faire accorder ce que la famille Moreau convoitait pour ce dernier. La colère qu'on ressentit dans cette maison d'un tel désappointement, fut excessive ; la colère est mauvaise conseillère, elle amena des imprudences dont les fâcheux résultats éclatèrent deux ans après.

« Cet incident éleva de nouveaux nuages entre le château des Tuileries et la maison du général Moreau. La mésintelligence ne tarda pas à éclater ouvertement. Le nombre des officiers de tout grade qui affluaient dans les salons du général Moreau, faisait le désespoir de la famille de Bonaparte, qui, composée en partie de femmes, avait apporté à Paris toutes les petitesses d'une ville de province. On commérait chez madame veuve Bonaparte, comme on avait jadis comméré à Ajaccio. Les trois sœurs du premier consul s'inquiétaient beaucoup de ce qui se faisait chez les autres, et les caquets, les conjectures, les rapports, les exagérations troublaient souvent la paix de cet intérieur. La femme du Premier Consul, quoiqu'elle eût reçu une éducation supérieure, et quoiqu'elle eût de tout temps occupé un rang plus relevé dans le monde, ne haïssait pas non plus ce genre de causerie : de sorte qu'on épiloguait dans un cercle intime tout ce qui se faisait ailleurs ; on aigrissait ainsi le Premier Consul, qui se défendait mal des impressions de son entourage.

« Dans le mois de janvier 1803, Moreau donna un bal auquel il invita la famille Bonaparte. Les femmes qui la composaient se réunirent en congrès chez madame Lætitia, et là, après un colloque très-animé et le rapport de tous les griefs possibles, fondés sur de petites malices, de petites méchancetés, des propos, des picoteries de salon, il fut solennellement décidé qu'on ne paraîtrait pas à cette fête : ce fut là un véritable coup d'État.

« On chargea madame Bacchiochi d'en apprendre le résultat au Premier Consul, qu'on s'était bien gardé d'appeler à la réunion secrète. D'abord il ne partageait pas cet avis et voulait aller chez Moreau ; la manifestation de son désir amena une véritable scène de tragédie. On pleura d'un côté, on soupira de l'autre. Caroline (madame Murat) déclarait, avec une mutinerie charmante, qu'elle ne se déshonorerait pas en mettant les pieds dans un lieu où on la détestait. La jeune et toute jolie Hortense Beauharnais jurait de renoncer au plaisir qu'elle était certaine de trouver dans une fête, plutôt que de se rapprocher de l'altière madame Moreau.

Joséphine seule penchait à suivre l'avis de son époux ; mais voilà que survint Madame Lætitia, qui, gourmandant son fils avec rudesse, moitié en français, moitié en patois corse, lui lava si bien la tête, que le vainqueur des Pyramides et de Marengo ne prolongea plus la résistance. Il se laissa battre complètement, accoutumé qu'il était à des défaites en famille. On n'alla donc pas au bal en question, et je dois dire que jamais évènement politique ne fit une pareille impression sur la société de Paris. Les Moreau en furent indignés; ils se répandirent en plaintes amères à l'occasion de cet affront; les esprits se partagèrent, et les femmes convinrent unanimement que la paix publique ne tarderait pas à être troublée, puisqu'un bal n'avait pas réuni les plus grandes rivalités.

« Moreau, outragé, fit retentir Paris de ses plaintes : on eût dit qu'on l'avait insulté dans sa gloire militaire. Peu à peu, cependant, la vivacité de ses murmures diminua; il redevint taciturne et morne, se laissant aller peut-être davantage à sa haine, qui n'en fut que plus active lorsqu'il sut la dissimuler mieux. Un an après, il se rapprochait de Pichegru et entrait dans la conspiration de Georges. »

NOTE 5 (PAGE 419).

Voici comment le duc de Rovigo (Savary), l'un des acteurs de cette scène sanglante, s'exprime à ce sujet dans ses *Mémoires* :

« On commençait à être assez généralement d'accord sur la vraie source de cette entreprise, et l'on était fort impatient d'arriver à la découverte du personnage mystérieux, qui n'était encore qu'un sujet de conjectures, et dont la connaissance devait fixer toutes les opinions. Chacun cherchait, se creusait la tête, sans pouvoir fixer ses idées; grands et petits, chacun montrait son dévouement. Le Premier Consul était peut-être de tous, celui qui s'abandonnait le moins à son imagination. Il ne cessait de répéter que ce n'était pas à lui à découvrir la trame qui le menaçait. C'est, je crois, de ce moment que datent les combinaisons de quelques hommes décidés à exploiter cette circonstance à leur profit. De toutes les conjectures qu'on lui soumit, celle qui parut le frapper le plus est la suivante. Elle était tout à la fois vraisemblable et perfide. On lui dit que le parti de la révolution pouvait, tout aussi bien que la maison de Bourbon, profiter du coup que méditait Georges. Celle-ci n'avait sûrement pas manqué de prendre ses mesures pour contenir les jacobins, elle avait infailliblement envoyé sur les lieux quelqu'un de ses membres pour rallier tout le monde, aussitôt que le coup aurait été porté ; le membre ajoutait-on, ne serait-il pas le personnage mystérieux qui s'était montré chez Georges, et non chez Moreau, peu traitable alors dès qu'on attaquait le républicanisme ?

« Ce raisonnement n'était pas dépourvu de justesse. On fit l'appel de tous les princes de la maison de Bourbon.

« Le signalement donné par les gens de Georges ne se rapportait ni à l'âge du comte d'Artois, ni au physique du duc de Berry. Les hommes de Georges, qui le connaissaient personnellement, disaient d'ailleurs que ce n'était pas lui.

« Le duc d'Angoulême était à Mittau avec le roi. On savait le duc de Bourbon à Londres. On en vint naturellement au duc d'Enghien, qui résidait à Ettenheim, sur la rive droite du Rhin. La proximité de la résidence, la résolution de son caractère, n'avaient pas échappé à ceux qui appelèrent l'attention sur lui. On le nomma aux gens de Georges, mais ils ne le connaissaient pas. Leur déclaration ne fit qu'irriter la curiosité. On avait perdu la trace du duc d'Enghien depuis le traité de Lunéville ; on n'avait même eu aucun motif de s'occuper de lui. On ne savait s'il avait continué de résider à Ettenheim.

« Le ministre des relations extérieures, par qui arrivaient à cette époque toutes les informations du dehors, n'avait pas lui-même sur ce prince de renseignements plus positifs que ceux qu'avait fournis Méhée. Le Premier Consul ne cacha pas l'étonnement qu'une telle ignorance lui causait, et ordonna d'envoyer sur les lieux s'informer de ce qu'avait fait M. le duc d'Enghien depuis six mois.

« M. Réal, chargé de cette opération, alla lui-même, pour éviter toute équivoque, expliquer au premier inspecteur de gendarmerie les intentions du Premier Consul. L'inspecteur fit choix d'un officier de ses bureaux, auquel il donna des instructions conformes à celles qu'il venait de recevoir. Le malheureux officier se coiffe de l'idée que le duc d'Enghien est le personnage que l'on cherche, et se croit chargé de constater ce qu'il ne devait qu'approfondir. Il avait pris sa mission à contre-sens ; il jugea de travers.

« Il est néanmoins juste de convenir que cet officier put apprendre à Ettenheim ou ailleurs que le duc d'Enghien venait presque toutes les semaines au spectacle à Strasbourg, fait qui m'a été attesté par une personne qui était au service de ce prince à l'époque de son enlèvement[1].

---

[1] « Un officier de M. le duc de Bourbon, qui était à cette époque attaché au duc d'Enghien,

On sera parti de là pour conclure qu'il était attiré à Strasbourg par quelque chose de plus important qu'un spectacle, et que d'ailleurs, s'il s'exposait à tant de dangers pour une satisfaction de cette espèce, les périls ne l'arrêteraient pas lorsqu'il s'agirait d'un intérêt plus grand. On a même assuré que, sous le Directoire, il était venu jusqu'à Paris, et que ce fut Bernadotte, alors ministre de la guerre, qui le fit avertir de se sauver. Le ministre des relations extérieures devait savoir à quoi s'en tenir sur tout cela ; quant au Premier Consul, il était en Égypte à cette époque.

« L'officier arrivé de Paris à Ettenheim observe, questionne, apprend que le duc d'Enghien vivait plus que modestement. Depuis que des émigrés étaient revenus dans ses environs, le prince en recevait plusieurs ; il les invitait à dîner, peut-être même leur donnait-il quelque argent : il n'y avait rien là qui pût porter ombrage. Il aimait la chasse, avait une liaison de cœur avec une dame française qui partageait son exil, et faisait fréquemment des absences qui duraient plusieurs jours. On le conçoit quand on sait ce que c'est que la passion de la chasse, et qu'on connaît les montagnes de la forêt Noire.

« L'observateur envisagea la chose sous un autre aspect ; il ne crut ni à la chasse ni aux affections du prince, et accourut à Paris avec un rapport dans lequel il déclarait que le duc d'Enghien menait une vie mystérieuse, qu'il voyait souvent des émigrés, qu'il les défrayait, qu'il faisait souvent des absences de huit, dix et douze jours, sans que l'on sût où il allait.

« Le rapport dont je viens de parler ne pouvait manquer de produire son effet. Lorsque le premier inspecteur de la gendarmerie le reçut, il le porta lui-même au Premier Consul, au lieu de le remettre à M. Réal, que cela regardait particulièrement. L'on témoigna même de la surprise à celui-ci de ce qu'il ne savait pas un mot de la manière de vivre du duc d'Enghien ; le Premier Consul, qui témoignait cet étonnement, ne se rappelait sans doute plus l'ordre qu'il avait donné à M. Réal pour le premier inspecteur de la gendarmerie, et ne considérait pas que le rapport que celui-ci venait de lui faire était la conséquence de l'ordre qui lui avait été transmis par M. Réal.

a contesté cette assertion. Je ne cherche pas les motifs qui l'ont fait agir ; quant à moi, je n'avais d'autre intérêt en la notant, que celui de la vérité historique, qui était loin d'accuser le courage de M. le duc d'Enghien. Au reste, ce prince a bien pu faire un mystère à ses officiers de quelques démarches qu'il ne cachait pas à ses domestiques. Je persiste donc, parce que celui qui m'a rapporté le fait est digne de foi, et sûrement connu de mon réfutateur. Un Strasbourgeois m'a même assuré qu'il était notoire dans ce temps, à Strasbourg, que l'on s'y prêtait à des facilités pour laisser repasser le duc d'Enghien le soir par la citadelle, et regagner le pont du Rhin. »

On avait fait, entre autres, ce calcul-ci au Premier Consul : il faut soixante heures pour venir d'Ettenheim à Paris, en passant le Rhin au bac de Rhinan, et soixante pour retourner ; cela fait cinq jours, et au moins cinq jours pour rester à Paris à tout observer et diriger, voilà l'emploi des absences du duc d'Enghien et l'intervalle des visites mystérieuses faites chez Georges qui sont expliquées. Cette coïncidence fut funeste au duc d'Enghien.

M. Réal avait répondu à la question de surprise sur l'ignorance où était la police, qu'elle attendait le rapport de la gendarmerie. « Eh bien ! dit le « Premier Consul, c'est précisément elle qui m'apprend cela ainsi que le « préfet de Strasbourg. Au reste, j'ai donné l'ordre qu'on enlevât le duc « d'Enghien avec tous ses papiers ; ceci passe la plaisanterie ; venir d'Et« tenheim à Paris pour y organiser un assassinat, et se croire bien en « sûreté parce que l'on est derrière le Rhin ! je serais trop simple de le « souffrir. »

Toutefois, le Premier Consul ne s'était pas décidé seul à l'enlèvement du duc d'Enghien ; il avait assemblé un conseil composé des trois consuls, du ministre des relations extérieures, du grand-juge, et de M. Fouché, qui n'était plus que sénateur, mais qui se donnait beaucoup de mouvement pour remonter au ministère.

Dans ce conseil, le grand-juge fit l'exposé de l'état de situation de la conspiration quant à l'intérieur ; le ministre des relations étrangères lut ensuite un grand rapport sur les ramifications des conjurés à l'extérieur, dans lequel étaient détaillées toutes les folies de Dracke, extraites du rapport de Méhée, et appuyées de quelques correspondances officieuses concernant les émigrés qui habitaient l'électorat de Baden ; ce rapport finissait par la proposition d'enlever M. le duc d'Enghien de vive force et d'en finir.

« M. le duc Cambacérès, de qui je tiens ces détails, et que je n'ai pas dû nommer de son vivant, m'a ajouté qu'il avait fait une violente objection à la proposition de l'enlèvement de vive force, observant que, puisque le duc d'Enghien venait quelquefois sur le territoire, ainsi qu'on le disait, il était plus simple de lui tendre un piège et de lui appliquer la loi sur les émigrés ; à quoi on lui avait répondu : « Parbleu ! vous nous la « donnez belle ; après que les journaux ont été remplis des détails de « cette affaire, vous croyez qu'il donnera dans un piège ; » et il persista dans les conclusions de son rapport [1].

---

[1] « Je sais que, depuis la mort de M. le duc de Cambacérès, on se donne beaucoup de mouvement pour faire supprimer cette circonstance, qui est rapportée dans ses mémoires manuscrits ; mais il n'en est pas moins vrai qu'elle y est telle que je viens de la citer, et assurément, s'il eût vécu, il n'aurait fait aucun sacrifice à celui qui est le plus intéressé à la faire disparaître. »

« On se mit à parler longtemps sur cette matière après cette discussion ; le Premier Consul demanda les voix qui s'étaient réunies à l'opinion du ministre des relations, et, quittant le conseil, il passa dans son cabinet, où il dicta à son secrétaire les ordres nécessaires pour l'enlèvement de M. le duc d'Enghien. Le ministre de la guerre ordonna, en conséquence, au colonel des grenadiers à cheval, de se rendre à Neufbrissac, et, après s'y être abouché avec la gendarmerie qui avait été mise à sa disposition, de prendre un détachement de la cavalerie de la garnison, de passer le Rhin au bac de Rhinan, de se porter rapidement à Ettenheim, à la demeure du duc d'Enghien, de le constituer prisonnier, et de l'envoyer à Paris avec tous ses papiers, espérant que l'on y trouverait des renseignements utiles sur les relations qu'il devait avoir eues avec cette conspiration.

« Cet ordre fut ponctuellement exécuté, et, pour prévenir les représentations que ne manquerait pas de faire l'électeur de Baden, on lui signifia qu'il eût à éloigner sur-le-champ cette troupe d'émigrés qui avait reparu sur les bords du Rhin.

« Le duc d'Enghien fut arrêté le 15 mars et conduit le même jour à la citadelle de Strasbourg, où il resta jusqu'au 18, qu'il partit pour Paris sous l'escorte de la gendarmerie. Il y arriva le 20 mars, vers onze heures du matin ; sa voiture, après avoir été retenue à la barrière jusqu'à quatre heures du soir, fut conduite par les boulevarts extérieurs à Vincennes, où ce prince fut constitué prisonnier.

« Je venais d'arriver à Paris depuis deux ou trois jours, de retour de ma mission de Dieppe, qui avait duré deux mois, et je me trouvais de service à la Malmaison, quand le duc d'Enghien arriva à Paris. J'avais observé que, contre son habitude ordinaire, le ministre des relations extérieures était venu ce jour-là chez le Premier Consul vers midi ; j'en fis la remarque, parce que c'était ordinairement le soir très-tard que ses visites avaient lieu. Vers cinq heures du soir du même jour, je fus appelé dans le cabinet du Premier Consul, et je reçus de lui une lettre cachetée, avec l'ordre de la porter au gouverneur de Paris, alors le général Murat. En arrivant chez celui-ci, je me croisai sous la porte avec le ministre des relations extérieures qui en sortait. Le général Murat, qui était indisposé au point de ne pouvoir marcher, me dit que cela suffisait, et qu'il allait m'envoyer les ordres qui me concernaient.

« Je ne savais pas à quoi ces ordres pouvaient avoir trait, et j'étais loin d'être au fait de ce qui touchait le duc d'Enghien, dont le nom avait à peine été prononcé à l'arrivée d'une dépêche télégraphique au moment de son départ de Strasbourg ; je croyais retourner à la Malmaison, lorsque je reçus l'ordre de prendre sous mon commandement une brigade d'infanterie qui devait être réunie le même soir à la barrière Saint-Antoine, et d'être rendu avec elle à Vincennes à la nuit.

« La gendarmerie d'élite, dont j'étais colonel, et qui alors ne faisait pas partie de la garde, mais qui appartenait à la garnison de Paris, avait reçu du gouvernement l'ordre d'envoyer son infanterie et un fort détachement de sa cavalerie, pour tenir garnison à Vincennes. A cette époque, ce château était un bâtiment abandonné et dans le dernier état de vétusté. Le double de cet ordre m'avait été envoyé, et, pour que ma légion fût en état de s'y conformer, je courus moi-même à sa caserne pour faire consigner tout le monde, car il était précisément l'heure à laquelle les officiers, ainsi que les gendarmes, sortaient pour leur distraction, et ne devaient plus rentrer qu'à l'heure de l'appel après la retraite.

« Je me rendis ensuite à Vincennes, où j'entrais pour la première fois ; il faisait nuit, je ne voyais pas de place pour établir la gendarmerie qui arrivait, ainsi que la brigade qui devait la suivre. Néanmoins je fis entrer la première par la porte du château, et la postai dans la cour, avec défense de laisser communiquer avec le dehors sous quelque prétexte que ce fût : je portai ensuite l'infanterie de la garnison sur l'esplanade, du côté du parc.

« Les casernes de Paris sont situées dans des quartiers éloignés les uns des autres; quelques uns des corps qui reçurent l'ordre de marcher dans cette circonstance, eurent à traverser la ville dans des points opposés et très-distants de la barrière du trône. Cet éloignement fut cause qu'ils n'arrivèrent à Vincennes qu'après trois heures du matin, parce qu'il était déjà tard quand les ordres de leur départ étaient parvenus à leurs casernes.

« Ce fut pendant que j'étais occupé du soin de placer toutes ces troupes, qu'arrivèrent le président de la commission militaire, ainsi que les juges qui devaient la composer. Je venais d'apprendre, depuis que j'étais à Vincennes, que le duc d'Enghien y était arrivé à cinq heures de l'après-midi, escorté par la gendarmerie de Strasbourg que je vis encore au château. Sans cela, j'aurais cru fermement qu'il avait été trouvé dans une cachette de Paris, ainsi que les compagnons de Georges, et j'étais fort curieux de savoir ce qu'il allait dire.

« Le duc d'Enghien fut interrogé par le capitaine-rapporteur, avant que la commission se réunît en séance. Cet interrogatoire dut avoir lieu sur les matériaux qui avaient été transmis à la commission, c'est-à-dire sur le rapport de l'officier qui avait été observer le prince à Ettenheim. J'avais cru que j'en avais été porteur dans la lettre que le Premier Consul m'avait remise pour Murat ; mais je m'étais trompé, comme on le verra à la fin de ce volume, d'après ce que dit le général Hullin lui-même.

« La commission militaire, qu'aucune exagération de principes n'avait fait choisir pour remplir ces fonctions, n'était composée que des colonels des régiments de la garnison de Paris, et elle était présidée par leur chef naturel, le commandant de la place.

« Cette commission ne savait pas un mot de la révélation des gens de Georges, qui avaient amené la circonstance où l'on se trouvait. Elle partageait individuellement l'indignation générale contre le projet d'assassinat du Premier Consul, et contre tous ceux qui y avaient pris part; elle n'ignorait pas l'opinion à laquelle on était le plus généralement arrêté, qui était que Georges ne travaillait que sous la direction d'un prince qui devait se faire connaître après que le coup serait porté. La position de résidence du duc d'Enghien, les voyages qu'on disait qu'il avait faits jusqu'à Paris, où on assurait même qu'il était venu récemment, portaient à penser qu'il devait être le directeur de Georges, et conséquemment la disposition des esprits était loin de lui être favorable.

« La commission s'assembla dans une des grandes pièces de la partie habitée du château, c'est-à-dire le bâtiment au-dessus de la porte d'entrée du côté du parc.

« Elle ne fut point mystérieuse, comme l'ont prétendu ceux qui ont écrit sur ce point d'histoire ; elle fut publique pour tout ce qui pouvait venir à cette heure-là, et il fallait bien qu'il y eût du monde, puisqu'ayant été retenu au-dehors par le soin de placer mes troupes, ce qui m'inquiétait assez en voyant la gravité de la circonstance où je me trouvais, je ne pus arriver qu'un des derniers dans la salle où siégeait la commission. J'eus même assez de peine à parvenir jusque derrière le président, où je voulais d'abord me placer pour mieux voir, et ensuite parce que, transi de froid par la nuit que j'avais passée au milieu des troupes, je voulais me chauffer à un grand feu qui était allumé à une cheminée devant laquelle était placé le fauteuil du général Hullin. Voilà comment je me trouvai, pendant quelques instants seulement, assis derrière lui durant la séance de la commission.

« Quand j'y parvins, la lecture de l'interrogatoire était déjà faite, la discussion déjà entamée et fort échauffée. Le duc d'Enghien avait même déjà répondu vivement, de manière à laisser voir qu'il ne se doutait nullement du danger de sa position.

« Monsieur, lui dit le président, vous ne me paraissez pas connaître
« votre situation, ou bien vous ne voulez pas répondre aux questions que
« je vous adresse. Vous vous renfermez dans votre naissance, que vous
« prenez soin de nous rappeler ; vous feriez mieux d'adopter un autre sys-
« tème de défense. Je ne veux pas abuser de votre position, mais remar-
« quez que je vous fais des questions positives, et qu'au lieu d'y répon-
« dre, vous me parlez d'autre chose. Prenez-y garde, ceci pourrait deve-

« nir sérieux. Comment pourrez-vous espérer de nous persuader que vous
« ignoriez, aussi complètement que vous le dites, ce qui se passait en
« France, lorsque non-seulement le pays que vous habitiez, mais le
« monde entier en est instruit? Et comment pourrez-vous me persuader
« qu'avec votre naissance vous étiez indifférent à des évènements dont
« toutes les conséquences devaient être pour vous? Il y a trop d'invrai-
« semblance à cela pour que je ne vous en fasse pas l'observation : je vous
« engage à y réfléchir, afin d'avoir d'autres moyens de défense. »

« J'ai écrit ces paroles du président le lendemain même, et c'est par
ménagement que je n'en ai pas parlé dans l'écrit que j'ai publié à la fin
d'octobre 1823.

« Le duc d'Enghien, après un moment de silence, répondit d'un ton
grave : « Monsieur, je vous comprends très-bien, mon intention n'était
« pas d'y rester indifférent; j'avais demandé à l'Angleterre du service
« dans ses armées, et elle m'avait fait répondre qu'elle ne pouvait m'en
« donner, mais que j'eusse à rester sur le Rhin, où incessamment j'aurais
« un rôle à jouer; et j'attendais. Monsieur, je n'ai plus rien à vous
« dire[1]. »

Telle fut la réponse du duc d'Enghien; je l'ai écrite à l'instant même :
j'ai écrit celle-ci de mémoire longtemps après, mais je ne crois pas en
avoir oublié une seule syllabe. Si elle n'est pas à son procès, c'est assurément parce qu'on l'aura soustraite ou bien qu'on a négligé de la recueillir.

J'ai eu occasion de m'assurer moi-même que l'on avait enlevé des archives du Palais-de-Justice les prétendues pièces criminelles sur lesquelles on avait prononcé la condamnation de la reine de France, au point
que le dossier de ce procès est réduit à quelques chiffons de papiers dé-
risoires; et j'ai su que, pendant les premiers jours de la restauration de
1814, les archives impériales ont été fouillées pendant plusieurs jours par
des affidés de ceux qui avaient grand intérêt à faire disparaître des pièces
qui, sans doute, eussent pu compromettre la sûreté de leur nouvelle position.

On a exécuté cette fouille avec tant de soin, que les archives des relations extérieures, ainsi que celles du gouvernement, n'offrent pas une

---

[1] « En quittant *le Bellérophon* dans la rade de Plymouth, en 1815, j'ai été transporté à bord
de la frégate *l'Eurotas*, pour être conduit comme prisonnier à Malte.

« Le capitaine de cette frégate était un M. de Lilycrap : pendant la traversée, il m'a raconté
souvent qu'il avait été employé près de Dracke, sur les bords du Rhin, à cette époque; qu'il avait
été envoyé par lui en tous sens, dans toutes les petites cours d'Allemagne, près des émigrés à
Offembourg, et à Ettenheim chez M. le duc d'Enghien.

« Il pestait encore de rage contre Méhée qui, disait-il, les avait si complètement joués. »

trace de cet évènement, qui cependant a été le sujet d'une correspondance avec les cours étrangères.

« Avant son dernier aveu, le duc d'Enghien avait fait la déclaration qu'il recevait un traitement de l'Angleterre; mais il s'était exprimé de telle sorte, qu'on pouvait croire qu'au lieu de sommes destinées à défrayer sa maison, c'était un argent corrupteur qu'il avait reçu. Aucun des juges ne pouvant connaître la position financière du prince, cette dernière déclaration aggrava les préventions qu'on avait déjà contre lui. On assimila cet argent à celui qu'on avait trouvé sur Georges, et la fatalité voulut que toutes les portes de salut se fermassent ainsi devant le prince.

« Après la dernière réponse du duc d'Enghien, le président de la commission prononça la clôture de la discussion, et ordonna qu'on fît sortir de la salle tous ceux qui avaient assisté aux débats. La commission se forma en conseil pour délibérer.

« Je me retirai comme les autres, et je fus, ainsi que divers officiers qui avaient assisté à la séance, rejoindre les troupes qui étaient sur l'esplanade du château.

« Je ne saurais dire au juste combien de temps la commission resta à délibérer, mais ce ne fut que deux heures après l'évacuation de la salle que le commandant de l'infanterie de ma légion, qui était postée dans la cour du château, vint m'annoncer que la commission venait de rendre un jugement, et qu'on requérait un piquet pour son exécution. Je lui recommandai, comme d'usage en pareil cas, de le placer de manière à prévenir tout accident. La position qui lui parut remplir le plus complètement ce but, fut un spacieux fossé du château.

« Pendant que cet officier prenait ses dispositions, je fis mettre les troupes sous les armes, et leur annonçai le jugement que la commission venait de rendre, et qu'elles allaient assister à son exécution.

« Pendant ce temps, on avait fait descendre le duc d'Enghien par l'escalier de la tour d'entrée, du côté du parc. On lui lut sa sentence, et l'exécution suivit de près. Il était alors à peu près six heures du matin.

« Je pris aussitôt les ordres du président de la commission militaire, pour renvoyer les troupes à leurs casernes......

« Je me rendis à la Malmaison pour rendre compte au Premier Consul de ce qui s'était passé à Vincennes.

« Il me fit entrer aussitôt et parut m'écouter avec la plus grande surprise. Il ne concevait pas pourquoi on avait jugé avant l'arrivée de Réal, auquel il avait donné ordre de se rendre à Vincennes pour interroger le prisonnier. Il me fixait avec des yeux de lynx et disait : « Il y a là quel-
« que chose que je ne comprends pas. Que la commission ait prononcé

« sur l'aveu du duc d'Enghien, cela ne me surprend pas... Mais enfin, on n'a eu cet aveu qu'en procédant au jugement qui ne devait avoir lieu qu'après que M. Réal l'aurait interrogé sur un point qu'il nous importe d'éclaircir; » puis il répétait encore : « Il y a quelque chose qui me surpasse... Voilà un crime, et qui ne mène à rien. »

« M. Réal eut ensuite avec le Premier Consul un entretien dont je ne fus pas témoin.

« La nouvelle de ce jugement fit une grande sensation dans Paris ; les uns l'approuvaient, et disaient hautement que le duc d'Enghien s'était fait le chef des corps d'émigrés, et que toutes les conspirations contre la vie du Premier Consul avaient été faites dans son seul intérêt; les autres désapprouvaient et demandaient en quoi cette exécution consolidait la puissance consulaire; ceux-ci la qualifiaient d'assassinat et de crime inutile, ceux-là d'acte de tyrannie sanguinaire. Chacun raisonnait et déraisonnait à plaisir ; au milieu de cette manifestation de toutes les opinions, le gouvernement seul restait silencieux. Soit que cette conduite parût plus convenable à sa dignité, soit qu'au moment de s'engager dans une nouvelle guerre, il craignît de faire connaître que les germes des discordes civiles n'étaient pas détruits en France, et qu'ils présentaient encore des chances à des esprits mécontents et audacieux.

« Tant que j'ai cru que ces motifs étaient ceux qui avaient décidé le plan de conduite adopté par le gouvernement, j'avoue que je l'ai regardé comme mauvais, parce que la méchanceté s'en prévalait et nuisait davantage, par ses interprétations, que n'eussent pu le faire toutes les conséquences de la plus grande publicité. Ce n'est que longtemps après que j'ai su que le Premier Consul avait donné les ordres les plus sévères de garder le silence. Ses instructions avaient été transgressées; il était mécontent de ce qui avait été fait, mais il ne voulait pas sévir contre des hommes qui avaient péché par excès de zèle, et qui sans doute avaient cru le servir.

« La malveillance eut beau jeu à s'exercer. Elle répandit mille contes absurdes sur les circonstances de la mort du duc d'Enghien. On a été jusqu'à imaginer de parler d'une lanterne qu'on lui aurait fait attacher sur la poitrine, sans réfléchir que le 21 mars, le soleil se lève à six heures et qu'il fait jour à cinq heures. On dit aussi qu'on avait refusé au prince de lui faire venir un prêtre, sans réfléchir qu'alors les ministres du culte étaient fort rares, et qu'il est plus que probable que la cure de Vincennes était sans pasteur. Les animosités de parti ont inventé une foule de détails aussi bien circonstanciés et tout aussi plausibles que ceux dont je viens de parler, mais dont il est fort inutile de charger ces pages, parce que le temps et le bon sens en ont fait bonne et complète justice.

« On a dit que madame Bonaparte s'était jetée aux genoux du Premier Consul pour lui demander la grâce du duc d'Enghien, et qu'elle lui avait été refusée. Non-seulement ce fait est faux, mais il est hors de toute vraisemblance. Jusqu'à mon retour à la Malmaison, non-seulement madame Bonaparte ignorait, comme tout le monde, le résultat de la commission, mais encore elle ne pouvait rien conjecturer avant que M. Réal eût constaté dans le duc d'Enghien l'identité de la personne désignée par les révélations des subordonnés de Georges.

« Ce n'est pas que je veuille dire que madame Bonaparte n'aurait pas fait des prières en faveur d'un malheureux ; certes, la bonté bien connue de son cœur l'eût portée à faire cette demande, et elle connaissait assez l'humanité du Premier Consul pour espérer qu'il se laisserait aller à user d'une clémence qui, d'ailleurs, était dans les intérêts de sa politique.

« On a cherché à profiter de cette affaire pour soulever l'opinion contre le Premier Consul. On rivalisait d'efforts, parce qu'on pensait servir par là les intérêts d'un parti qui combattait la révolution et qui cherchait à obscurcir sa gloire. C'est tout simple, ceux qui perdent la partie trouvent toujours une consolation à dire qu'on les a trompés.

« Cependant, peu de mois s'étaient écoulés, qu'on put remarquer que ceux qui s'étaient montrés les plus acharnés, se pressaient en foule dans les antichambres de l'empereur; et certes elles en ont été remplies tant que dura sa prospérité. Cette conduite de leur part donne tout au moins le droit de penser qu'ils ont reconnu plus tard que les ordres du Premier Consul avaient été transgressés, et que sa conduite n'avait pas été si répréhensible qu'ils l'avaient pensé d'abord. Peut-être bien aussi ont-ils espéré que l'empereur ne se souviendrait pas des injures faites au Premier Consul.

« Si on examine de sang-froid la part que le chef du gouvernement a eue à ce tragique évènement, on ne peut se refuser à admettre les remarques suivantes :

« Le but de l'entreprise de Georges n'était pas plus douteux que son point de départ. En moins de deux années, c'était la troisième tentative contre la vie du Premier Consul. Cette fois ce n'était pas à commettre ce seul attentat que devaient se borner les conspirateurs : ils ne tendaient à rien moins qu'à renverser la révolution de fond en comble et à rallumer la guerre civile au moment moment même où la France allait avoir une guerre extérieure à soutenir.

« On aiguisait les poignards contre le chef du gouvernement ; on venait des pays étrangers pour le frapper au milieu d'une nation dont il défendait l'indépendance, et contre laquelle on conspirait bien autant que contre lui ; à quel titre devait-on exiger qu'il respectât un droit que l'on méconnaissait envers lui? Et quand, pour attenter à ses jours, on employait les moyens en dehors des droits des nations et de la morale, fallait-il donc qu'il se renfermât seul dans des bornes qu'on n'avait pas hésité à franchir?

« Et d'ailleurs, le Premier Consul n'était-il pas responsable envers tous les intérêts politiques, placés en quelque sorte sur sa tête? Qu'eût-on pensé de la solidité d'un gouvernement dont le chef eût manqué de fermeté dans une pareille circonstance?

« Telles furent peut-être les pensées du Premier Consul; mais on lui en a prêté de bien différentes. Les uns ont dit qu'en frappant le duc d'Enghien, il avait eu pour but d'effrayer les princes de la maison de Bourbon, et de dissoudre d'un seul coup tous les corps d'émigrés qui menaçaient la frontière. Les autres ont dit que son seul but avait été de donner des garanties au parti jacobin. Aux premiers, je répondrai que le vainqueur de Marengo comptait sur son épée pour disperser ses ennemis; et je demanderai aux seconds si les jacobins étaient à craindre après le 18 brumaire, et si ce jour, qui a été le premier de la puissance du Premier Consul, n'a pas été le dernier de la leur. Ils imploraient déjà sa protection toute puissante; quelle garantie avait-il donc besoin de leur donner!

« On a dit aussi que le Premier Consul avait eu un intérêt personnel, direct, à se défaire d'un prince auquel il savait un caractère ferme et entreprenant. Raisonner de la sorte, c'est admettre que le Premier Consul n'ait pas rejeté la proposition d'un crime. Mais alors, au lieu de faire tant d'éclat à Paris, on pouvait arriver à ce but plus sûrement et sans bruit, à une partie de chasse de l'autre côté du Rhin, ou même à Ettenheim. On n'eût pas manqué d'assassins si on en eût cherché; on n'eût même paru qu'user de représailles. N'eût-ce pas été combattre avec les mêmes armes que celles qu'on n'avait pas rougi d'employer plusieurs fois contre lui!

« Il ignorait l'existence du duc d'Enghien; il savait beaucoup mieux les noms des généraux qu'il avait combattus que ceux de la famille qui avait régné en France. On le lui signala comme le chef du parti de Georges, il consentit à son enlèvement. L'histoire jugera le reste. »

(*Mémoires du duc de Rovigo*, t. II, p. 47 et suiv.)

Voici maintenant comment le grand captif de Sainte-Hélène se justifiait lui-même :

« Cet évènement, dit Las-Cases, avait dans le temps frappé mon esprit, ainsi que toute la masse de Paris : peut-être l'avais-je ressenti plus vivement encore, pour mon propre compte, à cause des principes de mon enfance, des habitudes, des relations de ma jeunesse, de la ligne de mes opinions politiques ; car alors j'étais loin encore de m'être rallié ; cette première impression m'était toujours demeurée dans toute sa force, et mes idées sur ce point étaient telles, que je n'eusse certainement pas osé prononcer le nom du prince devant l'Empereur, tant il m'eût semblé qu'il devait emporter avec soi l'idée du reproche. C'est au point que la première fois que je le lui entendis prononcer à lui-même, j'en devins rouge d'embarras. Heureusement je marchais à sa suite dans un sentier étroit, autrement il n'eût pu manquer de s'en apercevoir. Néanmoins, en dépit de toutes ces dispositions de ma part, lorsque, pour la première fois, l'Empereur développa l'ensemble de cet évènement, ses détails, ses accessoires ; lorsqu'il exposa ses divers motifs avec sa logique serrée, lumineuse, entraînante, je dois confesser que l'affaire me semblait prendre à mesure une face nouvelle. Quand il eut fini de parler, je demeurai surpris, absorbé ; je réfléchissais en silence sur mes idées antérieures, je m'en voulais d'avoir peu ou point à répondre en ce moment, et il me fallut convenir avec moi-même que je me trouvais, en effet, bien plus fort en sentiments qu'en arguments, en objections solides.

« L'Empereur traitait souvent ce sujet, ce qui m'a servi à remarquer dans sa personne des nuances caractéristiques des plus prononcées. J'ai pu voir, à cette occasion, très-distinctement en lui, et maintes fois, l'homme privé se débattant avec l'homme public, et les sentiments naturels de son cœur aux prises avec ceux de sa fierté et de la dignité de sa position. Dans l'abandon de l'intimité, il ne se montrait pas indifférent au sort du malheureux prince ; mais sitôt qu'il s'agissait du public, c'était tout autre chose. Un jour, après avoir parlé avec moi de la jeunesse et du sort de l'infortuné, il termina disant : « Et j'ai appris depuis, « mon cher, qu'il m'était favorable ; on m'a assuré qu'il ne parlait pas « de moi sans quelque admiration ; et voilà pourtant la justice distribu-« tive d'ici-bas !.... » Et ces dernières paroles furent dites avec une telle expression, tous les traits de la figure se montraient en telle harmonie avec elle, que si celui que Napoléon plaignait eût été en ce moment en son pouvoir, je suis bien sûr que, quelles qu'eussent été ses intentions ou ses actes, il eût été pardonné avec ardeur. C'est un sentiment du moment, une situation inopinée, sans doute, que je surprenais là ; et je ne pense pas qu'ils l'aient été par beaucoup : Napoléon n'en devait pas être prodigue : ce point délicat touchait de trop près à sa fierté et à la trempe spéciale de son âme ; aussi variait-il tout-à-fait ses raisonnements et ses expressions à cet égard, et cela à mesure que le cercle s'élargissait autour de lui. On vient de voir ce qu'il témoignait dans l'épanchement du tête-à-tête ; quand nous étions rassemblés entre nous, c'était déjà autre chose : cette affaire avait pu laisser en lui des regrets, disait-il ; mais non créer des remords, pas même des scrupules. Y avait-il des étrangers ? le prince avait mérité son sort.

« L'Empereur avait coutume de considérer cette affaire sous deux rapports très-distincts : celui du droit commun ou de la justice établie, et celui du droit naturel ou des écarts de la violence. Avec nous il raisonnait volontiers, et d'ordinaire d'après le droit commun, et l'on eût dit que c'était à cause de la familiarité existante ou de sa supériorité sur nous, qu'il daignait y descendre, concluant habituellement, par son adage accoutumé : qu'on pourrait lui reprocher peut-être d'avoir été sévère, mais qu'on ne saurait l'accuser d'aucune violation de justice, parce que, bien qu'en eussent répandu la malveillance et la mauvaise foi, la calomnie et le mensonge, toutes les formes avaient été régulièrement et strictement observées.

Mais avec les étrangers, l'Empereur s'attachait presque exclusivement au droit naturel et à la haute politique. On voyait qu'il eût souffert de s'abaisser avec eux à trop faire valoir les droits de la justice ordinaire, c'eût été paraître se justifier : « Si je n'avais pas eu pour moi, contre les torts du
« coupable, les lois du pays, leur disait-il, au défaut de condamnation
« légale, il me serait resté les droits de la loi naturelle, ceux de la légi-
« time défense. Lui et les siens n'avaient d'autre but journalier que de
« m'ôter la vie ; j'étais assailli de toutes parts et à chaque instant : c'était
« des fusils à vent, des machines infernales, des complots, des embûches
« de toute espèce. Je m'en lassai, je saisis l'occasion de leur renvoyer la
« terreur jusque dans Londres, et cela me réussit. A compter de ce jour
« les conspirations cessèrent. Et qui pourrait y trouver à redire ? Quoi !
« journellement, à cent cinquante lieues de distance, on me portera des
« coups à mort ; aucune puissance, aucun tribunal sur la terre ne sau-
« raient m'en faire justice, et je ne rentrerais pas dans le droit naturel de
« rendre guerre pour guerre ! Quel est l'homme de sang-froid, de tant
« soit peu de jugement et de justice, qui oserait me condamner ? De quel
« côté ne jetterait-il pas le blâme, l'odieux, le crime ? Le sang appelle le
« sang ; c'est la réaction naturelle, inévitable, infaillible ; malheur à qui
« la provoque !.... Quand on s'obstine à susciter des troubles civils et des
« commotions politiques, on s'expose à en tomber victime. Il faudrait
« être niais ou forcené pour croire et imaginer, après tout, qu'une famille
« aurait l'étrange privilège d'attaquer journellement mon existence, sans
« me donner le droit de le lui rendre : elle ne saurait raisonnablement
« prétendre être au-dessus des lois pour détruire autrui, et se réclamer
« d'elles pour sa propre conservation : les chances doivent être égales.

« Je n'avais personnellement jamais rien fait à aucun d'eux ; une
« grande nation m'avait placé à sa tête ; la presque totalité de l'Europe

« avait accédé à ce choix ; mon sang, après tout, n'était pas de boue ; il
« était temps de le mettre à l'égal du leur. Qu'eût-ce donc été si j'avais
« étendu plus loin mes représailles ? Je le pouvais : j'eus plus d'une fois
« l'offre de leurs destinées ; on m'a fait proposer leurs têtes, depuis le
« premier jusqu'au dernier ; je l'ai repoussé avec horreur. Ce n'est pas
« que je le crusse injuste dans la position où ils me réduisaient ; mais je
« me trouvais si puissant, je me croyais si peu en danger, que je l'eusse
« regardé comme une basse et gratuite lâcheté. Ma grande maxime a
« toujours été, qu'en guerre comme en politique, tout mal, fût-il dans
« les règles, n'est excusable qu'autant qu'il est absolument nécessaire :
« tout ce qui est au-delà est crime.

« On aurait eu mauvaise grâce à se rejeter sur le droit des gens,
« quand on le violait si manifestement soi-même. La violation du terri-
« toire de Bade, sur laquelle on s'est tant récrié, demeure étrangère au
« fond de la question. L'inviolabilité du territoire n'a pas été imaginée
« dans l'intérêt des coupables, mais seulement dans celui de l'indépen-
« dance des peuples et de la dignité du prince. C'était donc au souverain
« de Bade seul à se plaindre, et il ne le fit pas ; qu'il ne cédât qu'à la
« violence et à son infériorité politique, nul doute ; mais encore, que
« faisait tout cela au mérite intrinsèque des machinations et des atten-
« tats dont j'avais à me plaindre, et dont je pouvais, en tout droit, me
« venger ? » Et il concluait alors que les véritables auteurs, les seuls
vrais et grands responsables de cette sanglante catastrophe, étaient,
au-dehors, précisément les auteurs, les fauteurs, les excitateurs des
assassinats tramés contre le Premier Consul : « Car, disait-il, ou ils y
« avaient fait tremper le malheureux prince, et par là ils avaient pro-
« noncé sur son sort ; ou, en ne lui en donnant pas connaissance, ils
« l'avaient laissé dormir imprudemment sur le bord du précipice, à deux
« pas de la frontière, quand on allait frapper un si grand coup au nom et
« dans les intérêts de sa famille. »

« Avec nous et dans l'intimité, l'Empereur disait que la faute, au-dedans, pourrait en être attribuée à un excès de zèle autour de lui, ou à
des vues privées, ou enfin à des intrigues mystérieuses. Il y avait été,
disait-il, poussé inopinément ; on avait, pour ainsi dire, surpris ses
idées ; on avait précipité ses mesures, enchaîné ses résultats. « J'étais
« seul un jour, racontait-il ; je me vois encore à demi assis sur la table
« où j'avais dîné, achevant de prendre mon café ; on accourt m'appren-
« dre une trame nouvelle ; on me démontre avec chaleur qu'il est temps
« de mettre un terme à de si horribles attentats ; qu'il est temps enfin de
« donner une leçon à ceux qui se sont fait une habitude journalière de
« conspirer contre ma vie ; qu'on n'en finira qu'en se lavant dans le sang

« de l'un d'entre eux ; que le duc d'Enghien devait être cette victime,
« puisqu'il pouvait être pris sur le fait, faisant partie de la conspiration
« actuelle ; qu'il avait paru à Strasbourg ; qu'on croyait même qu'il était
« venu jusqu'à Paris ; qu'il devait pénétrer par l'Est au moment de l'explo-
« sion, tandis que le duc de Berry débarquerait par l'Ouest. Or, nous
« disait l'Empereur, je ne savais pas même précisément qui était le duc
« d'Enghien ; la révolution m'avait pris bien jeune ; je n'allais point à la
« cour, j'ignorais où il se trouvait. On me satisfit sur tous ces points.
« Mais s'il en est ainsi, m'écriai-je, il faut s'en saisir et donner des ordres
« en conséquence. Tout avait été prévu d'avance ; les pièces se trouvè-
« rent toutes prêtes, il n'y eut qu'à signer ; et le sort du prince se trouva
« décidé. Il était depuis quelque temps à trois lieues du Rhin, dans les
« États de Bade. Si j'eusse connu plus tôt ce voisinage et son importance,
« je ne l'eusse pas souffert, et cet ombrage de ma part, par l'évènement,
« lui eût sauvé la vie.

« Quant aux diverses oppositions que je rencontrai, aux nombreuses
« sollicitations qui me furent faites, a-t-on répandu dans le temps, rien
« de plus faux ; on ne les a imaginées que pour me rendre plus odieux.
« Il en est de même des motifs si variés qu'on m'a prêtés ; ces motifs ont
« pu exister peut-être dans l'esprit et pour les vues particulières des
« acteurs subalternes qui y concoururent ; de ma part, il n'y a eu que la
« nature du fait en lui-même et l'énergie de mon naturel. Assurément, si
« j'eusse été instruit de certaines particularités concernant les opinions
« et le naturel du prince ; si surtout j'avais vu la lettre qu'il m'écrivit et
« qu'on ne me remit, Dieu sait par quels motifs, qu'après qu'il n'était
« plus, bien certainement j'eusse pardonné. » Et il nous était aisé de voir
que le cœur et la nature seuls dictaient ces paroles de l'Empereur, et seulement pour nous ; car il se serait senti si humilié qu'on pût croire un
instant qu'il cherchait à se décharger sur autrui, ou descendit à se justifier ; sa crainte à cet égard ou sa susceptibilité était telle, qu'en parlant à
des étrangers ou dictant sur ce sujet, pour le public, il se restreignait à
dire que s'il eût eu connaissance de la lettre du prince, peut-être lui eût-il
fait grâce, vu les grands avantages politiques qu'il en eût pu recueillir ;
et, traçant de sa main ses dernières pensées, qu'il suppose devoir être
consacrées parmi les contemporains et dans la postérité, il prononce sur
ce sujet, qu'il suppose bien être regardé comme un des plus délicats
pour sa mémoire, que si c'était à refaire, il le ferait encore ! Tel était
l'homme, la trempe de son ame, le tour de son caractère. »

NOTE 6 (PAGE 422).

On ne saurait assez flétrir, par la publicité, la politique immorale de tout gouvernement qui tendrait à substituer, au droit des gens des peuples civilisés, le droit des gens des peuples barbares. Voici le rapport relatif aux menées de Dracke et aux instructions dont le gouvernement anglais chargeait ses agents diplomatiques. Ce rapport fut présenté au Premier Consul le 1er germinal an XII, par le grand-juge ministre de la justice, Regnier.

Rapport au premier consul par le grand-juge, ministre de la justice, Regnier, du 1er germinal an XII.

« Citoyen premier Consul, je crois devoir distraire du complot infâme que bientôt la justice doit dévoiler et punir, les pièces d'une correspondance accessoire qui, dans cette grande affaire, et sous des rapports de police, n'est qu'un simple accident, mais qui, considérée politiquement, me semble propre à ouvrir les yeux de l'Europe sur le caractère de la diplomatie anglaise.

« Un ministre du gouvernement anglais est accrédité auprès d'une cour voisine de la France. L'usage, les mœurs, le droit des gens, attachent des distinctions, des prérogatives à cette place ; et ce n'est pas sans motif : l'existence d'un ministre étranger est partout destinée à constater et maintenir les liens d'amitié, de confiance et d'honneur qui unissent les États, et dont la durée fait la gloire des gouvernements et le bonheur des peuples.

« Mais tel n'est pas le but de la mission des agents diplomatiques du gouvernement anglais. Je mets sous vos yeux, citoyen Premier Consul, la correspondance directe que M. Dracke, ministre du roi d'Angleterre près la cour électorale de Bavière, entretient depuis quatre mois avec des agents envoyés, payés, dirigés par lui au sein de la République.

« Cette correspondance consiste en dix lettres originales : elles sont toutes écrites de sa main.

« Je mets également sous vos yeux les instructions que M. Dracke est chargé de distribuer à ses agents, et l'état authentique des sommes payées et des sommes promises pour récompenser et encourager des crimes que les législations les plus indulgentes punissent partout du dernier supplice.

« Ce n'est pas pour représenter son souverain que M. Dracke est venu à Munich, revêtu du titre de ministre plénipotentiaire; cette représentation n'est que le rôle apparent, le prétexte de la légation. Son véritable objet est de recevoir des agents d'intrigue, de révolte, d'assassinat, de faire une guerre de brigandage et de meurtre au gouvernement français, et enfin de blesser la neutralité et la dignité du gouvernement près lequel il réside.

« Ainsi, ostensiblement, M. Dracke est un homme public ; mais réellement il est, ses instructions en font foi, le directeur secret de la police anglaise sur le continent. Les moyens de cette police sont l'or, les séductions, les folles espérances de tous les intrigants du continent, de tous les ambitieux de l'Europe : son objet se trouve clairement exposé dans les dix-huit articles des instructions que M. Dracke fournit à tous ses agents et qui forment la première des pièces jointes à ce rapport.

« Les numéros 2, 7, 9 et 13 de ces instructions sont remarquables :

« 2. Le but principal du voyage étant le renversement du gouverne-
« ment actuel, un des moyens d'y parvenir est d'obtenir la connaissance
« des plans de l'ennemi. Pour cet effet, il est de la plus haute impor-
« tance de commencer, avant tout, par établir des correspondances sûres
« dans les différents bureaux pour avoir une connaissance exacte de
« tous les plans, soit pour l'extérieur, soit pour l'intérieur. La connais-
« sance de ces plans fournira les meilleures armes pour les déjouer, et
« le défaut de succès est un des moyens de discréditer absolument le
« gouvernement : premier pas vers le but proposé, et le plus impor-
« tant. »

« 7. On pourrait, de concert avec les associés, gagner les employés
« dans les fabriques de poudre, afin de les faire sauter quand l'occasion
« s'en présentera.

« 8. Il est surtout nécessaire de s'associer et de s'assurer de la fidélité
« de quelques imprimeurs et graveurs, pour imprimer et faire tout ce
« dont l'association aura besoin.

« 9. Il serait à désirer que l'on connût au juste l'état des partis en
« France et surtout à Paris.

« 13. Il est entendu que l'on emploiera *tous les moyens possibles* pour
« désorganiser les armées, soit au-dehors, soit au-dedans. »

« Ainsi, corrompre les administrations, établir des volcans partout où la République a des magasins de poudre, se procurer des imprimeurs et des graveurs fidèles pour en faire des faussaires, pénétrer dans le sein de tous les partis pour les armer l'un contre l'autre, et enfin soulever et désorganiser les armées, tels sont les objets effectifs de la mission de M. Dracke en Bavière.

« Mais heureusement le génie du mal n'est pas aussi puissant dans ses moyens qu'il est fécond en illusions et en projets sinistres ! S'il en était autrement, les sociétés humaines n'existeraient plus. La haine, l'astuce, l'argent, l'indifférence sur le choix des moyens, ne manquent ni à M. Dracke, ni à la politique immorale de son gouvernement. Mais il leur manque de pouvoir ébranler en France une organisation forte comme la nature, établie sur l'affection de trente millions de citoyens, cimentée par la force, par l'intérêt de tous, et animée par la sagesse et le génie du gouvernement.

« Des hommes qui ne mettent de prix qu'à l'or et qui n'ont d'habileté que pour de basses intrigues, ne sont pas capables de concevoir quelle est la consistance et le pouvoir d'un état de choses qui est le résultat de dix années de souffrances et de victoires, d'un grand concours d'évènements et de la maturité d'une noble nation, formée par les dangers et les efforts d'une guerre glorieuse et d'une terrible révolution.

« Dans ce bel ensemble de puissances et de volontés, M. Dracke ne voit que des occasions d'intrigue et des scènes d'espionnage : « Pendant « mon séjour en Italie, dit-il à ses correspondants, j'ai eu des liaisons « avec l'intérieur de la France. Il en doit être de même à présent, d'au- « tant plus que je me trouve être dans ce moment un des ministres an- « glais les moins éloignés de la frontière. »

« Tels sont ses titres pour travailler au bouleversement de la France. Ses moyens valent-ils mieux que ses titres ?

« Il y a des agences auxquelles il n'ose se fier. Ses correspondants, incertains, lui écrivent par la Suisse, par Strasbourg, par Kelh, Offembourg et Munich. Il a des subalternes dans ces villes pour soigner la sûreté de sa correspondance. Il fait usage de faux passeports, de noms de convention, d'encre sympathique. Tels sont les moyens de communication par lesquels il transmet ses idées, ses projets, ses récompenses ; et c'est par les mêmes voies qu'on l'informe des trames ourdies sous sa direction pour soulever d'abord quatre départements, y former une armée, la grossir de tous les mécontents, et renverser le gouvernement du Premier Consul.

« Sans doute ces tentatives et ces promesses sont insensées, et les vils et misérables moyens qu'on a mis en œuvre sont trop disproportionnés avec les difficultés de l'entreprise, pour qu'on doive concevoir la moindre inquiétude sur son succès ; mais ce n'est pas toujours sur des motifs de crainte et dans les vues de punir qu'agit cette politique intérieure et domestique à laquelle on a donné le nom de *police*, et dont l'objet capital n'est pas seulement de prévenir et de réprimer le crime, comme celui de la politique extérieure, et d'enchaîner l'ambition, mais encore d'ôter au vice et à la faiblesse même jusqu'aux occasions, jusqu'à la tentation de faillir.

« Dans les pays les mieux gouvernés, il y a des esprits capables d'être détournés de la ligne du devoir par une sorte de pendant naturel à l'inconstance ; dans la société la mieux organisée, il y a des hommes faibles et des hommes pervers. Il a toujours été reconnu par mes prédécesseurs que c'était remplir un devoir d'humanité de veiller sur ces hommes, non dans la vaine espérance de les rendre bons, mais pour arrêter le développement de leurs vices; et comme à cet égard toutes les nations policées ont le même intérêt à défendre et le même devoir à remplir, il a toujours été reçu, en maxime générale, qu'aucun gouvernement ne devait souffrir qu'il s'élevât nulle part une bannière autour de laquelle les hommes corrompus de tous les pays et de toutes les professions pussent se rallier, s'entendre et compléter la désorganisation générale; et, dans cette vue, ils doivent moins encore souffrir qu'il s'établisse autour d'eux une école infâme de séduction et d'embauchage, qui éprouve la fidélité, la constance, et attaque à la fois les affections et la conscience des citoyens.

« M. Dracke avait une agence à Paris; mais d'autres ministres, instruments de discordes et embaucheurs comme lui, peuvent aussi avoir des agences. M. Dracke, dans sa correspondance, dévoile tous ceux qui existent en France, par le soin même qu'il prend de nier qu'il les connaisse. Il dit dans ses lettres : « Je répète que je n'ai aucune connaissance d'au« cune autre société que la vôtre. Mais je vous répète que s'il en existe, « je ne doute nullement que vous et vos amis ne preniez toutes les me« sures convenables, non-seulement pour ne pas vous embarrasser, « mais pour vous aider mutuellement. » Et enfin, il ajoute avec une fureur grossière et digne du rôle qu'il joue : « Il importe fort peu par qui « l'animal soit terrassé ; il suffit que vous soyez tous prêts à joindre la « chasse. »

« C'est par suite de ce système que, lors de la première manifestation du complot qui, dans ce moment, occupe la justice, il écrit: « Si vous « voyez moyen de tirer d'embarras quelqu'un des associés de Georges, « ne manquez pas d'en faire usage. » Et comme dans ses disgrâces le génie du mal ne se décourage jamais, M. Dracke ne veut pas que ses amis s'abandonnent dans ce revers inattendu : « Je vous prie très-in« stamment, écrit-il, de faire imprimer et adresser sur-le-champ une « courte adresse à l'armée. Le point principal est de chercher à gagner « des partisans dans l'armée ; car je suis fermement dans l'opinion que « c'est par l'armée seule qu'on peut raisonnablement espérer d'opérer le « changement tant désiré. »

« La vanité de cette espérance est aujourd'hui hautement caractérisée par la touchante unanimité de sentiments qui ont éclaté de toutes parts au moment où on a su de quel danger la France avait été menacée.

« Mais après la tentative d'un crime dont la méditation seule est une offense contre l'humanité, dont l'exécution eût été une calamité non-seulement nationale, mais, je puis le dire, européenne, il faut à la fois une réparation pour le passé et une garantie pour l'avenir.

« Des brigands épars, isolés, en proie au besoin, sans concert, sans appui, sont partout plus faibles que la loi qui doit les punir, que la police qui doit les intimider. Mais s'il existait pour eux un moyen de s'unir, s'ils pouvaient correspondre entre eux et avec les autres brigands des autres pays, si, dans une profession, la plus honorable de toutes, puisque la tranquillité des États et l'honneur des souverains en dépendent, il y avait des hommes autorisés à se servir de toutes les facultés que leur position leur donne pour recruter partout le vice, la corruption, l'infamie, la scélératesse, et faire de ce tout ce qu'il y a de plus vil et de plus pervers dans le monde, une armée d'assassins, de révoltés, de faussaires aux ordres du plus immoral, du plus ambitieux de tous les gouvernements, il n'existerait aucun motif de sécurité en Europe pour la consistance des États, pour la morale publique, et pour la durée même des principes de la civilisation.

« Il n'appartient pas à mon ministère de discuter les moyens qui peuvent être en votre pouvoir de rassurer l'Europe, en la garantissant contre de tels dangers. Je me contente de vous informer et de vous prouver qu'il existe, à Munich, un Anglais nommé Dracke, revêtu d'un caractère diplomatique, qui, à la faveur de ce caractère et du voisinage, entretient de sourdes et criminelles menées au sein de la République, qui embauche des agents de corruption et de révolte, qui réside hors de l'enceinte de la ville, pour que ses agents puissent entrer chez lui sans scandale et sortir sans être exposés, et qui dirige et soudoie en France des hommes chargés par lui de préparer le renversement du gouvernement.

« Cette nouvelle espèce de crime, échappant par sa nature aux moyens de répression que les lois mettent en mon pouvoir, j'ai dû me borner à vous les dévoiler, en vous exposant en même temps ses sources, ses circonstances et ses suites. »

NOTE 7 (PAGE 434).

SÉNAT CONSERVATEUR.

Séance du 26 floréa an XII, présidée par le second consul (Cambacérès). — Proposition d'un sénatus-consulte organique. Orateurs du gouvernement: les conseillers d'État Portalis, Defermont et Treilhard.

Discours prononcé à l'ouverture de la séance par le consul président

« Citoyens sénateurs,

« Vous avez communiqué au Premier Consul votre pensée sur la nécessité de donner un principe de permanence à l'ordre actuel, et vous l'avez éclairé sur les circonstances qui déterminent l'urgence et l'opportunité de cette disposition.

« Avec un peu de réflexion, l'esprit occupé d'un but aussi important ne voit, pour l'atteindre, que l'établissement d'un gouvernement héréditaire.

« Votre prudence a pressenti le vœu de la nation ; elle vous a fait connaître que l'opinion était mûre pour le retour d'une institution dont la conservation nous parut nécessaire lorsque l'effervescence des passions n'avait point encore confondu toutes les idées, et vers laquelle tout nous ramène, depuis que les faits ont détruit des illusions inspirées par le zèle bien plus que par la prévoyance.

« Aussi le bruit de votre démarche s'est à peine répandu, que des milliers de voix ont réclamé un chef héréditaire, sous un titre qui fût tout à la fois digne de la grandeur de la nation, et compatible avec les principes de nos lois constitutionnelles.

« Toutes ont déféré à Napoléon Bonaparte ce témoignage de la confiance la plus signalée, et de la reconnaissance le plus universellement sentie.

« Les adresses des tribunaux, des administrations, des municipalités, celles des armées, le cri de tous les bons citoyens, ont annoncé un élan dont le gouvernement n'a pu ni méconnaître ni négliger l'expression, et que votre sagesse, de concert avec lui, est appelée à diriger.

« Citoyens, le projet de sénatus-consulte organique soumis à votre délibération, est fondé sur cette grande base de l'organisation sociale :

« Il confie le soin de régir la France au héros qui l'a retirée de l'abîme ;

« Il le transmet héréditairement à sa descendance, et, au défaut de celle-ci, à des souches de sa ligne collatérale ;

« Il sanctionne les acclamations du peuple entier.

« Ce peuple demande au ciel que le sauveur de la République puisse être longtemps l'auteur de sa gloire, et que des rejetons de sa race, imitateurs de ses vertus, puissent étendre jusqu'à nos derniers neveux le bonheur que nous lui devons.

« Sénateurs, lorsque vous avez provoqué la grande disposition qui nous occupe, vous avez senti que tout ce qui pouvait exister avait besoin d'être mis en harmonie avec elle.

« Cette indication a été suivie, et, en resserrant le principe et l'action du gouvernement, toutes nos institutions ont été conservées et n'ont subi que des modifications commandées par le nouvel ordre de choses.

« Vous le savez, le grand art du législateur consiste à régénérer les États sur les bases existantes, et sa tâche est de subvenir aux circonstances avec les matériaux qu'il a sous la main.

« Vos yeux exercés reconnaîtront dans le projet que l'on vous présente, l'empreinte du génie qui l'a tracé.

« Si ce projet n'a pas atteint toute la perfection dont une imagination hardie conçoit la possibilité, il renferme du moins les éléments qui peuvent l'y conduire.

« Les améliorations durables sont toujours l'ouvrage de l'expérience et du temps.

« Vous y trouverez d'ailleurs des garanties contre les écarts de l'ambition, tout ce qui est nécessaire pour assurer l'indépendance et la dignité des grands corps, et la création de premières places dont les fonctions seront souvent utiles et toujours nécessaires pour ajouter à la pompe qui doit environner le chef de l'État dans les actes éclatants de la puissance publique.

« Il est glorieux pour vous, sénateurs, d'être, dans une époque aussi mémorable, les interprètes et les arbitres d'une grande nation, et de concourir à assurer sa prospérité sur des bases inébranlables.

« S'il était permis de mêler le langage des affections personnelles à la pensée des plus grands intérêts, je vous dirais qu'en terminant la carrière à laquelle la confiance du Premier Consul et le suffrage de la patrie m'avaient appelé, il est doux pour moi de déposer dans votre sein l'expression de mon admiration, de ma reconnaissance et de mon respectueux dévouement pour celui que nous nommons à juste titre le père et le chef du peuple français. »

Motifs du projet de sénatus-consulte organique, exposés par le conseiller d'État Portalis.

« Citoyens sénateurs, c'est un beau spectacle que celui d'une grande nation qui, à peine sortie de la révolution la plus terrible, vient, dans le silence de tous les partis et dans le calme de toutes les passions, choisir elle-même les institutions les plus convenables à sa gloire et à son bonheur.

« L'époque mémorable à laquelle nous sommes arrivés, et qui doit fixer pour toujours le sort de la France, a été préparée par les prodiges d'une administration de quelques années.

« Déjà le libérateur à qui nous sommes redevables de ces prodiges avait été établi par le vœu public magistrat suprême de l'État.

« Des hommes qui regardent l'exercice de la puissance plutôt comme un privilège que comme un honorable et généreux dévouement, peuvent croire que la nation a fait assez pour son chef; mais la nation, éclairée sur ses véritables intérêts, et avertie par les évènements et les dangers de toute espèce qui l'environnent, sent qu'elle n'a pas assez fait pour elle-même.

« Les Français n'ont pu voir sans effroi les horribles conspirations tramées contre leur patrie et contre le héros qui la gouverne : ils ne se sont plus contentés d'applaudir au présent ; la crainte des maux passés les a conduits à chercher une garantie pour l'avenir. Votre vœu, citoyens sénateurs, le vœu du tribunat et des diverses autorités constituées, celui de toute la France, ont appelé des institutions capables d'assurer à jamais la prospérité publique.

« La nature a fixé le terme ordinaire de la vie des individus; elle n'a pas également fixé celui de la durée des États ; il est donc permis à la sagesse humaine de chercher à le reculer par des établissements utiles et par de bonnes lois : c'est ce que l'on s'est proposé dans le projet de sénatus-consulte que nous avons l'honneur de vous présenter.

« Citoyens sénateurs, il est des principes qui peuvent être obscurcis dans les temps de troubles et de factions, mais qui roulent à travers les siècles et avec les débris des empires, et sur lesquels on sent le besoin de se reposer après les tempêtes politiques.

« Le premier de ces principes est que les grands États ne comportent que le gouvernement d'un seul. Cette importante vérité se trouve même déjà consacrée par l'ordre existant des choses : plus un État s'agrandit, plus le gouvernement doit se resserrer; car le gouvernement doit être plus fort et plus actif à proportion que le territoire est plus vaste et que la nation est plus nombreuse.

« Dans le gouvernement de plusieurs, la magistrature s'affaiblit en se divisant ; à force de délibérer, on délibère mal, ou on perd même d'avance le fruit d'une bonne délibération.

« Sous le gouvernement d'un seul, il y a plus de secret et de célérité dans les affaires; le magistrat suprême fait tout mouvoir en paraissant immobile. Cette sorte de gouvernement est celle où, avec un moindre effort, on peut produire l'action la plus étendue et la plus considérable.

« Dans le gouvernement de plusieurs, ceux qui administrent les affaires publiques peuvent être agités par des ambitions particulières; aucun d'eux n'est assez puissant ni assez élevé pour ne pas désirer de l'être davantage. D'autre part, dans l'espèce de gouvernement dont nous parlons, personne n'attachant proprement son nom au bien ou au mal qui arrive, chaque administrateur demeure plus indifférent à la gloire des succès et à la honte d'une administration vicieuse ; la chose publique disparaît presque toujours au milieu du choc perpétuel des intérêts et des opinions.

« Quand un seul gouverne, il sent que toutes les affaires pèsent sur lui; il y pense : il est d'ailleurs, selon l'expression d'un publiciste célèbre, *le plus grand citoyen de l'État* ; il ne peut donc placer son bonheur particulier que dans le bonheur général, il ne peut avoir d'autre intérêt que l'intérêt de l'État même.

« Le second principe, qui est également de droit commun dans les matières politiques, est celui de l'hérédité du pouvoir dans une famille choisie par la nation.

« Nous savons que la puissance publique n'est ni une propriété ni un patrimoine : la propriété n'est établie que pour l'intérêt privé du maître ; la puissance publique n'est établie que pour l'intérêt général de la société. Les peuples n'existent pas pour les magistrats ou pour les princes, mais les magistrats et les princes n'existent que pour les peuples.

« Aussi l'hérédité n'est-elle qu'un mode d'arriver au pouvoir : elle n'a aucune influence sur la nature du pouvoir même ; c'est une simple forme que l'on emprunte du droit civil, sans rien changer dans les idées ni dans les principes du droit politique. Tous les jours, à la suite d'une guerre, et dans les traités de gouvernement à gouvernement, de nation à nation, on emprunte les formes établies par le droit civil en matière de cession, de transport et de contrat; quoiqu'il s'agisse souvent d'objets qui ne peuvent tomber dans la classe des biens et des droits susceptibles d'être réglés par des contrats proprement dits : cela vient de ce que notre esprit aperçoit et nos besoins établissent plus de rapports que la langue n'a de mots, et la législation n'a de formes pour les exprimer et pour les régir.

« Depuis longtemps des auteurs profonds nous ont présenté les inconvénients et les avantages du système héréditaire et du système électif; nous n'avons point à revenir sur des discussions épuisées. Les anciens avaient été si fatigués des tristes résultats du système électif, qu'ils avaient préféré le jugement aveugle du sort aux brigues et aux maux qui accompagnaient des élections.

« L'hérédité est une barrière contre les factions et les intrigues; elle place la suprême magistrature dans une région, et, j'ose dire, dans un sanctuaire qui la rend inaccessible aux pensées et aux machinations des ambitieux.

« Dans les circonstances où nous vivons, c'est en établissant l'hérédité du pouvoir dans une famille nouvelle, que nous réussirons à détruire jusque dans leur germe les espérances chimériques d'une ancienne famille qui se montre moins jalouse de recouvrer ses titres que de faire revivre les abus qui les lui ont fait perdre; qui s'est liguée avec les éternels ennemis de la France, et dont le retour, marqué par des secousses et des vengeances de toute espèce, deviendrait une source intarissable de calamités publiques et privées.

« C'est en établissant l'hérédité du pouvoir dans une famille nouvelle, que nous communiquerons au nouvel ordre de choses un caractère de stabilité que le système électif n'offre pas et ne saurait offrir. On connaît tous les dangers auxquels ce système expose les États qui l'admettent : les intervalles de chaque vacance sont des intervalles de crise et d'anarchie; on est dans l'agitation au-dedans, et on devient incapable de résister au-dehors; chacun est plus occupé des intérêts de son parti que du péril universel.

« Aujourd'hui surtout, où les nations de l'Europe ont entre elles des rapports si multipliés, le système électif livrerait la nation chez laquelle il serait adopté à toutes les intrigues étrangères; l'époque de chaque vacance pourrait être celle du renversement ou de la dissolution de l'État.

« Nous ne dissimulerons pas que, dans le système héréditaire, le hasard de la naissance ne donne pas toujours de bons princes; mais des élections n'en donnent-elles jamais de mauvais? Sans doute la sagesse, le talent et la vertu obtiendraient toute faveur dans le système électif, si des électeurs pouvaient se défendre contre leurs propres passions et celles des autres; mais, nous en appelons à l'expérience, toutes les fois qu'il s'agit d'une élection importante, les divers partis se froissent; celui qui prévaut écrase la liberté, et l'on ne voit bientôt plus que l'audace de quelques hommes et l'oppression de tous.

« On objecte contre le système héréditaire l'inconvénient des minorités. Mais, dans ce système, ce ne sont pas toujours des mineurs qui succèdent; d'ailleurs, dans les temps de minorité, le gouvernement peut être plus faible, mais il n'y a jamais, comme dans le système électif, absence absolue de tout gouvernement.

« La famille à laquelle le gouvernement est confié peut s'éteindre, et alors on retombe dans le système électif; mais les familles ne passent pas aussi rapidement que les individus, elles peuvent exister et se perpétuer pendant un temps plus ou moins long.

« L'histoire des États nous présente des intervalles de plusieurs siècles dans la succession des familles, tandis que les individus se succèdent presque toujours dans l'espace de quelques années.

« Ceux qui réclament le principe de l'égalité pour écarter le système héréditaire, sont plus préoccupés des fantaisies particulières de l'ambition ou de la vanité que de la grande pensée du bien public. Une nation ne peut exister sans gouvernement : dans toute société politique, il est nécessaire qu'il y ait une magistrature suprême. La concession de cette magistrature à un seul, à plusieurs ou à une famille, ne saurait donc compromettre l'égalité qui doit régner entre les familles et les citoyens d'un même État. Cette égalité peut être blessée par des préférences arbitraires et injustes; elle ne l'est pas par des institutions que l'intérêt public commande, et que la nation est autorisée à regarder comme la sauvegarde de l'État.

« La loi de l'hérédité n'offense donc aucune de nos maximes nationales, et elle est elle-même un grand principe de conservation et de tranquillité publique.

« Dira-t-on que le dernier sénatus-consulte semblait prévenir tous les dangers du système électif par la faculté qu'il laissait au chef de l'État de désigner son successeur? Mais cette désignation n'était pas forcée; elle pouvait n'être pas faite : le sort de l'État ne reposait donc sur aucune base fixe; car, le magistrat suprême ne désignant point son successeur, nous retombions dans les abus et les dangers des élections ordinaires.

« En second lieu, suppose-t-on la désignation d'un successeur? Comment se ferait-elle? Serait-ce par un acte solennel et entre vifs? Un tel mode serait rarement choisi; on ne se donne guère un héritier de son vivant : on ne pourrait même le faire sans quelque danger. On pourrait avoir le désir de varier dans son propre choix, et ce désir serait inséparable de quelque trouble : avec les meilleures intentions, et avec la prudence la plus consommée, il serait possible que l'on ne fît qu'un choix dangereux pour soi-même et désastreux pour l'État.

« Si l'on ne faisait qu'un choix secret dont le mystère ne dût être révélé qu'après la mort de celui qui gouverne, un tel choix ne serait pas plus respecté que ne l'ont été les testaments des plus puissants princes.

« Au surplus, la désignation d'un successeur faite par celui auquel on doit succéder n'est jamais qu'un acte arbitraire de la volonté d'un homme; or un tel acte qui, dans une foule de circonstances, peut produire des jalousies et des rivalités redoutables, n'est capable, dans aucun cas, d'imposer suffisamment à l'opinion publique. Si l'on voit les peuples se plier facilement à ce qui est déterminé par les lois, par les formes établies, c'est qu'ils n'y voient que le résultat d'un système, au lieu d'y voir les caprices d'un homme; mais vous n'obtiendriez plus la même confiance ni le même respect si vous mettiez la volonté arbitraire d'un homme à la place d'un système établi par la loi.

« L'hérédité est donc préférable à tout ; elle ne laisse aucun intervalle entre celui qui gouverne et celui qui lui succède. La personne qui est revêtue de la suprême magistrature meurt, le prince ne meurt jamais ; il est toujours présent au corps entier de la nation.

« Nous ajouterons que l'instinct des autorités constituées est de marcher toujours dans le sens des institutions existantes : on a plus d'une fois remarqué qu'elles demeurent constamment fidèles à l'ordre établi, dans leur égarement même (1). C'est donc un très-grand avantage du système héréditaire que de leur offrir un point de ralliement qui n'est offert par aucun autre système. Les autorités constituées entraînent la masse, plus jalouse du repos que du pouvoir, et elles sont ordinairement plus fortes qu'une faction, qui peut s'élever, mais qui n'a rien préparé, et peut être écartée avec facilité par ceux qui parlent au nom des lois, et qui sont armés de la puissance.

« Aussi la sagesse des grandes nations n'a pas hésité de préférer le système héréditaire à tout autre. Ce système, nous le savons, ne s'est naturalisé dans les divers États de l'Europe que peu à peu et par une sorte d'usage indélibéré. Les hommes ne sauraient être, avant l'expérience, ce qu'ils ne peuvent devenir que par elle. Mais aujourd'hui, où tant d'évènements nous ont éclairés sur nos vrais intérêts, serait-il convenable, en s'abandonnant au temps, de s'exposer aux dangers que le temps peut amener, et que la prudence peut prévenir ? Dans les siècles barbares, on a pu laisser l'initiative à la coutume ; nous serions inexcusables de ne pas la donner à la raison.

[1] Mémoires du cardinal de Retz.

« Le système héréditaire est donc adopté par le projet de sénatus-consulte.

« Dans ce projet, on s'est occupé de désigner la magistrature suprême de l'État par un titre qui pût assortir dignement cette grande magistrature sans compromettre les droits de la liberté nationale.

« Le titre de *roi,* dans la plupart des gouvernements connus, tient plus ou moins à des principes de seigneurie féodale; parmi nous ces principes sont proscrits, et cette proscription est une conquête de la liberté.

« *Si nous avons un prince,* disait Pline à Trajan, *c'est pour nous empê-* « *cher d'avoir un maître.* »

« Il fallait donc donner au chef suprême de l'État un titre qui ne supposât ni maîtres ni esclaves, et qui fût compatible avec la qualité de citoyen et d'homme libre.

« Le titre d'*empereur* a été indiqué par la voix publique, et adopté par le projet de sénatus-consulte.

« Ce titre n'est pas plus étranger aux républiques qu'aux monarchies; il ne s'est jamais lié à des idées de pouvoir absolu dans le prince, ni à des idées de *servage* dans les citoyens : ainsi l'ancienne Rome avait ses empereurs; le titre d'empereur est donné au chef du corps germanique, qui est une république de rois.

« D'autre part, ce titre n'est point une de ces dénominations arbitraires choisies pour satisfaire le besoin du moment, ou pour se conformer aux idées du jour : de telles dénominations, qui s'écartent des titres et des noms que le respect des peuples a consacrés, semblent ne tenir qu'à la mobilité des évènements multipliés dont une révolution se compose ; elles se lient à des idées de changement bien plus qu'à des idées de stabilité ; elles peuvent entretenir des espérances perfides. Il ne suffit pas qu'une nation ait la conscience de sa propre dignité, il faut encore qu'elle en inspire le sentiment aux autres. Le choix des titres et des noms destinés à désigner la première magistrature d'un État ne saurait être indifférent; rien n'est petit dans un si grand intérêt : c'est par les noms et les titres que l'on parle aux sens, à l'imagination et à l'opinion ; les mots accréditent les choses ; ils ont sur les nations comme sur les particuliers une grande puissance : il importait donc, plus qu'on ne pense, de revenir à des expressions qui rappellent aux hommes tout ce qu'il y a de sacré, de saint et d'auguste dans l'exercice de la suprême magistrature.

« La puissance impériale est déférée à Napoléon Bonaparte et à sa famille. Ici le projet de sénatus-consulte ne fait que promulguer le vœu de tous les Français. Quel autre que l'homme extraordinaire qui a sauvé la France pourrait être appelé à la gouverner? Quelle autre famille que la sienne pourrait offrir les mêmes droits, les mêmes espérances et la même garantie?

« Nous apprenons par l'histoire que la bienfaisance, la sagesse, le courage, le talent, le génie, aidés de la fortune, ont été les premiers fondateurs des empires. Les peuples se seraient civilisés plus tard, ou, dans d'autres circonstances, ils eussent été plus longtemps dévorés par l'anarchie, si la nature n'eût produit par intervalle, et à des époques décisives, quelques unes de ces ames vastes, élevées, nées pour les grandes choses, marquées des caractères d'une sorte de souveraineté naturelle, et capables d'influer sur la destinée des nations. La nature, il est vrai, n'a fait ni magistrats, ni princes, ni citoyens; elle n'a fait que des hommes; mais elle a, pour ainsi dire, ébauché tous les gouvernements en faisant sentir à la multitude le besoin d'un ordre public et en donnant à quelques hommes l'aptitude et les qualités qui les disposent à faire le bien des autres.

« Sachons donc profiter de tous nos avantages. Qu'il soit empereur des Français, celui qui a su agrandir leur territoire par ses succès et ses triomphes, et les conduire au bonheur par la sagesse de son administration; que la puissance impériale soit héréditaire dans une famille dont les membres se sont déjà distingués par d'importants services rendus à l'État, et dans laquelle de grands souvenirs ne pourront que perpétuer de grandes vertus.

« En rendant la puissance impériale héréditaire dans la famille de Napoléon Bonaparte, on a réglé le plan de cette hérédité d'après des principes conformes au goût et aux mœurs de la nation. Le projet de sénatus-consulte appelle uniquement les mâles, l'ordre de primogéniture gardé. Chez un peuple essentiellement guerrier, les femmes ont dû être perpétuellement exclues. La loi civile n'a pu, à cet égard, diriger la loi politique; car on ne saurait gouverner par les mêmes principes des choses qui sont d'un ordre si différent.

« Il était impossible de ne pas prévoir les cas de minorité et de régence, qui peuvent se vérifier plus ou moins fréquemment dans le système héréditaire; relativement à ces cas, on a distingué ce qui concerne la garde de la personne du mineur d'avec ce qui concerne l'administration de l'État.

« On donne des conseils au régent; on limite son pouvoir; on en règle sagement l'exercice.

« On détermine que la minorité finira à dix-huit ans : elle finissait autrefois à quatorze; on a toujours senti la nécessité de ne pas prolonger un intervalle pendant lequel l'État est exposé à languir.

« Quand on défère la suprême magistrature à un chef et à sa famille, il y a une grande distance entre ce chef, les membres de sa famille et les citoyens ordinaires ; l'État manquerait donc de liaison s'il n'y avait pas des dignités, des institutions et des corps intermédiaires. De là le projet de sénatus-consulte vous présente l'établissement de grands dignitaires, de grands officiers dans l'ordre civil et militaire, que l'on déclare inamovibles, et qui sont à la fois une décoration pour le trône impérial, et un lien de communication entre le prince et les citoyens.

« Le chef de l'Empire n'exerce point des droits qui lui soient propres ; il exerce ceux de la nation. Sa dignité est donc celle de la nation elle-même : on ne saurait environner de trop de majesté le chef d'un grand Empire. Il est chargé de faire respecter les lois dans l'intérieur, et de représenter partout la majesté nationale. Tout ce que l'on donne à l'appareil, à la grandeur, adoucit l'exercice de la puissance : on n'a pas besoin alors d'arracher par force ce qui est toujours librement offert par le respect, l'admiration et l'amour.

« Quand les formes d'un gouvernement changent, ou c'est parce qu'il se corrompt, ou parce qu'il s'améliore.

« Le gouvernement se corrompt quand les principes s'affaiblissent ou se dénaturent à mesure que les formes changent ; il s'améliore quand on ne change les formes que pour mieux assurer les principes.

« Or, le projet de sénatus-consulte consacre les grands principes de la souveraineté nationale, de l'égalité des droits, de la liberté politique, civile et religieuse des citoyens. Il conserve toutes les institutions existantes ; il leur communique une nouvelle force, et il les environne d'un plus grand éclat ; il trace le serment solennel que l'Empereur doit prêter pour s'engager à les défendre, serment qui est comme l'abrégé de toutes les constitutions de l'Empire.

« Dans ce moment permettez-moi, citoyens Sénateurs, de fixer votre attention sur un objet qui n'est peut-être pas assez observé.

« Quelle était la position de la France quand le gouvernement a été confié au héros qui la gouverne ? Je ne retracerai point le tableau de nos malheurs passés ; mais je dirai que l'État inclinait vers la démocratie absolue, espèce de gouvernement si peu convenable à un grand État ; toute l'autorité était tombée entre les mains du peuple ou de ses représentants. Une assemblée représentative qui parle et agit au nom du peuple, qui fait les lois et les change quand elle veut, qui peut, à chaque instant, accuser ou détruire le pouvoir chargé de les exécuter, ne connaît point de limites à ses droits ; en limitant son pouvoir, elle croirait attenter à la souveraineté même du peuple. Un tel ordre de choses ne présente, pour ainsi dire, qu'un gouvernement sans gouvernement ; il n'offre qu'une puissance redoutable que rien n'arrête et qui menace tout.

« Dans une situation si périlleuse, une nation est exposée à perdre jusqu'à l'ombre de sa liberté, si, au lieu de tomber dans les bras d'un libérateur, elle est jetée par les évènements dans ceux d'un oppresseur ambitieux qui la subjugue et l'enchaîne : aussi nous voyons par l'histoire qu'il n'y a pas de servitude pareille à celle d'un peuple qui passe subitement de la démocratie au gouvernement absolu d'un seul ; le pouvoir du despote est alors d'autant plus immense qu'il remplace celui du peuple, qui n'avait pas pensé à limiter son propre pouvoir.

« Que serait devenue la France si, à l'époque dont nous parlons, un génie tutélaire n'eût pas veillé sur ses destinées ? Mais ce génie, se promenant sur l'abîme dans lequel nous étions plongés, a débrouillé le chaos et a ramassé les débris épars ; il a refait et recomposé l'ordre social ; il a détruit la tyrannie populaire au profit du peuple ; en acceptant le pouvoir qu'on lui confiait, il a laissé à la liberté le soin de créer des institutions capables de le tempérer ; plus prévoyant que la liberté même, il a cherché à donner successivement à ces institutions une forme plus régulière, une action plus forte, et à les rendre populaires et nationales par l'établissement des collèges électoraux : quel titre n'a-t-il donc pas à notre reconnaissance !

« C'est le grand homme à qui nous sommes redevables de tant d'institutions libérales qui est appelé à gouverner l'Empire. Un sénat permanent continuera de veiller sur les destinées de la France. Ce sénat, sans partager le pouvoir législatif, aura la garde et le dépôt des lois ; il garantira la Constitution des surprises qui pourraient être faites au législateur lui-même ; il remplira auprès de l'Empereur, et dans certains cas déterminés, l'office de la conscience, en l'avertissant des erreurs qui peuvent se glisser dans les lois nouvelles, et qui seraient capables de compromettre les droits que nous avons conquis par la révolution.

« Le même sénat protégera la liberté de la presse contre les prohibitions arbitraires, et la liberté individuelle contre les arrestations illégales : rien n'est plus propre à rehausser la dignité du citoyen que de voir le premier corps de l'État occupé à protéger et à défendre les droits du moindre particulier, avec la même sollicitude que s'il s'agissait de défendre la constitution même.

« Les lois ne sont pas de purs actes de puissance : ce sont des actes de raison, de sagesse et de justice. La délibération est de l'essence des lois ; elles continueront d'être préparées dans le conseil du prince, d'être épurées par les discussions du tribunat, et d'être sanctionnées par les députés du peuple.

« Dans un gouvernement libre, le respect pour la propriété ne permet pas de lever des impôts et des taxes sans le consentement des députés choisis par des assemblées de propriétaires ; ce grand principe est maintenu et respecté.

« Les tribunaux acquièrent une nouvelle dignité, et ils conservent leur première indépendance.

« Personne ne pouvant être au-dessus de la justice, comme personne ne peut être avili au-dessous de l'humanité, une haute-cour jugera les ministres et ceux qui remplissent de grandes fonctions dans l'État.

« La même cour jugera les crimes commis ou tramés contre la patrie, contre la personne de l'Empereur et celle de l'héritier présomptif du trône. Elle jugera pareillement les délits personnels des princes, des titulaires des grandes dignités, des grands officiers, des sénateurs et des conseillers d'État.

« Cette attribution ne rompt pas l'égalité ; elle la rétablit ; car des hommes qui exercent une censure sur les autres, ou qui peuvent être l'objet de leur jalousie, seraient plus exposés et plus malheureux que les citoyens ordinaires, s'ils pouvaient être justiciables de ceux mêmes sur lesquels ils exercent leur juridiction, ou dont ils peuvent exciter le mécontentement et la haine.

« Le siège de la haute-cour sera dans le sénat : son organisation est telle qu'elle offrira une garantie suffisante à l'État contre l'impunité, et une garantie suffisante aux accusés contre l'injustice.

« Le gouvernement doit être essentiellement *un*; toutes les parties doivent correspondre entre elles pour former le même tout ; elles doivent aboutir à un centre commun : ce centre est la puissance impériale, qui est comme la clef de la voûte.

« Tous les actes seront faits au nom de l'*empereur* : c'est une conséquence nécessaire du grand principe de l'unité de la puissance publique.

« Les différentes branches de cette puissance seront distinctes sans être divisées ; elles ne reposeront pas dans les mêmes mains, mais elles seront dirigées par le même esprit. Aucune volonté particulière ne pourra prévaloir sur la volonté générale. Les cours d'appel, les membres de la cour de cassation, en cas de forfaiture ou de prise à partie, pourront être cités devant la haute-cour, qui est chargée de juger les justices mêmes.

« On ne s'est pas uniquement occupé de ce qui peut organiser l'État ; on s'est occupé encore de ce qui pouvait former et maintenir les mœurs et l'esprit général de la nation. La Légion-d'Honneur devient pour cet objet un grand ressort. Les membres de cette Légion sont distribués dans les départements et dans les collèges électoraux pour y propager l'amour de la patrie et pour y perpétuer le véritable esprit public. On pensé avec raison que des hommes qui se sont distingués par le courage militaire ou par le courage civil, peuvent entretenir et faire naître les bonnes pensées et les bons sentiments, et devenir, pour ainsi dire, les canaux par lesquels les véritables vertus civiles peuvent circuler et se répandre dans toutes les classes de citoyens.

« Tel est, citoyens Sénateurs, l'ensemble du projet du *sénatus-consulte*. Vous en avez jeté les premières bases, achevez votre ouvrage. Vous allez donner une nouvelle vie aux corps politiques et une nouvelle garantie à la nation, en adoptant le plan d'organisation que nous avons l'honneur de vous présenter. Quel moment plus favorable pour assurer à jamais le bonheur de la France ! Le temps est passé où chaque nouvelle loi était une tempête ; aujourd'hui chaque nouvelle loi est un bienfait. Je parle d'après votre vœu, d'après celui de la nation : qu'il soit *Empereur des Français,* celui sur qui le salut de la France entière repose, et que nos nouvelles institutions soient immortelles comme sa gloire ! »

FIN DES NOTES DU QUATRIÈME VOLUME.

TABLE DES MATIÈRES

CONTENUES DANS LE QUATRIÈME VOLUME.

DIRECTOIRE EXÉCUTIF.

CHAPITRE PREMIER.

Installation des conseils. — Nomination des Directeurs. — Manifeste politique du Directoire. — Situation difficile du nouveau gouvernement. — Ligue politique des royalistes dans les conseils; leur opposition. — Des finances. — Loi de recrutement. — Le Directoire veut ménager les deux partis. — Il échange la fille de Louis XVI contre les députés Quinette, Lamarque, etc., livrés à l'Autriche par Dumouriez. — Escadre anglaise sur les côtes de l'Ouest. — Expédition de l'Ile-Dieu. — Déroute des derniers Vendéens. — Pacification de la Vendée par Hoche. — Club du Panthéon. — Création du ministère de la police. — Mœurs de l'époque. — Conspiration de Babœuf; doctrine du bonheur commun. — Affaire du camp de Grenelle. — Dernière défaite des démocrates; elle profite à la minorité royaliste. — Révision de la loi du 3 brumaire. — Club de Clichy. — Conspiration royaliste. — Embarras du Directoire. — Projet de traité de quadruple alliance. — Renouvellement du pacte de famille avec l'Espagne. — L'Angleterre envoie un négociateur à Paris. — Rupture des négociations. — Expédition d'Irlande.. 1

CHAPITRE II.

Campagne de 1796. — Plan de la campagne. — Arrivée de Bonaparte à l'armée d'Italie. — Passage des Alpes. — Batailles de Montenotte, de Millesimo. — Paix avec le Piémont. — Passage du pont de Lodi, du Mincio. — L'armée autrichienne est jetée dans le Tyrol. — Les ducs de Parme, de Modène, le roi de Naples, Rome, Venise concluent des armistices et paient des tributs. — Armées de Sambre-et-Meuse et Rhin-et-Moselle. — Occupation de Francfort, Wurtzbourg, Nuremberg, par l'armée de Sambre-et-Meuse. — Les princes de Souabe et de Saxe demandent la paix. — L'armée du Rhin s'empare de Riberach, Fribourg, Rastadt, Gernsbech, Ulm. — Retour de Jourdan sur le Mein. — Mort de Marceau. — Retraite de Moreau. — Bataille de Riberach. — Arrivée de Wurmser en Italie. — Batailles de Lonato, de Castiglione, de Roveredo. — Occupation de Trente. — Nouvelle défaite de Wurmser; il se renferme dans Mantoue. — L'Autriche envoie une troisième armée contre Bonaparte. — Passage du pont d'Arcole. — Batailles de Rivoli, de la Favorite. — Capitulation de Mantoue. — Déroute de l'armée papale. — Traité de Tolentino. — — Passage des Alpes juliennes. — Bataille du Tagliamento. — Préliminaires de Léoben. — Politique de Bonaparte en Italie. — Effet de ses victoires en France. — Nouvelles propositions de paix de l'Angleterre.. 43

CHAPITRE III.

Élections de l'an v. — Esprit du nouveau tiers. — Divisions dans les conseils. — Les royalistes dominent aux Cinq-Cents. — Choix d'un nouveau Directeur. — Barthélemy est élu en remplacement de Letourneur, Directeur sortant. — Divisions dans le Directoire. — Intrigues royalistes. — Attaques contre le Directoire et la révolution. — Rentrée des prêtres et des émigrés. — Les jacobins blancs. — Le Directoire se prépare à un coup d'état. — Club de Salm ou constitutionnel. — Nouvelles sociétés populaires. Esprit de l'armée. — Concentration de troupes sur Paris. — Ouvertures faites au Directoire par les constitutionnels; elles sont repoussées. — Changement des ministres. — Irritation des clichyens à l'approche des troupes. — Fête à l'armée d'Italie. — Proclamation de Bonaparte. — Adresses des armées. — Message énergique du Directoire. — Nomination d'Augereau au commandement des forces de Paris. — Effroi des constitutionnels. — Fausse situation de la minorité du Directoire. — Journée du 18 fructidor. — Conspiration de Pichegru...... 84

CHAPITRE IV.

Suites du 18 fructidor. — Tardive dénonciation de Moreau. — Réouverture des clubs. — Nomination de deux nouveaux directeurs. — Puissance du Directoire. — Budget de l'an VI. — Remboursement de la dette. — Rupture des négociations de Lille avec l'Angleterre. — Mort de Hoche. — Nomination d'Augereau au commandement de l'armée d'Allemagne. — Travaux de Bonaparte à Milan. — Établissement dans la Méditerranée. — Conférences d'Udine. — Traité de Campo-Formio. — Arrivée de Bonaparte à Paris. — Fête pour la présentation au Directoire du traité de Campo-Formio. — Arrière-pensée mutuelle du directoire et de Bonaparte. — Projet d'une nouvelle descente en Angleterre. — Souscriptions patriotiques. — Projet de l'expédition d'Égypte. — Situation de la France à l'égard des Républiques nouvelles. — Propagande des Cisalpins. — Révolution en Hollande. — Émeute à Rome; le général Duphot y est tué. — Occupation de Rome par Berthier. — Fondation de la République Romaine. — Invasion de la Suisse. — Fondation de la République Helvétique. — Préparatifs de l'expédition d'Égypte. — État intérieur de la France. — Troubles dans le Midi. — Mise en état de siège de Lyon, Montpellier, Béziers Castres, etc. — Élections de l'an VI. — Coup d'État du 22 floréal. — Départ de l'expédition d'Égypte.. 126

CHAPITRE V.

Expédition d'Égypte. — Prise de Malte. — Arrivée en Égypte. — Débarquement à l'anse du Marabout. — Prise d'Alexandrie. — Population d'Égypte. — Les Cophtes. — Les Arabes. — Les Mamelucks. — Politique de Bonaparte. — Marche sur le Caire. — L'armée au désert. — Arrivée à Ramanieh. — Jonction de la flottille. — Combat de

TABLE DES MATIÈRES.   505

C ebreiss. — Défaite des Mamelucks. — Arrivée à Embabeh. — Bataille des Pyramides. — Occupation du Caire. — Travaux administratifs de Bonaparte. — Il s'attache les scheiks et la population; il prend part à leurs fêtes et à leurs cérémonies. — Fête du Nil. — Institut d'Égypte. — Combat naval d'Aboukir. — Effet des victoires d'Égypte en France et en Europe. — Effets du désastre d'Aboukir. — Les Anglais fomentent une nouvelle coalition. — Déclaration de guerre de la Porte à la France. Bonaparte marche contre l'armée de Syrie. — Prise de Gazah, de Jaffa. — Siège de Saint-Jean-d'Acre. — Bataille du Mont-Thabor. — Retour de Bonaparte en Égypte. — Pestiférés de Jaffa. — L'ange El-Mohdly. — Mécontentement de l'armée. — Débarquement d'une nouvelle armée turque à Aboukir. — Bonaparte va à sa rencontre. — Bataille d'Aboukir. — Destruction de l'armée turque. — Paroles de Kléber à Bonaparte.. 156

CHAPITRE VI.

Situation du Directoire après le 22 floréal. — Mesures contre les dilapidateurs. — Nouvelle coalition contre la France. — Loi de conscription. — Levée de deux cent mille hommes. — Conquête de Naples par Championnet. — Prise de possession du Piémont par Joubert. — Déclaration de guerre à l'Autriche. — Bataille de Stokach; retraite de Jourdan. — Bataille de Magnano; retraite de Schérer; retraite de Moreau. — Assassinat des plénipotentiaires français à Rastadt. — Effet de ces revers en France. — Soulèvement dans le Midi. — Élections de l'an VII. — Sièyes remplace Rewbell au Directoire. — Masséna prend le commandement des armées d'Helvétie et du Danube; Moreau celui de l'armée d'Italie. — Bataille de Cassano. — Bataille de la Trebbia. — Déchaînement des partis contre le Directoire. — Message des Cinq-Cents au Directoire. — Permanence des conseils. — Destitution de Treilhard. — Coup d'État du 30 prairial. — Les Directeurs Merlin et Lareveillère donnent leur démission. — État des partis après le 30 prairial; leurs espérances; leurs préparatifs. — Société du Manège. — Loi des otages. — Les opérations recommencent en Italie. — Bataille de Novi; mort de Joubert. — Débarquement des Anglo-Russes en Hollande. — Nouveaux troubles intérieurs. — Dispersion du nouveau club. — Mesures du Directoire contre la presse. — Situation alarmante de la République sur la frontière. — Jourdan propose de déclarer la patrie en danger. — Bataille de Zurich. — Destruction de l'armée russe. — Capitulation des Anglo-Russes en Hollande. — Bonaparte débarque à Fréjus. — Agitation des partis à son arrivée. — Il s'entend avec Sièyes. — Journée des 18 et 19 brumaire. — Renversement de la constitution de l'an III... 191

CONSULAT.

CHAPITRE PREMIER.

Popularité du 18 brumaire. — Situation des partis; leurs espérances. — Situation militaire, politique, administrative et financière de la République. — Première réunion des Consuls provisoires; leurs pouvoirs; leurs premières attributions; leurs premiers travaux. — Composition du ministère et des corps administratifs. — Création de la caisse d'amortissement. — Rapport de quelques lois révolutionnaires. — État de l'armée; sa misère; sa désorganisation. — Proclamation du premier Consul à l'armée. — État de la Vendée. — Premières négociations avec l'Europe. — Confiance générale. — Projet de constitution de Sièyes. — Débats qu'elle soulève; elle est dénaturée. — Constitution de l'an VIII; sa promulgation; son préambule; son acceptation. — Composition des autorités principales. — Installation du gouvernement consulaire. — Esprit de modération du nouveau gouvernement. — Système de récompenses militaires. — Lettres de Bonaparte au roi d'Angleterre et à l'empereur d'Autriche pour leur offrir la paix. — Ouverture de la session du nouveau corps législatif. — Opposition naissante dans le tribunat. — Organisation administrative et judiciaire de la France. — Clôture de la liste des émigrés. — Clôture de la session du corps législatif. — Création de la banque de France. — Les ouvertures de paix faites par Bonaparte sont rejetées. — Pacification de l'Ouest. — Les Consuls s'installent aux Tuileries.. 248

CHAPITRE II.

Continuation de la guerre. — Proclamation des Consuls aux Français. — Plan des opérations militaires de la nouvelle campagne. — Armée d'Allemagne. — Les Autrichiens sont rejetés dans le camp retranché d'Ulm. — Départ du Premier Consul pour l'Italie. — Passage du mont Saint-Bernard. — Le fort de Bard. — Prise d'Ivrée. — Entrée de Bonaparte à Milan. — Situation critique de l'armée autrichienne. — Capitulation de Gênes. — Combat de Montebello. — Bataille de Marengo. — Mort de Desaix. — Capitulation d'Alexandrie. — Élection à la papauté du cardinal Chiaramonte, qui prend le nom de Pie VII. — Retour de Bonaparte à Paris. — Opérations de l'armée d'Allemagne. — Bataille de Hochstett............ 286

CHAPITRE III.

Habileté diplomatique et administrative du Premier Consul. — Il change la face politique en tournant les affections de l'Europe vers la France et contre l'Angleterre. — Ligue des neutres. — Armistice naval proposé à l'Angleterre et refusé. — Le Premier Consul se prépare à reprendre les hostilités en Allemagne. — L'Autriche obtient la prolongation de l'armistice par la remise des places de Philisbourg, Ulm et Ingolstadt. — Fête du 1er vendémiaire. — Prospérité intérieure. — Restauration du crédit. — Grands travaux publics. — Rédaction des codes. — Hésitation de l'Autriche à signer la paix. — Reprise des hostilités en Italie et en Allemagne. — Succès en Italie. — Moreau se porte en avant. — Bataille de Hohenlinden. — Armistice de Steyer signé sous les murs de Vienne. — Traité de Lunéville. — Pacification continentale. — Machine infernale. — Premier sénatus-consulte. — Proscription de cent trente-deux démocrates. — Seconde session du corps législatif. — Le parti constitutionnel se sépare davantage de Bonaparte. — État des partis. — Situation de l'Angleterre. — Sortie de Pitt du ministère. — Bataille de Copenhague. — Assassinat de Paul Ier. — Réflexions du *Moniteur* sur cette catastrophe.... 313

CHAPITRE IV.

Effet produit en France et en Angleterre par la mort de Paul Ier. — Négociations pour la paix générale. — L'armée d'Égypte après le départ de Bonaparte. — Sir Sydney-

Smith. — Massacre de la garnison française d'El-Arisch. — Convention d'El-Arisch. — Refus de l'Angleterre de la ratifier. — Noble indignation de Kléber. — Bataille d'Héliopolis. — Alliance avec Mourad-Bey. — Insurrection du Caire. — Soumission complète de l'Égypte. — Assassinat de Kléber. — Menou prend le commandement de l'armée; ses fautes. — Capitulation d'Alexandrie. — Traité des préliminaires avec l'Angleterre. — Joie du peuple en France et en Angleterre à la nouvelle de la signature du traité. — Changement dans les institutions des Républiques batave et cisalpine. — Bonaparte est nommé président de la République italienne. — Troisième session du corps législatif. — Éliminations de l'an x. — Proclamation du concordat. — Traité d'Amiens. — Session extraordinaire de l'an x. — Amnistie à l'égard des émigrés. — Projet de loi sur l'instruction publique. — Institution de la Légion-d'Honneur. — Message des Consuls sur la paix générale. — Première proposition de décerner à Bonaparte une récompense nationale. — Consulat à vie. — Articles modificatifs de la constitution de l'an VIII. — Cette constitution devient monarchique.. 340

CHAPITRE V.

Séance consulaire. — Maison civile et militaire du Premier Consul. — Mécontentement de quelques généraux. — Redoublement d'activité du Premier Consul. — Réunion définitive du Piémont à la France. — Pacte fédéral de la Suisse. — Partage des indemnités germaniques. — Expédition de Saint-Domingue. — Détresse affreuse et ruine de l'armée d'expédition. — Rupture du traité d'Amiens. — Vote du tribunat. — Commencement des hostilités de l'Angleterre. — Représailles de la France. — Occupation du Hanovre et du royaume de Naples. — Préparatifs de descente en Angleterre. — Alarmes du peuple anglais; grands préparatifs de défense nationale. — Modification du corps législatif. — Disposition des cabinets de l'Europe dans la grande lutte entre la France et l'Angleterre. — Rentrée de Pitt au ministère. — Conspiration de Georges Cadoudal et de Pichegru; Moreau s'y trouve compromis. — Mort du duc d'Enghien; effet qu'elle produit sur la France et sur l'Europe. — Machinations de l'Angleterre; infâmes manœuvres de ses agents diplomatiques; le cabinet anglais les avoue comme faisant partie du droit des gens. — Généreuse indignation du corps diplomatique d'Europe. — Adresse de la nation au Premier Consul. — Démarches pour conférer une autorité héréditaire au Premier Consul. — Motion du tribun Curée. — Message du sénat. — Sénatus-consulte organique du 28 floréal. — Napoléon est proclamé empereur... 386

PIÈCES JUSTIFICATIVES.. 439

FIN DE LA TABLE DES MATIÈRES.

Imprimerie de A. Henry, rue Git-le-Cœur, 8.